葉名琛檔案

清代兩廣總督衙門殘牘

第八册（FO931/1667－1954）

劉志偉　陳玉環　主編

廣東省出版集團
廣東人民出版社
·廣州·

圖書在版編目（CIP）數據

葉名琛檔案：清代兩廣總督衙門殘牘 / 劉志偉，陳玉環主編.
—廣州：廣東人民出版社，2012.12
ISBN 978-7-218-06658-5

Ⅰ.①葉… ②清… Ⅱ.①劉… ②陳… Ⅲ.①檔案資料—中國—
清後期 Ⅳ.①K252.06

中國版本圖書館 CIP 數據核字（2010）第 025853 號

YeMingchenDang'an：Qingdai LiangguangZongduYamen Candu
葉名琛檔案：清代兩廣總督衙門殘牘
劉志偉 陳玉環 主編

出 版 人：曾 瑩

選題策劃：戴 和
責任編輯：柏 峰 張賢明 陳其偉
裝幀設計：張力平
責任技編：周 傑 黎碧霞

出版發行：廣東人民出版社
地 址：廣州市大沙頭四馬路 10 號（郵政編碼：510102）
電 話：（020）83798714（總編室）
傳 真：（020）83780199
網 址：http: //www.gdpph.com
印 刷：東莞市本色印刷有限公司
書 號：ISBN 978-7-218-06658-5
開 本：787mm × 1092mm 1/16
印 張：316.25 插頁：9 字數：6450 千
版 次：2012 年 12 月第 1 版 2012 年 12 月第 1 次印刷
定 價：4800.00 元 (全套定價)

如果發現印裝質量問題，影響閱讀，請與出版社(020-83795749)聯繫調換。
售書熱綫：（020）83790604 83791487 83797157

第八冊　目録

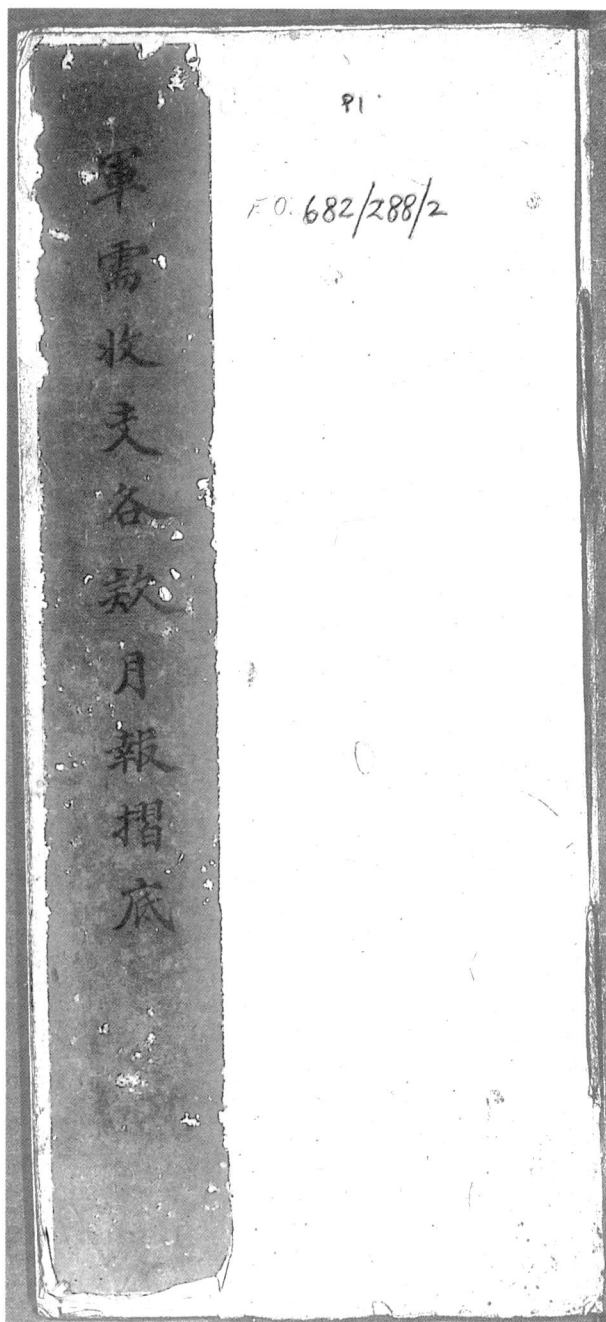

軍需收支各款月報摺底

91

F.O. 682/288/2

P2

謹將此次勦辦匪徒自咸豐四年五月起至七年二月底止收支經
費各款銀數開列呈

電

計開

一由局及廣州府領藩庫銀六十七萬零六十兩查此款係奉撥四年地丁銀七萬四千八百七十一兩一錢七分四厘二毫一絲二忽三年十二月至四年四月續捐俟撥銀七萬一千七百一十兩四年六月截至六年三月官紳捐輸除徑繳局用外尚銀三萬二千三百零一兩八錢海關稅餉銀九十萬兩四共銀一百

66

零七萬八千八百八十二兩九錢七分四厘除撥局用銀六十七萬零六十兩及支發各處領用經費列单移局開報銀二十萬零六千零七十八兩二錢八分二厘外計存銀二十萬零二千七百四十四兩六錢九分二厘

一收粵海關稅撥解夷務軍需銀一十九萬一千二百兩此款奉撥銀三十萬兩除收外計欠銀一十萬零八千八百兩

一收潮橋盐課撥解夷務軍需銀二萬兩此款奉撥銀一十二萬八千二百二十九兩三錢零一厘除收外計欠銀一十萬零八千二百二十九兩三錢零一厘

一收撥解西省軍餉銀七萬三千兩內藩庫銀一萬兩海關稅餉銀六萬三千兩

一收發商生息帑本補水共銀二十九萬四千五百零二兩二錢五分七厘內捕盐經費生息帑本及補水銀一十四萬六千一百四十六兩零二分三厘快船經費生息及補水銀一萬二千一百四十二兩五錢七分厘桑園圍基生息本及補水銀一萬六千零六十兩八旗馬穀價生息本及補水銀四萬零一百六十九兩七錢五分五厘水操防夷經費生息本銀九千九百八十三兩九錢零一厘惠濟義倉生息本銀七萬兩

一收官紳捐輸辦理夷務軍需銀一十二萬一千二百九十七兩七錢二分

一收順德縣屬捐輸夷務已發局收銀九萬六千兩內馬耕心堂繳銀六萬兩順德縣繳銀三萬六千兩

一收香山鶴山等縣捐輸夷務銀一萬五千三百八十兩

一收惠潮屬捐輸銀一萬四千八百七十三兩四錢三分

一收官紳繳赴本局捐輸銀三十七萬三千九百四十五兩九錢三分八厘內已發局收

65

銀三十一萬八千六百六十六两五錢未發局收已移局請奬銀二萬九千五百六十三两四錢三分八厘候酌定再發局收銀二萬五千七百一十六两

一收各處繳局未發局收銀二十二萬九千七百两內番禺舉人何壯猷繳銀八萬五千两陳龍韜繳銀五萬八千两平洲局繳銀一萬两九江堡繳銀六萬七千八百两鍾村亦岡戴姓繳銀八千九百两

一收西関新老城捐輸經費銀一百八十二萬九千零三十八两二錢二分九厘

一收新城捐局繳存五年三月發還烟店捐項銀二百五十六两

一收順德捐輸隨時發給局收銀三十七萬一千一百八十二两內陳村閩鄉繳銀三千五百两陳村各行繳銀二萬五千六百八十二两葉積思堂繳銀七萬两龍景韶繳銀六萬二千两龍留山堂繳銀一十五萬两馬耕心堂繳銀六萬两

P4

一提順德公局捐輸由順德縣請換局收銀一十九萬二千五百两

一收順德龍景韶捐輸候撥歸紅单船經費銀一萬两以上順德捐輸三欵共銀五十七萬二千六百八十二两

一收各處繳充公用銀三萬四千五百二十四两八錢九分六厘內順銷銀行抽分銀二萬七千两夏建亭捐輸紋銀換番補水餘剩銀三百二十四两八錢九分六厘孔劉两姓繳銀七千二百两

一收各處繳罰項抄產田租變糶逆夷米價共銀一十三萬二千六百零

64

七兩四錢二分五厘

一收廣州府庫存江南粮臺帶回扣留撥還廣東墊欵銀三萬四千五百兩

一收廣州府鮮繳庫存閏欵充公銀二千七百五十七兩六錢八分二厘

一收關餉平餘及換各餉紋水共銀二萬五千零七十九兩八錢零四厘

一收各處領火藥砲子繳價銀一千一百五十五兩

一收廣西張前臬司前在梧州鮮存銀一千五百零七兩七錢五分內撥解倫賞東省師船保守梧郡花紅銀一千兩代支東省師船口糧除劃抵外尚銀五百零七兩七錢五分

P5

一收原買煤炭及柴並堵塞河道爛船變價共銀一千零六十四兩三錢九分四厘

一收陽江鎮標廣海寨拖船原配弁兵口糧內由原營支領扣還銀三十六兩六錢三分

一收糧道庫籌借倫用銀七萬兩

一收廣州府庫籌借倫用銀一萬兩

以上共收銀四百八十一萬五千一百六十九兩一錢五分五厘

四年五月至七年正月底支款

各處領用經費銀一百二十四萬四千七百零六兩零三分八厘

各路官兵壯勇薪粮船隻月租水手工食銀二百五十三萬零二百一十九兩七錢二分八厘

製造軍裝器械工料銀一十二萬四千四百零三兩八錢五分一厘

製造砲子鉛子工料銀九萬三千八百零二兩六錢二分一厘

採辦硝磺製造火藥工料銀一十二萬二千零八十二兩八錢六分

P6

搭蓋蓬廠修船工料銀六千八百一十四兩七錢五分五厘

修理城垣砲臺堵塞河道工料銀二萬二千七百二十六兩八錢零五厘

船脚夫價各項役食銀一十五萬五千九百二十九兩九錢二分二厘

備辦乾粮油燭樵款銀六萬三千三百七十五兩六錢零九厘

省城分局支應夫價軍火及管帶紅單船委員領用銀一萬五千四百八十六兩四錢六分

解還藩庫提用發當生息帑本息銀九千四百零七兩七錢一分三厘

犒賞銀一十五萬六千二百六十四兩二錢零五厘

南海縣借賞各鄉團練銀一千三百兩

撫卹銀五萬九千一百三十九兩八錢

各營官弁借支養廉薪粮已移查扣未還銀一千二百零五兩一錢九分

調赴江南助勦之碣石營兵一百五十八名借支棉衣俟凱旋查扣

銀三百一十六兩

87

同知林福盛預借修船費用按月分扣歸款除扣外尚銀一千七

百兩

守備熊應榮預借修船費用按月分扣歸款除扣外尚銀一千五

百兩

撥支口糧未據開報銀九百一十三兩一錢四分

解運湖北夷砲船價借用銀二千零四十一兩四錢六分內陸路崑提督

經支銀一千零五兩四錢六分署韶

州府吳守經支銀一千零三十六兩

61

以上自四年五月開局起至七年正月底止共支用銀四百六十一萬三千三百三十六兩一錢五分七厘內

各案勦匪銀四百零二萬一千八百七十兩零八錢一分七厘

夷務案內銀五十九萬一千四百六十五兩三錢四分

七年二月支款

各處領用經費銀二萬零二百四十六兩零五分七厘內新安陳勇領用口粮經費銀二千兩署廣州府郭守領赴清遠勦捕經費銀一萬六千一百兩陸路崑提督領赴西江勦捕經費銀二千一百四十六兩零五分七厘

省城防堵北江勦捕官兵壯勇薪粮船租局員薪水書吏工食銀一十一萬四千四百零八兩二錢二分八厘內夷務銀六萬九千七百零一兩七錢五分五厘北江銀四萬四千七百零六兩四錢七分三厘

製造防勦火箭軍裝器械工料銀六千九百五十六兩五錢二分內夷務銀六千五百三十五兩八錢二分北江銀四百二十兩零七錢

製造砲子鉛子工料銀二千四百六十九兩九錢一分二厘夷務案

製造火藥工料銀七百八十兩夷務案

修船工料銀一百八十五兩三錢九分夷務案

修理城垣堵塞河道工料銀三千一百五十八兩夷務案

各路軍營船脚夫價及本局各項役食銀五千三百四十五兩五錢七分內夷務銀一千三百五十四兩三錢七分北江銀三千九百九十一兩二錢

各路軍營帳房折支油燭本局紙張筆墨房租伙伕銀二千一百二十三兩四錢五分二厘內夷務銀一千八百零六兩五錢五分二厘北江銀三百一十六兩九錢

P9

犒賞銀三十兩夷務案

撫卹銀一百一十二兩三錢夷務案

以上七年二月各項共支用銀一十五萬五千八百一十五兩四錢二分九厘內

各案勦匪銀六萬七千六百八十一兩三錢三分

夷務案內銀八萬八千一百三十四兩零九分九厘

59

前項自四年五月起至七年二月底止本局共支銀四百七十六萬九千一百五十一兩五錢八分六厘內

各案勦匪銀四百零八萬九千五百五十二兩一錢四分七厘內有撥支西江勦匪兵勇口粮夫船脚價軍裝䘏賞共銀七十二萬四千九百八十七兩零一分二厘

夷務案內銀六十七萬九千五百九十九兩四錢三分九厘

計存銀四萬六千零一十七兩五錢六分九厘

另款

一由藩庫先後支過各處領用經費列单移局開報銀二十萬零六千零七十八兩二錢八分二厘

以上本局及另款共支用銀四百九十七萬五千二百二十九兩八錢六分八厘

P10

58

P11

謹將此次勦辦匪徒自咸豐四年五月起至七年三月底止收支經費各款銀數開列呈

電

計開

一由局及廣州府領藩庫銀六十七萬五千零六十兩查此款係奉撥四年地丁銀七萬四千八百七十二兩一錢七分四厘二毫一絲二忽三年十二月至四年四月續捐候撥銀七萬一千七百一十兩四年六月截至六年三月官紳捐輸除徑繳局用外尚銀三萬二千三百零一兩八錢海關稅餉銀九十萬兩四共銀一百零七萬八千八百八十二兩九錢七分四厘除撥局用銀六十七萬五千零六十兩及支發各處領用經費列單移局開報銀二十萬零七千三百六十三兩八錢八分二厘外計存銀一十九萬六千四百五十九兩零九分二厘

一收粵海關稅撥解夷務軍需銀一十九萬一千二百兩此數奉撥銀三十萬兩除收外計欠銀一十萬零八千八百兩

57

P12

一收潮橋鹽課撥解夷務軍需銀二萬兩此款奉撥銀一十二萬八千二百二十九兩三錢零一厘除收外計欠銀一十萬零八千二百二十九兩三錢零一厘

一收撥解西省軍餉銀七萬三千兩內藩庫銀一萬兩海關稅餉銀六萬三千兩

一收發商生息帑本補水共銀二十九萬四千五百零二兩二錢五分七厘內補鹽經費生息帑本及補水銀一十四萬六千一百四十六兩零二分三厘快船經費生息及補水銀一萬二千一百四十二兩五錢七分八厘桑園圍基生息本及補水銀一萬六千零六十兩八旗馬穀價生息本及補水銀四萬零一百六十九兩七錢五分五厘水操防夷經費生息本銀九千九百八十三兩九錢零一厘惠濟義倉生息本銀七萬兩

一收官紳捐輸夷務銀一十三萬一千七百七十六兩三錢八分

一收順德縣屬捐輸夷務已發局收銀一十萬零四千兩內馮耕心堂繳銀六萬兩順德縣繳銀四萬四千兩

一收香山縣屬捐輸夷務銀二萬兩

一收肇羅兩屬捐輸夷務銀一萬四千九百兩

一收惠潮屬捐輸銀一萬四千八百七十三兩四錢三分

一收官紳繳赴本局捐輸銀四十萬零九千六百九十五兩九錢三分八厘內已發局收銀三十五萬一千零一十六兩五錢未發局收已移局請獎銀二萬九千八百六十三兩四錢三分八厘候酌定再發局收銀二萬八千八百一十六兩

一收各處繳局未發局收銀二十二萬五千五百兩內番禺舉人何壯猷繳銀八萬五千兩陳龍韜繳銀五萬八千兩平洲局繳銀一萬兩九江堡繳銀六萬三千六百兩鍾村赤岡黃姓繳銀八千九百兩

56

一收西關新老城捐輸經費銀一百九十萬零三千九百零五兩八錢四分三厘

一收新城捐局繳存五年三月發還烟店捐項銀二百五十六兩

一收順德捐輸隨時發給局收銀三十七萬四千一百八十九兩六錢內 陳村闔鄉繳銀二千五百兩陳村各行繳銀二萬八千六百八十九兩六錢葉積思堂繳銀七萬兩龍景韶繳銀六萬二千兩龍留山堂繳銀一十五萬兩馬耕心堂繳銀六萬兩

一提順德公局捐輸由順德縣請換局收銀一十九萬一千五百兩

一收順德龍景韶捐輸候撥歸紅單船經費銀一萬兩 以上順德捐輸三款共銀五十七萬五千六百八十九兩六錢

一收各處繳充公用銀三萬四千五百二十四兩八錢九分六厘內 傾銷銀行抽分銀二萬七千兩夏建亭捐輸紋銀撥番補米餘剩銀三百二十四兩八錢九分六厘孔劉兩姓繳銀七千二百兩

P 13

一收各處繳罰項抄產田租變糶逆夷米價共銀一十三萬二千六百零七兩四錢二分五厘

一收廣州府庫存江南糧臺帶回扣留撥還廣東墊款銀三萬四千五百兩

一收廣州府解繳庫存閑款充公銀二千七百五十七兩六錢八分二厘

一收關餉平餘及換各餉紋水共銀二萬五千零七十九兩八錢零四厘

一收各處領火藥砲子繳價銀一千二百五十五兩

一收廣西張前臬司前在梧州解存銀一千五百零七兩七錢五分內 撥解倫賞東省師船保守梧郡花紅銀一千兩代支東省師船口糧除劃抵外尚銀五百零七兩七錢五分

一收原買煤炭及柴並堵塞河道爛船變價共銀一千零六十四兩三錢九分四厘

55

一収陽江鎮標廣海寨拖船原配弁兵口糧內由原營支領扣還銀三十六兩六錢三分

一收糧道庫籌借備用銀七萬兩

一收廣州府庫籌借備用銀二萬三千兩

以上共収銀四百九十八萬零五百九十三兩零二分九厘

四年五月至七年二月底支款

各處領用經費銀一百二十六萬四千九百五十二兩零九分五厘

各路官兵壯勇薪粮船隻月租水手工食銀二百六十四萬四千六百二十七兩九錢五分六厘

P14

製造軍裝器械工料銀一十三萬一千三百六十兩零三錢七分一厘

製造砲子鉛子工料銀九萬六千二百七十二兩五錢三分三厘

採辦硝磺製造火藥工料銀一十二萬二千八百六十二兩八錢六分

搭蓋蓬廠修船工料銀七千兩零零零一錢四分五厘

修理城垣砲臺堵塞河道工料銀二萬五千八百八十四兩八錢零五厘

船脚夫價各項役食銀一十六萬一千二百七十五兩四錢九分二厘

備辦乾糧油燭襍款銀六萬五千四百九十九兩零六分一厘

54

P15

省城分局支應夫價軍火及管帶紅单船委員領用銀一萬五千四百八十六兩四錢六分

解還藩庫提用發當生息帑本息銀九千四百零七兩七錢一分三厘

犒賞銀一十五萬六千二百九十四兩二錢零五厘

南海縣借賞各鄉團練銀一千三百兩

撫卹銀五萬九千二百五十二兩一錢

各營官弁借支養廉薪粮已移查扣未還銀一千二百零五兩一錢九分

調赴江南助勦之碣石營兵一百五十八名借支棉衣俟凱旋查扣銀三百一十六兩

同知林福盛預借修船費用按月分扣歸欵除扣外尚銀一千五百兩

守備熊應榮預借修船費用按月分扣歸欵除扣外尚銀一千二百九十兩

撥支口粮未據開報銀九百一十三兩一錢四分

解運湖北夷砲船價借用銀二千零四十一兩四錢六分内陸路邑提督經支銀一千零五兩四錢六分署韶州府吳守經支銀一千零三十六兩

以上自四年五月開局起至七年二月底止共支用銀四百廿六萬八千七百四十一兩五錢八分六厘内

各案勦匪銀四百零八萬九千一百四十二兩一錢四分七厘

夷務案内銀六十七萬九千五百九十九兩四錢三分九厘

P 16

七年三月支款

各處領用經費銀二萬四千五百二十一兩五錢 內准補廣州府吳守領辦夷務銀六百兩署廣州府郭守領赴清遠勦捕經費銀一萬零九百二十一兩五錢南韶連勦鎮兵勇口粮銀三千兩廣西黃臬司行營備用銀一萬兩

省城防堵北江勦捕官兵壯勇薪粮船租局員薪水書吏工食銀一十一萬七千一百一十九兩三錢九分七厘 內夷務案內銀九萬二千一百四十七兩三錢九分八厘北江案內銀二萬四千九百七十一兩九錢九分九厘

製造防勦火箭軍裝砲械工料銀九百九十五兩八錢二分 夷務案

製造砲子工料銀三千二百七十六兩二錢七分四厘 夷務案

採辦洋硝製造火藥工料銀二千一百三十兩 夷務案

搭蓋篷廠工料銀五十九兩 夷務案

核給四年五月起至五年四月止打仗被失船隻價值銀三萬二千三百兩 前勦匪案

修六脉渠口鉄柵工料銀七十兩零五錢六分八厘 夷務案

各路軍營船脚夫價及本局各項役食銀四千五百四十四兩七錢一分 內夷務案內銀一千一百三十五兩三錢六分西北兩江銀三千四百零九兩三錢五分

各路軍營帳房折支油燭本局紙張筆墨房租伙促銀二千零六十一兩三錢四分八厘 內夷務案內銀一千八

52

百八十八兩九錢一分九厘北江案內
銀一百七十二兩四錢二分九厘

犒賞千總陳自修領給壯勇奪獲夷船銀五千兩夷務案

撫卹銀四百八十三兩三錢內夷務案內銀八兩北江案內銀四百七十五兩三錢

以上七年三月各項共支用銀一十九萬二千五百六十一兩九錢一分七厘內

各案勦匪銀八萬五千二百五十兩零五錢七分八厘

夷務案內銀一十萬零七千三百一十一兩三錢三分九厘

前項自四年五月起至七年三月底止本局共支銀四百九十六萬一千二百零三兩五錢零

P17

三厘內

各案勦匪銀四百一十七萬四千三百九十二兩七錢二分五厘內有撥支西江勦匪兵勇口粮夫船脚價軍裝卹賞共銀七十三萬五千零三十七兩零一分二厘

夷務案內銀七十八萬六千九百一十兩零七錢七分八厘

計存銀一萬九千二百八十九兩五錢二分六厘

另款

一由藩庫先後支過各處領用經費列单移局開報銀二十萬零七千二百六十三兩八錢八分二厘

51

以上本局及另款共支用銀五百一十六萬八千六百六十七兩三錢八分五厘

P 18

謹將此次勸辦匪徒自咸豐四年五月起至七年四月底止收支經費各款銀數開列呈

電

計開

一由局及廣州府領藩庫銀六十七萬五千零六十兩查此款係奉撥四年地丁銀七萬四千八百七十一兩一錢七分四厘二毫一絲二忽三年十二月至四年四月續捐候撥銀七萬一千七百一十兩四年六月截至六年三月官紳捐輸除徑繳局用外尚銀三萬二千三百零一兩八錢海關稅餉銀九十萬兩四共銀一百零七萬八千八百八十二兩九錢七分四厘除撥局用銀六十七萬五千零六十兩及支發各處領用經費列单移局開報銀二十萬零七千三百六十三兩八錢八分二厘外計存銀一十九萬六千四百五十九兩零九分二厘

一収粤海關稅撥解夷務軍需銀二十萬零一千二百二十六兩九錢五分五厘此款奉撥銀三十萬兩除収外計欠銀九萬八千七百七十三兩零四分五厘

50

一收潮橋鹽課撥解夷務軍需銀二萬兩
此款奉撥銀一十二萬八千二百二十九兩三錢零一厘
除收外計欠銀一十萬零八千二百二十九兩三錢零一厘

一收撥解西省軍餉銀七萬三千兩內
藩庫銀一萬兩
海關稅餉銀六萬三千兩

一收發商生息帑本補水共銀二十九萬四千五百零二兩二錢五分七厘內
補盜經費生息帑本及補水銀一
十四萬六千一百四十六兩零二分三
厘快船經費生息及補水銀一萬二千一百四十二兩五錢七分八厘桑園圍基生息本及補水銀一萬六
千零六十兩八旗馬穀價生息本及補水銀四萬零一百六十九兩七錢五分五厘水操防夷經費生息
本銀九千九百八十三兩九錢零
一厘惠濟義倉生息本銀七萬兩

一收官紳捐輸夷務銀一十三萬四千三百七十三兩七錢

一收順德縣屬捐輸夷務已發局收銀一十一萬二千兩內
馬耕心堂繳銀六萬兩
順德縣繳銀五萬二千兩

P19

一收香山縣屬捐輸夷務銀三萬兩

一收肇羅兩屬捐輸夷務銀二萬四千二百兩

一收惠潮屬捐輸銀一萬四千八百七十三兩四錢三分

一收官紳繳赴本局捐輸銀四十二萬一千零九十五兩九錢三分八厘內
已發局收銀三十五萬八千零
一十六兩五錢未發局收已移局
請獎銀二萬九千八百六十三兩四錢三分八厘
俟酌定再發局收銀三萬三千二百一十六兩

一收各處繳局未發局收銀二十一萬五千五百兩內
番禺舉人何壯猷繳銀八萬五千兩陳龍韜繳銀
五萬八千兩九江堡繳銀六萬三千六百兩鍾村赤岡
戴姓繳銀
八千九百兩

49

一收西關新老城捐輸經費銀一百九十七萬三千六百一十五兩三錢九分三厘

一收新城捐局繳存五年三月發還烟店捐項銀二百五十六兩

一收順德捐輸隨時發給局收銀三十七萬四千一百八十九兩六錢內陳村闔鄉繳銀三千五百兩陳村各行繳銀二萬八千六百八十九兩六錢葉積思堂繳銀七萬兩龍景韶繳銀六萬二千兩龍留山堂繳銀一十五萬兩馬耕心堂繳銀六萬兩

一提順德公局捐輸由順德縣請換局收銀一十九萬一千五百兩

一收順德龍景韶捐輸俟撥歸紅單船經費銀一萬兩以上順德捐輸三款共銀五十七萬五千六百八十九兩六錢

一收各處繳充公用銀二萬七千五百二十四兩八錢九分六厘內傾銷銀行抽分銀二萬兩及建亭捐輸紋銀換番補水餘剩銀三百二十四兩八錢九分六厘孔劉兩姓繳銀七千二百兩

P 20

一收各處繳罰項抄產田租變糶逆夷米價共銀一十三萬六千六百零七兩四錢二分五厘

一收廣州府庫存江南糧臺帶回扣留撥還廣東墊款銀三萬四千五百兩

一收廣州府解繳庫存閒款充公銀二千七百五十七兩六錢八分二厘

一收關餉平餘及換各餉紋水共銀二萬五千四百五十八兩五錢七分二厘

一收各處領火藥砲子繳價銀一千一百五十五兩

一收廣西張前臬司前在梧州解存銀一千五百零七兩七錢五分內撥解倫賞東省師船保守梧郡花紅銀一千兩代支東省師船口粮

48

P 21

除劃抵外尚銀五百零七兩七錢五分

一收原買煤炭及柴並堵塞河道爛船變價共銀一千零六十四兩三錢九分四釐

一收陽江鎮標廣海寨拖船原配弁兵口粮內由原營支領扣還銀三十六兩六錢三分

一收糧道庫籌借備用銀九萬兩

一收廣州府庫籌借備用銀三萬兩

以上共收銀五百一十一萬六千零五兩六錢二分二釐

四年五月至七年三月底支款

各處領用經費銀一百二十九萬三千四百七十三兩五錢九分五釐

各路官兵壯勇薪糧船隻月租水手工食銀二百七十五萬七千七百四十七兩三錢五分三釐

製造軍裝器械工料銀一十三萬二千三百五十六兩一錢九分一釐

製造砲子鉛子工料銀九萬九千五百四十八兩八錢零七釐

採辦硝磺製造火藥工料銀一十二萬四千九百九十二兩八錢六分

搭蓋篷廠修船工料核給被失船隻價值銀三萬九千三百五十九兩一錢四分五釐

修理城垣砲臺堵塞河道工料銀二萬五千九百五十五兩三錢七分三釐

447

船腳夫價各項伕食銀一十六萬五千八百二十兩零二錢零二厘

備辦乾粮油燭襍款銀六萬七千五百六十兩零四錢零九厘

省城分局支應夫價軍火及管帶紅單船委員領用銀一萬五千四百八十六兩四錢六分

解還藩庫提用發當生息歸本息銀九千四百零七兩七錢一分三厘

犒賞銀一十六萬一千二百九十四兩二錢零五厘

南海縣借賞各鄉團練銀一千三百兩

撫卹銀五萬九千七百三十五兩四錢

P22

各營官弁借支養廉薪糧已移查扣未還銀一千二百零五兩一錢九分

調赴江南助勦之碣石營兵一百五十八名借支棉衣俟凱旋查扣銀三百一十六兩

同知林福盛預借修船費用按月分扣歸款除扣外尚銀一千三百兩

守備熊應榮預借修船費用按月分扣歸款除扣外尚銀一千一百六十兩

撥支口粮未據開報銀九百一十三兩一錢四分

解運湖北夷砲船價借用銀二千零四十一兩四錢六分內（陸路崑提督經支銀一千零五兩四錢六分 署韶州府吳守經支銀一千零三十六兩）

46

以上自四年五月開局起至七年三月底止共支用銀四百九十六萬零九百七十三兩五錢零三厘

各案勦匪銀四百一十七萬四千零六十二兩七錢二分五厘

夷務案內銀七十八萬六千九百一十兩零七錢七分八厘

七年四月支款

各處領用經費銀三萬一千二百六十一兩五錢三分九厘 內准補廣州府吳守領辦夷務銀四百兩連州支應朱岡勇粮滙兑先還銀二千兩署廣州府郭守行營經費及朱岡潮勇口粮銀一萬三千一百九十八兩七錢五分陸路崑提督前在韶勦匪提用客商撥還銀三百兩在惠勦匪墊用領還銀一千七百三十六兩一錢四分二厘現在肇勦補四五兩月經費銀三千六百二十六兩六錢四分七厘廣西黄臬司行營備用銀一萬兩

P 23

省城防堵北江勦捕官兵壯勇薪糧船租局員薪水書吏工食銀九萬零零九十七兩四錢三分六厘 內夷務案內銀六萬五千五百一十一兩四錢零四厘北江案內銀二萬四千五百八十六兩零三分二厘

製造軍裝器械工料銀三百九十八兩二錢二分 內夷務案內銀三百二十六兩二錢六分北江案內銀七十一兩九錢六分

製造砲子工料銀二千三百六十三兩四錢九分 夷務案

採辦洋硝銀二千兩 夷務案

修理城垣工料銀九百四十九兩二錢九分 夷務案

各路軍營船脚夫價及本局各項役食銀三千一百零三兩九錢九分 內夷務案內銀七百七十八兩三錢六分西北兩江銀二千三百二十五兩六錢三分

85

各路軍營帳房折支油燭本局紙張筆墨房租伙促銀一千七百四十七兩二錢五分八厘內夷務案內銀一千六百零五兩一錢八分四厘北江案內銀一百四十二兩零七分四厘

撥還提用發當生息帑本息銀三千五百一十五兩三錢四分前勦匪案

犒賞觧還咈國夷人一名給該夷銀一百四十兩夷務案

撫卹銀九百六十六兩八錢內夷務案內銀四兩北江案內銀九百六十二兩八錢

以上七年四月各項共支用銀一十三萬六千五百四十三兩三錢六分三厘內

各案勦匪銀六萬二千四百六十五兩三錢七分五厘

夷務案內銀七萬四千零七十七兩九錢八分八厘

P 24

前項自四年五月起至七年四月底止本局共支銀五百零九萬七千五百一十六兩八錢六分

六厘內

各案勦匪銀四百二十三萬六千五百二十八兩一錢內有撥支西江勦匪兵勇口粮夫船脚價軍裝卹賞共銀七十四萬八千六百八十三兩二錢五分九厘

夷務案內銀八十六萬零九百八十八兩七錢六分六厘

計存銀一萬八千四百八十八兩七錢五分六厘

另款

一由藩庫先後支過各處領用經費列单移局開報銀二十萬零七千三百六十三兩八錢八分二厘

以上本局及另款共支用銀五百三十萬零四千八百八十兩零七錢四分八厘

謹將此次勦辦匪徒自咸豐四年五月起至七年五月底止收支經費各欵銀數開列呈

電

計開

一由局及廣州府領藩庫銀六十七萬五千零六十兩 查此欵係奉撥四年地丁銀七萬四千八百七十一兩一錢七分四厘二毫一絲二忽三年十二月至四年四月續捐候撥銀七萬一千七百一十兩四年六月截至七年四月官紳捐輸除徑撤局用外尚銀三萬三千零四十五兩八錢海關稅餉銀九十萬兩共銀一百零七萬九千六百二十六兩九錢七分四厘除撥局用銀六十七萬五千零六十兩及支發各處領用經費列单移局開報銀二十萬零七千三百六十三兩八錢八分二厘外計存銀十九萬七千二百零三兩零九分二厘

一收粤海關稅撥解夷務軍需銀二十二萬零九百九十五兩九錢三分七厘 此欵奉撥銀三十萬兩除收外計欠銀七萬九千零四兩零六分三厘

P25

43

一收潮橋盐課撥解夷務軍需銀二萬兩此款奉撥銀一十二萬八千二百二十九兩三錢零一厘除收解計欠銀一十萬零八千二百二十九兩三錢零一厘

一收撥解西省軍餉銀七萬三千兩内藩庫銀一萬兩海關稅餉銀六萬三千兩

一收藩庫撥解購買夷砲盐課紋銀一萬六千兩

一收發商生息帑本補水共銀二十九萬四千五百零二兩二錢五分七厘内補盜經費生息帑本及補水銀一十四萬六千一百四十六兩零二分三厘快船經費生息及補水銀一萬二千一百四十二兩五錢七分八厘桑園圍基生息本及補水銀一萬六千零六十兩八旗馬穀價生息本及補水銀四萬零一百六十九兩七錢五分五厘水撈防夷經費生息本銀九千九百八十三兩九錢零一厘惠濟義倉生息本銀七萬兩

一收官紳捐輸夷務銀一十三萬六千一百八十八兩七錢

P26

一收順德縣屬捐輸夷務已發局收銀五萬二千兩

一收香山縣屬捐輸夷務銀三萬兩

一收肇羅兩屬捐輸夷務銀二萬五千三百兩

一收惠潮屬捐輸銀二萬二千六百八十九兩七錢二分

一收官紳繳赴本局捐輸銀四十二萬三千八百九十四兩一錢七分八厘内已發局收銀三十五萬八千零四十兩零五錢未發局收已移局請獎銀二萬九千六百四十四兩零四分候酌定再發局收銀三萬六千二百零九兩六錢三分八厘

一收各處繳局未發局收銀二十一萬五千五百兩内番禺舉人何壯猷繳銀八萬五千兩陳龍韜繳銀五萬八千兩九江堡繳銀六萬三千六百兩鍾村赤岡戴姓繳銀

42

P27

八千九百兩

一收西關新老城捐輸經費銀二百零三萬九千九百四十二兩一錢八分

一收新城捐局繳存五年三月發還烟店捐項銀二百五十六兩

一收順德捐輸隨時發給局收銀四十三萬四千一百八十九兩六錢內陳村閤鄉繳銀三千五百兩陳村各行繳銀二萬八千六百八十九兩六錢葉積思堂繳銀七萬兩龍景韶繳銀六萬二千兩龍留山堂繳銀一十五萬兩馬耕心堂繳前案勘匪銀六萬兩現辦夷務銀六萬兩

一提順德公局捐輸由順德縣請換局收銀一十九萬一千五百兩

一收順德龍景韶捐輸候撥歸紅单船經費銀一萬兩以上順德捐輸三欵共銀六十三萬五千六百八十九兩六錢

一收各處繳充公用銀二萬七千五百二十四兩八錢九分六厘內傾銷銀行抽分銀二萬兩夏建亭捐輸紋銀換番補水餘剩銀三百二十四兩八錢九分六厘孔劉两姓繳銀七千二百两

一收各處繳罰項抄産田租變糶逆夷米價共銀一十三萬九千三百零七兩四錢二分五厘

一收廣州府庫存江南糧臺帶回扣留撥還廣東墊欵銀三萬四千五百兩

一收廣州府觧繳庫存閒欵充公銀二千七百五十七兩六錢八分二厘

一收閣餉平餘及换各餉紋水共銀二萬五千六百八十九兩五錢九分

一收各處領火葯砲子繳價銀一千一百五十五兩

41

一收廣西張臬司前在梧州解存銀一千五百零七兩七錢五分內撥解備賞東省師船保守梧郡花紅銀一千兩代支東省師船口糧除劃抵外尚銀五百零七兩七錢五分

一收原買煤炭及柴並堵塞河道爛船變價共銀一千零六十四兩三錢九分四厘

一收陽江鎮標廣海寨拖船原配弁兵口糧內由原營支領扣還銀三十六兩六錢三分

一收糧道庫籌借備用銀一十五萬兩

一收廣州府庫籌借備用銀三萬兩

以上共收銀五百二十九萬四千五百六十一兩九錢三分九厘

P 28

四年五月至七年四月底支款

各處領用經費銀一百三十三萬六千七百三十五兩一錢三分四厘

各路官兵壯勇薪糧船隻月租水手工食銀二百八十四萬七千八百四十四兩七錢八分九厘

製造軍裝器械工料銀一十三萬二千一百五十四兩四錢一分一厘

製造砲子鉛子工料銀一十萬零一千九百一十二兩二錢九分七厘

採辦硝磺製造火藥工料銀一十二萬六千九百九十二兩八錢六分

搭蓋篷廠修船工料核給被失船隻價值銀三萬九千三百五十九兩一錢四分五厘

40

修理城垣砲臺堵塞河道工料銀二萬六千九百零四兩六錢六分三厘

船腳夫價各項役食銀一十六萬八千九百二十四兩一錢九分二厘

備辦乾糧油燭襍款銀六萬九千三百零七兩六錢六分七厘

省城分局支應夫價軍火及管帶紅單船委員領用銀一萬六千零八十六兩四錢六分

撥還提用發當生息帑本息銀一萬二千九百二十三兩零五分三厘

犒賞銀一十六萬一千四百三十四兩二錢零五厘

撫卹銀六萬零七百零二兩二錢

P29

南海縣借賞各鄉團練銀一千三百兩

各營官弁借支養廉薪糧已移查扣未還銀一千二百零五兩一錢九分

調赴江南助勦之碣石營兵一百五十八名借支棉衣俟凱旋查扣銀三百一十六兩

知府林福盛預借修船費用按月分扣歸款除扣外尚銀一千二百兩

守備熊應榮預借修船費用按月分扣歸款除扣外尚銀一千零三十兩

撥支口糧未據開報銀九百一十三兩一錢四分

解運湖北夷砲船價借用銀二千零四十一兩四錢六分內陸路提督經支銀一千零五兩四錢六分署韶州府吳守經支銀一千零三十六兩

39

以上自四年五月開局起至七年四月底止共支用銀五百十萬零九千二百八十六兩八錢六分六厘内

各案勦匪銀四百二十四萬八千二百九十八兩一錢

夷務案内銀八十六萬零九百八十八兩七錢六分六厘

七年五月支款

各處領用經費銀四萬七千五百七十五兩九錢四分七厘内連州支應朱岡勇糧滙兑撥還銀一千兩署廣州府郭守行營支發朱岡勇潮勇兩起口糧銀一萬九千五百二十四兩二錢五分南韶連勦鎮兵勇口糧銀二千兩南雄州孫牧滙兑贛州軍餉撥還銀二千兩陸路提督前在韶勦匪提用客商撥還銀三百兩在惠剿匪墊用領還銀一千兩現在肇勦捕四五月經費銀一千七百平一兩六錢九分七厘廣西黄臬司行營協支平樂勦匪銀二萬兩

P 30

省城防堵西北江勦捕官兵壯勇薪糧船租局員薪水書吏工食銀九萬八千二百三十一兩七錢九分六厘内夷務案内銀七萬九千二百四十一兩六錢二分五厘西北兩江銀一萬八千九百九十兩零一錢七分一厘

製造軍裝器械工料銀二千三百三十三兩七錢一分内夷務案内銀二千一百三十三兩七錢一分西江案銀二百兩

製造砲子鉛子工料銀四百三十二兩夷務案

採辦洋硝製造火藥工料銀三千零四十八兩夷務案

搭蓋篷廠工料銀二十四兩夷務案

38

P 31

修理城垣工料銀一百三十兩夷務案

各路軍營船脚夫價及本局各項役食銀三千八百九十五兩四錢三分一厘內夷務案內銀一千七百八十六兩一錢三分一厘西北兩江銀二千一百零九兩三錢

各路軍營帳房折支油燭本局紙張筆墨房租伙促銀二千二百七十兩零六錢九分五厘內夷務案內銀二千一百五十九兩二錢八分五厘北江銀一百十一兩四錢一分

分局夫價委員領用及南海縣領給粥廠經費共銀一千一百兩夷務案

撥還提用發當生息帑本息銀一萬一千一百九十兩零八錢七分前勦匪案

犒賞銀三千四百六十三兩三錢內夷務案內銀二千四百二十三兩七錢北江案內銀一千零三十九兩六錢

撫卹銀六百三十二兩三錢內夷務案內銀五百六十兩零三錢北江案內銀七十二兩

以上七年五月各項共支用銀一十七萬四千三百二十八兩零四分九厘內

各案勦匪銀八萬一千二百八十九兩二錢九分八厘

夷務案內銀九萬三千零三十八兩七錢五分一厘

前項自四年五月起至七年五月底止本局共支銀五百二十八萬三千六百一十四兩九錢一分五厘

各案勦匪銀四百三十三萬九千五百八十七兩三錢九分八厘內有撥支西江勦匪兵勇口糧夫船脚價軍裝卹賞共銀七十七萬零四百三十四兩九錢五分六厘

37

夷務案內銀九十五萬四千零二十七兩五錢一分七厘

計存銀一萬零九百四十七兩零二分四厘

另欵

一由藩庫先後支過各處領用經費列單移局開報銀二十萬零七千三百六十三兩八錢八分二厘

以上本局及另欵共支用銀五百四十九萬零九百七十八兩七錢九分七厘

P 32

電

謹將此次勦辦匪徒自咸豐四年五月起至七年閏五月底止收支經費各欵銀數開列呈

電

計開

一由局及廣州府領藩庫銀六十七萬五千零六十兩查此欵係奉撥四年地丁銀七萬四千八百七十一兩一錢七分四厘二毫一絲二忽三年十二月至四年四月續捐候撥銀七萬一千七百一十兩四年六月截至七年四月官紳捐輸除經繳局用外尚銀三萬三千零四十五兩八錢海關稅餉銀九十萬兩四共銀一百零七萬九千六百二十六兩九錢七分四厘除撥局用銀六十七萬五千零六十兩及支發各處領用經費列單移局開報銀二十萬零七千三百六十三兩八錢八分二厘外計存銀一十九萬七千二百零三兩

36

零九分二厘

一收粵海關稅撥解夷務軍需銀二十二萬零九百九十五兩九錢三分七厘此款奉撥銀三十萬兩除收外計欠銀七萬九千零四兩零六分三厘

一收潮橋鹽課撥解夷務軍需銀二萬兩此款奉撥銀一十二萬八千二百二十九兩三錢零一厘除收外計欠銀一十萬零八千二百二十九兩三錢零壹厘

一收撥解西省軍餉銀七萬三千兩內藩庫銀一萬兩海關稅餉銀六萬三千兩

一收藩庫撥解購買夷砲鹽課紋銀一萬六千兩

一收發商生息帑本補水共銀二十九萬四千五百零二兩二錢五分七厘內捕盜經費生息帑本及補水銀一十四萬六千一百四十六兩零二分三厘快船經費生息及補水銀一萬二千一百四十二兩五錢七分八厘桑園圍基生息本及補水銀一萬六千零六十兩八旗馬敎價生息本及補水銀四萬零一百六十九兩七錢五分五厘水澇防夷經費生息本銀九千九百八十三兩九錢零一厘惠濟義倉生息本銀七萬兩

P 33

一收官紳捐輸夷務銀一十三萬九千九百四十二兩七錢

一收順德縣屬捐輸夷務已發局收銀五萬二千兩

一收香山縣屬捐輸夷務銀四萬五千兩

一收肇羅兩屬捐輸夷務銀二萬七千八百三十六兩

一收惠潮屬捐輸銀二萬二千六百八十九兩七錢二分

35

一收官紳繳赴本局捐輸銀四十二萬五千三百九十四兩一錢七分八厘內已發局收銀三十
五萬八千零四十
兩零五錢未發局收已移局請獎銀二萬九千六百四十
四兩零四分候酌定再發局收銀三萬七千七百零九兩六錢三分零

一收各處繳局未發局收銀二十一萬五千五百兩內番禺舉人何壯猷繳銀八萬五千兩陳龍
韜繳銀五萬八千兩九江堡繳銀六萬三千
六百兩鍾村赤岡戴
姓繳銀八千九百兩

一收西關新老城捐輸經費銀二百一十萬零二千四百七十六兩八錢零八厘

一收新城捐局繳存五年三月發還烟店捐項銀二百五十六兩

一收順德捐輸隨時發給局收銀四十三萬五千一百八十九兩六錢內陳村鬮鄉繳銀三千
五百兩陳村各行繳
銀二萬九千六百八十九兩六錢葉積思堂繳銀七萬兩龍景韶繳銀六萬二千兩
龍留山堂繳銀一十五萬兩馬耕心堂繳前案劉匯銀六萬兩現辦夷務銀六萬兩

一提順德公局捐輸由順德縣請換局收銀一十九萬一千五百兩

一收順德龍景韶捐輸候撥歸紅單船經費銀一萬兩以上順德捐輸三款共銀六
十三萬六千六百八十九兩六錢

一收各處繳充公用銀二萬七千五百二十四兩八錢九分六厘內倾銷銀行抽分銀二萬兩又
建亭捐輸紋銀換耆補水
餘剩銀三百二十四兩八錢九分
六厘孔劉兩姓繳銀七千二百兩

一收各處繳罰項抄産田租變糶逆夷米價共銀一十五萬一千一百四十四兩一錢七分五厘

一收廣州府庫存江南糧臺帶回扣留撥還廣東餉款銀三萬四千五百兩

P35

一收廣州府解繳庫存閒款充公銀二千七百五十七两六錢八分二厘

一收關餉平餘及換各餉紋水共銀二萬七千二百一十七两六錢九分

一收各處領火藥砲子繳價銀一千一百五十五两

一收廣西張前臬司前在梧州解存銀一千五百零七两七錢五分內撥解偹賞東省師船保守梧郡花紅銀一千两代支東省師船口粮除劃抵外尚銀五百零七两七錢五分

一收欽州解回原遞越南國墊發閩省來粵遭風弁兵口糧銀一千二百四十一两二錢三分

一收原買媒炭及柴並堵塞河道爛船變價共銀一千零六十四两三錢九分四厘

一收陽江鎮標廣海塞拖船原配弁兵口糧內由原營支領扣遞銀三十六两六錢三分

一收糧道庫籌借備用銀一十八萬二千两

一收廣州府庫籌借備用銀三萬两

以上共收銀五百四十二萬七千四百九十二两六錢四分七厘

四年五月至七年五月底支款

各處領用經費銀一百三十八萬四千三百一十一两零八分一厘

各路官兵壯勇薪糧船隻月租水手工食銀二百九十四萬六千零七十六两五錢八分五厘

33

P 36

製造軍裝器械工料銀一十三萬四千四百八十八兩一錢二分一厘
製造砲子鉛子工料銀一十萬零二千三百四十四兩二錢九分七厘
採辦硝磺製造火藥工料銀一十三萬零零四十兩零八錢六分
搭蓋篷廠修船工料核給被失船隻價值銀三萬九千三百八十三兩一錢四分五厘
修理城垣砲臺堵塞河道工料銀二萬七千零三十四兩六錢六分三厘
船腳夫價各項役食銀一十七萬二千八百一十九兩六錢二分三厘
備辦乾糧油燭襍款銀七萬一千五百七十八兩三錢六分二厘

省城分局支應夫價軍火及督帶紅單船委員領用銀一萬七千一百八十六兩四錢六分
撥還提用發當生息帑本息銀二萬四千一百一十三兩九錢二分三厘
犒賞銀一十六萬四千八百九十七兩五錢零五厘
撫卹銀六萬一千三百三十四兩五錢
南海縣借賞各鄉團練銀一千三百兩
各營官弁借支養廉薪糧已移查扣未還銀一千三百零五兩一錢九分
調赴江南助勦助之碣石營兵一百五十八名借支棉衣俟凱旋查扣銀三百一十六兩

知府林福盛預借修船費用按月分扣歸款除扣外尚銀一千二百兩

守備熊應榮預借修船費用按月分扣歸款除扣外尚銀九百兩

撥支口糧未據開報銀九百一十三兩一錢四分

解運湖北夷砲船價借用銀二千零四十一兩四錢六分內（陸路崑提督經支銀一千零五兩四錢六分　署韶州府吴守經支銀一千零三十六兩）

以上自四年五月開局起至七年五月底止共支用銀五百二十八萬三千四百八十四兩九錢一分五厘內

各案剿匪銀四百三十二萬九千四百五十七兩三錢九分八厘

夷務案內銀九十五萬四千零二十七兩五錢一分七厘

P 31

七年閏五月支款

各處領用經費銀二萬二千八百一十一兩六錢五分（內准補廣州府吴守領辦夷務銀三百兩即補解沈守領辦夷務銀二百兩署廣州府郭守行營借支剿辦潮江匪徒經費銀四千兩支應朱岡勇潮勇兩起口糧銀一萬二千六百零七兩五錢五分廣寧縣沙仝剿捕經費銀三千兩陸路崑提督在惠剿匪墊用領還銀一千兩現在剿捕六月經費銀一千七百零四兩一錢）

省城防堵西北兩江剿捕官兵壯勇薪糧船租局員薪水書吏工食銀九萬一千八百四十八兩五錢一分（內夷務案內銀二萬七千五百五十二兩零五分五厘　西北兩江銀六萬四千二百九十六兩四錢五分五厘）

製造軍裝器械工料銀一千八百八十四兩三錢一分八厘（內夷務案內銀一千四百三十五兩九錢五分八厘　西北兩江銀四百四十八兩三錢六分）

31

P38

製造砲子鉛子工料銀二千六百三十六兩七錢八分夷務案

採辦洋硝製造火藥工料銀一千二百六十兩夷務案

修理藥局工料銀六兩夷務案

各路軍營船脚夫價及本局各項役食銀五千二百三十六兩二錢三分二釐内夷務案内銀一千三百零六兩二錢九分二釐西北兩江銀三千九百二十九兩九錢四分

各路軍營帳房折支油燭本局紙張筆墨房租伙促銀一千六百七十九兩一錢七分七釐内夷務案内銀一千五百零三兩七錢零七釐西北兩江銀一百七十五兩四錢七分

撥給粥厰經費銀一千八百兩夷務案

撥還提用發當生息帑本息銀三千二百四十一兩二錢三分前劃匯案

犒賞守備蘇海水勇拏獲渡船走私銀二千兩夷務案

撫卹銀二千五百九十兩零五錢夷務案

以上七年閏五月各項共支用銀一十三萬六千九百九十四兩三錢九分七釐

各案劃匯銀九萬四千四百零三兩一錢零五釐

夷務案内銀四萬二千五百九十一兩二錢九分二釐

30

P 39

前項自四年五月起至七年閏五月底止本局共支銀五百四十二萬零四百七十九兩三錢一分二厘內

各案剿匪銀四百四十二萬三千八百六十兩零五錢零三厘內有撥支西江剿匪兵勇口糧夫船腳價軍裝郵費共銀八十一萬零九百七十二兩六錢五分二厘

夷務案內銀九十九萬六千六百一十八兩八錢零九厘

計存銀七千零一十三兩三錢三分五厘

另款

一由藩庫先後支過各處領用經費列單移局開報銀二十萬零七千三百六十三兩八錢八分二厘

以上本局及另款共支用銀五百六十二萬七千八百四十三兩一錢九分四厘

謹將此次勸辦匪徒自咸豐四年五月起至七年六月底止收支經費各款銀數開列呈

電

計開

一由局及廣州府領藩庫銀六十七萬五千零六十兩查此款係奉撥四年地丁銀七萬四千八百七十一兩一錢七分四厘二毫一絲二忽三年十二月至四年四月續捐候撥銀七萬一千七百一十兩四年六月截至七年四月官紳捐輸除徑繳局用外尚銀三萬三千零四十五兩八錢海關稅餉銀九十萬兩四共銀一百零七萬九千六百二十六兩九錢七分四厘除撥局用銀六十七萬五千零六十兩及支發各處領用經費列單移局開報銀二十萬零七千三百六十三兩八錢八分二厘外計存銀一十九萬七千二百零三兩零九分二厘

29

一收粵海關稅撥解夷務軍需銀二十二萬一千一百九十五兩九錢三分七厘此款奉撥銀三十萬兩除收外計欠銀

七萬八千八百零四兩零六分三釐

一收潮橋盐課撥解夷務軍需銀二萬兩此款奉撥銀一十二萬八千二百二十九兩三錢零一釐除收外計欠銀一十萬零八千二百二十九兩三錢零一釐

一收撥解西省軍餉銀七萬三千兩内藩庫銀一萬兩海關稅餉銀六萬三千兩

一收藩庫撥解購買夷砲盐課紋銀一萬六千兩

一收發商生息帑本補水共銀二十九萬四千五百零二兩二錢五分七釐内捕盜經費生息帑本及補水銀一十四萬六千一百四十六兩零二分三釐快船經費生息及補水銀一萬二千一百四十二兩五錢七分八釐桑園圍基生息本及補水銀一萬六千零六十兩八旗馬穀價生息本及補水銀四萬零一百六十九兩七錢五分五釐水操防夷經費生息本銀九千九百八十三兩九錢零一釐惠濟義倉生息本銀七萬兩

P 40

一收官紳捐輸夷務銀一十四萬零六百四十二兩七錢

一收順德縣屬捐輸夷務已發局收銀五萬五千兩

一收香山縣屬捐輸夷務銀四萬五千兩

一收肇羅兩屬捐輸夷務銀二萬九千零三十六兩

一收惠潮屬捐輸銀二萬七千六百三十九兩七錢二分

一收官紳繳赴本局捐輸銀四十二萬七千八百九十四兩一錢七分八釐内已發局收銀三十五萬八千零四十兩零五錢未發局收已移局請獎銀二萬九千六百四十四兩零四分候酌定再發局收銀四萬零二百零九兩六錢三分八釐

28

P41

一收谷處繳局未發局收銀二十一萬五千五百兩內番禺舉人何壯猷繳銀八萬五千兩陳龍韜繳銀五萬八千兩九江堡繳銀六萬三千六百兩鍾村赤岡戴姓繳銀八千九百兩

一收西關新老城捐輸經費銀二百一十八萬八千四百六十兩零九錢

一收新城捐局繳存五年三月發還烟店捐項銀二百五十六兩

一收順德捐輸隨時發給局收銀四十三萬五千一百八十九兩六錢內陳村闔鄉繳銀三千五百兩陳村各行繳銀二萬九千六百八十九兩六錢葉積思堂繳銀七萬兩龍景韶繳銀六萬二千兩龍留山堂繳銀一十五萬兩馬耕心堂繳前案勒匪銀六萬兩現辦夷務銀六萬兩

一提順德公局捐輸由順德縣請換局收銀一十九萬一千五百兩

一收順德龍景韶捐輸候撥歸紅單船經費銀一萬兩以上順德捐輸三款共銀六十三萬六千六百八十九兩六錢

一收各處繳充公用銀三萬八千九百一十一兩零四分一厘內傾銷銀行抽分銀二萬兩夏建亭捐輸紋銀換番補水餘剩銀三百二十四兩八錢九分六厘孔劉兩姓繳銀一千二百兩新會縣帖令變糶倉穀盈餘充支軍需銀一萬一千三百八十六兩一錢四分五厘

一收各處繳罰項抄產田租變糶逆東米價共銀一十五萬五千三百三十五兩三錢四分一厘

一收廣州府庫存江南糧台帶回扣留撥還廣東墊款銀三萬四千五百兩

一收廣州府鮮繳庫存閒款充公銀二千七百五十七兩六錢八分二厘

一收關餉平餘及換各餉紋水共銀二萬七千二百一十七兩六錢九分

24

一收各處領火藥砲子繳價銀一千一百五十五兩

一收廣西張前臬司前在梧州解存銀一千五百零七兩七錢五分內撥解備賞東省師船保守梧郡花紅銀一千兩代支東省師船口粮除劃抵外尚銀五百零七兩七錢五分

一收欽州解回原還越南國執發閩省来粵遭風弁兵口粮銀一千一百四十一兩二錢三分

一收原買煤炭及柴並堵塞河道爛船變價共銀一千零六十四兩三錢九分四厘

一收陽江鎮標廣海寨拖船原配弁兵口糧內由原營支領扣還銀三十六兩六錢三分

一收糧道庫暫借屯田變價項下銀二十萬零三千兩

一收廣州府庫籌借備用銀三萬兩

以上共收銀五百五十六萬二千六百零四兩零五分

P 42

四年五月至七年閏五月底支款

各處領用經費銀一百四十萬零七千一百二十二兩七錢三分一厘

各路官兵壯勇薪糧船隻月租水手工食銀三百零三萬七千九百二十五兩零九分五厘

製造軍裝器械工料銀一十三萬六千三百七十二兩四錢三分九厘

製造砲子鉛子工料銀一十萬零四千九百八十一兩零七分七厘

26

P 43

採辦硝磺製造火藥工料銀一十三萬一千三百兩零八錢六分

搭蓋蓬廠修船工料核給被失船隻價值銀三萬九千三百八十三兩一錢四分五厘

修理城垣砲台堵塞河道工料銀二萬七千零四十兩零六錢六分三厘

船脚夫價各項役食銀一十七萬八千零五十五兩八錢五分五厘

備辦乾糧油燭雜款銀七萬三千二百五十七兩五錢三分九厘

省城分局支應夫價軍火及備辦火攻器具委員領用並撥給粥廠經費銀一萬八

千九百八十六兩四錢六分

撥還藩庫提用發當生息帑本息銀二萬七千三百五十五兩一錢五分三厘

犒賞銀一十六萬六千八百九十七兩五錢零五厘

撫卹銀六萬三千九百二十五兩

南海縣借賞各鄉團練銀一千三百兩

各營官弁借支養廉薪糧已移查扣未還銀一千二百零五兩一錢九分

調赴江南助勦之碣石營兵一百五十八名借支棉衣俟凱旋查扣銀三百一十六兩

知府林福盛領借修船費用按月分扣歸款除扣外尚銀一千二百兩

25

守備熊應榮預借修船費用按月分扣歸款除扣外尚銀七百七十兩

撥支口糧未據開報銀九百一十三兩一錢四分

解運湖北夷砲船價借用銀二千零四十一兩四錢六分內陸路崑提督經支銀一千零五兩四錢六分署韶州府吳守經支銀一千零三十六兩

以上自四年五月開局起至七年閏五月底止共支用銀五百四十二萬零三百四十九兩三錢一分二厘內

各案勦匪銀四百四十二萬三千七百三十兩零五錢零三厘

夷務案內銀九十九萬六千六百一十八兩八錢零九厘

P 44

七年六月支款

各處領用經費銀二萬六千八百七十六兩內淮補廣州府吳守領辦夷務銀三百兩新安陳勇領用口粮經費銀六百兩署廣州府郭守清遠行營備支經費銀五千兩支應朱岡勇潮勇兩起口粮銀一萬零三百七十六兩南雄州孫牧滙兌贛州軍餉撥還銀二千兩肇慶府史署守防勦經費銀三千兩卸署高要縣黃家仁帶往封川防勦經費銀三千兩陸路崑提督前在韶勦匪提用太平關稅撥還銀六百兩現在肇勦捕七月經費銀二千兩

省城防堵西北兩江勦捕官兵壯勇薪粮船租局員薪水書吏工食銀七萬四千三百三十四兩七錢一分五厘內夷務案內銀三萬七千二百一十六兩九錢四分五厘西北兩江銀三萬七千一百一十七兩七錢七分

製造軍裝器械工料銀五千九百四十六兩零三分五厘內夷務案內銀三百六十四兩四錢九分五厘西北兩江銀五千五百八十一兩五錢四分

24

製造砲子鉛子工料銀一千八百七十四兩四錢二分八厘内吏務案内銀八百七十四兩四錢二分八厘西北兩江銀一千兩

採辦洋硝製造火藥工料銀四千零四十兩西北兩江案

修建督標箭道六營兵房工料銀二千八百六十三兩九錢一分吏務案

各路軍營船脚夫價及本局各項役食銀五千零一十兩零五分内吏務案内銀九百三十二兩四錢西北兩江銀四千零七十七兩六錢五分

各路軍營帳房折支油燭本局紙張筆墨房租伙俀銀一千六百零五兩三錢一分内吏務案内銀一千三百八十八兩一錢六分五厘西北兩江銀二百一十七兩一錢四分五厘

P 45

撥給粥廠經費銀二千一百兩吏務案

撥還提用發當生息帑本息銀一萬零七百八十六兩一錢四分四厘前勸匯案

撫卹銀一千五百六十六兩吏務案

以上七年六月各項共支用銀一十三萬七千零二兩五錢九分二厘内

各案勸匯銀八萬八千七百九十六兩二錢四分九厘

吏務案内銀四萬八千二百零六兩三錢四分三厘

前項自四年五月起至七年六月底止本局共支銀五百五十五萬七千三百五十一兩九錢零四厘内

23

各案勦匪銀四百五十一萬二千五百二十六兩七錢五分二厘內有撥支西江勦匪兵勇口粮夫船脚價軍裝卹賞八共銀八十一萬七千七百五十三兩零四分二厘

夷務案內銀一百零四萬四千八百二十五兩一錢五分二厘

計存銀五十二百五十二兩一錢四分六厘

另款

一由藩庫先後支過各處領用經費列單移局開報銀二十萬零七千三百六十三兩八錢八分二厘

以上本局及另款共支用銀五百七十六萬四千七百一十五兩七錢八分六厘

謹將此次勦辦匪徒自咸豐四年五月起至七年七月底止收支經費各款銀數開列呈

電

計開

一由局及廣州府領藩庫銀六十七萬五千零六十兩 查此款係奉撥四年地丁銀七萬四千八百七十一兩一錢七分四厘二毫一絲二忽三年十二月至四年四月續捐候撥銀七萬一千七百一十兩四年六月截至七年四月官紳捐輸除徑繳局用外尚銀三萬三千零四十五兩八錢海關稅餉銀九十萬兩四共銀一百零七萬九千六百二十六兩九錢七分四厘除撥局用銀六十七萬五千零六十兩及支發各處領用經費列單移局開報銀二十萬零七千三百六十三兩八錢八分二厘外計存銀一十九萬七千二百零三兩零九分二厘

一收粵海關稅撥解夷務軍需銀二十二萬一千一百九十五兩九錢三分七厘 此款奉撥銀三十萬兩除收外計欠銀七萬八千八

百零四兩零六分三厘

一收撥解西省軍餉銀七萬三千兩內藩庫銀一萬兩海關稅餉銀六萬三千兩

一收藩庫撥解購買夷砲盐課紋銀六萬兩

一收發商生息帑本補水共銀二十九萬四千五百零二兩二錢五分七厘內捕盜經費生息帑本及補水銀十四萬六千一百四十六兩零二分三厘快船經費生息及補水銀一萬二千一百四十二兩五錢七分八厘桑園圍基生息及補水銀一萬六千零六十兩八旗馬穀價生息本及補水銀四萬零一百六十九兩七錢五分五厘水操防夷經費生息本銀九千九百八十三兩九錢零一厘惠濟義倉生息本銀七萬兩

一收官紳捐輸夷務銀一十四萬五千六百四十二兩七錢

P 47

一收順德縣屬捐輸夷務已發局收銀五萬五千兩

一收香山縣屬捐輸夷務銀五萬兩

一收肇羅兩屬捐輸夷務銀三萬二千四百三十六兩

一收惠潮屬捐輸銀二萬八千一百六十九兩七錢二分

一收官紳繳赴本局捐輸銀四十二萬九千八百九十四兩一錢七分八厘內已發局收銀三十五萬八千零四十兩零五錢未發局收已移局請獎銀二萬九千六百四十四兩零四分候酌定再發局收銀四萬二千二百零九兩六錢三分八厘

一收各處繳局未發局收銀二十一萬五千五百兩內番禺舉人何壯猷繳銀八萬五千兩陳龍韜繳銀五萬八千兩九江堡繳銀六萬三千六百兩鍾村赤岡戴姓繳銀八千九百兩

21

P 48

一收西關新老城捐輸經費銀二百二十七萬五千三百八十一两九錢

一收新城捐局繳存五年三月發還烟店捐項銀二百五十六两

一收順德捐輸隨時發給局收銀四十三萬五千一百八十九两六錢內陳村闔鄉繳銀三千五百两陳村各行繳銀二萬九千六百八十九两六錢葉積思堂繳銀七萬两龍景韶繳銀六萬二千两龍留山堂繳一十五萬两馬耕心堂繳前案勸匯銀六萬两現辦夷務銀六萬两

一提順德公局捐輸由順德縣請換局收銀一十九萬一千五百两

一收順德龍景韶捐輸候撥歸紅單船經費銀一萬两以上順德捐輸三款共銀六十三萬六千六百八十九两六錢

一收各處繳充公用銀三萬八千九百一十一两零四分一厘內傾銷銀行抽分銀二萬两及建亭捐輸紋銀換番補水餘剩銀三百二十四两八錢九分

一收各處繳罰項抄產田租變糶逆夷米價共銀一十五萬五千三百三十五两三錢四分一厘六厘孔劉两姓繳銀七千二百两新會縣帖令變糶倉穀盈餘充支軍需銀一萬一千三百八十六两一錢四分五厘

一收廣州府庫存江南糧台帶回扣留撥還廣東墊款銀三萬四千五百两

一收廣州府解繳庫存閑款充公銀三千七百五十七两六錢八分二厘

一收關餉平餘及換各餉紋水共銀二萬七千八百一十七两六錢九分

一收各處領火藥砲子繳價銀一千一百五十五两

一收廣西張前臬司前在梧州解存銀一千五百零七两七錢五分內撥解備賞東省師船保守梧郡花紅銀一千两代支東省

20

師船保守口粮除劃抵外
尚銀五百零七兩七錢五分

一收欽川鮮回原還越南國執發閩省來粵遭風弁兵口糧銀一千二百四十一兩二錢三分

一收原買煤炭及柴並堵塞河道爛船變價共銀一千零六十四兩三錢九分四厘

一收陽江鎮標廣海寨拖船原配弁兵口糧內由原營支領扣還銀三十六兩六錢三分

一收糧道庫暫借屯田變價項下銀二十萬零八千兩

一收廣州府庫籌借備用銀三萬兩

以上共收銀五百六十九萬五千零五十五兩零五分

P 49

四年五月至七年六月底支款

各處領用經費銀一百四十三萬三千九百九十八兩七錢三分一厘

各路官兵壯勇薪糧船隻月租水手工食銀三百一十一萬二千二百五十九兩八錢一分

製造軍裝器械工料銀一十四萬二千三百一十八兩四錢七分四厘

製造砲子鉛子工料銀一十萬零六千八百五十五兩五錢零五厘

採辦硝磺製造火藥工料銀一十三萬五千三百四十兩零八錢六分

搭蓋蓬廠修船工料核給被失船隻價值銀三萬九千三百八十三兩一錢四分五厘

19

修理城垣砲台堵塞河道工料銀二萬九千九百零四兩五錢七分三厘
船脚夫價各項役食銀一十八萬三千零六十五兩九錢零五厘
備辦乾糧油燭樵款銀七萬四千八百六十二兩八錢四分九厘
省城分局支應夫價軍火及備辦火攻器具委員領用並撥給粥廠經費銀二萬一千零八十六
兩四錢六分
撥還藩庫提用發當生息帑本息銀三萬八千一百四十一兩二錢九分七厘
犒賞銀一十六萬六千八百九十七兩五錢零五厘

P50

撫卹銀六萬五千四百九十一兩
南海縣借賞各鄉團練銀一千三百兩
各營官弁借支養廉薪糧已移查扣未還銀一千二百零五兩一錢九分
調赴江南助勦之碣石營兵一百五十八名借支棉衣俟凱旋查扣銀三百十六兩
知府林福盛預借修船費用按月分扣歸款除扣外尚銀一千二百兩
撥支口糧未據開報銀九百一十三兩一錢四分
辦解湖北廣西夷砲價及水脚借用銀二萬二千零四十一兩四錢六分内督標中協懷副將六年九月領辦湖北廣西夷砲價銀一萬

18

兩陸路邑提督經支水脚銀一千零五兩四錢六分
署韶州府吳守經支水脚銀一千零三十六兩

以上自四年五月開局起至七年六月底止共支用銀五百五十七萬六千五百八十一兩九錢

零四厘內

各案勦匪銀四百五十三萬一千七百五十六兩七錢五分二厘

吏務案內銀一百零四萬四千八百二十五兩一錢五分二厘

七年七月支款

各處領用經費銀三萬六千七百九十六兩八錢 內准補廣州府吳守領辦吏務銀三百兩東莞縣領還撥給新安陳勇經費銀八千兩署廣州府郭守清遠行營支應朱岡勇潮勇兩起口糧銀一萬二千一百九十六兩八錢南雄州孫署牧滙兌韶州軍餉撥還銀三千兩肇慶府史署守封川行營備支經費銀六千兩御高要縣黃家仁封川防勦經費銀四千兩廣西黃臬司行營經費滙兌銀三千三百兩

p 51

省城防堵西北兩江勦捕官兵壯勇薪糧船租局員薪水書吏工食銀五萬一千四百八十兩

零五錢一分九厘 內吏務案內銀二萬二千九百六十四兩七錢三分六厘 西北兩江銀二萬八千五百一十五兩七錢八分三厘

製造軍裝器械工料銀一萬零二百三十三兩二錢四分七厘 內吏務案內銀四百零五兩五錢四分七厘 西北兩江銀九千八百二十七兩七錢

製造砲子鉛子工料銀二千六百一十八兩六錢八分 內吏務案內銀二百二十一兩一錢八分 西北兩江銀二千三百九十七兩五錢

製造火藥工料銀五百二十兩 西北兩江案

17

修船工料銀五千七百五十九兩五錢 西江案

修五仙門至西水關城上垜墻工料銀一百四十六兩一錢二分 夷務案

各路軍營船脚夫價及本局各項役食銀三千三百兩零六錢九分（內夷務案內銀六百六十兩零三錢六分 西北兩江銀二千六百四十兩零三錢三分）

各路軍營帳房折支油燭本局紙張筆墨房租伙侵銀一千四百八十兩零五錢八分（內夷務案內銀一千二百八十二兩二錢零五厘 西北兩江銀一百九十八兩三錢七分五厘）

撥給粥廠經費銀一千兩 夷務案

以上七年七月各項共支用銀一十一萬三千三百三十六兩一錢三分六厘內

各案勦匪銀七萬八千三百五十五兩九錢八分八厘

夷務案內銀三萬四千九百八十兩零一錢四分八厘

P 52

前項自四年五月起至七年七月底止本局共支銀五百六十八萬九千九百一十八兩零

四分內

各案勦匪銀四百六十一萬零一百一十二兩七錢四分（內有撥支西江勦匪兵勇口粮夫船脚價軍裝郵費共銀八十六萬零四十五兩一錢九分四厘）

夷務案內銀一百零七萬九千八百零五兩三錢

計存銀五千一百三十七兩零一分

16

另款

一由藩庫先後支過各處領用經費列單移局開報銀二十萬零七千三百六十三兩八錢八分二厘

以上本局及另款共支用銀五百八十九萬七千二百八十一兩九錢二分二厘

謹將此次勸辦遞徙自咸豐四年五月起至七年八月底止收支経費各款銀數開列呈

電

計開

一由局及廣州府領藩庫銀六十七萬五千零六十兩 查此款係奉撥四年地丁銀七萬四千八百七十兩一錢七分四厘二毫一絲二忽、三年十二月盡五年四月續捐候撥銀七萬一千七百一十兩、四年六月截至七年四月官紳捐輸除徑繳局用外尚銀三萬三千零四十五兩八錢、海關稅餉銀九十萬兩，四共銀一百零七萬九千六百二十六兩九錢七分四厘，除撥局用銀六十七萬五千零六十兩及支發各處領用経費列單移局開報銀二十萬零七千三百六十三兩八錢八分二厘外，計存銀一十九萬七千二百零三兩零九分二厘

一收粵海関稅撥解夷務軍需銀二十二萬一千一百九十五兩九錢三分七厘 此款奉撥銀三十萬兩除收外計欠銀七萬八千八百零四兩零六分三厘

15

一收撥解西省軍餉銀七萬三千兩內藩庫銀一萬兩海關稅餉銀六萬三千兩

一收藩庫撥解贌買夷砲鹽課紋銀六萬兩

一收發商生息帑本補水共銀二十九萬四千五百零二兩二錢五分七厘內捕盜經費生息帑本及補水銀一十四萬六千一百四十六兩零二分三厘快船經費生息及補水銀一萬二千一百四十二兩五錢七分八厘桑園圍基生息本及補水銀一萬六千零六十兩八旗馬穀價生息本及補水銀四萬零一百六十九兩七錢五分五厘水操防夷經費生息本銀九千九百八十三兩九錢零一厘惠濟義倉生息本銀七萬兩

一收官紳捐輸夷務銀一十四萬七千六百四十二兩七錢

一收順德縣屬捐輸夷務已發局收銀五萬五千兩

一收香山縣屬捐輸夷務銀六萬兩

一收肇羅兩屬捐輸夷務銀三萬二千四百三十六兩

一收惠潮屬捐輸銀二萬八千一百六十九兩七錢二分

一收官紳繳赴本局捐輸銀四十五萬一千一百九十四兩一錢七分八厘內已發局收銀三十五萬八千零四十兩零五錢未發局收已移局請獎銀二萬九千六百四十四兩零四分候酌定再發局收銀六萬三千五百零九兩六錢三分八厘

一收各處繳局未發局收銀二十一萬五千五百兩內番禺舉人何壯猷繳銀八萬五千兩陳龍韜繳銀五萬八千兩九江堡繳銀六萬三千六百兩鍾村赤岡戴姓繳銀八千九百兩

14

p 55

一收西関新老城捐輸經費銀二百三十四萬七千五百八十六两三錢四分

一收新城捐局繳存五年三月發還烟店捐項銀二百五十六两

一收順德捐輸隨時發給局收銀四十三萬五千一百八十九两六錢內（陳村闔鄉繳銀三千五百两陳村各行繳銀一萬九千六百八十九两六錢葉積思堂繳銀七萬两龍景韶繳銀六萬二千两龍留山堂繳銀一十五萬两馬耕心堂繳銀前案勒匪銀六萬两現辦夷務銀六萬两）

一提順德公局捐輸由順德縣請換局收銀一十九萬一千五百两

一收順德龍景韶捐輸候撥歸紅单船經費銀一萬两（以上順德捐輸三款共銀六十三萬六千六百八十九两六錢）

一收各處繳充公用銀三萬八千九百一十一两零四分一厘內（傾銷銀行抽分銀二萬两夏建亭捐輸紋銀換番補水餘剩銀三百二十四两八錢九分六厘孔劉两姓繳銀七十二百两新會縣帖令變糶倉穀盈餘充支軍需銀一萬一千三百八十六两一錢四分五厘）

一收各處繳罰項抄產田租變糶逆夷米價共銀一十五萬五千三百三十五两三錢四分一厘

一收廣州府庫存江南糧台帶回扣留撥還廣東墊欵銀三萬四千五百两

一收廣州府解繳庫存閒欵充公銀二千七百五十七两六錢八分二厘

一收關餉平餘及換各餉紋水共銀二萬七千八百一十七两六錢九分

一收各處領火藥砲子舊鉄繳價銀一千三百零五两

一收廣西張前臬司前在梧州解存銀一千五百零七两七錢五分內（撥解備賞東省師船保守梧郡花紅銀一千两代

13

支東省師船口粮除劃抵外
尚銀五百零七兩七錢五分

一收欽州解回原還越南國墊發閩省來粵遭風弁兵口粮銀一千二百四十一兩二錢三分

一收原買煤炭及紮並堵塞河道爛船變價共銀一千六百五十九兩三錢九分四厘

一收陽江鎮標廣海寨拖船原配弁兵口糧內由原營支領扣還銀三十六兩六錢三分

一收糧道庫暫借屯田變價項下銀二十三萬九千五百兩

一收廣州府庫籌借備用銀三萬兩

以上共收銀五百八十三萬二千八百零四兩四錢九分

P 56

四年五月至七年七月底支款

各處領用經費銀一百四十七萬零七百九十五兩五錢三分一厘

各路官兵壯勇薪糧船隻月租水手工食銀三百一十六萬三千七百四十兩零三錢二分九厘

製造軍裝器械工料銀一十五萬二千五百五十一兩七錢二分一厘

製造砲子鉛子工料銀一十萬零九千四百七十四兩一錢八分五厘

採辦硝磺製造火藥工料銀一十三萬五千八百六十兩零八錢六分

搭蓋蓬廠修船工料核給被失船隻價值銀四萬五千一百四十二兩六錢四分五厘

12

修理城垣砲台堵塞河道工料銀三萬零五十兩零六錢九分三厘
船脚夫價各項役食銀一十八萬六千三百六十六兩五錢九分五厘
備辦乾糧油燭襍款銀七萬六千三百四十三兩四錢二分九厘
省城分局支應夫價軍火及備辦火攻器具委員領用並撥給粥廠經費銀二萬二千零
八十六兩四錢六分
撥還藩庫提用發當生息節本息銀三萬八千一百四十一兩二錢九分七厘
犒賞銀一十六萬六千八百九十七兩五錢零五厘

P57

撫部卹銀六萬五千四百九十一兩
南海縣借賞各鄉團練銀一千三百兩
各營官兵借支養廉薪糧已移查扣未還銀一千二百零五兩一錢九分
調赴江南助勦之碣石營兵一百五十八名借支棉衣俟凱旋查扣銀三百一十六兩
知府林福盛預借修船費用按月分扣歸款除扣外尚銀一千二百兩
撥支口糧未據開報銀九百一十三兩一錢四分
辦解湖北廣西夷砲價及水脚借用銀二萬二千零四十一兩四錢六分內督標中協懷副將六年八九月領辦湖北廣西

夷砲價銀二萬兩陸路崑提督經支水脚銀一千零五兩四錢六分署韶州府吴守經支水脚銀一千零三十六兩

以上自四年五月開局起至七年七月底止共支用銀五百六十八萬九千九百一十八兩零四分內

各案勦匪銀四百六十一萬零一百一十二兩七錢四分

夷務案內銀一百零七萬九千八百零五兩三錢

七年八月支款

各處領用經費銀三萬八千四百八十五兩九錢 內署廣州府鄂守清遠行營支應朱岡勇潮勇兩起口糧銀一萬零三百七十六兩肇慶府史署守封川行營備支經費銀一萬兩兵勇口糧銀六千兩署高要縣沉直惠防堵薪台經費銀四千兩撥解米二千萬斤價銀三千五百六十兩陸路崑提督在肇勦捕八月經費銀二千兩撥還八月初十日以前滙兌廣西黃臬司行營經費銀二千五百四十九兩九錢

P 58

省城防堵西北兩江勦捕官兵壯勇薪糧船租局員薪水書吏工食銀六萬一千零六十二兩六錢七分 內夷務案內銀二萬九千六百一十一兩零三分三厘西北兩江銀三萬一千四百五十一兩六錢三分七厘

製造軍裝器械工料銀一萬二千七百四十四兩四錢八分三厘 內夷務案內銀一百九十兩零五錢八分九厘西北兩江銀一萬二千五百五十三兩八錢九分四厘

督標中協懷副將辦解廣西夷砲價銀六千九百七十五兩三錢四分 西江案

製造砲子工料銀一千兩 西北兩江案

採辦洋硝製造火藥工料銀一千七百零八兩零二分七厘 西北兩江案

10

p 59

修船工料銀五千八百零九两五錢八分一厘 西江案

各路軍營船脚夫價及本局各項役食銀二千五百八十九两一錢一分六厘 内夷務案内銀六百一十两六錢 西北两江銀一千九百七十八两五錢一分六厘

各路軍營帳房折支油燭本局紙張筆墨房租伙俍銀一千二百九十六两一錢四分二厘 内夷務案内銀一千一百三十九两二錢四分二厘 西北两江銀一百五十六两九錢

委員吴邦英找領上年在平洲製辦火攻器具尾數銀五十八两三錢六分三厘 夷務案

卹賞銀一千九百二十八两二錢 内夷務案内銀八百二十九两八錢 西北两江銀一千零九十八两四錢

撫卹林勇五月陣亡九名補領銀二百二十五两 夷務案

以上七年八月各項共支用銀一十三萬三千八百八十二两八錢二分二厘内

各案勦匪銀一十萬零一千二百一十六两一錢九分五厘

夷務案内銀三萬二千六百六十六两六錢二分七厘

前項自四年五月起至七年八月底止本局共支銀五百八十二萬三千八百两零八錢

六分二厘内

各案勦匪銀四百七十一萬一千三百二十八两九錢三分五厘 内有撥支西江勦匪兵勇口粮夫船脚價軍裝卹賞共銀九十五萬一千七百九十九两三錢四分五厘

9

夷務案內銀一百一十一萬二千四百七十一兩九錢二分七厘

計存銀九千零零三兩六錢二分八厘

另款

一由藩庫先後支過各處領用經費列单移局開報銀二十萬零七千三百六十三兩八錢八分二厘

以上本局及另款共支用銀六百零三萬一千一百六十四兩七錢四分四厘

謹将此次勦辦匪徒自咸豐四年五月起至七年九月底止收支經費各款銀數開列呈

電

計開

一由局及廣州府領藩庫銀六十七萬五千零六十兩查此款係奉撥四年地丁銀七萬四千八百七十一兩一錢七分四厘二毫一絲二忽三年十二月至四年四月續捐俟撥銀七萬一千七百十兩四年六月截至七年四月官紳捐輸除徑繳局用外尚銀三萬三千零四十五兩八錢海關稅餉銀九十萬兩四共銀一百零七萬九千六百二十六兩九錢七分四厘除撥局用銀六十七萬五千零六十兩及支發各處領用經費列单移局開報銀二十萬零七千三百六十三兩八錢八分二厘外計存銀一十九萬七千二百零三兩零九分二厘

一收粤海關稅撥鮮夷務軍需銀二十二萬一千二百九十五兩九錢三分七厘此款奉撥銀三
十萬兩除收外計欠銀七萬
八千八百零四兩零六分三厘

一收撥鮮西省軍餉銀七萬三千兩內藩庫銀一萬兩
海關稅餉銀六萬三千兩

一收藩庫撥鮮購買夷砲鹽課紋銀六萬兩

一收發商生息帑本補水共銀二十九萬四千五百零二兩二錢五分七厘內
捕盜經費生息帑本及補水銀一十四萬六千二百四十六兩零二分三厘快船經費
生息及補水銀一萬二千二百四十二兩五錢七分八厘桑園圍基生息本及補
水銀一萬六千零六十兩八旗馬穀價生息本及補水銀四萬零二百六十
九兩七錢五分五厘水操防夷經費生息本銀九千九百八十三兩九錢零
一厘惠濟義倉生
息本銀七萬兩

一收官紳捐輸夷務銀一十四萬八千二百四十二兩七錢

一收順德縣屬捐輸夷務已發局收銀五萬五千兩

一收香山縣屬捐輸夷務銀六萬兩

一收肇羅嘉三屬捐輸銀四萬六千五百八十八兩

一收潮屬捐輸銀二萬八千二百六十兩零二錢四分

一收官紳繳赴本局捐輸銀四十六萬五千六百四十四兩一錢七分八厘內已發局收銀三十
七萬零三百四十

兩零五錢未發局收已移局請奬銀二萬九千六百四十四兩零四分
候酌定再發局收銀六萬五千六百五十九兩六錢三分八厘

一收各處繳局未發局收銀二十一萬五千五百兩內番禺舉人何壯猷繳銀八萬五千兩陳龍韜
繳銀五萬八千兩九江堡繳銀六萬三千六
百兩鍾村赤江戴姓
繳銀八千九百兩

一收西關新老城捐輸經費銀二百四十二萬三千七百六十一兩八錢四分

一收新城捐局繳存五年三月發還炮店捐項銀二百五十六兩

一收順德捐輸隨時發給局收銀四十三萬五千六百八十九兩六錢內陳村閭鄉繳銀三十五百
兩陳村各行繳銀三萬零
一百八十九兩六錢葉積思堂繳銀七萬兩龍景韶繳銀六萬二千兩龍留山堂繳銀三千
五萬兩馬耕心堂繳前案勒匪銀六萬兩現辦夷務銀六萬兩

P 62

一提順德公局捐輸由順德縣請換局收銀一十九萬一千五百兩

一收順德龍景韶捐輸候撥歸紅單船經費銀一萬兩以上順德捐輸三款共銀六
十三萬七千二百八十九兩六錢

一收各處繳充公用銀三萬八千九百一十一兩零四分二厘內傾銷銀行抽分銀二萬兩夏建亭捐輸
紋銀換番補水餘剩銀三百二十四兩八
錢九分六厘孔劉兩姓繳銀七千二百兩新會縣帖令變糶
倉穀盈餘充支軍需銀一萬一千三百八十六兩一錢四分五厘

一收各處繳罰項抄產田租變糶逆夷米價共銀一十五萬五千三百三十五兩三錢四分一厘

一收廣州府庫存江南糧臺帶回扣留撥還廣東墊欵銀二萬四千五百兩

一收廣州府鮮繳庫存閒欵充公銀二千七百五十七兩六錢八分二厘

6

一收關餉平餘及換各餉紋水共銀二萬七千八百一十七兩六錢九分

一收各處領火藥砲子舊鉄繳價銀一千三百零五兩

一收廣西張前臬司前在梧州鮮存銀一千五百零七兩七錢五分內撥鮮倫賞東省師船保守梧郡花紅銀一千兩代支東省師船口粮除劃抵外尚銀五百零七兩七錢五分

一收欽州鮮回原遣越南國墊發閩省來粤遭風弁兵口粮銀一千二百四十一兩二錢二分

一收原買煤炭及柴並堵塞河道爛船變價共銀一千六百五十九兩三錢九分四厘

一收陽江鎮標廣海寨拖船原配弁兵口粮內由原營支領扣還銀三十六兩六錢三分

P 63

一收運庫撥借倫用銀五千兩

一收粮道庫暫借屯田變價項下銀三十一萬五千六百兩

一收廣州府庫籌借倫用銀三萬兩

以上共收銀六百零一萬九千七百七十二兩五錢一分

四年五月至七年八月底支款

各處領用經費銀一百五十萬零九十二百八十一兩四錢三分一厘

各路官兵壯勇新粮船隻月租水手工食銀三百二十一萬四千八百零二兩九錢九分九厘

製造軍裝器械工料銀一十六萬五千二百九十六兩二錢零四厘
製造砲子鉛子工料銀一十一萬零四百七十四兩一錢八分五厘
採辦硝磺製造火藥工料銀一十三萬七千五百六十八兩八錢八分七厘
搭蓋篷廠修船工料核給被失船隻價值銀五萬零九百五十二兩二錢二分六厘
修理城垣砲臺堵塞河道工料銀三萬零五十兩零六錢九分三厘
船脚夫價各項役食銀一十八萬八千九百五十五兩七錢一分一厘
備辦乾粮油燭犒欵銀七萬七千六百三十九兩五錢七分二厘
省城分局支應夫價軍火及備辦火攻器具委員領用並撥給粥廠經費銀二
萬二千一百四十四兩八錢二分三厘

p 64

撥還藩庫提用發當生息帑本息銀三萬八千一百四十一兩二錢九分七厘
犒賞銀一十六萬八千八百二十五兩七錢零五厘
撫䘏銀六萬五千七百一十六兩
南海縣借賞各鄉團練銀一千三百兩
各營官兵借支養廉薪粮棉衣已移分別查扣未還銀一千五百二十一兩一錢九分

知府林福盛預借修船費用按月分扣歸款除扣外尚銀一千二百兩
撥支口粮未據開報銀九百一十三兩一錢四分
辦解湖北廣西夷砲價及水脚借用銀二萬九千零一十六兩八錢內督標中協懔副將領辦湖北廣西夷砲價銀二萬六千九百七十五兩三錢四分陸路崑提督經支水脚銀一千零五兩四錢六分署韶州府吳守經支水脚銀一千零三十六兩

以上自四年五月開局起至七年八月底止本局共支銀五百八十二萬三千八百兩零八錢六分二厘內
各案勦匪銀四百七十一萬一千三百二十八兩九錢三分五厘
夷務案內銀一百一十一萬二千四百七十一兩九錢二分七厘

P65

七年九月支款
各處領用經費銀三萬九千六百八十四兩五錢六分六厘內准補廣州府吳守領辦夷務銀四百八十七兩九錢九分六厘廣州府在清遠行營支應朱國勇潮勇兩起口粮銀一萬零一百一十兩零二錢五分嘉應州勦辦長樂逆匪汲捐抵作經費銀一萬二千一百五十二兩肇慶府史署守行營備支經費銀三千兩兵勇口粮銀六千兩卸高要縣甍仁行營備支經費銀二千兩高要縣沈亨惠防勦經費銀三千兩陸路崑提督在肇防勦九月經費銀二千兩廣西黃臬司行營八月初十以前滙兌梧州各店撥還銀九百三十四兩三錢二分
省城防堵西北兩江勦捕官兵壯勇薪粮船租局員薪水書吏工食銀六萬二千六百三十七兩三錢三分二厘內夷務案內銀一萬二千三百四十九兩三錢八分九厘西北兩江銀五萬零二百八十七兩九錢四分三厘

3

製造軍裝器械工料銀一萬零八百五十三兩零五分五厘內夷務案內銀九百三十三兩一錢三分五厘 西北兩江銀九千九百一十九兩九錢二分

製造火藥工料銀一百三十兩西北江案

修船工料銀四萬一千四百七十二兩四錢零二厘西江案

核給七年五月打仗被失船隻價值銀一萬二千三百兩夷務案

修造城樓砲房垛牆工料銀一千兩夷務案

各路軍營船脚夫價及本局各項役食銀二千八百三十五兩八錢三分八厘內夷務案內銀三百四十五兩二錢六分西北兩江 銀二千四百九十兩零五錢七分八厘

各路軍營帳房折支油燭本局紙張筆墨房租伙促銀一千二百四十七兩五錢四分八厘內夷務案內銀一千零三十九兩三錢九分三厘 西北兩江銀二百零八兩一錢五分五厘

撫卹銀一百三十六兩五錢北江案

p66

以上七年九月各項共支用銀一十七萬二千二百九十七兩二錢四分二厘內

各案勒逃銀一十四萬三千七百四十二兩零六分八厘

夷務案內銀二萬八千四百五十五兩一錢七分三厘

前項自四年五月起至七年九月底止本局共支銀五百九十九萬五千九百九十八

兩一錢零三厘內

P67

各案勦匪銀四百八十五萬五千零七十一兩零三厘（内有撥支西江勦匪兵勇口粮夫船脚價軍裝卹賞共銀百零五萬六千五百二十四兩二錢零七厘）

夷務案内銀一百一十四萬零九百二十七兩一錢

計存銀二萬三千七百七十四兩四錢零七厘

另款

一由藩庫先後支過各處領用經費列单移局開報銀二十萬零七千三百六十三兩八錢八分二厘

以上本局及另款共支用銀六百二十萬零三千三百六十一兩九錢八分五厘

P 68 End

順德縣屬捐輸勦匪軍需自五年二月起至七年閏五月底止已發局收各款

一各捐户自繳總局收完全發局收銀三十五萬二千兩内

葉積思堂繳銀七萬兩

龍景韶繳銀七萬二千兩

龍留山堂繳銀一十五萬兩

馬耕心堂繳銀六萬兩

一提順德公局捐輸由順德縣請換局收銀二十萬兩内

候補内閣中書李淇捐銀五千兩

陳村闔鄉繳銀三千五百兩　二共全給局收銀八千五百兩

順德公局繳銀一十六萬二千五百兩　截至七年閏五月底止全給馬耕心堂局收銀一萬兩折半裁給各處局收銀一十二萬七千五百零四兩七錢二共銀一十三萬七千五百零四兩七錢

龍柏華堂繳銀三萬兩　查龍太常原捐銀十萬兩除繳歸順德公局外寔繳本局銀三萬兩已發局收銀八萬零零零一兩九錢八分二厘其餘銀二萬兩除去一萬二千兩不邀獎叙外尚銀八千兩撥給伊姪俊秀龍景恪請以郎中不論雙單月選用二共銀八萬八千零零一兩九錢八分二厘

前項共已發局收銀二十三萬四千零六兩六錢八分二厘内

提歸局用銀二十萬兩

計欠繳銀三萬四千零六兩六錢八分二厘

此外尚有夷務捐輸不入前款計合登明

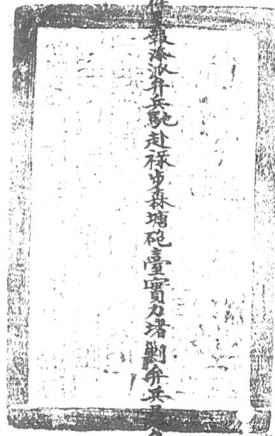

一件報添派弁兵馳赴禄步森塘砲臺實力堵剿弁兵[illegible]名軍裝器械冊驗文

十八

署標下水師營參將揀發委用參將松林爲呈報添撥弁兵防勦事竊照職營原派署把總范如珍帶兵
壹百名在於禄步森塘砲台駐紮防守兹於本年拾壹月初玖日賊匪下竄首先攻撲該台及黄威所帶拖船經
該弁兵協同水陸兵勇奮勇轟擊接獲勝仗隨於拾貳日卑署職跟隨
廣東陸路提督軍門崑　馳赴該處察看並諭飭弁兵勇壯加緊防範惟查森塘砲台係在禄步之南岸首站迎
敵最取先兼且南便一帶並無壯勇協助勢形单薄商奉

邑提憲面諭飭在職營添撥兵丁壹百名揀弁管帶馳往該台協同防剿等因奉此當即行令遵照去後茲據中軍
守備林定祥呈稱遵奉派出兵丁壹百名並記委捌名揀派把總黃龍光管帶就於本年拾壹月拾肆日申刻自肇起程馳赴祿
步森塘砲台會同實力防剿將派出弁兵員名配帶軍裝器械造冊呈請轉報到卑署職據此合將遵奉添派弁
兵馳赴祿步森塘砲台防剿起程日期及繳到弁兵員名軍裝器械冊籍理合具文呈報
憲臺察核為此備由同冊貳本具呈伏乞
照驗施行須至呈者

右　　　　呈

太子少保體仁閣大學士兵部尚書兼都察院右都御史總督廣東廣西等處地方軍務兼理糧餉世襲一等男爵葉

咸豐柒年拾壹月拾陸日呈

賫字不列號自廣城發

一件

限日行四百里

馬上飛遞

咸豐七年十一月十一日子時

右仰廣西布政司開拆

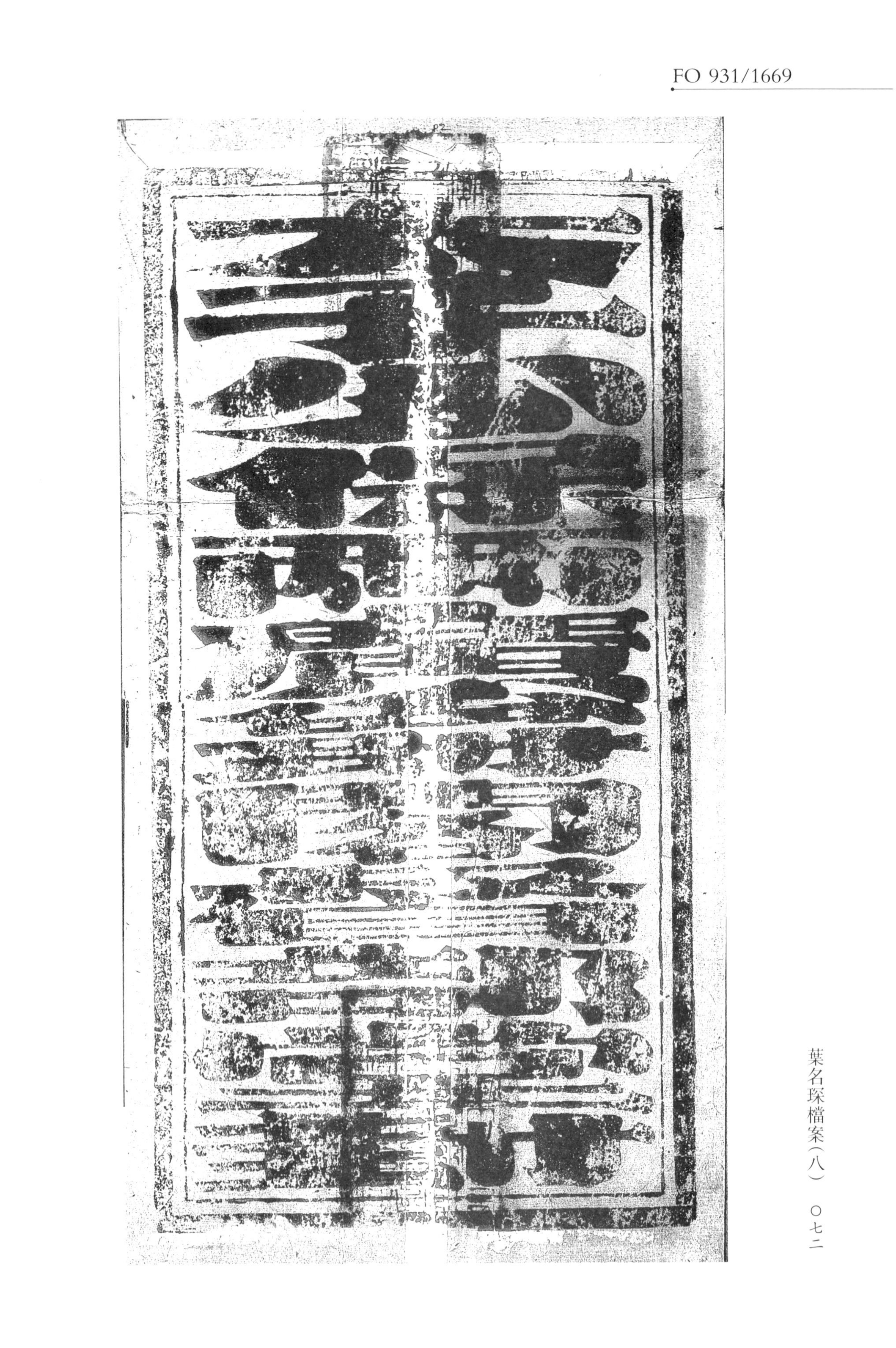

[illegible]

札
西布司
太子少保體仁閣大學士兵部尚書兩廣總督部堂葉　為
恭錄札知事照得本爵閣部堂於咸豐七年九
月二十五日由驛五百里恭摺具
奏克復南甯府城辦理緣由一摺今於本年十一月初九
日准
兵部火票遞到奉

硃批另有旨欽此同日奉到咸豐七年十月十八日内閣奉
上諭葉名琛奏克復廣西南甯府城一摺廣西股匪竄陷
南甯府城于五月敗回横州後復竄至靈山經署參將
廖達章会劉連敍勝伏進至黄地嶺殺賊三百餘名生
擒賊目一名斬执旗賊目一名又進至大蘆村殺賊四百餘名生
擒長髮賊六十七名滚崖落澗死者無數奪砲械多件餘
匪竄回廖達章等分兵前進匪首陸成琼出拒署遊擊
秦鳳山殺入賊内破其木柵殺賊五百餘名生擒陸成琼並
六十八名廖達章于博合會剿抄出賊後殺賊四百餘名
追至河边又斃賊三百餘名賊衆爭渡覆溺淹斃者無算

勇目廖志堅割取匪党譚富首級生擒長髮賊七十六名餘匪竄逃將橫州各處賊巢盡行攻破每巢殺賊二三百名至四五百名不等並燒燬苗蒿賊巢焚斬一千餘名生擒八十三名賊援已絕七月二十二日色克精阿督兵進剿殺賊數百名生擒八名我軍進薄城下左江道吳德徵馳抵南甯會剿該匪潛逃該伏兵截擊轟沉賊船三十餘隻奪獲賊船三隻殺賊無算其陸路竄賊俱被兵勇追殺殲除淨盡當將南甯府城克復此次剿除廣西股匪該鎮道等於失事之後勸捐募勇克復郡城辦理尚為迅速著葉名琛督飭將弁乘勝進攻迅圖克復橫州永淳二城一律肅清毋留餘孽並責成色克精阿吳德徵等督率剿辦以贖前愆其餘地方失事員弁有無隨同收復郡城著查明分別具奏欽此查摺稿先經抄錄札知在案茲欽奉前因合就恭錄札遵札到該司即便轉行欽遵查照毋違此札

咸豐七年十一月十一日

10

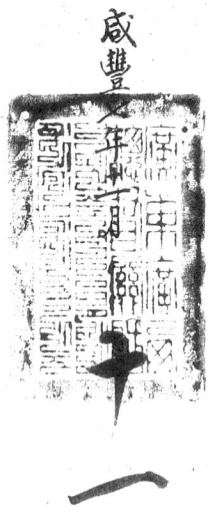

札

左江鎮

太子少保體仁閣大學士兵部尚書兩廣總督部堂葉　為

恭錄札遵事照得本爵閣部堂于咸豐七年九

月二十五日由驛五百里恭摺具

奏克復南甯府城办理緣由一摺今于本年十一月初九日准

兵部火票遞到奉

硃批另有旨欽此同日奉到咸豐七年十月十八日內閣奉

上諭葉名琛奏克復廣西南甯府城一摺廣西股匪竄

陷南甯府城于五月敗回橫州後復竄至靈山經署參

將廖達章會勦連获勝仗追至橫地嶺殺賊三百餘

名生擒賊目一名斬执旗賊目一名又進至大蘆村殺賊四

百餘名生擒長髮賊六十七名滚崖落澗死者無數奪

砲械多件餘匪竄回廖達章等分兵前進匪首陸成

琼出拒署遊擊秦鳳山殺入賊內破其木柵殺賊五百

餘名生擒陸成琼等六十八名廖達章于博合会勦抄

出賊後殺賊四百餘名追至河边又斃賊三百餘名賊衆爭

渡衆沉淹溺死者無算勇目廖志堅割取匪党譚富

首級生擒長髮賊七十六名餘匪竄逃將橫州各處賊

巢盡行攻破每巢殺賊二三百名至四五百名不等並燒毀
楮蒿賊巢焚斬一千餘名生擒八十三名賊援已絕七月二
十等日色克精阿督兵進剿殺賊數百名生擒八名我軍
進薄城下左江道吳德徵馳抵南甯會劉該逆潛逃
設伏夾擊轟沉賊船三十餘隻奪獲賊船三隻斃賊無
算其陸路竄賊俱被兵勇追殺殲除淨盡當將南甯府
城克復此次剿除廣西股匪該鎮道等于失事之後
勸捐募勇克復郡城辦理尚為迅速着葉名琛督飭
將弁乘勝進攻迅圖克復橫州永淳二城一律肅清毋留
餘孽並責成色克精阿吳德徵等督率剿辦以贖前愆
其餘地方失事員弁有無隨同收復郡城着查明分別

具奏欽此查摺稿先經抄錄札知在案茲欽奉前因
合就恭錄札遵札到該鎮即便轉行欽遵查照督
率在事各文武會合兩省官兵激勵兵勇乘此聲威
迅圖克復橫永兩城其失事地方員弁有無隨
同收復郡城並即分別查明通詳呈請具
奏均毋違延速速此札

咸豐七年十二月十一日

[redacted]

咸豐柒年拾[illegible]到

謹將黑底快船暨三板船奪獲匪船砲械旂幟等件理合列摺呈

電

1

計開

割取首級陸顆

起獲生鉄砲伍位

拿獲逆匪旂貳拾伍枝

拿獲匪船叁隻

2

拿獲匪三板貳隻

拿獲鉄封口子貳百粒

賊印壹顆

1

[redacted]

謹將沙灣快船奪獲砲械旂幟等件列摺呈

電

計開

2

割取首級柒顆

拿獲逆匪旂伍枝

3

焚燬賊船數拾隻擊斃賊匪不計其數合併報明

[redacted]

謹將軍需總局及釐局並查城最為出力各員開敘勞績擬請
獎勵開具清摺恭呈
鈞鑒
計開
總局最為出力各員
知府銜羅定直隸州知州壽祺
查該員自四年五月奉委督查老城晝夜周巡不辭勞瘁
並委辦總局提調復能悉心經理擬請開本缺以知府補
用並
賞戴花翎
署嘉應直隸州南澳同知王淳修
查該員自四年六月軍興奉派釐局審辦逆匪八月改派
總局提調均能悉心經理擬請加知府銜並
賞戴花翎
已革惠州府知府蘇學健
查該員前蒙
奏明留粵軍營差遣巡查各城嗣奉派到局協理軍務一年
有餘安詳勤慎擬請以通判留粵補用
布政司經歷梁采麟
查該員專管軍需文案事務紛繁稽覈詳明總局出入瞭如
指掌並兼管捐輸局案件辛勤備著實係委員中最為得
力者擬請以同知補用先換頂戴並請
賞戴花翎
州同銜准補感恩縣知縣殷輔
查該員先派查老城團練及修理城垣砲台各工嗣派勸捐
及一切雜差復改派管理總局支應均屬最為出力擬請
開本缺以同知補用先換頂戴
試用府經歷朱夏
查該員委管總局支應晝夜駐局悉心勾稽一年有餘辛
勞備著擬請免補本班以布政司經歷遇缺即補

南海縣典史張樹蕃
查該員自四年六月軍興派五層樓隨營差遣及支發夫價
並訪獲城廂内外奸細多名五年四月委管總局支應勤勞
最著擬請以府經縣丞不計班次遇缺即補並
賞戴六品藍翎
曲江縣濛裏司巡檢吳康
查該員自四年六月到局派委監造火箭八月改委監印
晝夜駐局一年有餘勤慎無悞擬請開本缺以縣丞不計
班次遇缺即補
鹽運司經歷曾鑑衡
查該員四年五月奉委到局管理軍裝始終經理悉臻妥
洽擬請加鹽課司提舉銜
候補鹽大使喬之瀚
查該員四年閏七月奉委到局先管收繳弩獲賊匪首級
耳記軍械嗣改派專管收發砲子經理並無貽悞擬請
賞加運判銜
遇缺即補縣丞章增耀
查該員四年十二月派委到局管理軍裝收支置造俱能節
省亦無貽悞擬請俟補缺後以知縣升用
候補州吏目馮寶封
查該員四年六月軍興即派管東門外兵勇進伏粥廠甚
為出力嗣丁母憂稟奉
奏留八月改委到局差遣帮管軍裝一切經理裕餘擬請俟
服闋到粵省補缺後以縣丞補用
試用布政司照磨王寶醇
查該員在局管理軍營雜項支應並運送軍火等件在事
一年勤慎無悞擬請免補本班以按察司經歷遇缺即補
試用布政司經歷張釗
查該員奉委派查老城團練修理城垣砲台監造砲子均屬
勤能擬請分缺補用並
賞戴藍翎
佛岡廳司獄李明融
查該員逐日催收各處捐項在事一年有餘勤慎無悞現
奉 部文已開本缺惟查佛岡失事之時該員早經調省
差委並未在任擬請咨銷處分並請以布政司照磨補用
候選布庫大使茂名縣平山司巡檢錢壎

查該員四年六月軍興奉派北門外隨營支應茶粥乾粮
兼支夫價悉心經理且多節省復令監造火器價減料精
並派各項差使始終勤奮洵屬實心任事之員查該員捐
升布庫大使已奏　部文擬請以布庫大使不論班次遇
缺即選並
賞戴藍翎
候補鹽知事張祖壽
查該員五年四月派委到局收發公文半載以來並無貽
悮擬請
賞加運判銜
布政司照磨李衡
查該員四年六月派局管理支應幾及一年尚屬勤慎擬
請加布政司經歷銜
丁憂候補縣丞李甲傳
查該員派委緝捕於上年八九月間省城內外戒嚴之際
購線拏獲城內奸細要犯劉長勝等十五名甚屬勤能
擬請加通判銜
讞局最為出力各員

署廣州府通判候補同知程乃乂
查該員委在讞局總理讞局事務自該員到後計審過匪
犯二萬五千餘名悉心研鞫毫無枉縱並辦理犯供案牘
擬定罪名均屬允當洵屬不辭勞瘁擬請免補本班以
知府補用先換頂戴
准補花縣知縣廖文耀
候補知縣署恩平縣徐槐廷
查該二員先後派委到局審訊匪犯悉心研鞫並帮同辦
理犯供核擬罪名俱屬允當廖文耀擬請
賞加同知銜徐槐廷擬請
賞加知州銜
試用知縣朱燮
試用知縣完肇與
查該二員在局審訊匪犯先後均在半年以上查訊犯供
議擬罪名均能悉心推求無枉無縱均擬請不論繁簡
遇缺即補
咨補曲江縣縣丞王光頊
查該員先於四年閏七月在廣州府審理盜犯嗣於十月內

派委到局隨同審訊匪犯在事一年悉心研鞫不辭勞瘁
擬請以知縣補用
候補府經歷劉典臣
候補縣丞章衡
查該二員均於四年七月派委到局審訊匪犯晝夜研
鞫無枉無縱洵屬最為出力均擬請免補本班以知縣
補用
候補府經歷方鑑源
查該員於四年六月軍興即派委到局審訊匪犯嗣又奉
委派至 撫轅讞局審案均能細心研究無枉無縱擬請免
補本班以知縣補用
查城最為出力各員
現署高州府事另補知府呂倌孫
知府銜廣州府虎門同知袁銘泰
運同銜雷州府海防同知劉廷揚
查該員等均自四年六月派委督查新舊各城盤詰奸
細晝夜周巡不辭勞瘁內袁丞曾派往虎門隨營支應
福建兵勇均無貽悮劉丞曾派令督拆新城外房屋千
餘家辦理妥速居民無擾應如何分別獎勵之處伏候
鈞裁
永清門委員候補知縣趙德樾
查該員先於四年六月派查文明門嗣于十月改查永清
門常川駐紮盤詰奸細該門為新城衝要之區出入稽查
嚴密不致使匪徒偷越在事一年之久始終奮勉擬請
賞加知州銜
歸德門委員候補鹽經歷黃德疇
靖海門委員候補鹽庫大使陳昌文
查該二員當上年賊匪肆擾附省之際分守各城早晚
出入稽查盤詰奸細在事一年之久常川駐紮始終不
懈均屬奮勉黃德疇擬請
賞加運判銜陳昌文擬請以各場大使儘先補用
大北門委員六品銜陽江縣丞余栻
查該員派查最要之門當城外官兵攻勦之時出入盤詰
尤關緊要該員晝夜不離日久不懈擬請以應升之缺升
用並

賞戴藍翎
歸德門委員候補直隸州州判葉春舒
靖海門委員粵盈庫大使俞思益
歸德門委員候補鹽知事方功惠
大南門委員候補鹽知事程拱瑞
靖海門委員候補鹽知事駱昭熙
查以上五員派委分查各城常川駐紥盤詰奸細一年有餘且各門皆省會衝要之區該員早晚出入稽查不辭勞瘁實屬始終奮勉擬請均
賞戴六品藍翎
東門委員候補布政司照磨謝煥曾
西門委員候補鹽知事劉鶴齡
西門委員候補從九品丁煥珍
大南門委員候補從九品吳其信
大南門委員新會縣沙村司巡檢馬啓宏
永清門委員候補鹽知事李康侯
小東門委員龍門縣典史加捐州判高述先
查以上七員派委分查各城内謝煥曾李康侯高述先三員在一年以上餘均半年以上稽查一切均屬認真擬請
賞加州同銜
另案先經稟保各員
署廣州府事瓊州府知府郭超凡
查該員奉派辦理提調事務因隨同本臬司克復佛山新造業經本臬司於兩案内先後開摺聲叙勞績懇乞
恩施不復重叙
儘先升用知府題補嘉應直隸州史樸
查該員上年十一月服闋到省在局辦理軍務派守東路各砲台嗣於本年正月隨同本臬司克復新造及南安砲台並督舟師在四沙獅子洋攻擊賊船大獲勝仗業經本臬司於克復新造案内開摺聲叙勞績最著懇乞
恩施不復重叙
署南海縣黃鼎司巡檢准補番禺縣慕德里司巡檢朱用孚
查該員於上年七月先在總局當差復派至五層樓辦理營務嗣隨同本臬司克復佛鎮新造曾於北門外及佛山新造三案内經本臬司歷次開摺聲明該員勞績最著稟乞

恩施不復重叙
丁憂茭塘司巡檢捐升分發廣東縣丞已奉 部文徐世琛
查該員先在総局及五層樓當差嗣隨同本臬司克復新造
督飭各鄉團練勸諭捐輸曽經本臬司於新造案内開摺
聲明勞績最著稟乞
恩施不復重叙
英德縣典史吳邦英
查該員先在総局當差嗣派管督帶砲船隨同本臬司克復
佛鎮新造曽於該兩案内開摺聲明最為出力稟乞
恩施不復重叙
候選通判文昌縣青藍頭司巡檢徐溥文
博羅縣俸滿保薦教諭馮譽驄
查該二員自備資斧奉派在局當差隨同本臬司在五層
樓辦理軍務曽於北門案内開摺聲明勞績懇乞
恩施不復重叙
合浦縣丞李本立
分缺間用縣丞倪衡
署番禺沙灣司巡檢曲江縣平圃司巡檢鄒宗耀
以上三員先在総局當差嗣派往佛鎮及新造或管理軍火
或督帶團練甚為出力曽經本臬司於克復佛山新造兩
案内開摺聲明稟乞
恩施不復重叙
順德縣江村司巡檢沈駿遐
丁憂揭陽縣河婆司巡檢張映奎
候補從九品沈嵩齡
署茭塘司巡檢于沆
以上四員先在局當差嗣或派隨營管理軍火或督帶壯勇
勦捕或勸諭團練曽經本臬司於克復佛鎮新造案内分
別開摺聲明勞績稟請
恩施不復重叙

[redacted]

謹將沙茭局辦事出力各紳開列銜名呈

電

接辦局務舉人遇缺即選知縣潘亮功

同辦局務舉人揀選知縣何廷顯 咸豐六年九月函邀同辦防夷防匪事務

勷辦局務

縣丞銜軍功六品頂戴生員黎文堯

郡庠生陳翀漢

守備銜鄔鈞颺

沙茭局督陣開仗

賞戴六品藍翎儘先選用知縣蔡文祐

軍功六品頂戴曾光彥

軍功七品頂戴曾柏儀

以上三名均親冒矢石新造官山官洲開仗迭獲全勝

永靖營督陣開仗

署永靖營外委把總該營額外六品頂戴記名把總樓兆麟

記委胡佐雄

以上二名均親冒矢石新造官山官洲開仗迭獲全勝

協理局務督帶開仗

候選州同黎瑞炳

候選巡檢鄧應槐

軍功六品武生蔣振驄

軍功六品從九品羅文潮

以上四名常川駐局督帶新造官山開仗親歷行間迭獲全勝

駐防新造開仗獲勝

軍功六品頂戴曾德杰 管帶沙茭局招募新安鄉勇

武生陳雲驤 管帶岡尾局練勇
軍功六品頂戴劉建威 管帶深水局練勇
軍功八品頂戴陳巽光 管帶東山局練勇
軍功六品頂戴張　林 管帶局勇
俊秀于廣廷 管帶局勇

赴援新造開仗獲勝
軍功六品頂戴記名外委陳嘉泰 管帶岡尾局招募潮勇
軍功六品頂戴武生羅應圖 管帶羅勇赴援並帶本局壯勇沿河防堵
軍功六品頂戴從九品潘紀庸 管帶深水社練勇
俊秀鄔榮光 管帶南村招募勇
俊秀黎其康 管帶汀溪練勇

招勇開仗獲勝
軍功八品候補外委曾敬瑶
軍功六品候補外委黄選卿

管理沙茭局文卷
從九品陳寅彰
俊秀羅應祥
佾生黃伯鏐
俊秀黎文瀾

管理軍裝數目
從九品陳致和
從九品鄔啟晉
軍功八品陳靈川
俊秀潘樹功
俊秀羅定邦
俊秀何良錕
軍功八品陳與善

回鄉督戰收復彬社准補教授舉人陸殿邦
辦理沙茭省局事務安徽歙縣縣丞張殿球
督建沙茭團練公局兼理防堵事務

縣丞銜鄔佩堯

監生何國樑

從九品黎文元

隊長

曾繼章　曾炳志　蔣振威　文蘇成　黎瑞齡

潘懋　李錦嵩

謹將前代理增城縣陳令任內交代庫項應交應抵總數開列清摺呈

電

計開

一應交本任經征正雜錢糧并捐攤各欵共銀五萬柒千零陸拾肆兩叁
錢陸分叁厘壹毫貳絲陸忽八微

查應交項內有征完未解

咸豐陸年分地丁正耗銀壹千壹百壹拾玖兩壹錢柒分肆厘八毫

咸豐五年分地丁正耗銀壹萬零玖百捌拾肆兩叁錢零貳厘零肆絲貳忽

咸豐肆年分地丁正耗銀壹千壹百壹拾叁兩貳錢陸分肆厘

咸豐叁年分地丁正耗銀捌百陸拾柒兩壹錢叁分五厘

咸豐貳年分地丁正耗銀肆百貳拾肆兩貳錢五分玖厘叁毫貳絲五忽

均因堵勦逆匪支發兵勇口糧陸續挪墊現在確查支用細數另
冊開報

一應抵本任解過正雜錢糧并墊支匀征各欵共銀叁萬玖千壹百捌拾陸兩陸
錢零玖厘叁毫壹絲肆忽捌微

另應抵墊支堵勦水陸逆匪兵勇口糧夫脚船價銀貳萬玖千五百餘兩除
總局請領軍需銀叁千兩尚應抵銀貳萬陸千五百餘兩

又應抵墊支搜捕餘匪兵勇口糧夫脚船價銀玖千貳百餘兩

又應抵墊支修造衙署監獄等項用過工料銀貳千五百餘兩

以上三欵現在確查支用細數分起造冊補稟核銷理合註明

倉項

一增城縣額貯倉穀貳萬餘石因咸豐四年七月內賊匪陷城倉廒穀石刦掠殆盡
僅存廒底霉爛穀陸柒百石陸續碾放本城團練局義勇口糧
經前署縣倪令於復城後會營通稟有案陳令抵任又經覆查
附稟聲明倉穀全數被刦無憑盤交理合註明

遵將東省與江西省交界各州縣營稟報剿捕賊匪打獲勝
仗情形開列連案送
閱
計開
七月十九　陸路提督函開署韶營守備孔超齡等于七月十
四日馳抵江西龍南古家營有匪三四百人拒敵我軍轟
斃賊匪一百餘名生擒賊匪二十四名割取左耳七十一
隻奪獲旂幟砲械等項一百五十一件
七月二十三　陸路提督咨同前由
八月初六南韶連祥道稟據始興縣舒令等督帶兵勇至
花未塘村駐紮七月二十六日午刻有匪百餘人蜂擁而來
登時擊斃賊匪十餘名該匪稍退又另有匪徒二百餘人
由後路抄來兵勇分投頭接仗自未至申又殺死匪党十
餘名
八月初六始興縣會稟同
八月初七陸路提督咨同前由
八月初六南韶連祥道稟守備任士魁等督帶兵勇于八月初
一日行抵始興縣周所村前有匪二千餘人迎敵自辰至午
殺斃賊匪三百餘人落水并圩內燒死者二百餘名奪獲
器械三百餘件生擒匪犯多名傷斃壯勇二名受傷兵
勇十餘名
八月初六陸路提督函同前
八月十一南雄州孫牧稟同
八月十三南韶連鎮左營游擊始興縣會稟同
八月十二陸路提督咨同前由
八月十九　平鎮營千總楊裕清　長寧縣張步蟾　稟八月初四日會帶兵勇前駐石角
初五日前進見二百餘匪在立溪之南塘焚搶葉姓圍轉
向我兵拒敵轟斃該匪五名又殺斃八名鎗傷十餘名忽
山後小路來三百餘匪搶救拒斃土勇三名
八月二十七委員候補知府吳守稟署守備李從龍等于
八月十八日會剿江西貞女圍賊匪自午至酉圍攻嗣時
之久轟倒數賊猶然抗拒不退直至把總張開平執牌
飛上瓦背衆兵勇一鬨俱上始能攻進即將賊巢洗蕩
放火焚燒生擒十名割取左右耳記三十四對左耳二百五
十六隻奪獲大砲二把太公旂一面小紅旂一面鳥鎗十
桿籐牌二面長茅刀械四十二件裹頭紅布十一条陣亡
兵丁一名壯勇八名重傷壯勇十五名受傷二十名
八月二十七陸路提督咨同
九月初四　平鎮營右哨千總楊裕清　長寧縣張步蟾　稟八月十五日進攻樟溪匪擊
斃數名十七日至黃沙坑遇匪率同兵勇攻擊該匪負隅
力拒致斃欅林土勇二名兵勇殺賊十餘名十八日千總

同親隨十餘兵搏鬪傷斃二賊忽鎗子中傷千總後路
接應斃匪八名千總至櫟林札住兵勇一齊迎敵連斃
十餘匪餘由山僻奔潰連獲棉胎牌二張尖角小旂二条
刀茅等件查點陣亡兵丁三名

九月二十八候補知府吳昌壽稟龍南黃蜂圍蔡姓匪徒負隅
抗拒各官兵于九月十五晚堆草貼墻四面放火兵勇冒
烟而進以致壯勇受傷十一人該巢百餘房屋概行燒去屍
骸無從查點約共斃匪一百餘人割取首級十二顆搜撿
地洞生擒五人搜出鎗炮十八件

九月二十五陸路提督函開九月十五日攻破龍南黃蜂圍蔡
姓匪徒情形同前

九月二十五稿

九月二十九連州德濬稟十九日賊匪于二十日竄至陽山縣星
子交界之鳳凰橋經該處鄉民迎頭截擊殲斃數十名
鄉民亦傷斃十餘名

十月初二連州德濬稟九月二十一日壯勇追至大水邊與賊
鬪伏立殺賊匪數十名該匪一字排開三股左股礮斃壯
勇十數名乘勢竄入星子各村

十一月初五補用知府吳昌壽稟十月二十三日李署備等會
同在河源縣屬漳溪攻剿大獲勝仗殲斃賊匪數十名生
擒花紅頭廖亞潤一名割取首級二十七個奪獲大旗六
面大砲三尊鳥鎗三杆藤牌八面長茅挑刀十餘枝

十一月初十陸路提督函開仝前

十一月初七河源縣施禹泉稟十月十三日與李守備等前赴
往龍川陸續獲匪犯歐屈手指等二十二名二十三日馳往漳
溪地方激勵兵勇攻擊自辰至午殺斃賊匪二十七名生擒
花紅頭廖亞潤一名餘匪潰散奪獲大砲器械多件

十一月二十七委員補用知府吳昌壽稟十一月十五日辰刻行至
河源縣屬之駱湖地方該匪大隊分三路蜂擁向官兵衝
撲我兵亦分三路相迎直至午刻將其戴頂賊首一人斃
並斬斃多人各匪始行鬆陣退走中間有大湖一條各賊
匪倉皇奔竄落水者不計其數我兵退至十餘里外之油
坑地方匪等再接一仗又殺斃一百餘人生擒十八人墜崖
跌澗死者三百餘人圍搜山寮放火焚燬者又一百餘人
餘匪盡爬山越嶺而逃查點兩次勝仗計共擒十人割取
左右耳記六十九副左耳五十隻奪獲大旂十四面鳥鎗
十二杆籐牌五面快鈀八柄長短刀茅七十三件

十二月二十一陸路提督函同前由

十二月二十四稿

[redacted]

謹将沙茭兩司各社村庄辦理團練紳士姓名開列呈

電

計開

沙茭公局紳士潘亮功　何廷顯

茭塘司屬河橋社學紳士何春華　崔彰

大石海旁　李村　新村　梧村　會岡　鯉魚洲

金甌　柑園　員岡海旁陳邉　小龍灣　金坑

官堂　塘步　河村　植村　大山海旁大石東約

洗屋庄

岡尾社學紳士李治高　陳澄湘　潘允功

潭山　淩邉　蘇坑　官橋　山門　西村

大塘西涌　大嶺　田步頭　石子頭　赤岡　岳潭

沙路　明經　烏石岡　仙嶺　草堂　郭嶺

東寍　芳頭　珠嶺　栖龍尾　唐貝　應堂

大嶺墟　溪頭

深水社學紳士劉椿　屈嘉遠　黎席珍

新造墟海旁　禮園市　黎屋庄　曾邉海旁　白賢堂　隔村

山屋庄　思賢　桃園　岡心　化龍　大街

柏堂　東邉頭　沙亭海旁　北村　新圍　水門

東山社學紳士鄔鈞颺　蔣振驄
南村　羅邊　市頭　上梅坑　板橋　大江南
小江南　里仁洞　鶴子地　沙邊
彬社鄉約紳士陸殿邦　淩際泰
黃埔海旁　金鼎海旁　長洲海旁　琶洲海旁　白坭涌海旁　南亭海旁
北亭海旁　崙頭　北山　赤沙　穗石海旁　詩家山
赤磡　大塭　貝岡　大塱　郭家塱　小南步
路村　官山墟　官洲　小洲　土華　西江
沙灣司屬平康社學紳士謝廷宣　黎伯賡　謝家杰
市橋　沙墟　毬岡　碧沙　土涌　杭山
丹山　黃編　大小平步　雲橋頭　闌邊　汀沙

白沙步　大步　北海　甘棠　坑尾　坑口
壆頭　朱坑　長巷　張邊
同安社學紳士黃仲琨　楊華西　江榮兆
石碁　官涌　南步　小龍　大龍　沙涌
新橋　傍江　廩邊　蝦塱　遮拗　茶園
隔山　雙岡　橋山　東村
同風社學紳士盧逢新　彭鶴年　孔繼釗
鍾村　謝村　洗墪　屏山　金馬　玉堂
雙坑　汀根　橫岡　連湖　大平步　小平步
漢塘里
協恭社學紳士蔡維璋　陳禮佳
坑頭　水坑　蔡邊

FO.682/138/3(17)

[redacted]

謹據湯都司騏照開列清摺呈

電

原新會營右哨千總五品頂戴湯騏超一員

該員六年經隨劉英德出力稟請彙 奏 賞戴藍翎并准先
換五品頂戴嗣因移師清遠劉匪守城始終不懈懇請可否加
恩稟由南韶連勒鎮憲轉請各在案此次帶勇隨同來高要辦
土客事宜可否邀 恩開復以千總即補撥歸新會營効用

海豐縣學生員軍功六品頂戴葉正芬一員

該生就館新會四年秋間適賊圍攻邑城曾由會冒險赴省請
兵隨同官兵解圍嗣因餘匪未靖復經新會陳令給文繞道
到省親投 各大憲再發援兵面稟地方情形復回會辦理一
切軍務經陳令於善後案保舉訓導稟請彙 奏在案此次
自備資斧隨同幫帶壯勇來高要辦土客事宜可否邀
恩之處出自
憲裁

調署新會右營左哨二司外委把總六品頂戴記名把總何陞華一員

懇請再次記名把總

前山營右哨額外外委記名外委屈龍光一員 請 賞換六品頂戴

頂戴勇目許名達 請 賞換六品頂戴并請 發給執照

新會左營兵丁 李國彪 湯騏高二名

新會右營兵丁 朱麟彪一名

前山營兵丁 何浩然一名

以上四名懇 賞給頂戴

壯勇呂士榮 李廷焜 劉維熊 湯殿梧 吳永想 陳璋

鍾殿庸 以上七名請 撥歸新會營充伍

李廷安 請 撥歸順德營充伍

以上八名懇請 賞給頂戴并請 發給執照

謹將拖船五十號分撥各營數目開列呈

閱

計開

水師提標中營二隻

左營二隻

右營一隻

大鵬協左營二隻

右營二隻

香山協左營二隻

右營二隻

碣石鎮中營二隻

左營二隻

右營二隻

平海營二隻

南澳鎮右營二隻

澄海營左營二隻

右營二隻

達濠營一隻

海門營二隻

陽江鎮左營二隻

廣海營二隻

硇洲營一隻

陽江鎮右營二隻

吴川營二隻

東山營一隻

海安營三隻

瓊州鎮海口營三隻

厓州協一隻

龍門協二隻

儋州營一隻

以上共分撥拖船五十隻

令將中左右三營各員吉戰船並米艇拖船原配及添配兵丁軍火
砲械等項開列呈
電
計開
中營員吉第六號戰船原配並添配兵丁軍火砲械等項內
原配兵丁六十名
原配砲械等項內
大砲二十七位　火藥八百斤
封口子一百八十九個　鉄群子二千粒
紅布六十丈　大藥角三十個
挑刀十張　快鎚十架
添配兵丁四十名
添配砲械等項內
四千斤鉄砲二位　一百斤鉄砲六位
火藥八百斤　封口子七十個
竹篙鎗三十枝　藤牌三十面連單刀三十張
銅水瀓六枝　大木水桶六個
鉄鈎嘴四枝　火繩三十盆

砲口鉄筒二百五十九個　沙紙三百張
擡鎗十杆　大鉛子四百粒
小鉛子六千粒　火藥煲五十個
噴筒二十枝　火箭二百枝
大火箭五十枝　網紗二十担
中營員吉第十二號戰船原配並添配兵丁軍火砲械等項內
原配兵丁六十名
原配砲械等項內
大砲三十位　火藥八百斤
封口子二百一十個　鉄群子二千一百粒
紅布六十四丈　大藥角三十個
挑刀十張　快鎚十架
添配兵丁四十名內中營二十名右營二十名
添配砲械等項內
三千斤鉄砲四位　一百斤鉄砲六位
火藥八百斤　封口子七十個
竹篙鎗三十枝　藤牌三十面
單刀三十張　銅水瀓六枝

大木水桶六個　鉄鈎嘴四枝
砲口鉄筒二百八十個　紗紙三百張
撻鎗十杆　大鉛子四百粒
小鉛子六千粒　火藥煲五十個
噴筒二十枝　火箭二百枝
大火箭五十枝　網紗二十担

一火繩二十盆
一中營第四十九號拖船原配並添配兵丁軍火砲械等項內
原配兵丁三十名
原配砲械等項內
大砲十二位　火藥三百斤
封口子八十四個　鉄群子二千五百粒
紅布二十六丈　挑刀十張
快鎚十架
添配兵丁一十名
添配砲械等項內
大砲七位　一百斤生鉄砲二位
竹紮鎗二十枝　銅水澈二枝

一藤牌十面　單刀十張
大木水桶六個　鉄鈎嘴四枝
砲口鉄筒一百三十三個　沙紙二百張
撻鎗四杆　大鉛子一百二十粒
小鉛子三千粒　火藥煲三十個
噴筒二十枝　大藥角十七個
火藥木桶六個　網紗十四担
火藥三百斤　封口子六十三個
火箭二百枝　大火箭二十枝
火繩三十盆
中營第五十號拖船原配並添配兵丁軍火砲械等項內
原配兵丁三十名
原配砲械等項內
大砲十二位　火藥三百斤
封口子八十四個　群子二千五百粒
紅布二十六丈　挑刀十張
快鎚十架
添配兵丁一十名
添配砲械等項內

大砲七位　一百斤生鉄砲二位
竹槊鎗二十枝　銅水澈二枝
藤牌十面　单刀十張
大木水桶六個　鉄鈎嘴四枝
大藥煲三十個　砲口鉄筒一百三十三個
紗紙二百張　攑鎗四杆
大鉛子一百二十粒　小鉛子三千粒
大藥角十七個　噴筒二十枝
火藥木桶六個　網紗十四担
火藥三百斤　封口子六千三個
火箭二百枝　大火箭二十枝
火繩二十盆
左營第一號米艇原配並添配兵丁軍火砲械等項内
原配兵丁四十六名
原配砲械等項内
大砲十五位　火藥四百斤
封口子一百一十個　鉄群子一千一百粒
紅布二十丈　沙紙三百張
火煲二十個　噴筒十枝

火繩二十盆　竹槊鎗二十枝
鴨舌鎗十枝　鈎鐮鎗十枝
添配兵丁二十四名
添配砲械等項内
二千斤生鉄砲一位　一千五百斤生鉄砲二位
一千二百斤生鉄砲二位　一百斤生鉄砲四位
攑鎗二杆　火藥六百斤
封口子三百個　鉄群子三千粒
大鉛子二百粒　小鉛子二千粒
砲口鉄筒一百二十個　火煲三十個
紅布二十丈　噴筒二十枝
火繩三十盆　快鎚十架
挑刀十張　竹槊鎗二十枝
藤牌十面連刀十張　銅水澈四枝
網紗十六担　火箭二百枝
大火箭五十枝
左營第四十三號拖船原配並添配兵丁軍火砲械等項内
原配兵丁三十名
原配砲械等項内

大砲十二位　火藥三百斤
封口子一百個　鉄群子一千粒
紅布二十丈　沙紙二百張
火煲二十個　噴筒十枝
火繩二十盆　竹梨鎗二十枝
鴨舌鎗十枝　鈎鐮鎗十枝
添配兵丁十名
添配砲械等項內
一千二百斤鉄砲一位　一千斤鉄砲一位
六百斤鉄砲一位　五百斤鉄砲二位
一百斤生鉄砲二位　封口子三百個
鉄群子三千粒　搥鎗二杆
火藥三百斤　大鉛子二百粒
小鉛子二千粒　砲口鉄筒一百個
火藥煲三十個　噴筒二十枝
火繩三十盆　快鎚十架
挑刀十張　竹梨鎗二十枝
藤牌十面連刀十張　綑紗十四担
銅水激二枝　火箭二百枝

大火箭二十枝
左營第四十四號拖船原配並添配兵丁軍火砲械等項內
原配兵丁三十名
原配砲械等項內
大砲十二位　火藥三百斤
封口子一百個　鉄群子一千粒
紅布二十丈　沙紙二百張
火煲二十個　噴筒十枝
火繩二十盆　竹梨鎗二十枝
鴨舌鎗十枝　鈎鐮鎗十枝
添配兵丁十名
添配砲械等項內
一千五百斤鉄砲二位　六百斤鉄砲一位
五百斤鉄砲一位　四百斤鉄砲一位
一百斤生鉄砲二位　封口子三百個
鉄群子三千粒　搥鎗二杆
火藥三百斤　大鉛子二百粒
小鉛子二千粒　砲口鉄筒一百個
火藥煲二十個　噴筒二十枝

火繩三十盆　快鎚十架
挑刀十張　竹絫鎗二十枝
藤牌十面 連刀十張　網紗十四担
銅水激二枝　火箭二百枝
大火箭二十枝

右營貞吉第七號戰船原配並添配兵丁軍火砲械等項內
原配兵丁六十名
原配砲械等項內
大砲三十位　火藥八百斤
封口子二百一十個　鉄群子二千一百粒
紅布三十二丈　沙紙五百張
火煲二十個　噴筒十個
火繩二十盆　竹絫鎗二十枝
添配兵丁四十名
添配砲械等項內
四千斤鉄砲二位　一百斤生鉄砲六位
十把連鉄砲四把　擡鎗十杆
火藥八百斤　封口子三百三十個
鉄群子三千粒　大鉛子六百粒

小鉛子六千粒　砲口鉄筒二百個
紅布三十二丈　火煲四十個
噴筒二十枝　火繩七十盆
鈎鐮鎗十枝　快鎚十架
斬馬刀五張　大沙刀五張
竹絫鎗二十枝　藤牌二十面 內皮藤牌十面 連刀三十張
銅水激六枝　網紗二十担
火箭二百枝　大火箭五十枝

右營第二號米艇原配並添配兵丁軍火砲械等項內
原配兵丁四十六名
原配砲械等項內
大砲十五位　火藥四百斤
封口子一百一十個　鉄群子一千一百粒
紅布二十丈　沙紙三百張
火煲二十個　噴筒十枝
火繩二十盆　竹絫鎗二十枝
鴨舌鎗十枝　鈎鐮鎗十枝
添配兵丁二十四名
添配砲械等項內

一千五百斤鉄砲一位　一千二百斤鉄砲一位
一千斤鉄砲三位　一百斤生鉄砲四位
十把連鉄砲二把　擡鎗六杆
火葯六百斤　封口子三百個
鉄群子三千粒　大鉛子四百粒
小鉛子四千粒　砲口鉄筒一百二十個
火煲三十個　紅布二十丈
噴筒二十枝　火繩三十盆
快鎚十架　挑刀十張
竹梨鎗二十枝　藤牌十面連刀十張
銅水澈四枝　網紗十六担
火箭二百枝　大火箭五十枝

右營第四十五號拖船原配並添配兵丁軍火砲械等項內
原配兵丁三十名
原配砲械等項內
大砲十二位　火葯三百斤
封口子一百個　鉄群子一千粒
紅布二十丈　沙紙二百張
火煲二十個　噴筒十枝
火繩二十盆　竹梨鎗二十枝
鴨舌鎗十枝　鈎鐮鎗十枝

添配兵丁十名
添配砲械等項內
八百斤鉄砲一位　七百斤銅砲一位
七百斤鉄砲二位　五百斤鉄砲一位
一百斤生鉄砲四位　擡鎗二杆
鉄群子三千粒　封口子三百個
火葯三百斤　大鉛子二百粒
小鉛子二千粒　砲口鉄筒一百個
火煲二十個　噴筒二十枝
火繩三十盆　快鎚十架
挑刀十張　竹梨鎗二十枝
藤牌十面連刀十張　網紗十四担
銅水澈二枝　火箭二百枝
大火箭二十枝

F.O.682/44/14

計發知沈墊發陳月桂壯勇口糧銀貳千兩
現沈合託伊署友人任慧舟來領即照數發
交飭補具印領存案

二月十

[redacted]

計開東莞礮勇應領細數

一把總張國富外委陳泰張華原募礮勇二百七十八名除頭目張齊壯勇二十名隨同張國富壯勇另路堵勦口粮夫價另領外其陳泰等礮勇二百五十八名每名每月工食銀叁兩共月發銀柒百柒拾肆兩自咸豐六年二月二十日到齊稟明名募之日起至六月初九日止計三個月零二十日應領口粮銀貳千捌百叁拾捌兩嗣該勇防勦平南出力自六月初十日起每名日發銀壹錢肆分共日發銀叁拾陸兩壹錢貳分至二十八交卸廠務之前一日止計一十八日應發銀陸百伍拾兩零壹錢陸分

又准曾叅將面稱礮勇最為得力惟人數較單加募壯勇三十名點驗可用請發口粮等因當即照辦每名日發銀壹錢肆分三十名共日發銀肆兩貳錢自六月十五日起至二十七日止計十三日應發銀伍拾肆兩陸錢

又外委二員每員月發銀肆兩伍錢共月發銀玖兩自二月二十日起至六月二十七日止共銀叁拾捌兩肆錢

又該勇傷賞卹銀除核明已發外尚欠給銀壹百兩

四款共應給銀叁千陸百捌拾壹兩壹錢陸分

計開東莞礮勇已領細數

一外委陳泰張華礮勇領過口粮項下

二月十四日給銀叁拾兩零捌錢

二十日給銀肆拾兩

三月初二日給銀肆拾叁兩陸錢
初四日給銀陸拾兩
初八日給銀壹百兩
十六日給銀壹拾肆兩肆錢
十九日給銀貳拾兩
二十五日給銀壹百捌拾伍兩陸錢
四月初二日給銀叁百兩
初七日給銀壹百兩
十四日給銀貳百兩
二十一日給銀叁百兩
二十八日給銀貳百兩
五月初五日給銀壹百陸拾兩
十三日給銀貳百陸拾兩
二十日給銀伍拾柒兩
二十一日給銀肆拾兩
六月初一日陳勝解交銀叁百兩
初五日呂委員解交銀叁百兩
初九日給銀叁拾伍兩
又在平南李令手給銀貳百兩
初十日給銀貳拾兩
二十日給銀貳百兩解往平南
二十四日給銀壹百兩外委陳泰手
以上共發過銀叁千貳百陸拾伍兩陸錢捌分
除發過外尚欠給銀肆百壹拾伍兩肆錢捌分該勇夫價燈油銀兩已發清理合註明

正稿房遵將先後據廣州協稟報各員弁獲犯名數開列呈
閱
五月二十一日
廣州協稟千總黄曜吉外委葉逢春額外張士雄署額外李大濱先後獲犯周毓基羅亞邦梁北江霍亞祖源亞勝張亞幅梁亞錫七名解南海縣收審
五月二十二日
廣州協稟署千總馮樹屏把總羅亮署額外周振鏞在省垣拏獲刦犯潘亞禮麥亞分區亞垣區亞有四名解番禺縣收審
五月二十六日
廣州協稟據署左營守備尹達章督率把總馬國安外委郭安梁禧光額外李賡颺暨九江主簿趙浚在沙頭拏獲要犯李亞義解南海縣收審
五月二十六日
廣州協稟把總羅亮在白蜆殼河旁拏獲賊匪劉鑑希梁亞富黄亞戍王亞林陳閏添王亞就王亞求鄺澤揚劉亞丙九名解番禺縣審辦
五月二十六日
廣州協稟千總謝作高外委蔣德威署額外周振鏞在槎滘渡頭拏獲刦犯譚初五解南海縣審辦
五月二十八日
廣州協稟署守備尹達章把總馬國安外委郭安梁禧光額外李賡颺在太平村圍獲賊犯李亞偉解南海縣收審
五月二十八日
廣州協稟把總黄定安緝獲盜犯馮亞社解番禺縣收審
六月初三日
廣州協稟千總謝作高外委蔣德威署額外周振鏞記委李家駿潘朝佐黎運在十八甫地方緝獲英清滋事刦犯周喜祥江亞蝦二名解督轅飭審
以上各案均經札司飭審在案
六月初二日
廣州協稟左營西關汛千總謝作高等在佛山地方獲犯潘亞錦一名解南海縣收審

FO 931/1684

~~FO 682/68/…(2)~~

錢兵役亦各給銀一錢俾令口食有資以便責其認真從事所需銀兩于緝捕
經費項動支似此擇要布置日夜巡查設有匪徒自無立足之所而文武有功
同賞有過同罰亦可杜其推諉臣等仍督令該州縣都守等官不時明察暗防
總期實力奉行不使稍形疎懈以仰付
聖主綏靖閭閻肅清輦甸至意再
勅下該管王大臣飭令該管三旂苑丞苑付各門章京于酉刻閉門白日輪班稽查
不准外人出入夜間派兵支更墻外由該地方州縣營汛分撥兵役巡邏鳴鑼
互應防範益期周密除京師緝捕事宜由臣阜東恬等與步軍統領衙門隨時
會商嚴飭所屬力求整頓外所有遵
旨令議章程是否有當理合恭摺具
奏奏
旨已錄

F.O.682/68/4(4)

何亞新　劏竹基何新

陳榮昌　新會陳昌　江尾陳昌　劏軍營陳昌

何亞成　劏竹基何成

陳亞丙　劏軍營陳秉　黎涌陳炳

勞信榮　蘭石勞榮

霍德昌　黎涌霍德

陳亞勝　黎涌陳勝

陳錦之　黎涌陳錦　徐村陳錦　小涌陳錦

林愛長　開平林長

F.O.682/68/4(5)

[redacted]

劉朱　曲江縣人　周圍吉夥　打仗二次炮傷一人
李忠　長寧縣人　周圍吉夥　打仗五次用刀牌
鍾日盛　曲江縣人　周圍吉夥　打仗一次
以上營解羅坑犯
劉茂佑　始興縣人　謝老三夥　打仗二次
劉雲華　始興縣人　謝老三夥　打仗二次
池云林　始興縣人　謝老三夥　打仗二次

饒大苟　始興縣人　謝老三夥　打仗一次
朱倫恩　始興縣人　謝老三夥　打仗一次
朱廣太　始興縣人　謝老三夥　打仗一次
朱橋藩　始興縣人　謝老三夥　打仗一次
嚴四佑　興寧縣人　謝老三夥　打仗二次
袁丁科　興寧縣人　謝老三夥　打仗二次
鄧曾求　翁源縣人　謝老三夥　打仗三次
鄧曾杰　翁源縣人　謝老三夥　打仗三次
袁玉海　江西龍南縣人　謝老三夥　打仗二次
劉閏明　江西龍南縣人　謝老三夥　打仗二次
鄧永德　始興縣人　謝老三夥　打仗二次
鄧德華　始興縣人　謝老三夥　打仗二次
以上俱營解始興犯

戴什僯 長寧縣人 周圍吉夥 打仗一次
謝什輪 英德縣人 周圍吉夥 打仗一次
黄文錫 曲江縣人 周圍吉夥 打仗一次
傅錢茂 曲江縣人 周圍吉夥 打仗一次
林起華 曲江縣人 周圍吉夥 打仗一次
曽有護 英德縣人 周圍吉夥 打仗一次
黄成老 曲江縣人 周圍吉夥 打仗一次
王賢進 曲江縣人 周圍吉夥 打仗一次
宋日邦 曲江縣人 周圍吉夥 打仗一次
盧汝邦 長寧縣人 周圍吉夥 打仗一次
黄京昌 曲江縣人 周圍吉夥 打仗一次
曽曹昌 曲江縣人 周圍吉夥 打仗一次

黄亞比 曲江縣人 周圍吉夥 打仗一次
傅華佬 曲江縣人 周圍吉夥 打仗一次
傅年秋 曲江縣人 周圍吉夥 打仗一次
華賴昌 曲江縣人 周圍吉夥 打仗一次
葉鋪地 連平州人 周圍吉夥 打仗二次 充當旂頭
葉細鋪地 連平州人 周圍吉夥 打仗一次
古猛皮 長寧縣人 周圍吉夥 打仗一次

以上俱營解羅坑犯

張一蘭 翁源縣人 黄腦夥 打仗一次
邱永苟 曲江縣人 黄腦夥 打仗一次

以上道解仁化犯

謹將二月分廣州協左右二營各汛員弁先後獲解賊犯共七十七名開列呈
閱

計開

左營九江汛署守備羅逢濤獲犯三名

岑亞榮 認竊五次

郭新信 認刦二次搶一次轄借三次

關亞卓 認竊十一次

又署守備羅逢濤督率把總保安吉外委郭安獲犯八名

潘亞八 認刦十次搶二次

潘亞勝 認刦六次搶二次

蘇大王淇 認刦二次

李亞深 認刦六次

李亞倫 認刦六次

程凌章 認刦三次

崔亞作 認刦一次

鍾亞耆 認搶二次竊五次

左哨石亭巷汛千總韓國治協同署外委蔡釗獲犯十二名

郭亞芝 認在安南龍頻山東浙江各洋面迭刦船隻續經投誠等語

陸得成 認刦三次擄人勒贖一次

林亞池 認刦一次

王亞棧 認刦一次

李亞希

王有光
楊亞中
朱亞英
楊亞女
林亞英 以上七名均認攔截烟土被獲
李亞卓 認拐一次
梁亞閏 認窃三次
又千総韓國治會同千総謝作高署外委蔡釗獲犯二名
關亞就
羅亞凌 二犯係已獲李亞卓供聞拐騙夥黨惟該犯不肯宲吐
右哨西關汎千総謝作高獲犯一名
陳亞潰 認項色騙窃一次
又千総謝作高協同外委黃賢彪獲犯八名
林培亨 認刦一次窃四次

馮亞彪 認窃二次
黃幅雲 認刦一次
馮亞才 認窃四次
麥亞汝 認窃五次
龔亞慶 認窃二次
黃亞康 認窃三次
梁亞升 認拐一次
隆慶汎兼辦把総趙國龍獲犯五名
冼應胡
汪和尚
黃亞二 三犯係窃犯
吳亞錫 認刦一次搶一次
陳亞發 係窃犯
李村汎把総保安吉獲犯一名

廖亞東 認窃九次
又把総保安吉協同外委郭安獲犯四名
李亞日 認強掠四次
陳亞著 認強掠二次
何亞禮 認強窃二次窃二次
韓亞先 認窃二次
官窑汎把総劉士桂協同草場汎外委黃賢彪獲犯二名
馮亞養 認係逆犯馮雲山之子
胡勝泉 認平素與逆犯楊亞六交好不認案
右營佛山都司王平如督同代理彩陽堂汎千総葉逢春等獲犯八名
麥亞尭 認刦三次
姚亞脁 係麥亞尭供黨惟該犯只認行窃一次
蔡亞良 認刦一次強窃一次搶數次窃一次
劉亞芳 認搶數次

林亞深 認刦二次
何亞梧 認搶一次
盧亞寮 認刦二次窃二次
溫亞成 據線人指稱係刦犯惟該犯狡不認案
右哨五仙樓汎千総馮樹屏獲犯一名
馮亞有 認窃五次
纜路尾汎把総羅亮獲犯一名
黃亞保 認窃三次
署東關汎外委金國寶獲犯八名
曾亞輝 認投往梧州踉隨匪首西南長擄刦并與官兵打仗
顏亞清
林亞良 二犯未認案係線人引拿之犯
林亞金 認搶一次

簡亞九 認窃一次
梁亞位 係串拐之犯
曾亞明 認搶一次
曾亞禜 獲未認案
白沙塘汛把総蔣朝剛獲犯一名
蕭幅勝 認窃二次
又把総蔣朝剛恊同外委劉啟忠獲犯三名
馮閏勝 認刦一次
葉亞陞 認刦一次
高勇禜 認刦二次
署員井汛把総蔣佩剛獲犯五名
朱亞就
曾亞辟

黃亞茂
梁亞滿
韋亞弟 以上五犯在白雲山背拜會當場捉獲之犯
大歷汛把総屈大光獲犯一名
許亞同 認窃三次
又把総屈大光恊同外委潘駒獲犯二名
陳亞禜 據線人指稱係温大貴五夥黨
陸亞居 認窃四次
又松岡汛外委潘駒獲犯一名
闞亞規 據紳士聯攻送窃之犯
以上獲犯共七十七名均經解交文員審辦

謹將八月中旬收到人犯審定供情開列清摺呈

電

八月十一日

廣協把總羅亮解

霍金勝 已請 令

廣協外委沙鳳祥解

簡亞連 即簡江已請 令

廣協千總黄贇彪解

黄亞閏　田亞二 以上二犯均已請 令

河南紳士莫啓垣解

區亞聯　譚英華 以上二犯均已請 令

水師遊擊盧良弼解

陳其秩 已釋

候補鹽知事黄叔儀解

吳亞三 提綫未到現由運司回准取保

十二日

廣協把總王書年解

陳新有 已釋

廣協把總羅亮解

梁亞升　楊雄光 以上二犯均已請 令

歸德門委員解

陳遜謙 奉 諭押候復訊

譚可權 已釋

南岸紳士蔡祖琇解

劉亞錫　梁亞山　杜亞八　區亞嶺

以上四犯係熊應榮呵帶壯勇奉 批押候軍務平定從重辦理等因

廣協把總金國寶解

余亞用　羅亞桂 以上二犯均已請 令

卸龍門典史高述先解

沈文華 已請 令

候補鹽知事何炳經解

盧亞社 已請 令

候補守備嚴君佐解

黄亞從　黄亞長　饒亞慶　陳亞蘇 以上四名均釋

大圃紳士吳日升解

李亞懷 已請 令

五斗司巡檢凃陽麟解

黄鶴鳴 提綫未到

十三日

廣協把總羅亮解

張亞堅　關亞才 以上二犯均已請 令
廣協把總鍾祥光解
潘亞堯 已請 令
何亞慶 已釋
五斗司巡檢張金鑑解
蔡亞未　蕭亞松　蘇亞帶　蔡亞東 以上四犯均已請 令
彭亞丁　梁榮
以上二犯據同獲已辦之蔡亞未供稱同自賊營中來該二犯狡不承認因刑傷潰爛難以熬審容俟覆訊
顏亞浦 已釋
廣協千總馮兆奎解
何揚滔 已請 令
順德協都司霍高彪解
楊亞權 已請 令
廣協外委金國寶解
馮亞焯 已請 令
廣協外委蔡釗解
陳善全 已請 令
十四日
廣協把總羅亮解
劉容娣　張華桂 以上二犯均已請 令

大圍紳士吳日升解
鍾亞潰　曹亞泰　曹亞禮 以上三犯均已請 令
撫轅文巡捕陳玉森解
鍾亞潤 已請 令
廣協守備尹達章解
黎亞閏　郭亞祥 以上二犯均已請 令
廣協都司黃榮亮解
林亞洸　林亞祖
林亞洸係番禺縣皂班亞祖係亞洸之父屢訊不承據供來省責然屬定前已兩次捐奉　批再研訊等因
十五日
撫轅武巡捕翟錦齡解
何亞桂 已請 令
廣協把總羅亮解
林亞和　陳亞保 以上二犯均已請 令
沙灣司巡檢鄒宗耀解
關亞本　陳亞聞 以上二犯均已請 令
撫標守備陶定邦解
程亞幅 已請 令
水師參將滿慶解

袁亞言　袁亞燦　吳亞兆　梁亞勝
楊亞發　陳亞樹仔　陳亞言　羅亞集
羅亞太　羅亞發　羅周氏以上十一名口均釋
十六日
番禺縣李令解
盧亞林已請　令
廣協把總蔣朝剛解
潘亞洪已請　令
十七日
廣協把總羅亮解
莫亞玉　何凌受以上二犯均已請　令
順德協都司霍高彪解
何亞秋　梁都帶以上二犯均已請　令
廣協千總孫東暘解
伍亞列已請　令
廣協千總黃賢彪解
鄧亞永　馮亞祖　周亞進　羅錦盤
何亞康以上五犯均已請　令
曾亞二已請　令另歸洋案
饒壺興奉　批准稟辦
廣協都司黃榮亮解
楊亞洸　林亞昭　賴亞海以上三犯均已請　令

大圍紳士吳日升解
潘亞揚　李亞池以上二名均釋
香山紳士林福盛解
溫亞洪已請　令
馮官宏　洪定有以上二名均釋
廣協外委蔡釗解
勞錫燕　勞錫渚　勞亞才
以上三犯屢訊不承據供來省賣絲並據役者舖戶屢次呈保
前已列摺奉　批應傳質當傳原保人到案取具切結附卷
又經列摺奉　批再研訊各等因
十八日
帶勇額外劉士高解
李東右已請　令
新會參將衛佐邦解
曾亞松　馮亞二　湯文中　洪亞六
湯裔邦　陳亞次　江亞五以上七犯均已請　令
古亞昌　曾亞三　劉亞帶以上三名均釋
廣協千總馮兆奎解
馮正行　馮亞全以上二犯均已請　令
即補從九品李懋康解
呂亞明已請　令

查西門委員劉鶴清解
韓勝基 已釋
候補鹽大使陳昌文解
陳子桂 已請 令
提標遊擊盧良弼解
梁亞全 已釋
廣協把總羅亮解
楊亞印　林亞唐 以上二犯均已請 令
五層樓探兵游永安解
陳亞養 已釋　練亞連 准釋先故

十九日
提標遊擊陳國輝解
戴亞勝 已請 令
候補府經歷方鑑源解
邵亞洸 已請 令
廣協把總羅亮解
胡亞進 已請 令
廣協額外黃能彪解
林亞啓 奉 批准稟辦
北路探兵羽夢蛟解
何亞渠 已釋

二十日
沙灣司巡檢鄒宗耀解
梁亞松　李亞錦 以上二犯均已請 令
李國昭 奉 批准稟辦
補用守備孔繼堯解
封亞潤　吳亞四 以上二犯均已請 令
廣協都司黃榮亮解
譚亞尚 已請 令
譚亞林 奉 批准稟辦
委用巡檢于沆解
何亞全 已請 令
何亞堯 奉 批准稟辦

八月中旬共收到人犯壹百貳拾玖名
已請 令匪犯柒拾捌名
已釋放人犯叁拾貳名 内准釋先故一名
候稟重辦人犯玖名
尚羈押未定供人犯拾名 内回准保釋吳亞三一名

謹將五月分收訊人犯總數開列清摺呈

電

計開

車署遊擊解伍犯

涂李鳳　黃九斤　傅賢隴　羅仁義（以上四犯認案已解）　黃恒昌（未認）

劉千總大齡解貳拾肆犯

張全喜　余作仁　蔡來滘　陳亞游　藍成古（即破頭藍）

鍾亞賤　李朝秀　黃茂道　葉亞石　張基瑞

葉昌勝　馬五　張文二　林細品　何勝姐

鄺金嬌　刁三　盧亞受　楊光嵌（以上十九犯認案已解）　田石養

邱妙角子　黃亞三（即引六）　黃亞四（以上廿四犯現擬解）　譚嶸發（未認）

任守備解貳拾叁犯

劉扶養　陳覲滘　李亞六　李林（以上四犯認案已解）　何開華

温志滘　陳天幅　賴永珍　楊可鉋　雷定發（以上六人擬保）

楊泰　黃戊睇　袁昌能　林梅占　許亞己

華幅榮　劉石井　陳假妹　黃水泰　鍾源昌

黃萬昌　杜大林　賴賤發（以上十三人俱未認）

梁千總肇倫
孔千總起齡解貳拾貳犯

羅亞灟　李亞發　李純濟　鄧四洪　傅逢組

李所太　傅逢泉　黃亞清（以上八犯認案已解）　王石生　鍾祖有

黃亞三（即明倫）　歐陽乎發　張家興　彭明紅　劉耀宗

鬫宗和　李旺生　楊永發　吳得華　陳貽玉

黃九斤（即辛有）　彭家茂（以上十四犯現擬解）

李外委發雄解叁犯

黃亞安　余三連　周亞賢（三犯已解）

金守備
涂從九解拾犯

宋興保　葉亞四　何亞勝　蕭亞亮　黃去保

黃朝城　沈中潰（七犯已解）　林敬發（擬減）　魏寄子（認案候解故）　賴亞發（解到即故）

蔡千總有芳解壹犯

黃滿（即細黃已解）

南雄州解叁犯

陳　旺　朱老扯　黃應汰 三犯已解

曲江縣解拾貳犯

曾亞揚　廖亞順　韋猛達　林亞滀　張順沅

何来勝　黃乙科　羅亞奀　李沅六　李沅發 以上十犯已解

林玉登 現擬解　梁亞振 擬減

乳源縣解柒犯

凌細五　藍　保　鄧亞四 三犯已解　王奀高　温石保

黃亞三　傅亞有 四犯現擬解

翁源縣解捌犯

山哥吳　劉逢達　羅亞二　郭勝飄　劉仁基

胡永達 以上六犯現擬解　張應超 未認　廖亞九 未認

始興縣解肆犯

何正邦　廖國陞 兩犯現擬解　林邦欽 供游移再復訊　謝乾達 供游移再復訊

以上共收壹百貳拾貳犯

五月初九日解涂李鳳等貳拾陸犯

五月十六日解韋猛達等拾壹犯

五月二十六日解葉亞石等貳拾伍犯

五月底擬解王石生等叁拾壹犯 此次於六月初五日併解尚有陳邦育等玖犯係歸六月分收

四次解省計共玖拾叁犯

擬減貳犯

林敬發　梁亞振

擬保陸人

何開華　温志滘　陳天幅 三人已稟明提憲由韶府飭保領回　雷定發

鍚可鈪　賴永珍 三人候保

病故兩犯

魏奇子　賴亞發

未認拾玖人

黃恒昌　黃戊聯　楊　泰　譚桀發　袁昌能

林梅占　許亞巳　華幅榮　劉石井　陳假妹

黃水泰　鍾源昌　黃萬昌　杜大林　賴賤發

林邦欽　張應超　廖亞九　謝乾達

謹將解省擬辦各犯開列清摺呈

電

計開

吳南德　山字八號旂頭
劉亞丁
鍾亞爱
劉亞應
楊年喜
葉官勝
葉亞甫
歐亞無
黃來發
吳亞松　以上十犯俱連平州人盧冲天夥陂頭岡尾李村周陂四仗
胡亞妹　連平州人　盧冲天夥　李村周陂二仗

賴亞干　連平州人　盧冲天夥　陂頭李村周陂三仗
鍾懷恩　連平州人　謝老三夥　陂頭岡尾李村周陂四仗
雷亞林
黃亞信　以上二犯俱長寧縣人盧冲天夥大蓆錫場陂頭周陂等處八仗
李亞妹
李亞四即輝勝
唐亞敬
江達光
江細德
許陳光　以上六犯俱長寧縣人盧冲天夥陂頭周陂四仗
黃亞三即新邑　長寧縣人　盧冲天夥　岡尾李村周陂三仗
李亞才　長寧縣人　盧冲天夥　李村周陂二仗
陳人井　興寧縣人　遠字四號旂頭　盧冲天夥陂頭李村周陂三仗
劉亞春　長樂縣人
魏亞三即丁發　潮陽縣人
張大滿　河源縣人　以上四犯俱盧冲天夥陂頭周陂四仗
鄧桂幅　和平縣人　劉老三夥　陂頭周陂四仗

以上二十八犯任守備解

劉相華
徐亞興
葉亞東
葉亞仁
賴細吉
陳桂星
葉勝祥
劉亞四即亞連
唐沛金
劉亞發
賴亞祥
賴亞庚
熊亞昌
歐亞宗
鍾得保
曾觀有
歐亞才
唐先慶
藍傳發
劉細華
唐亞方　以上二十一犯俱連平州人盧冲天夥陂頭岡尾李村周陂四仗
黃梅姑　　岡尾李村周陂三仗
鍾官德　以上二犯俱連平州人盧冲天夥　李村周陂二仗
譚亞佳
黃亞桂
張達安
許亞賢
江亞廷
温亞獄　以上六犯俱長寧縣人盧冲天夥陂頭岡尾李村周陂四仗
黃亞生　長寧縣人　盧冲天夥　陂頭李村周陂三仗
劉官英
李亞懷
鄭亞蘭　以上三犯俱長寧縣人盧冲天夥李村周陂二仗
梁亞賢　從化縣人　盧冲天夥　陂頭岡尾李村周陂四仗
　以上三十四犯任守備會同潮營李署守備解
潘亞萬　長寧縣人　黃臘影　久字二號旂頭樂昌扶溪三仗

李光東

曹永昌

曹四即賓雲 以上三犯俱江西長寧縣人古猛皮夥羅坑二仗

賴潰滀 乳源縣人 黄二滿夥 湯盤水嶺背塘三仗

黄亞新 連平州人 陳亞禮夥 寺前白竹四仗

朱細錫 曲江縣人 陳亞禮夥 寺前白竹白水黄坌等處八仗

羅竹綵二即太傳 始興縣人與陳亞禮周圍吉合夥當總旂頭湯盤水夾背烏田白竹共八仗

何西斗 福建上杭縣人 陳亞禮夥 寺前白竹四仗

以上九犯劉千總解

劉從珠 乳源縣人 陳亞禮夥 黄坌羅坑三仗

蕭萬成 湖南清泉縣人 陳亞禮夥 白水黄坌二仗

以上二犯梁孔千總解

廖四滿 興寧縣人 林細鴛鴦夥 樟樹潭湯盤水四仗

傅滿即烏狗 西寧縣人 黄腦夥 樂昌扶溪四仗

周亞安 河源縣人 黄腦夥 樂昌扶溪四仗

以上三犯賴把總解

鄧金秀 永安縣人 林鴛鴦陳亞禮夥 樟樹潭白水等處七仗

何木生 長樂縣人 陳亞禮夥 白水羅坑四仗

李日新 平遠縣人 陳亞禮夥 白水羅坑四仗

以上三犯金守備涂從九解

謝乾達 連平州人 劉老三夥 溂頭魯溪四仗

以上始興縣解續經訊認

張應超 翁源縣人 劉老三夥 魯溪花山二仗

以上翁源縣解續經訊認

黄朝選 曲江縣人 周圍吉夥 横石塘牛婆洞二仗

以上樂昌縣解

魏亞二即金鲫 河源縣人 古猛皮夥 羅坑二仗

以上曲江縣解

楊辦成 福建連城縣人 黄乙太夥 搜刦二次打仗一次

陳得龍 曲江縣人 黄乙太夥 火山仁化二仗

陳劉民頭 曲江縣人 王亞觀夥 塤子墟獅子嶺二仗

以上三犯任守備另獲解

侯永勝 曲江縣人 朱啞仔夥 湖南桂陽打一仗傷二人刦魯塘范姓一次

以上曲江縣續解

謹將擬辦解省十九犯開列清摺呈

電

計開

鍾金絲即神龍　曲江縣人　周閏吉陳亞禮古猛皮夥　充當旂頭共打五仗傷一人

廖士銀　佛岡廳人　陳亞禮夥　黃坌大佈羅坑四仗

游阿南　河源縣人　陳亞禮夥　羅坑三仗

伍亞祿　長樂縣人　陳亞禮夥　羅坑三仗

曹恩懷　英德縣人　陳亞禮夥　大佈羅坑二仗

朱阿三　河源縣人　陳亞禮夥　羅坑三仗

李亞長　曲江縣人　周閏吉夥　夾背一仗留營當線仍復訛詐

方興照　博羅縣人　陳亞禮夥　羅坑二仗

張亞二即振展　長樂縣人　陳亞禮夥　大佈羅坑二仗

以上金守備涂從九解

楊亞香　河源縣人　周閏吉夥　湯盤水板水洞嶺背塘四仗

羅　興　英德縣人　陳亞禮夥　白水黃坌大佈獅子嶺五仗

羅亞武　英德縣人　陳亞禮夥　大佈羅坑獅子嶺三仗

傅亞悅　英德縣人　陳亞禮夥　羅坑獅子嶺二仗

賴石助　英德縣人　陳亞禮夥　羅坑獅子嶺二仗

賴超富　英德縣人　陳亞禮夥　大佈羅坑獅子嶺三仗傷一人

歐上浩　英德縣人　陳亞禮夥　羅坑獅子嶺二仗

以上孔守備超齡解

吳三姐　興寧縣人　盧冲天夥　李村周陂二仗

以上胡遊擊解

黃亞水　連平州人　謝老三黃老三夥　岡尾下坪白檵寨楓灣紫蕨嶺五仗

溫清雲　從化縣人　鍾金絲夥　獅崗一仗搜刦二次

以上劉大齡解

管帶香山壯勇南海縣五斗口司巡檢張金鑑謹將赴軍營蘭石勝門頭一帶

連獲勝仗生擒賊匪開列

電

呈

計開

何亞新　黃亞椿　區亞蕩

陳亞碧　護壽昌　陳亞丙

霍廣運　勞信榮　招亞興

勞暉就　勞亞進　陳蒂森

陳榮昌　何秀廣即馮秀廣　馮亞强

陳亞輔　何亞亮蘭石賊營軍師　馮亞養

何亞成　霍德昌　林亞成

歐信良　麥亞高　張茂錫

梁亞吉　陳錦之　霍亞均

馮亞就　蕭有和　黃亞任

何亞尹　岑亮威　陳亞勝即陳亞盛

吳亞上　梁祖能　黃亞基

霍啟聯　林受長　何喬開

馮亞才　勞亞宏　龐元善

吳亞萬　譚亞柱　霍祖懷

梁亞皆　吳亞四　霍亞標

梁亞蕭　何亞春　李長先臨解保釋

以上俱解

臬憲行轅

FO682/68/4(15)

章京吳錫振呈謹擬寔行團練條議懇祈代
奏事竊維團練辦賊寔為至善不易之法行之果能寔力持久普律有效雖以目前時勢之艱難賊情之猖獗未有不剋期掃蕩者即如從前川楚教匪滋事時至數年究以力行堅壁清野始能蕆事寔為明徵惟自軍興以來言團練者多且熟矣或行之無效或行之小效而亦未能大得其力大抵皆由未能齊力認真辦理今欲申明其說重加整頓非籌畫詳明講求精切仍恐蹈虛名而鮮寔效謹以條議十則每條各為按說發明以備採辦

一 團保團練之法必先保甲未有無保甲而能團練者州縣編查保甲既成然後計若干牌保而為一團每團按戶查抽壯丁一人以為團丁團若干丁設為團總團長即於各牌保甲擇其士民之賢能者為之通一州縣若干團團丁若干人連環保結造成冊籍由州縣申詳各道督辦之員以憑查驗謹按團練必先保甲即是周官遺法執里連鄉之意若未行保甲則無從為團更何所為練近來外省辦理多有不解團練二字者州縣名為有團練處大率官練募勇數十百人稱為團丁練勇其寔多半失業游民並非本地土著百姓平時虛糜口糧經費甚或擾害地方一旦有事心志本不齊一身手又未練習非但不能殺賊衛民甚至乘機散亂且有為賊勾引轉滋患害者尤為今日團練之弊其寔本不得謂之團練也今必自編查保甲為始保甲之法先立十家牌連環保查丁口年歲行業悉載牌中一牌之長擇良民謹厚者即可為之十牌為甲十甲為保保長甲長則必擇士人賢能者為之城鄉鎮大者逐分段落畸零合併附麗然後因地制宜合若干牌保而為團團能有丁幾許可以按冊而稽其人皆屬本方土著即或流寓雇充亦必各有身家親戚鄰里互相保結平居無事地方仍復各安生業團總團長大家講求出入守望之事親親長長之理遇有盜賊水火團丁互相保護皆屬分所應為並非別有滋擾即在州縣舉行保甲本亦著有功令所宜遵行不過日久視為具文今將寔行團練由各道員認真督率州縣無論有事無事地方先即舉行保甲編立成團互為聯絡其有不能行者即是懦官辜職才不勝任當即撤革賢能之吏編查妥速條理井然者立予議獎如此自然各路風行本源既得內患先清靖宄既不能涵迹闌葺亦不能充位然後團而又練可道辦理矣

二 練丁團保既成近賊地方或衝要州縣於各團丁中擇其尤為壯健者若干人以為練丁加之訓練是其地中之上次與其廣狹貧富而定練丁之多寡練習既成再由州縣編造冊籍申之各道以備守戰按按戶抽丁戶有不齊則其出丁亦必有不能一律之處或一戶不止一人或一戶竟不能一人且有官紳士商之戶人數雖多皆不能出丁壯者准其雇募抵充申明通融辦理大抵合團而計總可團丁每戶一人之數其在安然無事地方祇行團保已足有備無患惟是衝要及賊氛切近之區則必團而又練於各團丁中擇尤壯健者另立冊籍編成卒伍由各軍營行取曾經戰守之弁兵一二人或三數人為之製立器械教習技藝仍於各團總各團長中擇其忠勇材畧者分合管領勸

加簡練各州縣以時自為操演期於能戰能守然後申之各道以備巡閱而供遣策此等練丁練習既成非但利於守戰以自衛其身家自然同心戮力而且人和地利皆較勝於客兵尤宜出奇用以破賊也

三

捐儲團保之法州縣官辦理有方毋庸經費不得藉詞勒派惟有練丁處所則須各量地方情形捐出銀錢米谷器械軍裝各供本處之用並由各團總長自為經理至其地方殷厚能於團練經費之外捐積米谷或捐助軍餉者仍歸各省捐輸案內辦理按各團經費自為設法捐備大抵不出均攤及釐捐各有力者踴躍輸將亦必當事寔[illegible]廉自然其事易集其在一道員所管轄中或有地方十分彫敝貧蹙其力不能自給而又適當衝要萬不能不團練以資守戰者亦惟有鄰近地方通融挹注或由官中量為資借若其有力殷厚之區於團費外捐積米谷以為有事時嬰城閉寨自守之計亦不可少且至團富既多即可以為官兵過境者之供支軍營乏食者接濟事平作為本處倉社以備賑糶或謂本處既捐團費又責捐輸似覺偏重然地方貧富各自懸殊亦儘有備團費外力能有餘者但當酌量體恤分別辦理耳至捐數之時其團費應由地方官行文申報以便查核其存儲支放務以紳為經營官為稽查使其互相箝制以免侵没之弊

四

守助一州縣中何處有事本團練丁自守各團相為策應一道中何州縣有事本處練丁及鄰近團練皆相策應惟有賊踞地方四圍州縣團練無論是否一道員之所轄必當即時聯合為一大團交相策應挑裹嚴密以助官軍之不及使其得以併力攻擣其能自成一軍當賊一面者又必於各團中推擇材望素優之紳董一二員以統率之按賊之所至地方團練皆能據地自保彼既無所食息又無所擄掠必自困斃矣況能助官軍攻剿之乎其成軍必賢能紳董自為統率氣類所親自然如臂使指若曾國藩羅澤南等諸人可見人材相引而出在誠求善用之而已

五

巡察每團自巡察各團又互為巡察平時匪徒之潛跡者奸細之窺探者甚有為賊接濟鹽粮皆其硝磺鉛藥者查出匪犯立正軍法團丁優奬容隱者同坐皆許便宜從事至於各團是否整齊練丁有無冒濫各州縣自行巡察各道員以時周行巡察其報聞集事後或請

欽使間出巡察按賊之所向必先有奸細來覘或坐地匪徒為之勾應所踞地方必四出擄掠及奸民貪利暗中接濟團練巡察果周數者断絶則賊先已不戰自屈但此等必須假以便宜毋令有所掣肘方有濟耳至各團自為巡察與保甲中應有之事無論何時何地有事無事皆當嚴密持久有常

六

形勢用兵之道地利得人力所施事半而功倍各省府州縣凡昔人建置之所皆有自然形勢可據惟在豫為考察脩備一旦有事則前堵後截腰擊尾追調度裕如至於完濠築壘建堡設碉尤必豫籌然後戰守有所憑藉以靜制動以逸待勞以少勝多皆由於此按地利尤宜講求於團練者以其本地之人山川路徑道里險隘皆其所熟悉也平時各團之大小分合臨事練兵之進退取舍皆當於此講求至濠壘碉堡為堅壁清野之所必需昔人論之詳矣行之成效其利不可勝言若目前殘破及甫經收復地方有城池雖陷而四鄉猶存者有人民雖流亡而招集旋至者仍皆可以齊團抽練惟有鄉村零落不能成團者則或附於隣近州縣鄉城辦理

七
調募團之有練原為地方衝要者言自為自守之計其有地非衝要而民氣剛强地方殷厚之處可以酌量練出團丁若干候調應募者或即衝要地方其所練之丁無事時自守有餘願出調募者均由地方官申明各道督辦團練之員聽候調募此項練丁應調應募離鄉遠出者均照軍營壯勇辦理

按徵兵不如召募昔人言之乃近來各省募勇多有不能得力而且誤事者實由所募非人之故若如江忠源之楚勇曾國藩之湘勇大抵皆自團練中來豈不大可用哉計一省之中數十州縣必有風俗忠義勁勇厚實之處果能團而又練一律整齊將各省團練足供各省調募逈省遠方征發之願而且其人地理熟水土宜賊情賊勢心中了悉必能得力於遠省征兵利不勝言此條合上捐儲辦理有効是團練實行而籌兵餉二者皆當有所裨益即在無事地方祇行團保則錢粮征收皆有可考察不致弊混

八
經制事必先立經制則綱舉目張責任有專歸而事權無歧出按察使管一省之總其宜以各道專司其事以其本有巡守兵備之責者也惟團總團長既必取之士民則官紳宜並重每府州縣由各道訪求公正賢能紳士一二人與地方官會同辦理所有立團練丁捐資調募以及擇立團總團長諸務仍是以官率紳勸民斯情形畢悉而措置罔差

按人之賢否不齊官紳皆然惟團練一事必須官與紳合者以各處一切情形本地之人較為易悉而且事資衆力尤須先得衆心孟子所謂巨室所慕一國慕之者雖古今時地或不盡然而實有至理即總理大紳近如各省往往有之亦有資其得力之處河南聯莊最為團練之害或者轉因無有紳士倡率之故當時如有一二大紳約束其間何至居然抗逆致煩兵力也

九
賞罰團練舉行官紳辦理有功破格優奬無實者立予叅劾固矣又必使之久於其任故叅劾者稍有可原仍留自効優奬者雖得升轉仍留本任者必至事竣方可交替其尚事舉劾有功罪不當者准各團公揭以聞

十
章程為治務在得人則百事理章程原可不立也惟各省團練因時度地各有所宜今
朝廷下其事於各省督撫分行各道每道若干州辦理章程悉聽各該官紳自為酌定其應僅辦團保者章程若何限期若干可以集事其應團而又練者章程若何限期若干可以集其有練丁足備調募或現在聯為一大團及出練勇與官軍協同堵剿辦賊者章程若何限期若干可以集事先奏聞事集之日再由各省各道督辦協理之員查驗申明具奏果能實力行之有效團練協同官軍堵剿而賊未有不滅者矣

按實行團練原期有效而後已要事在必行而又不相强乃能有功蓋此事不但賊匪與奸民有所不利即小民不能見遠難與圖始惜財力往往有之又或貪庸怯懦意見偏執之官紳亦有所不願之處其實皆未深思此事之官私士氣有利無害也故發令之初必雷厲風行期於事之必辦且辦之必期之有效不許苟且抵塞以為遵令奉行則有名無實一切章程悉令官紳與民曉喻自為酌定期於順民同欲然後可以一心一力大率事下之日各省覆奏各處章程限期不過數月間事集總在一年內外其有不能如期申覆者即由各省大吏查明叅劾竊意一省一二處辦有成規即他處官紳才力稍次亦可相觀而善久之未有不晉律告成者先其所定之章程後考其事集於遲速虛實之間人材即可由此得之至於事集之後持久常義在乎[illegible][illegible]厲即賊迹悉平後此事猶可行之久遠者也

[redacted]

謹将西江德慶州上下河岸西寧東安等屬三處賊巢開列

呈

電

計開

西寧縣屬都城墟上二里許有白木沙地方近傍大河邊
時有賊匪一二百人駕駛古撈船隻在河面肆搶併打
單包送客貨

東安縣屬楊柳沙地方內有舌巷一村烟戶約二千餘家
向多賊匪離大江六里內通小河時有賊匪多人駕駛小
船近日亦有駕駛古撈船隻到大河面搶刦

西寧縣屬連灘地方向來藏匿賊匪就在墟中佔住民
房此處離大河七十里內通小河時有賊匪二三百人駕
駛古撈船隻出大河面搶刦

謹將太平關稅羡等款截至十月初三日止實存數目開列呈

閱

計開

太平關稅羡寔存銀五萬一千一百五十兩零七錢

扣存平餘彌補庫虧寔存銀三萬零二百九十八兩零一分六厘八毫七

絲六忽五微

捐文武監餉現存銀五萬一千七百二十五兩除現撥解貴州兵餉銀三萬

一千兩外寔存銀二萬零七百二十五兩

地丁支銷扣存平餘寔存銀一萬五千七百四十兩零五錢四分四厘

六毫 以上四款共寔存司庫銀十一萬七千八百十四兩二錢六分一厘四毫七絲六忽五微

又封儲一款現在並無存庫銀兩

太平關稅羡銀四萬五千七百兩

扣存平餘彌補庫虧銀二萬二千九百兩

捐文武監餉銀二萬五千五百兩

地丁支銷扣存平餘銀五千九百兩

以上四款共銀一十萬兩

封儲銀是否均有現銀

謹將四月二十日觧赴潘叅將行營備用軍火數目開列呈

電

計開

火藥壹萬觔　群子伍千觔

火箭伍百枝　噴筒伍百個

大小砲子捌千箇　洋布叁拾疋

更香壹萬枝　黃蔴貳百觔

羣子蓆袋伍百個

又六月二十七日支應西省軍火委員李本立領去軍火數目開列

火藥捌千觔　羣子伍千觔

火箭貳百枝　噴筒貳百個

火號貳百枝　十二觔砲子叁百個

十觔砲子壹百箇　燈籠拾個

大香貳千觔　黃蔴貳千觔

群子蓆袋壹千個

以上軍火均已全數支完

遵擬撥交委員張映奎帶赴西省支應軍火數目開列

火藥壹萬觔　群子伍千觔

火箭伍百枝　噴筒伍百個

火號伍百枝　火繩一千盤

鉛子伍百觔　鐵節伍百觔

鉛子袋伍百箇　羣子蓆袋一千個

洋布叁拾疋　更香壹千觔

黃蔴伍百觔　七觔砲子伍百箇

六觔砲子伍百個　五觔砲子壹千個

四觔砲子壹千貳百箇　三觔砲子壹千貳百個

二觔砲子壹千貳百個　一觔砲子壹千貳百箇

十二兩砲子陸百個　八兩砲子陸百個　共計大小砲子八千個

[redacted]

分別保柬犯

羅慶仔　仁化縣人

謝乙晶　樂昌縣人

故

黃顯章　湖南酃縣人該犯現病據供此間無人認識樂昌縣有楚南會館司事林姓者可保可否就近發樂昌傳保

文亞養　乳源縣人

葉鋪仁　翁源縣人

江通周　曲江縣人

侯富章　乳源縣人

[redacted]

未訊病故者十三人

許雙朋

林進金

陳亞潰

黎亞養

賴世常

康成萬

邱亞輝

朱北賢

黎發生

巫　盛

劉懷九

王道滔

伍仁佐

F.O.682/68/4 (36)

賴觀招即觀嬌供黨单

第一花紅頭謝老三 江西龍南矮寨下人年約四十餘歲身高大面紫無鬚麻花名一九底暗號柳枝

第二花紅頭劉老三 翁源貴東人年約四十多歲身矮細面白有鬍鬚未留無麻在翁源磨山居住花名二九底暗號雙金花

第三花紅頭謝逢金条 連平州上坪人年約三十餘歲身中樣面紫無鬚麻花名三九底暗號過山鐵

第四花紅頭劉獌 江西龍南觀音閣人年三十餘歲身中樣面紫無鬚麻在觀音閣高頭垻居住花名四九底暗號三八的

第五花紅頭羅老四 嘉應州人年三十餘歲身矮小面白無鬚麻花名五九底暗號散鐵

謝老三發出五旗以江洪汨淇汰五字為號每旗管二百人

五總旗頭

李亞槐 連平州茶園人年三十八歲身中樣面紫有麻無鬚係江字號旗頭

李廣生 連平州茶園人年三十九歲身中樣面紫無鬚麻係洪字號旗頭

李亞有 連平州甘竹園人年二十七歲身中樣面白無鬚麻係汨字號旗頭

譚養公 江西龍南馬古塘人年三十五歲身中樣面黑無鬚麻係淇字號旗頭

李亞貴 連平州茶園人年三十餘歲身高大面白無鬚麻係汰字號旗頭

總旗頭又派有永遠平得樂昌月等字號另有散頭花紅頭目不得

深悉

(1)

F.O.682/68/4(37)

謹將各州縣解到滋擾仁樂曲翁等縣匪徒

除解赴

憲臺行轅審辦并解赴清遠自禁外尚存監禁及病

故人犯姓名開列呈

電

(2)

計開

南雄州犯人四名

提辦 鍾有發

故 陳李妹

故 李有興

故 李善孫

(3)

始興縣犯人七名

提辦 沈清揚

故 劉老七

故 劉錦淐

故 劉懷九

故 沈青雲

故 邱亞輝

故 廖文康

樂昌縣犯人二十四名

提辦 饒琼郎

提辦 羅春女

提保 羅慶仔

提辦 鍾紅長

提保 劉勝堯

提辦 劉運七

(4)

擬辦 李明端
僥倖 鄧亞朝
擬辦 朱春元
故 黃幅高

(5)

僥倖 謝乙晶
故 黃顯章
[redacted] 鄒觀鴉
故 凌閏郎四
故 袁得才
故 沈三瀛
故 楊濤 即楊正濤
故 蒙宗成
故 黃濆淑
故 顧凌蔚

故 吳賴古
故 黃幅郎
故 劉存仔
故 彭仁濆
仁化縣犯人三十九名

(6)

故 陳亞江
僥倖 葉鏞仁
故 李流興 [illegible]
故 朱北賢
故 楊二
故 饒細苟
故 李捷延
故 王道昌
故 伍仁佐
故 張林嬌

(7)

故 劉春盛
故 藍林已
故 李興安
故 謝順清
故 王昌得
故 朱五成
故 曾石二
故 何興華
故 謝書金
故 楊觀太

(8)

故 鄺老二
故 葉宏利
故 邱老二
故 劉老三
故 禤文安
故 黃嬌
故 范神松

(9)

以下未奉提訊

劉賢千
賴七方
凌秀燈
馮東松
故 李秀求
李桂
馮東元
凌五古
故 黃振端
故 潘亞四
鍾閏三
故 劉抬萬
乳源縣犯人十五名
謝家玉
鍾月明

(10)

候保 侯富章

擬辦 黄秀講

擬辦 羅永才

擬辦 賴善元

擬辦 曹戝林

擬辦 朱宗勝

擬辦 謝仁富

候保 文亞養

(11)

故 盧恩齡

擬辦 賴佑古

擬辦 朱方息

候保 江通周

故 饒惹毛

英德縣犯人十一名

俱未奉提訊 鍾沅貞

(12)

陸亞詳

故 鄧勲太

林善維

故 胡亞升

周亞輝

張承旺

黄滿 即黄錦淮

陳計淐

故 楊亞淐

故 黄帯保 即黄帯福

奉憲發下人犯四名

擬辦 周細圍吉

擬辦 張房長

(13)

擬辦 賴亞皮福

擬辦 李龍貴

(1)

FO.682/68/4(38)

[redacted]

謹將水師提標及順德新會各協營巡船數目開列呈

閱

計開

虎門巡船七隻內

水師提標中營第一號快船一隻

左營第二號快船一隻

右營第三四號快船二隻

後營第五號快船一隻奉調來省緝捕

香山協左營第六號快船一隻奉調來省緝捕

右營第七號快船一隻奉調來省緝捕

(2)

順德協左右兩營巡船二十一隻內

順德協署副將自備槳船一隻

左營都司自備槳船一隻

右營都司自備槳船一隻

左營守備自備槳船一隻

(3)

右營守備自備槳船一隻

崑岡千總自備槳船三隻 千總林定祥記委黃國昌梁恩榮管駕

潭洲千總自備槳船一隻 代理千總蔡昇平管駕

甘竹把總自備槳船一隻 把總容騰龍管駕

三漕把總自備槳船一隻 代理把總鄧榮陞管駕

容奇把總自備槳船一隻 代理把總車子光管駕

瀾石千總自備槳船一隻 代理千總余朝安管駕

西南千總自備槳船一隻 兼顧千總林麒彪管駕

佛山把總自備槳船一隻 代理把總段世松管駕

西閘把總自備槳船一隻 把總王萬清管駕

(4)

仙管把總自備槳船一隻 把總陳榮光管駕

蘆包把總自備槳船一隻 署把總施國材管駕

大黃滘等砲臺左營千總吴銓光自備槳船一隻

營縣捐備一二號白底槳船二隻 記委龍國麒程廷綱管駕

新會左右兩營巡船七隻內

快蟹船三隻

中獅巡船二隻

小號巡船二隻

F.O.682/68/4 (39)

[redacted]

羅亞耀 泥羊背村住旗頭
羅亞興
羅亞四
羅亞洪
羅萬九
羅亞堯 旗頭
羅亞谷 洋春岡村住旗頭
羅契祜
羅恩榮 旗頭
羅觀斗 旗頭
羅亞肯
羅亞托
羅亞芹
羅亞妹
羅大狗

羅亞滿
羅亞奀
鄺亞伍
羅亞邦
羅祖裕 并有兒子二名 俱石結路下住
鄺亞四
鄺亞汶 俱上砯旗頭
鄺亞俊 旗頭
鄺亞天
鄺三奇
鄺亞三
鄺亞典
鄺亞業
鄺亞宏 併有兒子一名
鄺亞灶
鄺亞淐
鄺亞畨
鄺有良
鄺亞才
鄺亞添
鄺承舜
鄺亞甫 俱九曲坑住

謹將審擬解省二十八犯併附解另案一犯開列清摺呈

電

計開

賴茂貴　江西龍南縣人　司前荷花塘周所三仗

聶昌東　始興縣人　荷花塘周所二仗

盧麻狸　始興縣人　司前荷花塘周所三仗傷一人

林上學　嘉應州人　白磯寨紫蕨嶺獅洞司前荷花塘周所八仗傷五人

陳沙飛即九才　江西龍南縣人　荷花塘周所二仗

賴德勝　江西龍南縣人　陂頭司前荷花塘周所五仗

王可勒　湖南永興縣人　司前荷花塘周所三仗

吳世恩　始興縣人　司前荷花塘周所三仗

以上任孔守備解俱謝老三夥周所打仗當場捉獲

李鍾石太　江西龍南縣人　山字斾頭荷花塘周所二仗傷三人

賴東華即東發　始興縣人　荷花塘周所二仗傷二人

賴陳發生　始興縣人　荷花塘周所二仗傷二人

鄧丙高　始興縣人　周所一仗

蕭渭古　始興縣人　荷花塘周所二仗

聶德六　始興縣人　荷花塘周所二仗

何亞興　南海縣人　荷花塘周所二仗

鍾萬用　始興縣人　司前荷花塘周所三仗

張富勝　始興縣人　荷花塘周所二仗

徐南斗養　始興縣人　荷花塘周所二仗

沈賤二　南雄州人　荷花塘周所二仗

以上始興營縣解俱謝老三夥

阮錦瑞　翁源縣人　王亞觀夥　壩子墟獅子嶺龍仙三仗

馮亞康　河源縣人　何天光刁夥　獅崗一仗

江亞羅　長寧縣人　陳亞禮夥　大佈羅坑獅子嶺三仗

黃水嬌　龍川縣人　陳亞禮夥　烏田波羅二仗

楊　滿　曲江縣人　羅觀養夥　白磯寨楓灣紫蕨嶺獅崗昔依營五仗

黃運翻　和平縣人　陳亞禮夥　寺前烏田波羅三仗

以上劉千總大齡解

潘沅昌　陽山縣人　黃毛五陳亞禮夥　魚子灣大佈二仗

葉長妹　長寧縣人　陳亞禮夥　黃坌大佈羅坑五仗

黃彩雲　曲江縣人　黃曰太夥　火山仁樂扶五仗

以上曲江縣解

又附解另案一犯

廖金積　乳源縣人　入大夥搜刦水東鹽埠贓銀逾貫

FO.682/68/4(45)

潮邑大塘隴著匪陳娘康與梅花鄉鄭基春起意結拜
双刀會（鄭瑞告之子由湖北寄信來潮糾約）於本年正月十六日糾邀得梅花鄉
鄭雞仔鄭直柿山隴鄉鄭田蟹港打鄉李阿茂下
寮鄉王阿石山門鄉陳姓一人深溪鄉劉姓一人河浦
鄉陳阿超又惠來縣寨林鄉謝阿有張阿猴南浦鄉
林阿鈕茆洋鄉曾姓一人（即曾兩声）田心鄉陳姓一人等約
共頭目三十餘人復糾約會黨萬餘人於正月十六日在潮
陽縣赤寮山後（橫直十餘里）聚集每人派出錢貳百文交陳娘康們收
每人分給青竹一節紅頭繩四寸半白布一塊約四五
寸蓋有戳記二個那紅頭繩縛於左臂以為記號約
定二月十八日攻城後因匪信來齊另約三月二十二日起
事幸三月廿日機關洩漏各鄉殷實戶紛紛搬物入
城所以城內防備甚嚴汪令因謠言已久恐屬假傳故
於三月十八日往下林鄉拏案來回至三月二十二日薄暮始
返此日清晨匪徒三百餘人先進西門經從游擊衙門
搶劫一空王游擊藏在屋上天井內可笑之至守備李
從龍聞警帶兵十餘名趕出救護匪黨見有白旗神
一位並神兵無數遂紛紛自相殘殺李守備用刀斫
死三名餘黨驚慌奔逃出城其餘匪徒聚集蟹池埔
地方約有三千餘人見西門匪徒敗走不敢前來縣
到午後仍來攻城不利方散現有謠言日內有攻城之
說並有四月內到郡城之言所藏非一鄉所結非一
縣竟有不能不大辦之勢而梅花鄉有五六千人大
塘隴有數萬人該大人雖非相度機宜分別良歹
難以得手

謹將奉　諭查過李元清把總管帶紅单船七號船身丈尺及
舵水人數配砲觔重開列呈
電
計開
一同泗利紅单船一隻身長八丈一尺食水六尺船戶吳榮顯
實配舵水人等四十名砲九位八百斤四位六百斤二位四百斤二位
二百斤一位
一紹泰源紅单船一隻身長八丈一尺食水七尺船戶鮑廷耀實
配舵水人等四十名砲八位一千六百斤二位一千斤二位四百斤二
位二百斤二位
一楊發利紅单船一隻身長七丈六尺食水七尺船戶梁振威
實配舵水人等三十五名砲七位八百斤四位五百斤一位四百斤二位
一黃茂隆紅单船一隻身長八丈一尺食水七尺五寸船戶黃成滿
實配舵水人等四十名砲九位一千斤二位八百斤二位六百斤二
位五百斤一位三百斤二位
一郭泰利紅单船一隻身長八丈三尺食水八尺五寸船戶周名爵
實配舵水人等四十名砲十一位八百斤五位五百斤二位四百斤
二位三百斤二位
一金祥發紅单船一隻身長十一丈五尺食水一丈船戶馮聯發
實配舵水人等五十名砲九位二千斤一位八百斤二位五百斤
二位一千五百斤四位此四位據船戶稱現往香港採買一二日內即可到船
一新合利紅单船一隻身長八丈五尺食水八尺船戶黃光滿實配
舵水人等四十名砲九位一千觔二位八百斤六位二百斤一位

[redacted]

謹將勦捕土匪支應員弁兵勇薪水口粮長夫各項擬定章程
逐一開造清冊呈請
鑒核
薪水口糧項下
副將日支銀三錢五分
叅將日支銀三錢五分
遊擊日支銀二錢五分
都司日支銀二錢
守備日支銀一錢五分
千把日支銀一錢二分
外額日支銀八分
兵丁稿書字識每名各日支銀七分
以上各員弁兵丁均不准支給食米亦不准支給跟役
餘丁口糧及一切雜費理合登明
帶壯文員薪水州縣同通月支銀十九兩一錢四分知府
月支銀二十八兩雜職月支銀十二兩均不支給食
米及跟役口糧理合登明
壯丁一項有原雇銀數多寡不同應照原雇之價核實
支給亦不准支給食米及一切雜費理合登明
長夫項下
副將長夫十名

叅將長夫八名
遊擊長夫六名
都守長夫四名
千把長夫二名
外額長夫一名
兵丁每百名酌給長夫三十名
前件夫數如係追勦官兵逐日均須偹夫行走方准開支按夫一名日給銀八分由該員弁自行支領雇募既領夫價不得再向地方官索夫應付其防堵官兵非打仗追賊者一概不准濫支又該官兵只係按照百名給夫三十名抬運軍火器械此外不得藉稱書字識執令隊目各名色支用長夫更不准另立抬運鉛藥砲位名目混行開支夫價理合登明

文員帶壯打仗追賊者佐襍准給夫六名州縣同通給夫十二名如係並未帶壯打仗逐日行走或有行有坐均須扣除不准按月計以長夫之數領銀致滋冒濫如係防堵者一槩不准用夫
壯丁每百名給長夫二十名
前件夫數如係打仗追賊必須逐日行走方准照支作為搬運軍裝之用按夫一名日給銀八分由帶壯委員支領雇夫偹用不得再向地方官索夫應付此外亦不得濫設百長隊長以及抬運砲位藥鉛等項名目混行開支夫價如係防堵壯勇一槩不准給夫理合登明

今將本省往西下緝捕盜匪其紅單各船各號開列於左

計開

朴茂利[illegible] 新勝隆 新合利 永吉祥 同順泰 新廣利 新廣隆

黃現利 永新興 林南興 泰茂利 新永泰 安和利 金勝利

梁瑞合[illegible] 新昌順 流明合 新永利 陳利源 廣州三號撈繒

[illegible]年月

日

字寄

德圃五弟知悉先日攻虎門寨之土匪頭目橋頭村陳阿南河田村方臭鹹尚未出案餘黨現連結白馬村石鼓村李姓時出劫掠若乘司馬鄉撤兵之時移兵到該各鄉查辦勒令衿耆交匪東莞尚可期安靖制軍不問東莞情形則已若有詢及不妨從實露出亦本邑一

附陳圖說

一曰審形勢九江地瀕西海壤接大桐產之稻麥俗利魚桑潛通外夷私抽關稅斂其財以聚衆因衆附以恣逆謀黨雖萬計精鋭無多悉皆烏合之徒絶其財自可倒戈相向如各鄉中有公正紳士密相聯絡相機而行我兵無客主之形賊匪有心腹之患

一曰去所恃九江賊富富必絶其致富之路大桐賊悍悍必用計殲其渠魁賊無所恃滅不崇朝

一曰急行間閒賊黨互起猜嫌如有親信者用為閒牒使賊互相攻殺可不戰而捷

一曰分賊勢水賊之强首稱維墪陸賊之悍莫若大桐或許立功或暫羈縻賊勢既分進剿較易

一曰承虛襲間賊欲全夥往攻大良巢穴必空其所駛船隻不過坡山草扁小艇難拒我師并聞賊糧食漸空正好乘虛進剿先襲賊巢賊必分黨歸救水師擊其後陸兵攻其前賊必分走西北兩江上游兵勇先為嚴備賊匪斷無漏網之虞

一曰議分擊賊之精銳全聚九江梅圳沙嘴慶防大桐進擊必先聯絡附近各堡多張旗以眩賊目一由河清璜磯攻其西一由沙頭龍山甘竹攻其東然後正兵北向大桐使賊三面受敵不戰自潰

一曰籌善後事後搜捕必需兵費各鄉殷戶向被賊打單則傾囊至籌餉則吝嗇必查明資賊殷戶責令加倍輸出庶兵費有藉而餘孽乃可肅清

一曰絕盜根亞媽舅父名目為行逆首犯必須逐名擒治至士為民首有身列職官名登鄉榜身居膠庠名存試冊者皆甘心從逆更宜嚴辦方絕盜根

一曰慎黨正各鄉黨正選舉宜慎必須公正者方許承充否則徇私庇盜貽害鄉隣

一曰重守土九江主簿守備職司緝捕必須精明強幹員弁方勝此任庶良民得安衽席而地方藉以乂安

謹將在韶籌借過各處經費銀兩開列呈

閱

南韶連道祥

七月十三日來關稅銀一萬四千兩　又冊費銀五千兩每百兩欠四錢

七月二十一日來關稅銀二千兩　七月二十八日代借銀號銀八千兩

八月二十五日代借銀號銀三千兩　九月二十四日代借銀號銀一萬兩

十二月二十日會借巡役銀二千一百兩此欵于本年七月清還　八月二十六日來賞犒銀一千四百兩此欵係捐給

另六月十五日來造軍裝銀五百兩此欵係捐給

以上共來銀四萬六千兩除清還捐給外尚欠銀四萬二千兩

本年正二三月內飭據大順店等兑滙省城銀一萬九千兩

四月內又兑滙省城銀五千兩

以上共兑滙省城銀二萬四千兩俱已有单由省歸欵

又勸諭各街紳士當店借用銀一萬六千兩

南韶連鎮通

七月十五日來銀五千兩　八月十五日來金頁二百兩換銀三千六百兩

八月二十六日來銀一千兩

以上共來銀九千六百兩本年五月內取回銀一百兩七月內還銀二千兩又公捐賞犒銀一千四百兩外尚欠銀六千一百兩

卹福全於十月內繳到滙省歸欵銀內

志誠字號銀八千三百兩　延慶字號銀五千兩

肇記字號銀二千兩　協成字號銀一千四百兩

泉記字號銀八百兩

以上共銀一萬七千五百兩俱已給文由省歸欵

江西吉安府解到南雄州轉解來韶自上年十二月起至本年二月止共來銀

一萬兩已具文咨復　江西撫台并照會吉安府

南雄州

七月十四日解來捐輸銀五千兩　八月內交陳都司解來借到埠商銀三千兩

十月十一日解來始興捐輸銀三千兩　十一月十四日解來借鹽埠商銀一千兩

十一月十四日自籌銀二千兩　同日兑解陳海帆鹽埠銀四百兩

以上共來銀一萬四千四百兩內除給文由省兑還盐務銀四千兩外實
用南雄州銀一萬零四百兩
南雄州孫從九福同本年三月內共來銀六千七百兩
又來銅錢四百千每千銀五錢二分伸銀二百零八兩
以上共銀六千九百零八兩內除孫從九用回銀三百兩孫牧續請給文
由省兑鮮盐餉銀三千兩共三千三百兩外實用南雄州銀三千六百零八兩
現據孫牧請將都司陳綸借用墊支銀捌百零八兩八錢又勇目張三支過
口粮軍械銀八百零二兩三錢玖分共銀一千七百一十一兩一錢九分應
准其一體報銷
韶州府上年八月內來賞犒銀一千四百兩（此欵捐給）
該府五月十五日代借樂桂坪司事銀一千兩（此欵係該府自行支用）
曲江縣上年八月內來賞犒銀一千四百兩（此欵捐給）
仁化縣上年十月內來地丁銀三千零五兩二錢九分
南韶連鎮屬各員上年八月內來捐輸銀六百兩

張護都司上年十二月內借來銀三千四百兩（本年六月內已全數清還）
朱幕友上年七月借來銀一千二百兩
又代借來銀一千兩
本年三月內借來銀六百兩
本提督由惠鮮來銀四千五百兩（內應報捐給賞犒銀一千四百兩）
變賣金頁三百二十兩換銀五千七百六十兩
又賣金𡆬銀三百兩
借用家人銀一千二百兩（本年七月清還銀五百兩尚欠七百兩）
又借一百八十兩零八錢
又借各兵勇滙回惠州清還銀七百兩
沈臬司五月內共來銀一萬二千兩六月初七又來銀四千兩共來銀一
萬六千兩
又七月內差弁赴省領回銀八千兩另起程日又籌借銀一千兩
以上共籌借變賣請領銀一十九萬五千六百五十四兩零九分
除清還九千兩又捐賞銀七千五百兩外尚實用銀一十七萬
八千一百五十四兩零九分
另南雄州續行報銷銀一千七百一十一兩一錢九分

謹將石龍鎮等七埠布店暨佛山鎮等五埠棉花行分別酌擬派捐銀數開列呈

覽

計開

東莞縣石龍鎮 查該處各布店周年生意約銀十二萬兩 擬派捐二萬四千兩

順德縣大良 查該處各布店周年生意約銀四萬兩 擬派捐八千兩

又陳村 新墟 舊墟 查該處各布店周年生意約銀一萬兩 擬派捐二千兩

香山縣城石岐 查該處各布店周年生意約銀二萬兩 擬派捐四千兩

又小欖市 查該處各布店周年生意約銀二萬兩 擬派捐四千兩

新會縣江門墟 查該處各布店周年生意約銀五萬兩 擬派捐一萬兩

三水縣西南墟 查該處各布店周年生意約銀四萬兩 擬派捐八千兩

以上布店七埠共派捐銀六萬兩

另各埠棉花行開列

南海縣佛山鎮 擬派捐七千兩

東莞縣石龍鎮 擬派捐一萬五千兩

順德縣陳村 擬派捐五千兩

新會縣江門鎮 擬派捐六千兩

三水縣西南鎮 擬派捐二千兩

以上棉花行五埠共派捐銀三萬五千兩

統共布店棉花行兩項共擬派捐銀九萬五千兩

遵將奉委往番禺各村鄉曉諭沿河衿老姓名開列呈

電

計開

寺右村梁姚二姓共約四百餘人　距省約五里

姚廸蛟衿老　姚亮軍功　姚元臻

姚元海　姚桂達　梁禮賓

梁鴻大俱族老

臘德東西村林李劉三姓共約八百餘人　距省約二十里

李鏡純　林友蘭俱生員　林朝憲武生

李懷清　李銘勲俱生員　劉萬勝族老

李元輔　林慶松　李家彩俱族老

圓村鍾姓約四百餘人　距省二十五里

鍾慶常　鍾奕錦　鍾奕倫

鍾世秩　鍾慶信　鍾崑山俱族老

程界村李冼二姓共約一千人　距省約二十七里

李鴻廣　李忠藩　李高爵

李忠喜　李大昌　李大近

李喜發　冼華寶　冼華修俱族老

冼華國教讀

棠下村鍾蘇梁葉潘李六姓共約一千八百餘人　距省約三十二里

鍾會謙　葉墉　李萱培俱族老

潘洪　鍾會濟　梁勝俱舖戶

蘇滿更練

滘洲村徐鄭二姓共約一千六百餘人　距省約三十里

徐佐騰武生　徐文　徐福俱族老

鄭超羣　鄭年元俱武生　鄭巨山
鄭可尚　鄭祖康俱族老
東圃墟共約鋪户五百餘間　距省約三十六里
羅扶德　陸啟明　閔錫懷
簡秋業　朱開錦　潘通湛
何裔佳　梁炳篆　梁大炳
凌遠賢俱墟老　蘇懷地保
黄埔村梁馮胡三姓共約二千人　距省約四十六里
梁念九　馮昌肇　胡緒俱地保
新造墟共約鋪户九百餘間　距省約五十三里
黎章職員係墟正　黎興　黎耀俱墟老
李東　黎光　鍾秀華俱地保
大石村何姓約二千五百餘人　距省約三十四里
何春澤軍功　何彪職員　何培廣地保
顯社猛涌　李村　植村　何村　塘埗　官墟　表岡
大山　梧村以上各村均與大石村同社已着衿老何春澤等轉傳曉諭

南亭村閔黄宗三姓共約一千五百餘人　距省約五十三里
閔德昭軍功　閔煥職員　黄鳳翔地保
閔成德　黄如富　黄喜然俱族老
彬社穗石　北亭　練溪　貝岡　四家山　南步　大涌
大塱　郭家塱　赤墈　路村　新坑
以上各村均與南亭村合同彬社已看閔德昭等通傳曉諭
瀝滘村衛羅二姓共約三千人　距省約四十八里
衛綏光軍功　衛大猷　衛祥光俱監生
衛啟賢職員　羅正和　羅始元俱監生
東塱村黄閔何邵四姓共約三百餘人　距省約十九里
黄明聚地保　黄瑞裳監生　何河清
邵揚斯　黄暢文俱族老
南石頭村蕭梁鍾三姓共約一百餘人　距省約二十里
蕭其享　梁作富　鍾世揚俱族老

[redacted]

謹將勸諭茭塘沙灣二司屬團練各社學及各鄉名開列呈

覽

永寧武廟總局　平康社學　親仁社學

同安社學　河橋社學　蓼水社學

同風社學　鍾村社學　大石鄉

協恭堂　市橋墟　新造墟

李村鄉　大龍墟　岡尾廟

深水廟

[redacted]

謹將查過水路各營盤情形開列

計開

一横石墟署清遠營遊擊鄭良材帶領清遠營兵丁二百名防堵（墟前札帳房十頂派兵防守餘在船防守）本標右營守備李道森帶領督撫標兵丁一百名乘船十號同在横石防守

一黎洞口南韶連鎮標右營守備于長清帶領三江協標兵丁三百名内分派兵丁五十名乘船二隻在黎洞之下約五里香爐山河面防堵山頂設立帳房一頂派兵瞭望又分派兵丁七十名乘船三隻在黎洞之上高橋山河面防堵山頂設立帳房一頂派兵瞭望又有効力武舉何兆鵬駕巡船一隻在此防堵該備帶領兵丁一百八十名在黎洞口防堵岸上設立帳房四頂東岸大地山頂設立帳房一頂派兵瞭望又有新會巡船二隻署守備陳英才外委黄龍光管駕在此防堵

一黄城口委員涂陽麟管帶南番東莞巡船四隻又委員陳彬管帶番禺巡船二隻又署順德協副將梁顯揚管駕順德協巡船一隻又順德協把總余殿榮管帶順德協巡船二隻省河巡船一隻在此上下一帶防堵

一連州江口都司賈運威帶領本標兵丁四百名派兵二百名在岸上札營二百名在船上防堵

一老地灣新派有署南雄協副將王浚帶領南韶連鎮標兵丁一百名督標廣協兵丁一百名在船上防堵（現改派三江協都司車定海管帶兵丁二百名在此防堵）

一翁源水口增城營參將趙如勝帶領督標廣協兵丁三百名在船上防堵（原兵丁四百名内暫調去一百名老地灣）

一望夫岡署守備黄大全督帶韶州鎮三江協兵丁二百名在船上防堵（現添海令廷琛督帶省雇潮勇三百名）

一觀音巖署千總唐遇貴帶領韶州鎮兵丁一百名在觀音坑口岸上駐札防堵

祥提臺送來名摺

今將省惠各標并南韶連鎮現調来官兵分駐防堵數
目開列呈
閲
計開
清遠縣城駐紮
提督帶領署提標前營遊擊蘇崇阿等帶惠兵
二百一十名（提督伺差兵書在内）
佛岡廳城外一帶駐紮
（卸清遠營遊擊強其修、署提標中軍叅將齊誠領、陞補惠來營遊擊劉開泰）等共帶惠兵八百名
署三江協中軍都司車定海等帶該營兵二百名
翁源水口駐紮
增城營叅将趙如勝帶省兵四百名内（督標兵三百名、廣協兵一百名）

連州江口駐紮
永靖營都司賈運盛帶省兵四百名（俱係撫標）
清遠縣屬横石駐紮
署清遠營遊擊鄭良材等帶該營兵二百名
英德縣屬黎洞一帶
南韶連鎮右營守備于長清等帶韶營及三江協
兵三百名
英德縣城駐紮
南韶連鎮崑　署南雄協副將王浚帶南雄韶營
三江協兵内除差探及受傷患病已撥回營外
尚存一百餘名
英德縣屬望夫岡駐紮
署三江協右營守備黄大全等帶韶營及三江兵二百名
英德縣屬觀音巖駐紮
署南韶連鎮左營千總唐遇貴等帶韶營兵一百名
其餘水師巡船并勇壯未據報明無憑開列合并聲明

[redacted]

謹將上下砍現在官兵應用人夫數目列摺呈

閱

調署南雄協通副將用轎夫八名

通副將行李並兵丁二十名共用夫二十二名

紳士兜轎二乘用夫八名　夫頭二名

署鎮標左營把總郭有成帶兵一百名共用人夫四十五名

順德協把總余殿榮用夫九名

以上總共人夫九十四名

每日每名行夫工價銀一錢七分五厘

每日每名坐夫工價銀一錢

另每日搜山用行夫多少不等合并聲明

謹將三水縣捐局已認捐數目列摺呈

電

計開

陳龍光捐銀壹百兩

劉浩光捐銀壹百兩

陳俊昌捐銀柒拾兩

禤大魁捐銀壹百兩

歐陽元貞捐銀陸拾肆兩

周學海捐銀陸拾肆兩

周幹祥捐銀陸拾肆兩

潘應楷捐銀柒拾貳兩

黃德元捐銀捌拾兩

梁星輝捐銀柒百貳拾兩

潘錫光捐銀壹百伍拾兩

蘇廣永堂捐銀捌百兩

唐開溢捐銀壹百兩

鄧遇秀捐銀陸拾肆兩

李暢捐銀壹百兩

鄧超貴捐銀叁百伍拾兩

錢能新捐銀壹百兩

李瑞珍捐銀陸拾肆兩

李殿樞捐銀貳百伍拾兩

曹俊捐銀捌拾兩

潘顯基捐銀陸拾肆兩

已上四月十一日以前認捐共銀叁千伍百伍拾陸兩

范宏泰捐銀伍百兩

彭佐邦捐銀伍百陸拾兩

鍾澤捐銀捌拾兩

何紹洋捐銀陸拾肆兩

胡忠恕堂捐銀叁百伍拾兩

李鍾榮捐銀伍千兩

鄧觀德捐銀叁百伍拾兩

何紹棠捐銀貳千捌百兩

已上四月十二日以後認捐共銀玖千柒百零肆兩

自十月初起至十二月底止所收炮子分別[illegible]呈

大號壹百四十六個 每個六元　二號叁百五十二個 每個四元

三號貳百十三個 每個二元　四號壹百零四個 每個一元

另灯炮子七個 每個一元　蘇海繳大號一個

太平局繳 三號三 四號一 個　金石銘領三號一個

共收存大小炮子八百二十六個

17

[redacted]

近聞高欄賊係澳門吳天華混名屎甴鷄前經投誠賞給軍功頂現今三月初旬澳門永興隆運米来省雇請貳拾七號划艇被吳天華壯丁十餘人混搭至九州海面將划艇夷人四名殺斃奪佔該划艇夥同賊首大快活高欄賊左先鋒二快活混名四王爺瓜四亞来亞求另不識姓名百餘賊等直去高欄海面打刦至三月初十後曾經打刦頭號鹽船壹隻頭號海波雜貨船壹隻頭號米船壹隻皆是吳天華做本錢主四處傳揚吳天華假托緝捕為名原是打刦為實香山縣疊有案據若要高欄地面賊船散去必須水師　提台拿吳天華到省嚴辦方是防虞根本此係確聞廹得呈

電

[redacted]

謹將順德公局每月用項銀數開列呈

電

計開

新會勇伍佰肆拾名每名每月銀陸員一月共銀
貳千貳百陸拾捌兩
五月内兩次撥入營肆百肆拾名扣銀壹千捌百肆拾捌兩

新會行營挑夫叁拾肆名每名每日銀柒分算每月
共銀柒拾壹兩肆錢

東關勇伍百名每名每月銀陸員一月共銀貳千壹
百兩
五月内撥入營壹百玖拾名扣銀柒百玖拾捌兩

駐劄東關勇船貳拾叁號每月共領價銀柒百柒拾
貳兩捌錢

東關行營挑夫叁拾名每名每日銀伍分算一月共銀
肆拾伍兩正

防守太平台勇壹百伍拾名每名每月銀陸員共銀
陸百叁拾兩

防守新滘砲台勇壹百肆拾名每名每月銀陸員共
銀伍百捌拾捌兩

防守竹圍砲台勇壹百陸拾名每名每月銀陸員共
銀陸百柒拾貳兩

防守金橋嘴砲台勇壹百名每名每月銀陸員共
銀肆百貳拾兩
防守佩岡飛鵞頭古鑑金陡四處要隘勇肆百貳拾
名每月每名銀陸員共銀壹千柒百陸拾肆兩
防守華東沙金橋嘴四河口水閘勇陸拾名每名每
月銀陸員共銀貳百伍拾貳兩
總局壯勇壹百名每名每月銀陸圓共銀肆百貳拾兩
快蟹壹拾玖號舵工壹拾玖名每名每月銀拾員共
銀壹百叁拾叁兩
幫舵工壹拾玖名每名每月銀捌員共銀壹百
零陸兩肆錢
頭工叁拾捌名每名每月銀捌員共銀貳百壹
拾貳兩捌錢

幫頭工柒拾陸名每名每月銀柒員共銀叁百
柒拾貳兩肆錢
大料叁拾捌名每名每月銀柒員共銀壹百捌拾
陸兩貳錢
幫料壹拾玖名每名每月銀柒員共銀玖拾叁
兩壹錢
頭料壹拾玖名每名每月銀柒員共銀玖拾叁兩
壹錢
大縴叁拾捌名每名每月銀柒員共銀壹百捌拾
陸兩貳錢
幫縴壹拾玖名每名每月銀柒員共銀玖拾叁兩
壹錢
頭縴壹拾玖名每名每月銀柒員共銀玖拾叁兩

壹錢
押江壹拾玖名每名每月銀柒員共銀玖拾叁兩
壹錢
砲手壹百捌拾肆名每名每月銀柒員共銀玖百
零壹兩陸錢
水勇玖百壹拾捌名每名每月銀陸員共銀叁千
捌佰伍拾伍兩陸錢
管駕千把外委壹拾捌名每名每日銀叁錢一月
共銀壹百陸拾貳兩
管駕記委壹拾伍名每名每日銀壹錢伍分一
月共銀陸拾柒兩伍錢
守口紅单船陸號砲械船稙水勇口粮每月共
銀壹千玖百肆拾叁兩伍錢

下鄉辦案及解犯往省備用西瓜扁船拾隻一月共
價銀叁百玖拾兩
孖鱟艇肆隻每日每隻工銀叁錢捌分一月共銀肆
拾伍兩陸錢
管理修補砲械千總外委三員每日銀叁錢記委
三名每日銀壹錢伍分字識兵丁壹拾陸
名每名每日銀柒分共每月銀柒拾肆兩壹錢
管理軍裝局把總壹名每日銀叁錢記委二名每名
每日銀壹錢伍分跟兵二名每名每日銀柒分
共每月銀貳拾貳兩貳錢
委員孫沈崇馬四員每月每員薪水銀叁拾員共銀捌拾肆兩
劊子手陸名每名每月工銀拾兩一月共銀陸拾兩
局内使役工人壹拾伍名每月工銀肆拾伍兩
每月共應需銀壹萬玖千貳百玖拾陸兩捌錢

謹將自本年六月後解過西臬司行營經費銀兩開呈

鈞鑒

計開

六月二十日解銀一萬五千兩

七月初三日解銀一萬五千兩

八月初六日解銀二萬兩

九月初七日解銀二萬兩

十月內匯銀二萬兩

十一月內匯銀一萬兩

以上共銀十萬兩

17

F.O. 682/137/6(6)

一此次鼓煽會匪勾通洋匪為糾首者乃陳亞吉順德逢簡鄉人即大春吉、何亞占順德馬寧鄉人即占毛鷄、梁亞珠順德昌教鄉人即渾身胆，此三人衆所共知，其餘麥村光華等數十鄉每鄉必用一二人而姓名則未查確

一各鄉會匪皆私蓄公費以俟舉事，多者數千，少者數百，各自推人管理，今必究出管理之人，將私財繳出，乃可弭後患

一此次出海所買之船、所糴之米並未動用公項，只是會匪三人自認接濟，此三人皆出自麥村，然姓名亦未查確

一此次捕獲小孩二人，皆積慣猾賊，其十六歲者上年引強盜五十餘人回鄉打劫當鋪，首先越墻飛登樓瓦，以矯捷知名，每遇打劫必居前隊；其十二歲者尤屬狡獪，上年陳亞吉在逢簡鄉被官兵圍捕，四面路口皆有守兵，此小孩忽從別人家借得白長衫與亞吉改裝，以洋遮掩肩而身隨其後，一路說往龍潭鄉作會文事，兵差不疑為大盜也，遂以此脫出，因隨亞吉往湖南，今居賊中為賊謀主伊二人皆逢簡鄉人

寶年已十五矣，人言伊非常好色，每遇打劫必多行無禮，即如前數日搶桂洲渡時，亦是伊先入女艙向婦女搜身，今渡中人猶記之

一會匪傳號而各縣愚民較若畫一，會匪招呼而沿海居民附者數千，今挫其鋒，實屬一時奇捷，獨惜兵丁貪搶賊贓，遂使千餘賊得從高讚上地兩鄉逸去，大可惜也。因念賊誘愚民，言勝不言敗，今雖二十人被獲而倖脫者必飾詞欺衆，倘能斬此二十人，將首級發回該鄉今更練看守三个月懸掛示衆，庶賊無可欺飾而愚民知儆也

6

F.O.682/137/6(9)

呈

謹將精造火藥需用製辦器具一切什物并工價逐一開列呈

電

計開

石碓十尊　碓身十副　夹耳石十副　安裝入地

以上四欵請飭官役製辦

火藥需領官硝磺剔淨製造每碓十三觔一日可造成一百觔所積低硝俟

9

完竣之日全數解交回局其領硝磺請飭局長派夫挑運送局

火藥每百觔需用杉木炭十六觔應需杉木二百觔燒成潔淨每觔價銀

五厘計銀一両

每百觔需用壜袈計壜五個每個約價銀三分五厘計銀一錢七分五厘

造藥應需硝盆牛膠簸羅鉄鍋鉄鎚水缸零星應用器具自應領項

如法製辦其所需之價數俟製造辦全之日再為逐一列単呈

閲

火藥每百觔需用剔硝拌工合藥工四十工每工夫給飯食銀一錢二分

計銀四両八錢

合計每百觔需用銀五両九錢七分五厘

FO.682/137/6(29)

梁鹿鳴供石井橋頭官窑三處為大營都有火藥石井

橋頭兩處火藥不知裝在何處官窑火藥裝在海旁舊米

店現有紅單條寫出永益店內收的不知確數是實

鍾彬供三處大營火藥都由蘆包廠先運來的裝在橋頭

因被官兵打敗搬往官窑直街財主店內收裝約有一

萬二千餘斤是實

29

FO.682/137/6(37)

佛岡廳十五里二度[illegible]十里牛牯嶺有四新車逕十里湖洞鄉十富家在內三里高龕逕路

五里菩竹村逕路十[illegible]塘舖十里下汰

英德縣山逕二十里水路可通黃岡墟二十里則塘墟三十里高沙岡十里竹頭下十里下汰

英德東鄉旱路二日到高岡墟水路三日到魚子灣二十五里禮溪三十里高岡墟五里藍屋

十里石腳下過山逕三十里水流坪八里上汰四里牛角灣過山三十里黃沙水十里高沙岡

二十里下汰由上汰至下汰有小路入流洞約三十里賊匪多由此路往來

37

F.O. 682/137/6(45)

正月起至四月止共鑄就大小砲子拾壹萬肆千觔
工料銀貳千捌百伍十兩
□觔
工料銀貳千壹百兩
合共計工料銀肆千玖百伍拾兩　以上俱未給銀

45

謹將永豐倉存貯大小砲子羣子除領去外現存数目開列呈

閱

一觔重七千零一十個 除領一千八百四十個 尚存五千一百七十個重五千一百一十觔

二觔重一萬零零一十個 除領二千七百四十五個 尚存七千二百六十五個重一萬四千一百八十一觔

三觔重一萬一千零七十三個 除領四千零五十五個 尚存七千零一十八個重二萬零九百四十四觔

四觔重一萬一千四百四十個 除領六千七百五十五個 尚存四千六百八十五個重一萬八千四百九十六觔

五觔重八千九百四十個 除領四千一百九十個 尚存四千七百五十個重二萬三千六百二十九觔

六觔重八千七百二十個 除領二千一百九十五個 尚存六千五百二十五個重三萬八千七百七十一觔

七觔重五千零六十個 除領一千二百五十個 尚存三千八百一十個重二萬六千七百八十六觔

八觔重四千六百六十個 除領四百個 尚存四千二百六十個重三萬三千八百四十二觔

九觔重四千零九十二個 除領一百五十個 尚存三千九百四十二個重三萬五千零二十七觔

十觔重四千六百五十二個 除領一千零四十個 尚存三千六百一十二個重三萬五千八百三十九觔

十一觔重一千零二十六個 除領二百個 尚存八百二十六個重八千九百七十二觔

十二觔重九百八十四個重一萬一千六百六十三觔

十三觔重七百六十八個重九千七百九十四觔

十四觔重三百七十二個 除領六十個 尚存三百一十二個重四千二百九十一觔

十五觔重六百二十個重九千二百八十觔

以上大小砲子七萬九千四百二十七個重四十萬零四千觔除領出二萬四千八百八十個重一十萬零七千三百七十五觔尚存五萬四千五百四十七個重二十九萬六千六百二十五觔

羣子一十八萬觔 除領一萬八千觔 尚存一十六萬二千觔

[redacted]

謹將卑縣自去年三月到任起至本年六月初二日
止共獲辦各犯列摺呈

電

計開

共獲犯人一萬零七百四十四名內

斬決八千七百五十七名已通報八千五百一十五名尚未彙報二百四十二名

解省六百三十一名

病故四百六十八名

開釋五百八十六名

遞籍八十一名

尚未審定二百二十一名

FO.682/137/6(64)

梁亜受

吳亜富 供黨夥

柳早沅 附正月二十五日在黃毛五家吃飯[illegible]

黃毛五

鄧十富 二十四日在姚田打敗往黃毛五家食飯

劉遇新 年三十六歲無鬚麻身高大長樂人

曾亜鴻 年二十七八歲無鬚麻身中樣佛岡石脚下人

劉祖渭 年三十八九歲無鬚麻身中樣連平州人

張亜新 年四十二歲無鬚麻身中樣英德縣人

李亜中 年卅二歲無鬚麻身中樣英德人

劉丁保 年卅七八歲無鬚麻身中樣英德人

李亜風 年卅四五歲無鬚有麻身矮肥英德人

黃亜善 年四十歲無鬚麻身高大英德人

張石保 年廿七八歲無鬚麻身中樣河源溪東人

張花臭 年廿四五歲無鬚有麻身矮小英德人

何亜發 年卅三四歲無鬚麻身高大翁源滌下人

巫亜發 年四十三四歲無鬚麻身中樣英德青塘人

陳亜瀧 年廿八九歲無鬚麻身中樣陽山縣人

李亜列 年二十三歲無鬚麻身中樣長寧街人

梁跛手 年卅二三歲無鬚麻身中樣廣西賀縣人

朱豆皮石 年卅二歲無鬚有麻身中樣英德鉄溪人

陸观幅 年廿七八歲無鬚麻身矮小田心鄉人

張亜幅 年卅五六歲無鬚麻身矮小翁源人

朱亜六 年廿五六歲無鬚麻身中樣英德長田人

朱亜妹 年卅二歲無鬚麻身高大英德鉄溪人

朱洸幅 年卅七八歲無鬚麻身中樣英德鉄溪人

黃細受 年廿七八歲無鬚麻身中樣英德鉄溪人

朱亜舜 年卅二三歲無鬚麻身中樣英德鉄溪人

朱亜蘭 年二十八九歲無鬚麻身中樣英德鉄溪人

朱孔頭 旗頭年四十七八歲無鬚麻身高大翁源人

王壳 旗頭年卅五六歲無鬚麻身高大高岡人

陸亜瑞 年卅二歲有麻無鬚身中樣英德鉄溪人

朱亜掌 年卅二歲無鬚麻身中樣英德鉄溪人

朱亜養 年二十三四歲無鬚麻身中樣英德鉄溪人

朱因求 年卅二歲無鬚麻身中樣英德長旧人

朱亜貴 年廿七八歲無鬚麻身中樣英德長旧湾角人

黃亜時 年四十五六歲無鬚有麻不知何處人

朱十備 年二十四五歲無鬚有麻英德大波閣人

陸观運 年卅二歲無鬚麻身矮小田心鄉人

以上均係本年正月廿四日在姚田打敗後逃往黃毛五家下食飯

夥党餘外尚有廿餘人不認識

羅亜八 年卅二歲身高大無鬚麻英德上砕人

李亜生 年卅二歲身高大無鬚麻英德上砕人

以上二名是打单之犯

謹將二月十五日解省九十九犯開列清摺呈

電

計開

謝樹漬　屢充旂頭龍川戕官并斃三人刀牌打八仗

戴亞林　劉老三盧宗求夥旂頭和平龍川等處五仗傷二人

吳亞涓　楊石秀夥旂頭龍川等處四仗

韋觀英　龍川等處四仗

何亞爛　龍川等處四仗

黃南先　以謝亞悅夥龍川等處四仗

郭亞東　劉老三謝亞悅夥和平等處五仗

郭亞科　劉老三夥和平一仗并攻城

曾麻添　劉老三楊石秀夥和平龍川等處三仗

葉世育　李村周陂等處五仗

蔡亞柱　龍川等處四仗

賴亞我　以盧宗求夥龍川等處四仗

邱歐生　黃亞觀盧宗求夥獅嶺李村等處四仗

周亞振　以俱連平州人　謝老三夥和平等處三仗

劉得油　旂頭用炮打十六仗斃三人

譚石松　獅嶺大席等處十三仗

鄺亞嬌　以黃亞觀盧宗求夥獅嶺大席等處十五仗

江亞裔　大席等處十一仗

譚得青　大席龍川等處十一仗斃六人

譚惆烈　古嶺等處十三仗

許亞吾　練岡等處八仗

羅觀太　旂頭龍川等處五仗

許亞耀　龍川等處四仗

許遜典　龍川等處四仗

許馬欄丙　龍川等處四仗

周必培　駱湖兩仗

許觀得　龍川等處四仗

許亞炎　龍川老隆二仗

謝亞永　龍川等處四仗

許康衍　李村龍川三仗

許亜必　龍川老隆兩仗
羅亜饒　以盧宗求夥龍川等處四仗
羅彰典　以上俱長寧縣人　謝亜悅夥龍川等處四仗
曾興秀　謝老三 楊石秀 夥旂頭和平戕官刀牌六仗
張石蘭　龍川等處四仗
張黄姑　駱湖二仗
張六娣　駱湖二仗
朱亜千　駱湖二仗
張亜藍　以謝亜悅夥駱湖二仗
賴亜滿　楊石秀夥龍川等處四仗
黄亜輝　以上河源縣人　盧宗求夥牛背嶺龍川等處四仗
李流養　謝亜悅夥龍川等處四仗
曾水嬌　謝亜悅夥龍川等處四仗
曾竟順　以上和平縣人　曾老鼇精夥龍川等處四仗
以上四十四犯係　吴守自連平州解
邱十三　謝落花夥旂頭長山等處四仗
劉亜齊　水逕一仗
李亜二　以上長寧縣人　水逕一仗
李亜七　博羅縣人　旂頭水逕一仗

胡幅善　江西長寧縣人　旂頭水逕一仗
李親養　黄槐花 謝落花 夥長山水逕等處四仗
文亜晚　旂頭水逕一仗
莫元秀　水逕一次
范科嬌　水逕一仗炮傷一人
陳亜二　水逕一仗
王亜二　水逕一仗
包仲文　以上英德縣人　以謝胡鬚落花夥水逕一仗
何亜三　平遠縣人　黄二滿 古猛皮 夥夾背水逕兩仗以上俱打仗生擒
譚洪聯　旂頭水逕一仗
鄭壬昌　水逕一仗
陳大昌　水逕一仗
石亜滿　水逕一仗
江秀蟠　以上英德縣人　水逕一仗
吴亜秀　龍川縣人　水逕一次
黄仁壽　歸善縣人　水逕一次
徐來勝　南海縣人　水逕一次
王林秀　河源縣人　水逕一仗
王金姐　博羅縣人　水逕一仗
潘亜接　長寧縣人　水逕一仗

潘簡祥　長寧縣人　仝謝胡鬚落花夥水運一伏
詹亞嬌　連平州人　邱棋盤夥星子水運三伏仝俱續獲
李亞漢　河源縣人　謝落花夥乳源獅子嶺一伏
以上二十七犯係廣協黄千總解
黄阿二　長樂縣人　羅觀養夥白機寨紫蕨嶺兩伏
曾阿九　興寧縣人　羅觀養夥白機寨等處四伏
華林善　始興縣人　劉老三夥白機寨等處五伏
以上三犯係潮營李千總解
李逸之　水運一伏
李新孫　水運一伏
李閏連　長山大灣水運三伏
李騰剛　水運一伏
譚目郎　水運一伏
譚家輝　水運一伏
劉祖昌　水運一伏
李閏明　水運一伏
陳閏常　水運一伏
鄧發如　水運一伏
梁亞秀　長山大灣水運三伏

胡昌賢　長山大灣水運六伏
龍亞瑞　水運一伏
吴亞七　仝英德縣人　大灣一伏
謝亞長　水運一伏
紀亞五　仝歸善縣人　水運一伏
葉亞三　龍川縣人　水運一伏
陳亞保　陽山縣人　大灣一伏
賴亞銀　長寧縣人　以上俱胡鬚落花夥　長山水運等處六伏
以上孔署備黄千總續獲解
徐開善　翁源縣人　王亞觀夥獅嶺龍仙兩伏
以上李把總發雄解
曾亞南　歸善縣人　黄亞槐夥湖南黄沙舖巴黎兩伏
以上劉把總勝彪解
附解湖南興寧案犯
陳潰幅
林亞三
劉長孫
沈亞汰
以上四犯樂昌營縣解

[redacted]

謹將上年十二月分廣州協左右二營各汛員弁先後獲解賊犯共一百零六名開列呈

閱

計開

左營九江汛署守備羅逢濤獲犯七名

黃亞逢　認刦九次搶一次

區亞游　認搶一次竊二次

劉亞吉　認竊二次

吳亞建　認刦二次

陳亞賜

陳亞明

黃亞金　該三犯均係著名巨盜曾往廣西刦掠拒捕官兵圍捕當場格斃之犯

左哨石亭巷汛千總馬兆奎協同署委蔡釗獲犯三名

鄒亞炎

鄧亞時　二犯均認刦二次

李亞錦　認刦一次搶一次

右哨西関汛千總鍾善傑獲犯二名

龍亞有

饒亞和　二犯係竊犯

又千總鍾善傑協同留署草塲汛外委事右營把總黃賢彪獲犯十名

陳錫祥　認擄捉事主黎亞五閗禁欲圖勒贖被縣差訪獲吊放一次另認刦一次

陳比保　認刦四次

李庭起即亞錦認娶婢逼賣為娼之犯

何亞恭

張亞亨

麥亞太　查該三犯素不安分滋擾之犯

陳亞幅 認刦五次

錢亞輝 係窃犯

羅寶湖 認搶三次窃四次擄捉婦女勒贖一次

戴亞志 認窃一次

又留署草塲汛外委事右營把総黃賢彪獲犯一名

黃亞良 認搶二次窃八次

隆慶汛把総鍾祥光獲犯四名

劉亞幅 係窃犯

朱亞輔 據生員朱良材等稟攻肆行刦掠之犯

鄧亞帶 係窃犯

江亞保 認索借二次

又把総鍾祥光協同外委趙國龍獲犯七名

黃亞順 係窃犯

陳亞滿

譚亞枝

譚亞敎

譚亞章 四犯均認刦五次圖刦未成一次

譚亞道 認刦二次

劉亞領 認刦二次

李村汛把総保安吉獲犯二名

趙亞宏 認窃四次

謝亞秀 認窃一次

又把総保安吉協同外委郭安獲犯十二名

林亞開 認窃五次

陳亞安 認刦十五次强窃一次

老亞錫 認刦二次强窃一次

黃亞滛 認投入盜首曾亞渴旂內肆行刦掠與官兵打仗不諱

何亞正 認刦一次搶三次

梁亞幅 認刦一次搶二次
彭亞來 認刦二次搶二次
扶亞景 認竊六次
馮亞允 認搶二次竊一次
劉汝京
劉亞德
劉亞宏 三犯均認搶一次竊二次
官窰汛把總劉士桂獲犯一名
楊景大 係竊犯
又把總劉士桂協同外委鄧雄陞獲犯四名
李亞盈
盧公扶
黃亞本 三犯均認刦一次
阮亞太 認强竊一次

右營都司王平如督同代理彩陽堂汛千總葉逢春代理外委李大濱獲犯二名
郭亞潤 認刦一次
盧亞生 據貢生冼鍾等聯攻肆行搶刦之犯
又都司王平如督同代理彩陽堂汛千總葉逢春獲犯三名
陳中
陳亞聚 二犯均認刦三次竊一次
李亞柏 係格斃刦犯
右哨五仙樓汛千總孫東暘獲犯五名
楊亞成 認搶三次竊三次竊未成二次
周亞九 係搶竊之犯
張亞敘 認竊五次
鄭亞生 認竊一次
李亞合 認竊二次
纜路尾汛把總羅亮獲犯六名

許亞華 係收開古人粟之犯
林亞烱 係窃犯
杜亞容 認搶一次
黎亞照
梁亞賔
陳瓦筒 三犯均認搶四次窃四次
署東関汛外委金國寶獲犯一名
陳亞懷 係窃犯
白沙塘汛把総蔣朝剛獲犯一名
周亞循 認窃三次
署員井汛把総蔣佩剛獲犯八名
黃亞池 認刦一次强窃二次
梁金勝 係黃亞池伙黨
周光祖

周亞文
周亞光 查該三犯係在鹿步滘等處河面窺伺搶刦之犯
凌亞九 認刦一次窃一次
鄭亞祥
曾發瑞 三犯狡不認案惟與賊犯凌亞九同行顯非善類
又把総蔣佩剛協同外委黎志清獲犯一名
朱亞根 認刦一次
署大歷汛把総林常春協同外委潘駒獲犯九名
關亞佳 認窃六次
李榮翰 認刦二次
李榮耀 認搶掠一次
顏亞堅
周亞寬
孔亞昌
周亞六 四犯均認毆搶事主馮展揚之犯

高亜和 係搶犯

林元聲 認竊九次

松岡汛外委潘駒獲犯二名

金廣成

金廣亮 二名係鑲藍旗漢軍兇犯

留省緝捕新會營把総馮元亮獲犯十名

黃亜有 即尹亜有認在東莞司馬鄉拒捕傷斃官兵一次

陸亜森 認搶二次

朱亜大

朱亜華

朱又華 三犯俱係楊起冠餘黨均認在龍頭地方打仗一次

范長平

范亜龍 二犯俱係黃毛五餘黨均認行刼龍塘墟銀物一次

葉亜林 認刼五次

林亜根 認搶四次

鄒觀娣 認搶二次

又把総馮元亮隨同署三水營守備何雲章會同把総屈大光甯志仁獲犯五名

李亜儒 該犯前因犯案發配湖北逃回迭次搶刼拒傷官兵之犯

劉亜恒 該犯係巨盜梁十五成夥黨迭次搶掠滋事詢據僅認搶一次

胡亜四 係前獲游匪賴三九供開夥同行刼二次之犯

馮亜藏 係清遠縣游匪據線人指稱係鄒亜丰夥黨

蘇亜地 認刼二次

以上獲犯共一百零六名均經解交文員審辦

謹將二月分收審人犯數目分別已解未解擬減擬保病故未認各項并
呈擬減擬保病故各供詞開列呈
電
計開
二月分共收三百二十二犯
二月初十日解省三十九犯原解四十六犯內黃亞達張滿滿曾石秀張亞英林渙淑陳昕保曾觀山等七犯係正月分收合并註明
二月十五日解省九十九犯
二月二十九日解省一百二十七犯
三共解二百六十五犯
現候解四犯
侯發生　曹潰生　劉東橋　張鋤頭
擬減十一犯附呈供詞十一紙
陸亞三　邱亞達　藍亞僆　陳亞胡　楊田螺妹
羅芳　王大能　王大才　王桂科　盧亞三
鄒世先
擬保十四人附呈供詞十四紙
王大江　王大號　王大亨　巫傑有以上由營保　歐上勝
歐月壽　歐生保　歐石林　歐純求　歐亞四以上由府保
王林九　魏得鴻　羅亞海　杜光林以上由曲江縣保
病故三犯附呈生供三紙
楊周漢　徐木秀　李喜方
未認二十五人
朱亞五　傅樹養　葉亞四　陳顯珍　譚亞二
李元進　陳閏通　黃子旺　黃亞七　劉其元
劉其非　李昌元　曾昌九　葉亞保　張全發
呂閏求　王閏乾　王桂孫　江朝金　譚治安
李阿恩　廖發　巫亞閏　王唐珠
二月分病故前收各犯附呈生供五紙
陳亞興　毛勝元　范亞石　龔亞三　吳東興

馮亞六 以上二犯係竊犯
黃亞癸 認在清遠峽內河面行劫一次
羅興發 認劫擄捉勒贖一次
區亞甜 認劫二次
高亞紀
巫鳳靈 以上三犯均認搶掠
譚亞宣 認竊一次
草場汛外委黃賢彪捉獲賊犯共三名
梁亞棠 認在湖北湖南各處地方劫過六次
劉亞太 認劫二次勒索打單二次
鄺亞深 認劫一次
又外委黃賢彪會同東關汛外委金國寶獲犯共四名
羅亞登
李亞才

盧亞謙 以上三犯均認劫三次
高亞洸 認劫二次
隆慶汛把總鍾祥光獲犯共三名
胡亞祥 認開設古人賭博
楊亞林 係竊犯
陳亞興 認劫一次
又把總鍾祥光協同外委趙國龍獲犯共二名
毛才貴
黃亞先 以上二犯均認劫一次
李村汛把總保安吉獲犯共四名
李瑞龍
區潤基
李亞幅
劉亞京 以上四犯均係竊犯
又把總保安吉協同外委郭安獲犯共六名

程亞太 認搶二次竊一次
何亞寧 認搶二次竊二次
何亞教 認竊七次
黃有餘 認在籍滋擾被拿
朱亞富 認跟隨黃有餘被拿
何亞林 認搶四次竊一次
官窑汛把總劉士桂獲犯共七名
李日壓 認竊數次
鄧祖全 認竊一次搶一次
董亞恩 係窩犯
陳亞先
劉亞郁 以上三犯均認劫三次
何亞珠 認竊一次
李亞幅 認劫二次
又把總劉士桂協同外委鄧雄陞獲犯共二名
葉亞貴 認劫一次
王亞朝 認行劫知情
右營都司王平如督同彩陽堂汛千總黃耀吉外委葉逢春留省緝捕三水營外委黃鏞
獲犯共十二名
黃四撑 認在廣西河面打單勒索一次又在永淳縣河面劫過一次
周亞石 認劫四次
梁亞蘇 認劫一次
何秀郁 認劫二次
簡亞遇 認劫一次强竊一次搶二次
駱亞福 認竊四次
伍亞苓 認强竊一次竊五次
張亞亮 認竊二次
陳亞燀 認强竊一次竊數次
徐亞發 認在梧州河面潯州府地方及桂平縣桂縣各處勒索打單焚劫多次
馮成仕 認劫三次搶一次

龍亞倫 認窃五次
纜路尾汛把總羅亮獲犯共九名
李亞明 認窃三次
陳亞垣 認窃十次
黄阿有
庾阿力
胡見日 以上三犯均係強窃之犯
葉亞見 係窃犯
鍾亞旋
翁亞就
李亞賓 以上三犯均認收带花會標
又把總羅亮協同外委金國寶黄賢彪獲犯共二名
黄亞燕
黄亞起 以上二犯均認劫一次
署東閔汛外委金國寶獲犯共六名

程亞智 認窃三次
盧應綿
李亞君
文亞遲 以上三犯均係窃犯
陳亞成 認曾犯案充配河南安置逃回後復窃被拏
劉亞進 係搶犯
又外委金國寶會同把總羅亮外委黄賢彪獲犯共三名
韋亞茂
梁亞潘
劉亞榮 以上三犯均認劫三次
白沙塘汛把總蔣朝剛獲犯共四名
邱亞添 係串窃之犯
趙亞發 認劫三次
蕭亞連 係窃犯

曾亞新 認刦二次

大歷汛把總屈大光獲犯共二名

羅亞達

黃亞蔭 以上二犯均認竊五次

又把總屈大光協同外委潘駒獲犯共十名

區亞輝 認迭竊

張亞六

郭亞富 以上二犯均係竊犯

陳閏千 認開設古人賭博

黃亞順 認刦五次

黃亞二 認刦四次

黃亞木 認刦二次

梁亞美 認竊三次

陸亞志 認竊三次

梁亞二 係竊犯

留省緝捕新會營把總馮元亮隨同署三水營守備何雲章獲犯共十名

黃亞持 認刦二次并擄線人指稱投入曾亞渇蓏内與官兵打仗二次

陳亞寬

羅亞進 以上二犯均認刦四次

鍾亞偉 認刦一次搶一次

何亞受 認刦一次竊一次

伍亞倫 係何亞受同黨之犯

任亞林 係與陳亞寬窩聚一處之犯

張亞木

黃亞九 以上二犯均認刦三次

梁亞蒂 認刦一次另認迭次搶奪

以上獲犯共一百十五名均經解交文員審辦

F.O.682/138/3(5)

查得鶴山大鯉魚於月之中向坐波山艇二隻至梧州糾集舊

黟於戎墟近地私造大船俟西潦漲時放船出江專向封川攻

臺現在匪黨在東者瞞約閏月初間分封幫西上云

FO.682/138/3(10)

東莞稿吏劉陞

稟督標六營撫標左右二營平等各官軍政考語冊底先

于九月初二日擬稿呈送未蒙發出現在各該營書識

業已繕就理履歷理合稟乞

核定發房以便填註入冊謹稟

九月　　日

[redacted]

謹將現在由水路進剿各船開摺恭呈

憲鑒

西路

黃梁都司船二隻

鹿步司船二隻

福永司船二隻

平民府船一隻

九龍司船一隻

舊西江船一隻

淇澳司船二隻

新淇澳司船一隻

南海船三隻中船

茭塘司船二隻

以上共船十七隻護叅將黃者華管帶

東路

六門一號巡船一隻

六門二號巡船一隻

六門三號巡船一隻

六門四號巡船一隻中船

六門五號巡船一隻

虎門廳巡船一隻

佛山廳巡船一隻

番禺藍底巡船一隻

番禺白底巡船一隻

番禺黑底巡船一隻

番禺二扒船一隻

沙灣司巡船一隻

舊新安二號巡船一隻

三山滘巡船一隻中船

自雇出師拖船十五隻

以上共船二十九隻王振高管帶

新塘游擊梁顯揚管帶出師拖船三隻

總共大巡船二十五隻中船五隻二扒船一隻拖船十八隻

提標惠州協七營把總外委額外員名摺

提標中營把總

栗友鵬　現在軍營

馮樹屏　該弁已拔惠州協左營千總遺缺尚未拔補　其把總事務係雲騎尉楊晏署理　現在軍營

馮官福　出防汛地

提標左營把總

蔡榮彪　現赴龍川勦匪

胡　海　現在軍營

劉佩名　現在軍營

提標右營把總

陳國泰　出防汛地

蕭振聲

張成光　現赴龍川勦匪

提標前營把總

黃仲和　現在軍營

廖振康　現署提標後營千總

陳勝華　現署惠州協左營千總

提標後營把總

劉勝彪　現赴龍川勦匪

劉定安　原署惠州協左營千總　現因病撤署　其把總汛務係雲騎尉張成恩署理

姚紫陵　現署提標中營千總

惠州協左營把總

陳大綸　出防汛地

伍雲中 現調署該協右營把総
李雲光 出防汛地

惠州協右營把総

蕭雲亮 現調署該協左營把総 在軍營
祝上彪 出防汛地
王瑞光

提標中營外委

黄殿超 現在軍營
缺 係潘良材在軍營病故缺 其外委事務係該營額外林大斌兼署
劉鎮揚 現在軍營
郭大章 現赴龍川勦匪
黄連貴 出防汛地

葉瑞元 出防汛地

提標左營外委

林鳳翔 出差
駱雄超 出防汛地
陳士雄 現在軍營
魏廷彪 出防汛地

提標右營外委

夏建和
陳鎮華 出防汛地
朱瑞賢 現在軍營
李英芳 現在軍營
朱勝華

提標前營外委

殷以益

吴龍光 出防汛地
卯大銓 現署本營把総
汪英揚 出防汛地
王定祥 現在軍營暫行革職

提標後營外委

張掄榮 現署提標前營把総
陳熊光 現調署惠州協左營外委 現赴龍川勦匪
彭士邦 出防汛地
曾朝彪 出防汛地
利純鋼 出防汛地
陳鳳儀 現在軍營

惠州協左營外委

伍雲嵩 出防汛地
周得彪 現調署提標後營外委
張威邦 現署提標後營把総 在軍營

楊裕超
牛繼武 現在軍營
姚大章 出防汛地
潘振科 出防汛地

惠州協右營外委

張勝元 出防汛地
何連科 出防汛地
黄雄泰 現在軍營暫行革職

提標中營額外

曾朝佐
羅定章 現赴龍川勦匪
林大斌 現兼署本營外委 現在軍營
謝廷光

提標左營額外

黃立琦
蔣廷光 現兼署提標後營外委
鄧全陞
劉鎮熊 現在軍營

提標右營額外
朱英超 現在軍營
任可均
羅昆英
卯丹桂 出防汛地

提標前營額外
王居賢 現赴龍川勦匪
雷以恩
張蕚華 現在軍營
吳熊光 現在軍營

提標後營額外
劉鉞
彭兆平
陳鷹華 現署提標前營外委
謝雲超 現在軍營

惠州協左營額外
祝天錫
張偉貽
劉應亮 出防汛地
張兆熊 現兼署本營外委

惠州協右營額外
劉裕泰
黎步雲 出防汛地
李殿超 現赴龍川勦匪
朱雄邦 出防汛地

[redacted]

北江勦捕各起兵勇口粮数目

候補知縣毛仁麟外委一員 潮勇五百四十三名

每月薪粮夫價油燭銀二千五百七十六両二錢八分

大瀝帶勇紳士七十員名鄉勇一千三百名

每月薪粮夫價油燭銀六千七百九十二両四錢

二起大瀝帶勇紳士五十四名鄉勇一千名

每月薪粮夫價油燭銀五千二百八十両零四錢

方源潮勇一千二百八十名

每月口粮銀五千三百七十六両

守備許步雲弁兵壯勇三百五十五員名

每月薪粮夫價油燭銀一千六百六十一両九錢四分

千總朱國雄弁兵壯勇八百二十六員名

每月薪粮夫價油燭銀四千零二十両零六錢

朱岡勇三千名

每月口粮夫價油燭銀一萬四千八百二十一両五錢

三江協外委二員勇二百名

每月口粮夫價銀七百零二両

守備熊應榮巡船五隻官兵水勇共二百四十七員名

每月薪粮船租銀一千四百七十六両五錢

又奉裁船八隻看船水勇四十名

每月口粮銀七十二両

千總李述初巡船六隻弁勇三百三十名

每月薪粮銀二千零六十一両九錢

以上北江勦捕各起每月銀四萬四千八百四十一両五錢二分

[redacted]

謹將酌留省河緝捕巡船十號開列呈

電

計開

軍民府一號巡船一號 口粮九十二名

軍民府二號巡船一號 口粮九十二名

劉捕一號巡船一號 口粮八十八名

劉捕二號巡船一號 口粮八十八名

劉捕三號巡船一號 口粮九十名

舊淇澳司巡船一號 口粮八十八名

舊九龍司巡船一號 口粮八十八名

舊黃鼎司巡船一號 口粮八十六名

新淇澳司巡船一號 口粮八十四名

舊西江巡船一號 口粮九十二名

以上共計水手八百八十八名 每名每月工食銀三員重二兩一錢

每月共計支用口粮銀一千八百六十四兩八錢

船租每月每號擬發銀二十兩

謹將千總黄曜吉所帶弁兵壯勇八百三十七員名由韶城起程赴南雄需用船價數目開列呈

閲

計開

用船四十五號内

河頭船一隻價銀二十二圓

河頭船四隻每隻價銀二十圓共捌十圓

仁化船四十隻每隻價銀一十一圓共四百四十圓

以上共船價銀五百四十二圓七兑重三百七十九兩四錢

[redacted]

謹將二月初十日解省四十六犯開列清摺呈

電

計開

謝亞悅即落花　屢會大夥充揔旗頭十六仗傷斃三人

邱南嬌　謝亞悅夥龍川四都等處兩仗

李廣興　謝亞悅夥龍川等處四仗

朱灶先　楊石秀夥龍川等處三仗

李東嬌　楊石秀夥龍川等處四仗

吳四興以上俱河源縣人　謝亞悅夥旂頭龍川等處四仗

謝逑慶　劉老三夥和平等處十一仗斃二人

謝林湄　劉老三夥和平等處十仗斃一人

謝乾通　黃亞觀劉老三夥獅嶺和平等處十三仗

范志愊　劉老三夥和平等處十三仗

謝滿即亞辛　劉老三謝亞悅夥和平龍川等處三仗

江陳康　劉老三夥洲頭等處七仗斃五人

謝亞香　劉老三夥岩頭坳岡尾兩仗斃一人

何亞揚　謝亞悅夥龍川等處四仗

吳亞興　楊石秀夥龍川等處三仗

吳辛喜　楊石秀夥駱湖兩仗

吳觀興　盧宗求夥龍川等處四仗

謝允林　劉老三夥和平等處七仗

楊亞清　楊石秀夥龍川四都老隆兩仗

吳寬秀　楊石秀夥駱湖兩仗

吳日生　楊石秀夥龍川等處四仗

謝亞彬　劉老三夥魯溪等處三仗

黃九指即亞揮　盧宗求夥三華鎮等處十四仗

廖幗輔　劉老三夥岩頭坳陂頭岡尾三仗
吳松秀　歐毛果夥龍川等處四仗
吳亞林　楊石秀謝亞悦夥龍川等處兩仗
黃亞繁　盧宗求夥牛背嶺等處四仗斃三人
熊勝培　盧宗求夥大蓆等處十一仗
黃雞籠養　以上俱連平州人　歐尚幅夥車田黃背嶺兩仗
黃繼興　謝亞悦夥旂頭龍川等處四仗
嚴白巽　謝亞悦夥旂頭龍川等處四仗
黃興娣　以上和平縣人　謝亞悦夥龍川等處四仗
譚明阻　長寧縣人　盧宗求夥大蓆等處十一仗
謝洪淐　翁源縣人　劉老三夥南雄水口圩等處七仗
以上三十四犯係吳守自連平州解
何白毛即祥皆　連平州人　黃腊夥火山仁化兩仗
劉全發　長寧縣人　黃亞槐夥長山等處三仗
張亞英　連平州人　黃腊夥火山仁化等處五仗
林煥淑　平遠縣人　黃乙太夥仁化樂昌三仗

陳所保　連平州人　黃腊夥火山仁化等處五仗
以上代理備劉大齡解
黃亞達　連平州人　黃毛五夥青化開角雪廟墩一仗
張滿滿　樂昌縣人　黃腊夥扶溪一仗
曾石秀　和平縣人　劉老三夥岩頭坳岡尾二仗
曾觀山　連平州人　王亞觀夥獅嶺龍仙二仗
范展開　湖南桂陽縣人　黃乙太夥樂昌大肚嶺一仗
以上代理千總賴連陞解
梁丙副　曲江縣人　黃腊夥黃土嶺等處兩仗
以上曲江縣解
李必應　長寧縣人　李高獨夥長山等處七仗
以上潮營李千總解

239

[redacted]

謹将正月十四日解省五十三犯開列呈

電

計開

陳鈎刀保　英德縣人　鍾亚靈夥旂頭刀牌五仗

劉二受　旂頭刀牌六仗

劉亚二　堯山等處四仗

黄亚淐　堯山等處三仗

劉亚安　以上俱鍾亚靈夥　英陽麻步二仗

何晚　江亚東夥水迳等處五仗

張沛聚　馬蹄寨小水洞二仗

譚亚晚　馬蹄寨英陽二仗

孫石妹　以上俱英德縣人　以上俱江亚東夥　英陽麻步二仗

葉亚新　長寍縣人　謝䟕皮四夥旂頭刀牌五仗傷三人　輪姦婦女三次

袁糖瓜李　博羅縣人　鍾亚靈夥旂頭堯山等處四仗

陳亚養　歸善縣人　旂頭英陽麻步二仗傷二人

馬亚才　始興縣人　以上俱鍾亚靈夥　水迳等處三仗

成亚七　清遠縣人　陳亚保夥　馬蹄寨等處四仗

以上英德縣葉令把總吴韶亮解

劉亚三　永安縣人　謝䟕皮四夥横嶺角等處三仗

官亚七　長樂縣人　仝上

歐亚養　英德縣人　曽千眼夥麻步一仗

唐亚灶　英德縣人　仝上

以上孔署備梁千總解

李海淑　平遠縣人　黄亚槐夥星子朝天橋等處五人傷一人

以上劉署備解

朱亚彈古　曲江縣人　陳亚禮夥烏田波羅白竹三仗

羅亚妹　長寍縣人　李大獨夥荷花塘等處十仗

以上賴署千總解

賴明全　長寍縣人　黄老八夥横嶺角等處四仗

曽亚壬　西寍縣人　李亚獨夥白石洞一仗

唐亜細　龍川縣人　黃腦夥樂昌四仗另有傷斃事主案

謝財狼即才郎　平遠縣人　周園吉等夥共打二十一仗傷兩人

以上曲江縣解

賴亜三　河源縣人　歐調美夥江灣一仗

以上鄧外委紹昌解

鄧有漋　興寍縣人　羅竹絲二夥白石洞前後洞二仗

范汗揺　乳源縣人　丁先彩夥湖南巴犁堡一仗

以上樂昌縣經營謝兆熊解

崔亜連　龍川縣人　鍾亜靈夥橫嶺角等處二仗

李東能　佛岡廳人　仝上　英陽等處二仗

李華成　佛岡廳人　黃亜槐夥橫嶺角等處二仗

李亜東　清遠縣人　橫嶺角等處三仗

以上俱黃亜槐夥

黃亜和　橫嶺角等處二仗

李閏清即遠清　李亜林夥松塘一仗

李權成　鍾亜靈夥英陽等處二仗

鄒閏金　李亜獨夥英陽等處四仗傷一人

李官勝　鍾亜靈夥英陽等處三仗

蔡亜管　以上俱清遠縣人　英陽等處三仗

邱觀葬　英德縣人　橫嶺角等處二仗

邱苟妹　橫嶺角等處二仗

邱朱秀　橫嶺角等處三仗

邱元錦　英陽等處三仗

邱亜閏　麻步等處二仗

黃亜良　橫嶺角等處一仗

溫亜貞　水逕等處二仗

盧亜秀　以上俱鍾亜靈夥　堯山等處三仗

賴仁弓　以上俱英德縣人　陳飛沙夥英陽等處三仗傷一人

涂先足　翁源縣人　鍾亜靈夥滄洸等處二仗

胡亜溜　連平州人　仝上　英陽等處二仗

以上任守備張千總等解

張亜六　嘉應州人　鍾亜靈夥英陽等處三仗

以上廣協黃委員解

羅丙勝　曲江縣人　李矮獨夥楓灣等處二仗

戚亜坤　南海縣人　李亜黑夥橫石塘鳳田二仗

以上曲江縣會營解

余亜五　連州人　劉麻面夥仁化白石洞一仗

以上劉署備續解

謹將三月二十六日解省三十九犯附另案一犯開列呈

電

計開

林如月　英德縣人　黃腦夥大山仁化樂昌扶溪六仗

李幅潰　始興縣人　謝老三夥古家營荷花塘周所三仗

以上南韶道解

劉東橋　鍾金絲夥周所松塘二仗

張鋤頭　俱始興縣人　謝老三夥荷花塘周所二仗

以上始興營署遊擊張解

官會安　始興縣人　李矮獨夥松塘一仗

林亞身　李亞林夥松塘一仗

梁曾模　俱翁源縣人　李亞林夥古家營松塘等處四仗

黃亮高　連平州人　李亞獨夥長山等處二仗

鄧　腦即元深　始興縣人　李高獨夥 李矮獨旂頭 長山松塘等處七仗

劉志沅即溫志沅　曲江縣人　李矮獨夥岡尾長山等處十一仗傷一人

以上孔任守備等解

鍾金星即金絲　龍川縣人　謝老三旂頭龍川四都等處六仗傷三人

劉亞來　連平州人

侯發生　湖南安仁縣人

鄭亞瑞　龍川縣人　以上俱黃乙太夥在樂昌扶溪打仗

以上劉署備大鵬解

馮木信　河源縣人　黃腦夥火山仁樂扶溪六仗

江亞耀　長寧縣人　歐尚幅夥車田大蓆等處三仗

唐萬和　英德縣人　黃毛五 黃亞槐 夥雪廟墩黃坌等處三仗

周亞六　連平州人　謝亞隴謝老三斫頭洲頭陂頭等處五伏
何亞滙
何長壽
何亞雙　俱興寧縣人　竝李大獨夥長山等處七伏
以上賴署千總連陞解
曹潰生　興寧縣人　黃乙太謝老三夥仁樂扶溪羅塡司前等處七伏
盧阿康　連平州人　黃腦夥仁化樂昌扶溪五伏
謝新明　江西龍南縣人　劉老三夥羅塡陂頭等處六伏
以上李千總際昌解
官呈榮　始興縣人　黃乙太夥李矮獨斫頭仁化松塘等處六伏傷一人
蕭順發　始興縣人　李矮獨夥荷花塘周所兩伏
以上始興營縣解
江求古　始興縣人　李亞獨夥荷花塘松塘圩四伏
以上始興青化紳士解
黃連昌
黃應和　俱陽山縣人均黃永松夥毛家冲抗拒當場捉獲
以上乳源營縣解
陳什姐　興寧縣人　李高獨過江猛皮夥長山水逕等處四伏
以上曲江縣解
張亞康　英德縣人
李亞元
藍九明
黃亞賤
葉亞友
鄧亞檢　俱英德縣人
李亞從　清遠縣人
宋亞增　嘉應州人　竝俱鍾亞靈夥馬蹄寨打一伏
以上孔署備梁千總等在英德橫嶺角即馬蹄寨打伏當場捉獲
謝祥楨　連平州人　李大獨夥楓灣獅崗等處五伏傷一人
以上潮營李千總績解
附另案一犯
陳飛沙即昌　仁化縣人　沙老九夥湖南興寧縣兩伏
以上曲江縣解

謹擬防守五條呈
覽

一該匪既有東莞縣巡船僞復得有虎門等船恐其乘潮而入省河現備船隻僅足相敵務必不惜重賞先期示明如賊船十隻以上被拒勦退回者即賞若干沈船奪礮擒賊殲斃各以所獲之數分別

給賞所賞既比尋常重加數倍自可以得其實效

一召募壯勇聚易散難害多利少惟東北河南各社學舊有禀定自備鄉勇俟撥章程係中協專司其事所備丁勇即各鄉農民子弟無事歸農有事聽調似可召其平日董率之紳士面加鼓勵俾各帶其鄉勇駐劄東門外及河南等處閒曠地面董以營員或令其備齊器械在鄉守候以便一招即至該勇既有紳士管束且係安分耕農似與召募不識姓名者不同

一守城必須清查保甲所有一向編查止係責成地保總屬具文省城五方雜處最易藏奸隨時可以為賊內應似應分派妥員分定縣屬協同丞典挨戶稽查過祠廟寺觀花林賭館以及歇客寓所并東北隅荒僻街戶大街小巷之

閑歇鋪店均令實力跟查稍有可疑即令其自覓認保無
則勒令遷出仍令該街保每三日一具報一經清釐匪黨
自難潛蹤外匪亦聞而失恃夷擾浙江時省城戒嚴仁和
令以此法杜絶内奸此近效也粤城則　國初陳邦彦伏
人於内爲李成棟摎出而敗此遠效也
一匪既有船似當防其從東駛至查距省河最近之東礮臺
稍出之獵德礮臺中流沙礮臺及虎門東南之新
涌口礮臺現在皆有兵駐守此外如赤岡二沙尾
洋桃地姚家園前款夷後亦經分設防守以上東
路一帶應守之處似應督以大員明定賞罰俾兵
弁臨時奮力則省城安如泰山矣尚恐該匪慮及
東路嚴密或轉從南路避實就虛亦不可不預加
防範所有南路之大王滘南石頭東塱鳳凰岡西
路之西礮臺永靖海珠新墊竹排泥城北路之永
康拱極保極耆定紅棉寺餑餑山等處似當查照
原有兵弁加增防守仍一面行知水陸衝隘如燕
塘仁威沙南荔園洋塘澳口及對岸之白沙增步
幷河南一帶村落均令實力團練以備不虞
一八旗兵原守内城額兵似不敷防禦近年生齒日
繁旗兵子弟無不練習鎗箭者似可倣照召募鄉
勇之例將旗内餘丁編爲旗勇既有該營統轄自
較外間壯勇大有區别從前夷務　林制府嘗議
行未果也

[redacted]

謹將殲除番禺縣屬沙灣茭塘兩司屬水陸攻破大石新造賊
匪巢穴奪獲被山船隻砲械及收復南安砲臺剿除四沙獅
子洋賊船大獲全勝各營將備員弁開送請獎清摺除外獎
另行彙摺外所有尤為出力弁勇擬請獎勵轉乞
憲恩
計開
水路出力弁兵
署前山營都司奏陞陽江營都司黃彬開送內
海口營把總准補千總黃威
擬請以守備補用先換五品頂戴並請
賞戴藍翎
海安營千總梁高
擬請記名以守備用先換五品頂戴
儋州營把總邱國榮
擬請記名千總補用並請

賞戴藍翎
龍門協左營外委准補把總李廷邦
擬請以千總補用並請
賞戴藍翎
龍門協右營外委李定邦
擬請以把總補用並請
賞戴藍翎
海口營記名外委馮義忠
擬請記名把總並請
賞戴藍翎
前山營記名外委李贊虎
擬請
賞戴藍翎
捐納把總林榮邦
擬請
賞戴藍翎
各船司事
黃琳　李榮陞　梁文瀾　黃永開　黃聯開
以上五名擬請

賞給五品頂戴並請
奏賞藍翎
黄廷彪　黎開泰　姜其珍　霍有開　張青雲
何朝傑　吴廻錦　李新枝　黄正榮
以上九名擬請
奏賞藍翎
香山協左營千總蘇海開送内
六品軍功廣州協右營記名儘先拔補把總何彬
廣州協右營記委六品軍功林應東
勇目已請六品軍功陳名芳　周長清
以上四名擬請
賞戴藍翎
撫標左營千總崔連陞開送内
撫標儘先拔補外委王國安
擬請以把總補用並請
賞戴藍翎
臨全一號頭目李滔
前蒙

賞給六品頂戴現擬請撥營以外委補用並請
賞戴藍翎
臨全二號司事朱文熜
擬請
賞給從九職銜
督標左營千總崑方開送内
肇慶協左營外委記名把總六品頂戴伍殿魁
廣州協記名把總六品頂戴陳龍彰
督標左營記名外委六品頂戴謝秋漢
廣協右營記名外委六品頂戴馮汝威
以上四名擬請
賞戴藍翎
督帶仁威志巡船督標効力武舉候補把總何大安開送
雙月從九何成紀
陸路出力弁勇
五斗口司巡檢徐陽麟開送内
撫標記委翟廷齡　李榮陞　謝杏初　葉經光
吴登世　朱國安

以上五名均蒙
賞給六品頂戴可否以外委儘先拔補並請
賞戴藍翎之處出自
憲恩
撫標記委陳錦光　黄應春　梁績有
以上三名均蒙
賞給六品頂戴可否以額外儘先拔補並
賞戴藍翎之處出自
憲恩
捐納營把總朱正恩
擬請撥歸撫標以把總儘先拔補並請
賞戴藍翎
吳信孚　周慶美　崔鳳瑤
以上三名均蒙　賞給六品頂戴可否請
賞戴藍翎之處出自
憲恩
濟副將開送内

軍功六品翎頂撫標把總杜文芳　梁仕光
查該弁等前在省北打仗出力曾經擬請補千總後以
守備陞用先換頂戴此次擬請
賞換花翎
軍功六品頂戴馬兵李彥英
擬請
賞戴藍翎
候補縣丞鄭錫琦開送内
撫標左營守兵九品頂戴記委王彪
六品頂戴壯勇方上　九品頂頂戴壯勇蘇三
以上三名遇戰必先捦斬多名最爲出力可否
奏請
賞戴藍翎
鄧安邦
查該弁督帶東關練勇攻勦新造等處甚爲出力前於
北門巢内經衛護將開摺請奬已蒙
憲鑒此次應如何奬勵之處出自
憲恩

委帶林勇候選同知林福盛單開內
不論雙單月候選府經林福培
前於剿辦北路賊匪得力擬請免選本班以知縣歸部
儘先選用賞戴六品頂戴藍翎今此次尤為出力擬請
以知縣歸部遇缺即選
督轅効力世襲雲騎尉林福緣
前於勦辦北路賊匪得力擬請以守備遇缺即補加都
司銜賞戴花翎今此次尤為出力擬請補缺後以都司用
不論雙單月候選縣丞林福卿
前於剿辦北路賊匪得力擬請以縣丞歸部儘先選用
並賞戴六品頂翎今此次尤為出力擬請以縣丞歸部
遇缺即選
軍功六品勇目劉志剛　林龍義　林南贊
前屢次打仗勇往擬請歸廣州協香山協標以把總即
補在案查該勇目等自剿賊以來衝鋒殺賊奪砲擧旂
今此次尤為出力均擬請
賞戴六品頂戴藍翎

軍功六品勇目武生林寅年
前迭次打仗出力擬請以把總歸廣協即補在案查該
勇目自剿賊以來奮勇圖功屢有斬獲今此次尤為出
力擬請
賞戴六品頂戴藍翎
從九品林福康
前於剿辦北路賊匪得力擬請賞戴六品頂戴藍翎以
從九歸部即選今此次尤為出力擬請以縣丞歸部即選
軍功七品勇目林耀山
前屢次打仗出力擬請以外委歸廣州協標即補在案
查該勇目自剿賊以來搴旂奪砲追剿殺賊勇敢有為
且能深知大義今此次尤為出力擬請
賞戴六品頂戴藍翎並請免其考驗
廣協外委蔣順翎
前次剿賊得力擬請以把總即補在案查該弁嚮導知
機不辭勞瘁今此次尤為出力擬請
賞戴六品頂戴藍翎
軍功六品書識文通
前於剿賊得力擬請以筆帖式用今此次出力擬請以
筆帖式遇缺即選

FO 931/1746

F.O. 682/253A/3 (27)

[redacted]

謹將大有倉永豐廠原存及委員吳邦英繳回大有倉蘇
海劉錦榮繳存海珠台各砲子羣子觔重數目開摺呈
電
鑒至十月初四日止
計開
八兩重砲子大有倉存三百五十二個
十兩重砲子大有倉存六百個

十二兩重砲子大有倉存四千二百三十四個
十四兩重砲子大有倉存四千五百四十六個
一觔重砲子 大有倉存六百九十一個 永豐廠存二千八百一十個 海珠台存四百七十個 三共實存三千八百九十一個
二觔重砲子 大有倉存一百七十二個 永豐廠存四千三百九十個 海珠台存一百七十個 三共存四千六百四十六個
二觔半重砲子海珠台存四百個
三觔重砲子 大有倉存二百一十個 永豐廠存二千零七十三個 海珠台存一千零六十六個 三共存三千二百四十四個
三觔半重砲子海珠台存二百三十個
四觔重砲子 大有倉存四十六個 永豐廠存二千三百二十五百 海珠台存八十個 三共存二千四百二十五個
四觔半重砲子海珠台存三百五十五個
五觔重砲子 大有倉存一千七百八十八個 永豐廠存二千八百五十個 海珠台存三百一十五個 三共存四千八百三十九個
五觔半重砲子 大有倉存四百五十九個 海珠台存一千三百零六個 二共存一千七百六十五個
六觔重砲子 大有倉存一千六百五十七個 永豐廠存二千八百二十五個 海珠台存二百九十個 三共存四千七百七十二個

六觔半重砲子 海珠台存四百一十個

七觔重砲子 大有倉存四百三十一個 永豐廠存二千零五十個 海珠台存一百個 三共存二千五百八十一個

七觔半重砲子 大有倉存五百六十三個 海珠台存一百七十個 二共存七百三十三個

八觔重砲子 大有倉存二千一百三十個 永豐廠存二千五百個 海珠台存二十個 三共存四千六百四十五個

八觔半重砲子 大有倉存三百八十四個 海珠台存一百三十七個 二共存五百二十一個

九觔重砲子 大有倉存二千一百三十五個 永豐廠存二千二百三十八個 海珠台存二十個 三共存四千二百四十六個

十觔重砲子 大有倉存二千二百四十一個 永豐廠存二千二百五十二個 海珠台存一千二百六十個 三共存五千九百五十三個

十一觔重砲子 大有倉存二百九十六個 永豐廠存一千零二十六個 海珠台存三十個 三共存一千三百五十二個

十二觔重砲子 大有倉存四百七十六個 永豐廠存九百八十四個 二共存一千四百六十個

十三觔重砲子 大有倉存九十八個 永豐廠存七百六十八個 海珠台存一百一十個 三共存九百七十六個

十四觔重砲子 大有倉存一百零九個 永豐廠存三百七十二個 海珠台存五十個 三共存五百三十一個

十五觔重砲子 永豐廠存六百二十個

十六觔重砲子 大有倉存四十八個 海珠台存十個 二共存五十八個

十七觔重砲子 大有倉存七十五個

十八觔重砲子 大有倉存三十五個

二十觔重砲子 大有倉存一百零二個

二十二觔重砲子 大有倉存七十四個

二十五觔重砲子 大有倉存二百零七個

三十二觔重砲子 大有倉存十六個

羣子

大有倉存四萬四千一百二十四觔

永豐廠存十萬觔

[redacted]

佛岡廳觧到首民名单

鄧亞十

黄亞恩

黄社養

黄亞帶

周亞發

鄭亞景

熊金水

黄李保

鄭亞露

鍾亞揚

周亞社

熊有晃

胡灶揚

李亞江

鄭亞廣

[redacted]

謹將現存軍裝數目列摺呈

電

計開

火藥共存四萬七千二百六十三觔內

中協一萬三千八百十四觔　八旂局三百一十觔

廣協二萬三千四百八十二觔　理事廳四千零九十觔

大廳一千零二十觔　各營繳四千五百四十七觔

砲子共存五萬九千四百九十一顆內

大有倉二萬五千六百六十四顆　南雄州解回三千九百七十三顆

永豐倉二萬九千八百五十四顆

羣子共存六百四十七觔內

大有倉六十四觔

永豐倉五百八十三觔

火箭存四千五百九十枝

噴筒存三千九百零六箇

火𠏉存一千零三十九箇均不堪用

抬鎗存一百四十桿

32

鳥鎗存六十三桿

線鎗存一百零八桿

鉛子存三百八十二觔

鐵砂存一千觔

火繩存五百十五盤

帳房存一百十四架

號衣存三百十五件

竹帽存三千五百四十五頂

籐牌存一百八十五面

單刀存一百三十四把

鐵鼎存一百零九口

陣鑼存十七面

戰鼓存二面

竹札存三千一百四十五枝

軍械存七十三枝

砲具存三十一副

砲烑各存三百箇

查得賊首封滿到平洲掠取糖房沙糖兼收打单銀兩因官兵猝到躲在舉人陳子元家下初一有人見該匪在陳子元廳食鴉片煙初四日尚與陳子元在平洲公所酌議勒收一帶晚禾穀米事款

一陳子元之弟偽元帥陳亞規偽總管陳亞經俱在平洲駐劄打探官軍消息

一陳子元恃符膽敢於初三與監生梁嘉屏陳家驟陳銘恩到兵船見帶兵官稱言平洲並無賊匪不用勦捕

一偽元帥林亞日林亞益帶領賊匪林亞隱林亞右等五六十人暗駐平洲林姓長林坊

一偽元帥高桂貞馮河清帶領匪徒五六十人暗駐平洲高姓沙涌坊

一偽元帥梁世銘梁亞強帶領匪徒五六十人暗駐平洲淡埜坊

一偽元帥蕭號八千歲談亞閏陳光邦(洲堡)常帶佛山賊目數十到平洲嚇詐擄勒時(或)駐平洲談氏興里祠旋踵即回佛山

一賊匪暗駐平洲者俱只係倚藉佛山賊勢勒索鄉民並無大砲

一偽理刑廳林承祖(滿)常到省垣打探兼為賊採買什物船泊河南元壇廟口時在新城內正市街德興金線鋪歇宿

一現各匪之在平洲者若飭帶兵官通傳紳衿來見陳子元必到因容令兵勇直圍陳子元住屋賊首封滿可擒而子元亦不勞而獲其餘賊匪黨俱無起不過五六十人現在大兵雲集平洲應請及時趁勢撲滅實為

恩便

[redacted]

遵查捐資効力各紳民勇練或擒斬立功或打仗受傷以及分堵要隘均屬始終勤奮著有微勞除分别酌賞頂戴以示獎勵外理合開具名數清摺恭呈

憲核

武生張洸　武生戴鸞鑣　武生戴昂新

武生張古昌　武生曹國謙　武生張鴻光

以上六名均移營以外委用

武監生蔣雄

移營以額外外委用

廪生羅傅薪　八品軍功頂戴陸奏凱

職員劉宗岳　候選從九品張承榮

監生李紹蓮　七品軍功頂戴張兆華

稟查羅傅薪陸奏凱閃避

轉保送已蒙賞六品頂戴

合稟明

稟查張模張科元張謨張高本彭超華
陳三明閩遊擊保送摺已蒙
註諭賞給九品軍功又現摺有童生張瑨
兩閩遊擊摺內又有武監生張瑨自
係有兩張瑨合併稟明

稟查余廷標閩遊擊保送已蒙
註諭賞九品頂戴又閩遊擊保送摺有八
品頂戴余廷孚亦蒙註諭賞六品今摺
又有余廷孚並未聲明有頂戴自係兩
個余廷孚一係八品軍功一係並無頂戴
合稟明謹稟

稟查潘燦邑麟彭貴和周榮光李署守
業已保送案賞給六品頂戴已入于陳應昌
等稿內札知給照惟陳世傑彭啓荃姜
佰並未見有保舉摺發出茲遵照
陳世傑等一并賞給六品頂戴列入
昌稿內札知給照合稟明

以上六名均賞給六品頂戴

童生 張瑨　張謨　張高本　彭超華　陳三明

張恒芳

以上六名均賞給八品頂戴

張模　張安榮　梁開霖　陳華宗　張科元

張耀芳　張應蓮　李正顯　張鼇峯　余廷標

余廷孚　李松勝

以上十二名均賞給九品頂戴

以上[illegible]

[illegible]太平保[illegible]

[illegible]彭[illegible]和周[illegible]陳世傑協同辦[illegible]

以上[illegible]六品頂戴　姜[illegible]

蓋聞有備無患兵不厭決於臨時好謀有成策貴素籌予

平日邇者烽烟告警叢匪堪虞現奉

憲諭諄誠分乇甲社保護閭閻具見安上全下至意矧我

編民可不踴躍從公同仇敵愾以仰答

憲懷耶茲集衆酌定章程嚴加保衛將見守望相助是為

同心步伐不愆可以覯政入則相親聯其情而為比閭

族黨出則相友作其氣而為伍兩卒徙又何難奠盤石

之安而底苞桑之固也哉謹將條款具列於左

一議約內添設壯丁晝夜巡邏稽查奸宄如有可疑之人

即行拏獲稟　官究治

一議晚上二更鎖閘来往行人果是認識兼有提籠方准

放行倘係生面可疑及三五成羣概不開閘

一議倘有盜警即行鳴鑼叫喊各鋪戶共出堵禦或鄰約

被盜亦要齊同救護務期殲厥醜類以保疆土而靖地方

一議預籌積貯以備要需本坊每鋪一座鋪主鋪客各捐

輸一月租銀送歸公衆以便支用此外隨緣樂助亦務

宜踴躍輸將至銀両彙齊待公議放般實店生息收貯

若支項動用除公用外不准支銷

一議本街有能捉獲連賍確據賊匪每名謝花紅銀一十

圓倘被賊拒傷請醫調愈拒賊斃命者補置安家殯塟

銀一百大圓

一議閒曠之宅易匿匪徒約內所有空曠屋鋪該地保隨

時認真查緝毋得乇聚閒人倘形跡可疑嚴拏究辦

一議夜後各鋪門口不得擺賣什物及醫卜等免匪徒藏

匿窺伺如敢抗違閣約稟究

[redacted]

謹將司馬鄉附近三十里內大小各鄉村情形列摺呈

核

一鶖潭在司馬鄉東北相離七里該處係曠野止有耕寮一
座附近並無村庄聞有該處船户百餘人歸司馬鄉屯聚

一九江水村黎姓在司馬鄉之南相離八里係中鄉約有六百
餘丁並無紳士有耆老黎協麟等不能約束族匪聞得該鄉
有匪徒一二百人歸司馬鄉屯聚該村係司馬鄉腹心

一緑湖麥員村元江元村均係陳姓在司馬鄉西南相離八里
係大鄉每村約有一千二百餘丁有紳耆陳應周陳佳
平陳亮中陳奏言陳植芳等不能約束族匪

一朗吓村李姓在司馬鄉西北相離十六里係小鄉約有四百
餘丁係司馬鄉腹心有紳士李獻章耆老李文耀等不能
約束族匪

一細石岡村陳姓在司馬鄉西南相離四里有新舊兩圍係
中鄉約有八百餘丁有耆老陳贊賢陳金善陳彥秋等不
能約束族匪

一鍋坑村朱姓在司馬鄉西南相離約十五里係中鄉約有七
百餘丁紳士朱閏江朱巨江耆老朱阿福朱亞合等均不能
約束族匪

以上除鶖潭並非村庄外其餘各村匪犯甚多最為可惡

一石水口村莫姓在司馬鄉之西相離四里係大鄉約有九百餘
丁向與司馬鄉係屬仇敵有紳士武生莫俊等素來庇匪先
已詳革

一大彫村莫姓在司馬鄉之西相離十五里係中鄉約有八百餘
丁紳士莫麗倉等不能約束族匪

以上二村向來匪犯最多屢經嚴辦稍知斂跡近年並不爭

關良善者與司馬鄉向為仇敵現在救護官兵頗知大義爲匪
者聚搶分贓又幫同殺傷官兵良歹互見耳
一逕貝村羅馮二姓在司馬鄉西北相離十里係中鄉約有六百
餘丁並無紳士衹有耆老羅獻瑞等
以上一村經去年懲辦後匪頗斂跡現亦幫同救護官兵雖有
匪而尚知畏法並不猖獗
一壆貝墟陳姓在司馬鄉之南相離五里係中鄉約有六百餘丁
紳士陳亮中等不能約束族匪
一黄曹村朱姓在司馬鄉之東相離六里係小鄉約有三百丁並
無紳士衹有耆老
一羊公朗村鄧姓在司馬鄉東北相離六里係小鄉約有一百餘
丁並無紳士衹有耆老
一白石湖村鄧姓在司馬鄉之北相離十七里係小鄉約有一
百丁並無紳士衹有耆老
以上四村壆貝墟陳姓匪徒不少黄曹村朱姓向有匪徒窩
留外匪羊公朗白石湖鄧姓人丁無幾有匪不多
一土橋頭村鄧李二姓在司馬鄉之西相離十六里係大鄉約有
一千二百餘丁有紳士武舉李輝揚監生鄧履亨等
一田界頭村羅姓在司馬鄉之西相離十里係大鄉約有一千
餘丁向與司馬鄉係屬仇敵有紳士職員羅越羣耆老羅易亭等
以上二村紳耆頗稱公正近來匪徒較少尚稱安靜
一陳屋貝村陳姓在司馬鄉之南相離五里係小鄉約有三百餘丁
並無紳士衹有耆老
一陳屋邊村陳姓在司馬鄉西北相離十二里係小鄉約有三百
餘丁並無紳士衹有耆老
一邵岡頭村邵姓在司馬鄉西北相離二十里係小鄉約有三百餘
丁並無紳士衹有耆老
一四下村陳賴兩姓在司馬鄉西南相離三里係小鄉約有一百二
十丁並無紳士衹有耆老
以上四村均有匪類並不甚多

[redacted]

謹將金丹教匪案内已獲各犯姓名開列恭呈

鈞鑒

計開

董言台　即董老板又名董時詒又名董明哲又名董勝永江西南康縣人移居贛州

任振坤　即任一善花縣革生

何亞柏　清遠縣人移住曲江縣

李紫榮　即李朝顯又名李常春英德縣革兵

李庚古　即李斤古又名李錫洪曲江縣人

黎　萬　南海縣人

謝文灼　即謝汶洸花縣人

張玉麟　即張超犀又名張同琨曲江縣革生

張奕祥　即張大哥曲江縣人

謝　晚　即謝洪華又名謝安江西長寧縣人已革曲江縣禁卒

張　球　即張威滔曲江縣人已革曲江縣差

黄亞真　即黄亜滔清遠縣人

李亞蘭　即李獨脚二大埔縣人

黄兆熊　即黄瑞麟又名黄守中曲江縣人

劉俚俚　即劉欽禮仁化縣人

吴揚槑　即吴沛霖又名吴配林江西贛縣人

黄執中　即黄佐又名黄健曲江縣已革充兵武生

陳希聖　即陳亞六曲江縣人

曹茂貴　即曹普雲湖南桂陽縣人

楊　名　即楊首垷又名楊晉年湖南宜章縣人

周美美　即周有勳南雄州革生移住曲江縣

古春林　即古存真嘉應州人
任振綱　即任一心花縣人
華發欽　即華存發始興縣人
白　腦　即白丹桂和平縣人
林明子　即林明方曲江縣人
華夢池　始興縣人
任貴然　花縣人
任亞添　花縣人
任順豐　花縣人
高亞楚　花縣人
鍾和山　花縣人
梁戊添　即老梁又名梁昭明又名梁亞茂南海縣人

黄　仁　即黄倫曲江縣人
黄喬年　即黄佳又名黄偕曲江縣人
黄亞蘇　南海縣人
吴榮基　即吴德昭南海縣人
馮東生　即馮茂基南海縣人
柯悟如　即柯梅友又名柯其濬南海縣人

以上共三十九名業已解省

華拔猷
蕭存真
蕭存機
續獲

以上共三名尚未解到

劉日新　即劉悙典又名劉一本南海縣人
華　標　曲江人已革曲江縣差

謹將湖廣案內收支經費大略總數開列呈
電

計開

舊管廣西案內流存銀一十五萬二千一百四十三兩零

新收廣東委員分批解到粤海關稅及滙兑東省普揭壯勇口糧共
銀四十萬零八千一百七十三兩零

通共收銀五十六萬零三百一十七兩零

開除銀五十六萬零二百九十八兩零

高廉沈道帶赴蕪湖大營銀九萬九千兩

各處隨營及轉運局委員即補府郭守海陽縣王令卸新會縣胡
令遂溪縣周令陸續備領經費銀二十二萬六千三百五十二兩零

卑局支用各款截至三月十一日止約銀一十萬零三千七百九十二兩零

署兩湖督部堂張　札提分借湖南廣西糧臺共銀二萬兩

長沙善化兩縣領借夫價經費銀二千兩

巴陵縣借支備給兵船水脚錢二千一百串

署湖北蒲圻縣孫守信領用經費銀一千兩

署岳州府賈亨晉借用經費銀三千兩

湖南職員唐光遠製造火毬銀一千五百六十兩

湖南職員黎席珍製辦火箭銀一千兩

新墻剿匪官兵糧米油燭暨湘陰縣支發夫船脚價等項銀五十四
兩一錢六分一釐錢一千三百三十八千七百四十五文

湖北候補知縣孫守信辦運剿辦新墻土匪兵米價費銀一百三十四兩
六錢八分

湖北德安營守備葛以敦借支官兵薪糧銀七百三十五兩九錢九分

湖北撫標右營守備曹振麟借支官兵薪糧銀一千三百兩

湖北道士袱營都司陳展鵬借支官兵薪糧銀三百六十八兩九錢

實存約銀一十九兩零

謹將四月分收訊人犯分別已解候解擬減擬保及病故未認各項開列清摺呈

電

計開

四月分共收審二百六十犯

四月初八日解省七十八犯內黃亞灣駱亞巳鄔亞六鄧茂鳳黎愊滏林正蒙張書桂陳仁求鄧乙秀丁鍾八楊其鳳蔡加桂葉三鳳等十三犯

係三月分收計解四月分六十五犯

又二十一日解一百零兩犯

又二十八日解四十三犯

共解省二百二十三犯內除三月分收十三犯計四月分解二百一十犯

現候解兩犯

鄧有準　范汗揺

擬減十二犯

羅亞九　藍文成　黃亞晚故　傅有才　李亞銀

何亞秀　羅日養　林仲　朱丙愊　丁石頭古

范猴仔　林先發

擬保三人

陳亞六　袁受喜　朱會其

病故五犯

黃亞四　黎亞任　張紅飛　羅應昌　陳純策

未認二十人
阮亞鳳　李亞生英德人　彭滇清　黃亞二即亞興　葉觀鳳
馮觀勝　李亞三　李亞成　劉妙歡　黃金保
陸阿美　唐楊嬌　楊觀保　潘亞洪　葉亞滘
張有孔　陳觀龍　陳鳳滘　鍾中心古　吳滘澐
稟請　提憲歸曲江縣審辦兩犯
許懶狗　劉生茂
另錄供候　示應否解省五犯
余光輝　杜元昌　楊求幅　鄧明才　陳光澤
原係九犯內張紅飛羅應昌陳純案三犯已故歸入病故

病故前收各犯
廖發　李安古　楊汝立　張文廣提減　何阿春
楊田螺妹擬減　藍亞雙擬減
前屢訊未認因天氣炎熱監獄擁擠稟請　提憲就近遞回原籍查辦共
十六人
鄒學發　鄒茲蘭　鄒廷棟　鄒廷兆　鄒士力
鄒必成　鄒必會　鄒成邦　鄒志賢　鄒世綿
戴泰新以上俱始興縣人
范深觀　范本全　范深粮　王超祖　王漢祖以上俱英德縣人
保前收未認一人
李安信

[redacted]

謹將此次勸辦匪徒自五月起至八月二十二日止收支經費
各欵銀數開列呈
電
計開
一由局領存藩庫銀三萬三千零六十兩
又收存各處捐輸銀一萬一千五百兩
一由廣州府領存藩庫銀二十二萬二千兩
又收存南番二縣屬當商繳還捕盜生息帑本銀一十三萬
六千三百五十七兩八錢五分一厘
又收存紳士捐輸經費銀一十七萬二千六百四十一兩
前項五欵共收銀五十七萬五千五百五十八兩八錢五
分一厘內
各處領用經費銀四萬九千五百兩
各路官兵壯勇薪糧船隻價值水手工食銀二十七萬
八千零一兩九錢一分
犒賞撫卹銀七萬七千九百七十七兩八錢三分
製造軍裝器械銀二萬九千一百四十二兩零五分
備辦襍款銀三萬八千一百三十五兩七錢五分五厘
計存銀一十萬零二千八百零一兩三錢零六厘
一由藩庫先後支過各項經費列单移局開報銀一十萬零二
千零三兩四錢
一由道庫先後支發本案採辦米石銀一萬七千二百兩
以上共支用銀五十九萬一千九百六十兩零九錢四分五厘

謹将會同順德協容奇汛把總陳榮先甘竹汛把總伍嘉猷
帶同線人陳擇祥等現於柳坡涌地方拏獲盜犯黃亞源
一名列摺呈
電再該犯業經送交總緝委員蔣盧二守轉解
督轅審辦合併聲明

計開

黃亞源混名師傅源新會縣塘下人據線人陳擇祥指稱該犯
著名窩家叠刦新會屬塘遠旡窐等處當鋪多次又
於本年五月初間行刦新會水尾地方當鋪一次

[redacted]

謹將守備任士彤署守備涂得照千總梁肇倫孔趁齡紳士譚成煥等禀請鼓勵打仗出力各兵勇姓名開列呈

閱

計開

南韶連鎮中營守備任士彤所保

記委陳萬元 記名以額外拔補

兵丁林朝鳳 黃殿升 朱有光 彭兆宏 蒙慶華
莫辛有 郭善廷 伍云勝 譚繡洪 陳得高

以上十名均賞給記委頂戴

戰兵葉廷高 蔡世標

以上二名均記名以馬粮拔補

守兵官鳳翔 何得勝 劉茂升 曾洪升 黃連升
黃上林 湯得高 張得標 劉上清 鍾元昌
黃得勝 阮勝亮 吳勝標 李光輝 張漢輝
陳得標 鄭云清

以上十七名均記名以戰粮拔補

餘丁劉世昌 田福焜 曾勝宗

以上三名均記名以守粮拔補

署南韶連鎮右營守備涂得照所保

記委鄧紹昌 羅高 賴連彤

以上三名均記名以額外拔補

兵丁郭定昌 李明芳 簡文照 梁占邦 黃趁羣
涂得福 黃得昌

以上七名均賞給記委頂戴

戰兵黃積韓 記名以馬粮拔補

守兵李春森 李國珍 曾瑞麟 易得委 曹朝恩
梁定榮 林長春 曾得元

以上八名均記名以戰粮拔補

壯勇梁定華 賴朝恩 黃趁龍 陳官全 賴得高
伍榮 涂錫彤 陳得勝 涂正彪 涂得勝

右營額外林邦基所帶壯勇四名

林得高 林得亮 何勝春 曾勝昌

右營記委鄧紹昌所帶壯勇十名

朱文彬　鄧得輝　李明秀　歐煥忠　胡世新
鄧紹言　鄧紹雄　劉洪林　謝洪貴　趙金昌
中營記委羅高所帶壯勇四名
麥樹帶　許福曾　羅天盛　蕭龍全
右營記委賴連魁所帶壯勇五名
賴有洪　賴連英　張連彪　賴有勝　羅勝高
以上壯勇三十三名均補給守粮歸入韶營充伍
委補清遠營右營千總梁摩倫所保
記委馬錦春　梁殿寳　温正陞
以上三名均記名以額外拔補
兵丁謝文彪　謝晋轟　陳榮陞　侯文陞　蔡有順
巫意陞　譚得陞　胡得洪　温得功
以上九名均賞給記委頂戴
守兵蘇得貴　黄正中　侯文富　李可升　鍾得亮
陳大高　唐有高　吴雄高　劉得全　吴勝亮
以上十名均記名以戰粮拔補
壯勇陸祖厚　梁摩興　陸宗璉　陸宗成　梁上輝
以上壯勇五名均賞給頂戴
委補連陽營千總孔超齡所保
記委胡有光　郭自權
以上二名均記名以額外拔補
兵丁張國彪　高永勝　李輝光　林洋春　李文光
鄧得林　鄧福彪　郭上升　陳定邦
以上九名均賞給記委頂戴
守兵嚴朝清　陳奇標　賴連芳　郭上榮　郭上元
以上五名均記名以戰粮拔補
壯勇廖　發　黄　有　孔超正　朱明本　朱得升
郭廷忠
以上壯勇六名均賞給頂戴
餘丁高文韶　謝廷標
以上二名均記名以守粮拔補
紳士譚成煥吴玉流譚超凡所保
吴懷煜　譚元齊　張宏陞　譚元茂　張南松
吴秉標　譚元勝　吴　勝　譚炳華　譚章亮
以上壯勇十名均賞給頂戴
譚啓金　譚成材　莫鴻華　吴秉騏　譚成煜
以上壯勇五名前於清英案內已賞頂戴均應賞粮入伍
巫連升　房得勝
以上壯勇二名均賞粮入伍

謹將會同林署備揀選國字紅单舥船編次號數船戶姓名水勇名數砲位大小備列清摺呈

電

計開

國字第叁號紅单船壹隻 現泊省河

管駕六品頂戴廖 輝

船戶梁勝興

水勇伍拾名外加賞伍名

重壹千伍百斤大砲貳位

重柒百斤大砲貳位

重伍百斤大砲貳位

重捌百斤大砲貳位

重陸百斤大砲貳位

重肆百斤大砲貳位

國字第陸號大舥船壹隻 現泊省河

管駕柒品頂戴胡大海

船戶金祥發

水勇肆拾名加賞伍名

重壹千斤大砲貳位

重陸百斤大砲肆位

重捌百斤大砲貳位

重叁百斤大砲貳位

重貳百斤大砲貳位

國字第柒號紅单船壹隻 現泊省河

管駕記委佘雄標

船戶安和利

水勇肆拾名外加賞伍名

重壹千貳百斤大砲貳位

重伍百斤大砲叁位

重玖百斤大砲貳位

重叁百斤大砲貳位

國字第捌號紅单船壹隻 現泊省河

管駕千總李國英

船戶新泰利

水勇伍拾名外加賞伍名

重壹千斤大砲貳位

重肆百斤大砲貳位

重陸百斤大砲貳位

國字第拾號大舥船壹隻 現泊省河竹橫沙防護火藥局

六品頂戴廖 輝燕昌

船戶林合利　水勇肆拾名外加賞伍名

重壹千斤大砲叁位　重柒百斤大砲貳位

重陸百斤大砲壹位　重壹百斤大砲貳位

國字第拾壹號大舢船壹隻　現泊省河竹橫沙防護火藥局

六品頂戴廖 輝燕昌

船戶梁吉利　水勇肆拾名外加賞伍名

重壹千貳百斤大砲壹位　重壹千斤大砲壹位

重捌百斤大砲貳位　重柒百斤大砲貳位

重叁百斤大砲貳位

國字第拾貳號大舢船壹隻　現泊赤岡防守

管駕勇目何應漢

船戶魯錦山　水勇肆拾壹名外加賞伍名

重壹千斤大砲壹位　重六百斤大砲貳位

重伍百斤大砲貳位　重貳百斤大砲肆位

國字第拾肆號大舢船壹隻　現泊東砲臺

管駕武生黎鴻勳

船戶魯信合　水勇肆拾壹名外加賞伍名

重捌百斤大砲壹位　重陸百斤大砲壹位

重伍百斤大砲壹位　重肆百斤大砲壹位

重叁百斤大砲貳位　重貳百斤大砲叁位

國字第拾柒號紅單船壹隻　現泊東砲臺

管駕勇目區升恒　區球

船戶新廣合　水勇肆拾陸名外加賞伍名

重壹千貳百斤大砲貳位　重伍百斤大砲貳位

重叁百斤大砲肆位

國字第拾玖號大舢船壹隻　現泊東砲臺

管駕勇目黃 章

船戶魯鎰盛　水勇貳拾捌名外加賞伍名

重壹千斤大砲壹位　重捌百斤大砲貳位

重叁百斤大砲貳位　重壹百斤大砲叁位

廣東雷瓊道謹將查出雷州營不法弁兵姓名開列清摺呈候

憲鑒須至摺者

計開

劣弁一員

城守把總鍾爵玢縱惡兵丁挾制上官把持公事

左營兵丁八名

陳進龍

蕭國升

陳永鈞

蔡武進

呂何升

吳彪

辛得隆

蔡加陞

右營兵丁四名

唐德進

陳鴻彪

余煥章

符廣居以上均聚衆挾制官長逞兇搶奪訛詐商民為首滋事之兵

今將差千總粟友鵬領回 總局銀頭次捌千兩二次柒千兩共銀壹萬伍千兩內

還通鎮銀貳千兩買還西盛金頁貳百兩壹伍玖貳頁該銀叁千壹百捌拾肆兩

貳共還銀伍千壹百捌拾肆兩

還祥道巡攔銀貳千壹百兩

還張開平銀叁千肆百兩

還曲江縣墊修砲台銀壹千兩

還家人銀伍百兩又還銀捌百捌拾兩零捌錢貳共還銀壹千叁百捌拾兩零捌錢

本提督所帶弁兵貳百壹拾名共用船捌隻由韶至省船價銀貳百壹拾肆兩貳錢又由省至惠船價銀壹百玖拾貳兩柒錢捌分貳共船價銀肆百零陸兩玖錢捌分

陳署遊擊所帶弁兵肆百餘名連軍裝火藥用船貳拾貳隻由省至惠船價銀肆百捌拾肆兩伍錢肆分

以上共支銀壹萬叁千玖百伍拾陸兩叁錢貳分尚剩銀壹千零肆拾叁兩陸錢捌分支發

提標弁兵及老龍壯勇平勇貳百壹拾員名又扒船叁隻連座船僱用水勇壹百貳拾名每日需薪粮銀叁拾陸兩餘自柒月拾壹日起支

番禺縣縣丞汪以增謹稟本月十五日卑職與東關紳士舉人馬汝泉陳有孚等邀集慕德里司同風社舉人周椿齡南崗村周華堂周賀齡蓮湖社長嶺村江有容泰安社江村鄉江鑄仁善約九曲塘村徐日光金盤村宋麟昌宋滿石井社潭村凌蓀鍾鏞社石湖村謝廷選同風社葉邊村葉定甫和風社鶴崗村周鳳生和風社楊山村王天良王遠輝大蘭灘鍾占麟林昌容林向寅等聚集在東山寺再三商酌團練事宜據周椿齡等云稱慕德里共有三百六十餘村分為十七社內有南海二十餘村番禺二十餘村已合在安良局辦理團練共計四社尚有十三社三百二十餘村未辦團練卑職與東關紳士再三勸導務須赶辦團練防禦外匪清查保甲以靜內奸該紳士等亦允回鄉赶辦團練俟議定章程另行造立名冊送

總局查核為將辦理情由先行稟明

憲臺察核施行所有慕德里司陳巡檢卑職逐一告知亦邀在東山寺會議以後凡逢朔望番禺屬四司團練公事仍聚東山寺會議合併申明

番禺慕德里闔司各社衿耆姓名開列

同風社

周椿齡舉人　歐陽芝貢訓導　葉廷燎　伍共標俱生員

周星　周興

興仁社

劉璋舉人　劉錫昌貢

蓮湖社

江有容恩貢　江獻陂　沈東隅俱軍功

泰安社
江履端生員 譚睽鏕生員 江成有 譚茂
同文社
曾麟書 戴孔嘉俱監生
鐘鏞社
謝禮 謝廷選 顔榮發俱軍功
淳風社
楊顯能 黄純恩 楊輔仁 蘇之炳 葉介福 曹壼昭
同升社
蕭暢懷 馮汝堅監 馮大綬 劉孔輝 馮登庸武員
羅春亭 陳冀思
和風社
黄覲揚 黄祐 周鳳生
鳳凰社約

陳贊能軍功 陳東垣貢生 何德珍軍功 楊泰延 湯鳳亭軍功
東成社約
高允升 高登庸監 朱仕榮 朱乾用 高三才
公平社約
馮贊平 馮冀倫 周東鈞 陳永貞 鄧佚位
仁善社約
徐日光 宋麟昌 宋滿
大蘭灘
鍾占麟 林昌容 林向寅
以上十三社約及大蘭灘均歸舉人周椿齡等一律辦理團練
太平社
六順社
懷清社
成風社
以上四社均番禺縣屬已歸安良局辦理團練矣

去年十二月十九日未時昌隆當店被劫近因匪徒充斥當店夜間防禦亦已嚴密不料匪等白日行出先有兩三人持刀躍入當櫃將司事潘阿漢砍傷直據樓門登屋一呼賊匪四集河面另有賊船三艘攏泊匪等約二百餘人各拈砲械火筒藥礶分三路登岸將各處街道把截鄉人更練等并六鄉人齊出救護均被抵拒刀砍砲轟傷斃多人店內綢衣皮衣金銀首飾洋銀銅錢等物盡行一空計劫去貨價銀三千餘兩現銀約九百兩連汝寄存洋銀壹百兩衣物四十餘件俱行搜去軍營汎官帶領丁壯追襲被砲傷丁壯一名哨船亦被燒燬

每受傷死者每人給銀壹百元安家調理殯葬
勞阿啓瀾石鄉人被大砲轟去腦蓋即時身死
霍阿玉瀾石更練被刀砍傷即晚身死
梁阿亮瀾石鄉人砲傷正月初二日身死
潘阿漢昌隆店司事刀傷大腿其餘仍有輕重傷
不等約七八人
十二月廿二日胞姪梁健修具稟委員落鄉勘驗
夫馬銀五十餘兩請示銀三十餘兩

謹將大有倉實存大小炮子個數斤重開列呈
単開係除吴邦英領去外現存数目
電
計開
半斤炮子三百六十三個
十二両炮子三千五百七十四個
十四両炮子三千三百五十二個
一斤炮子六千零零二個
斤半炮子二千零二十九個
二斤炮子三千五百四十一個
二斤半炮子四百三十一個
三斤炮子三千八百四十八個
四斤炮子三百七十五個
四斤半炮子四百六十九個
五斤炮子一千六百零七個
六斤炮子四千二百五十六個
七斤炮子一千二百九十三個
八斤炮子三千五百五十二個
九斤炮子一千四百五十八個
十斤炮子一千九百九十八個
十一斤炮子二千八百四十七個

十一斤半炮子二十六個
十二斤炮子三百五十六個
十二斤半炮子七十二個
十三斤炮子八百二十九個
十四斤炮子三百五十九個
十五斤炮子九百二十個
十六斤炮子八百四十四個
十七斤炮子五百七十九個
二十一斤炮子二十七個
二十二斤炮子二十三個

二十三斤炮子四十二個
二十五斤炮子四十二個
三十斤炮子一個
三十二斤炮子六十五個
三十三斤炮子七個
四十斤炮子一個
合共實存大小炮子四萬五千一百八十八個
聿子重九千九百五十斤
再永豐倉有現存砲子三萬餘斤容俟查明斤
兩數目續行稟報

[redacted]

謹將現存大有倉封口砲子觔重箇數釐子數目列摺呈

電

計開

八両重砲子六百零七個

十両重砲子四百個

十二両重砲子五千一百二十四個

16

十四両重砲子六千八百三十三個

壹觔重砲子二千二百二十一個

壹觔半重砲子七百八十七個

二觔重砲子三千零一十五個

二觔半重砲子一千三百三十四個

三觔重砲子二千四百九十個　三觔半重砲子一千六百八十九個

四觔重砲子二千五百一十三個

四觔半重砲子二千六百四十七個

五觔重砲子三千五百四十個

五觔半重砲子六百九十八個

六觔重砲子二千九百五十六個

六觔半重砲子七百四十六個

七觔重砲子一千九百零八個
七觔半重砲子七百六十三個
八觔重砲子一千七百一十個
八觔半重砲子一百八十個
九觔重砲子三千五百七十八個
九觔半重砲子二十一個
十觔重砲子二千六百九十八個
十一觔重砲子七百四十九個
十二觔重砲子八百八十六個
十三觔重砲子二百零八個
十四觔重砲子一百七十九個
十五觔重砲子四十九個

十六觔重砲子七十八個
十七觔重砲子七十五個
十八觔重砲子三十五個
二十觔重砲子一百零二個
二十二觔重砲子七十四個
二十五觔重砲子二百零七個
三十二觔重砲子一十六個
以上共計大小砲子五萬一千一百一十六個
計重壹拾柒萬六千零壹拾叁觔半
羣子重陸萬肆千捌百玖拾肆觔

謹將大有倉現存大小砲子個數斤重開列呈
電
計 開
八兩砲子一千一百七十九個
十二兩砲子三千八百個
十四兩砲子三千五百二十六個
一斤砲子一萬零一百零九個

18

一斤四兩砲子五十個
斤半砲子一百一十二個
二斤砲子 無存
三斤砲子 無存
四斤砲子 無存
五斤砲子 無存
六斤砲子 無存
七斤砲子一千零九十五個
八斤砲子二千五百六十七個
九斤砲子六百五十六個
十斤砲子二千二百一十八個
十一斤砲子二千五百八十二個
十二斤砲子 無存

十三斤砲子一千一百二十八個
十四斤砲子六十二個
十五斤砲子八百八十五個
十六斤砲子一千一百九十九個
十七斤砲子六十三個

十八斤砲子一十二個
十九斤砲子二十八個
二十斤砲子五百零五個
二十一斤砲子三十七個
二十二斤砲子七十七個

二十三斤砲子一百七十一個
二十四斤砲子四十九個
二十五斤砲子八十八個
二十八斤砲子二個
三十斤砲子一十六個

三十一斤砲子三個
三十二斤砲子六十五個
三十三斤砲子一十九個
三十四斤砲子一百四十三個
三十五斤砲子一百七十七個

三十六斤砲子九個
三十七斤砲子三十六個
三十八斤砲子二個
四十斤砲子二百四十三個
六十八斤砲子一個

共存大小砲子三萬二千九百一十四個
羣子重一萬七千二百七十一斤

李

[redacted]

謹將卑職五月二十九日查勘東路各炮臺情形開列呈

電

一東定炮臺即省河東炮臺

臺弁 何瓊滔 陳國相 吳瑞

八千觔炮二位並架均堅好可用

四千觔炮八位內有炮一位火門壞爛二架車輪朽爛餘俱堅

好可用

三千五百觔炮八位內有炮一位火門壞爛二架車輪朽爛餘俱

堅好可用

二千觔炮六位皆堅固可用內有三架車輪朽爛餘架俱完

整可用

一千觔炮一位炮並架堅好可用

八百觔炮一位炮並架俱堅好可用

五百觔炮五位內五炮三架俱堅好可用有二木架朽爛

三百觔炮五位炮並架俱堅好可用

以上大小炮共三十六位架數如之炮可用計三十四位其二位

不可用木架可用計二十九件餘七架不可用

守臺兵丁一百餘名、

現存火藥四百六十餘觔約用三輪據云又去請領本日可到七

輪數用連上可足十輪之用

封門子羣子約用三十輪內 封門子壹千零八十個 羣子壹萬零八百個

兵房十二間

又查中流砥柱砲臺即二沙尾

臺弁 韋朝邦 黃添元

三萬四千觔銅炮一位並架堅好可用

八千觔鐵炮五位有二位可用其三位有蜂窩眼尚可用三木架
可用二架朽爛
五千觔鐵炮六位架均好
二千觔炮四位俱堅固可用二木架好二木架朽爛
三千觔炮十位俱堅固可用五木架好五木架朽爛
一千二百觔炮二位俱好木架朽爛
餘炮大小十九位均無架內二千觔四位八千觔二位六七百觔十
三位
封口子九百五十五個
鉛子九十五觔
羣子四百八十觔
火藥三百八十一觔似不敷用
兵丁點過六十四名未到者十九名
兵房十六間
又查東固砲臺係在中流砥柱對面

臺弁賴榮高 卓清棵
八千觔鐵炮七位炮俱可用內一木架朽爛
五千觔鐵炮七位木架全
三千觔鐵炮五位四木架皆好一木架朽爛
三千觔夷炮三位二木架好一無架
三千觔銅炮二位並架皆好
二千四觔鐵炮三位內一位火門壞三木架均好
一千觔炮四位內一位火門壞木架均好
封門子二千二百零六顆
羣子六百三十觔
火藥三百八十餘觔似不敷用
兵丁計額九十五名到者七十六名未到者十九名
兵房二十七間
又查得東安砲臺即獵德砲臺
臺弁梁定海
八千觔炮五位架均好

五千觔鐵炮七位木架六可用一架朽爛
五千觔夷炮十二位八木架皆好四木架朽爛
三千觔銅炮二位木架皆好
三千觔炮三位木架好
二千觔炮二位木架好
一千觔夷炮四位皆可用一木架好三木架不全
餘炮五位均無架內八千觔一位五千觔四位
封門子二千一百四十三顆
羣子壹千壹百觔
火藥四百二十二觔似不敷用
存兵一百零七名到者九十九名未到者八名
兵房叁拾叁間
又查得東靖砲臺在東安砲臺對面
臺弁劉士章 馬瑞光
八千觔炮六位均可用一木架爛

五千觔炮四位均可用一木架爛
五千觔夷炮二位木架好
四千觔炮一位木架好
三千觔銅炮四位鉄炮一位木架均好
二千觔炮十位內一位釘眼不可用餘俱可用木架完好
二千觔夷炮二位一木架好
一千五百觔炮一位無架
一千觔炮二位架朽
餘炮大小三十九位均無架
封口子一千三百八十六顆
羣子五百四十觔
火藥三百三十六觔似不敷用
存兵壹百零一名到者九十一名未到者十名

東靖臺餘存砲位
八百觔鉄砲三位
七百觔鉄砲九位
五百觔鉄砲三位
四百觔鉄砲九位
無字號鉄砲六位 每位約四五百觔
東安臺餘存
五千觔鉄砲四位
東固臺餘存砲位
六百觔鉄砲二位
五百觔鉄砲四位

四百觔鉄砲一位
三百觔鉄砲三位
中流砥柱臺餘存砲位
二千觔鉄砲四位
七百觔鉄砲三位
五百觔鉄砲五位
以上各砲臺共餘存砲五十六位俱堪用内
五千觔鉄砲四位
二千觔鉄砲四位
八百觔鉄砲三位
七百觔鉄砲十二位
六百觔鉄砲二位
五百觔鉄砲十二位
四百觔鉄砲十位
三百觔鉄砲三位
無字號鉄砲六位 每位約四五百觔

都司銜署順德協左營守備前山營千總即補守備藍翎羅福安

查該守備經總局詳請俟補守備後以都司補用現查該備已

補守備實缺可否仰乞

憲恩保以都司即補並賞換花翎

俟補縣丞馬長庚

查該員經總局詳請俟補缺後以知縣升用可否仰乞

憲恩保以補缺後以知縣補用

謹將各捐戶認捐欠繳銀兩飭委各員前往守催銜名開列呈

電

計開

委員候補縣丞馬長庚往香山催繳

小欖鄉認捐銀拾捌萬兩 已繳銀拾萬零貳千叁百兩 尚欠銀柒萬柒千柒百兩

大黄圃鄉認捐銀伍萬兩 已繳銀貳萬兩 欠繳銀叁萬兩

古鎮鄉認捐銀壹萬肆千兩 已繳銀伍千兩 欠繳銀玖千兩

香山慢子洲認捐銀貳千壹百兩 已繳銀壹千肆百兩 欠繳銀柒百兩

委員順德都寧司巡檢吳邦英往順德催繳

陳村鹹魚行認捐銀貳萬捌千兩 已繳銀壹萬叁千兩 欠繳銀壹萬伍千兩

陳村錫箔行認捐銀伍千兩 已繳銀貳千兩 欠繳銀叁千兩

委員即補按經歷張護往西關土絲行及佛山兩催繳

西關土絲行認捐銀伍萬兩 已繳銀貳萬兩 欠繳銀叁萬兩

佛山油行認捐銀壹萬兩 已繳銀捌千兩 欠繳銀貳千兩

三水西南油行認捐銀壹萬兩 已繳銀肆千捌百兩 欠繳銀伍千貳百兩

委員候補知縣明克茂往新會催繳

新會當行布行葵扇行海味行煙行麵行出貨水貨各行 欠繳銀壹萬貳千貳百肆拾兩

委員候補縣丞張元恒往東莞催繳

石龍墟油行認捐銀叁萬兩 已繳銀壹萬貳千兩 欠繳銀壹萬捌千兩

石龍墟布行認捐銀貳萬肆千兩 已繳銀壹萬兩 欠繳銀壹萬肆千兩

石龍墟棉花行認捐銀壹萬貳千兩 已繳銀六千六百兩 欠繳銀五千四百兩

番禺縣李令催

李村禺長年認捐銀拾捌萬兩 已繳銀柒萬伍千兩 欠繳銀拾萬零伍千兩

通共耗羨銀二十三萬三千零二十兩

除支銀二十一萬六千七百二十兩

寔存司庫銀一萬六千三百兩内有補用直隸州知州蔡牧已詳奏未繳銀一千兩在内

賞副叅遊等官

中五矢袍褂料一套

中四矢袍料一件

中三矢褂料一件

中馬箭荷包一對

中三鎗褂料一件

賞都守等官

中五矢袍料一件　小刀一把

中四矢褂料一件

中三矢葛布袍料二件

中馬箭荷包一對

中三鎗褂一件

賞千把外額及候補世職等官

中五矢袍料一件

中四矢褂料一件

中三矢葛布袍料一件

中馬箭荷包一對

中三鎗五錢重銀牌一面

賞馬兵

中五矢　無頂戴賞頂戴　有頂戴而不中馬箭賞五錢銀牌一面

中四矢三錢銀牌一面

中馬箭　馬步全中無頂賞頂均記名以額外拔補　如步箭不中全賞二錢銀牌一面

賞步守兵

中五矢　無頂賞頂　有頂戴步兵記名拔馬守兵記名拔步

中四矢賞三錢銀牌一面

賞鳥鎗打靶兵丁

中三鎗各三錢銀牌一面

賞刀牌兵丁

跳舞兼能滚身者二錢銀牌一面

[redacted]

北中東平南五柜共應徵餉褋銀三十五萬七千八百四十八兩九錢
五分三厘
內有商各埠應完餉雜銀二十七萬二千零七十八兩六錢三分
應代籌補無著銀八萬五千七百七十兩零三錢二分三厘
截止九月初三卯止共收銀二十二萬四千零七十七兩五錢五
分尚短收銀十三萬三千七百七十一兩四錢零三厘
內應收賦餉五萬餘兩尚未收銀二萬餘兩
樂桂正褋三萬五千餘兩
連陽正褋三萬五千餘兩
雄贛正褋二萬二千餘兩
四歀籌補銀二萬二千兩之數　奏領
庫中除解西餉九萬餘兩外尚實存銀十一萬兩零如收足
可解藩庫二十萬兩
西埠俟臨全定局再行核報

委員廣東文昌縣青藍頭司巡檢徐溥文
試用從九品吳毓瑛今将緝捕花紅支發夫價銀
両数目開列清册恭呈
憲鑒
呈開
二月初一日由大樟鄉回英德縣城
一支徐委員用行夫十六名用銀壹両九錢二分
一支吳委員用行夫十六名用銀壹両九錢二分
初二日住英德
一支徐委員用坐夫十六名用銀壹両壹錢二分
一支吳委員用坐夫十六名用銀壹両壹錢二分
初三日赴洸口
一支徐委員用行夫十六名用銀壹両九錢二分
一支吳委員用行夫十六名用銀壹両九錢二分
初四日赴九龍
一支徐委員用行夫十六名用銀壹両九錢二分
一支吳委員用行夫十六名用銀壹両九錢二分
初五日住九龍
一支徐委員用坐夫十六名用銀壹両壹錢二分
一支吳委員用坐夫十六名用銀壹両壹錢二分
初六日赴蓮頭嶺
一支徐委員用行夫十六名用銀壹両九錢二分
一支吳委員用行夫十六名用銀壹両九錢二分
初七日
一支徐委員住九龍用坐夫十六名用銀壹両壹錢二分
一支吳委員赴洸口用行夫十六名用銀壹両九錢二分
初八日
一支徐委員住九龍用坐夫十六名用銀壹両壹錢二分
一支吳委員赴英德用行夫十六名用銀壹両九錢二分
初九日
一支徐委員住九龍用坐夫十六名用銀壹両壹錢二分
一支吳委員解犯赴韶用行夫十六名用銀壹両九錢二分

初十日
一支徐委員赴牛崗嶺用行夫十六名用銀壹両九錢二分
一支吳委員赴韶州用行夫十六名用銀壹両九錢二分
十一日
一支徐委員住九龍用坐夫十六名用銀壹両壹錢二分
一支吳委員住韶州用坐夫十六名用銀壹両壹錢二分
十二日
一支徐委員赴石角坑用行夫十六名用銀壹両九錢二分
一支吳委員住韶州用坐夫十六名用銀壹両壹錢二分
十三日
一支徐委員住九龍用坐夫十六名用銀壹両壹錢二分
一支吳委員由韶回英德用行夫十六名用銀壹両九錢二分
十四日
一支徐委員住九龍用坐夫十六名用銀壹両壹錢二分
一支吳委員行抵英德用行夫十六名用銀壹両九錢二分
十五日
一支徐委員住九龍用坐夫十六名用銀壹両壹錢二分
一支吳委員由英德赴滃洸用行夫十六名用銀壹両九錢二分
十六日
一支徐委員住九龍用坐夫十六名用銀壹両壹錢二分
一支吳委員赴九龍用行夫十六名用銀壹両九錢二分
十七日赴牛崗嶺
一支徐委員用行夫十六名用銀壹両九錢二分
一支吳委員用行夫十六名用銀壹両九錢二分
十八日住九龍
一支徐委員用坐夫十六名用銀壹両壹錢二分
一支吳委員用坐夫十六名用銀壹両壹錢二分
十九日住九龍
一支徐委員用坐夫十六名用銀壹両壹錢二分
一支吳委員用坐夫十六名用銀壹両壹錢二分
二十日住九龍
一支徐委員用坐夫十六名用銀壹両壹錢二分
一支吳委員用坐夫十六名用銀壹両壹錢二分
二十一日住九龍
一支徐委員用坐夫十六名用銀壹両壹錢二分
一支吳委員用坐夫十六名用銀壹両壹錢二分
二十二日住九龍
一支徐委員用坐夫十六名用銀壹両壹錢二分

一支吳委員用坐夫十六名用銀壹兩壹錢二分
二十三日赴洸口
一支徐委員用行夫十六名用銀壹兩九錢二分
一支吳委員用行夫十六名用銀壹兩九錢二分
二十四日
一支徐委員赴英德縣用行夫十六名用銀壹兩九錢二分
一支吳委員住洸口用坐夫十六名用銀壹兩壹錢二分
二十五日
一支徐委員住英德用坐夫十六名用銀壹兩壹錢二分
一支吳委員赴波羅用行夫十六名用銀壹兩九錢二分
二十六日
一支徐委員解犯赴韶用行夫十六名用銀壹兩玖錢二分
一支吳委員住波羅用坐夫十六名用銀壹兩壹錢二分
二十七日
一支徐委員赴韶州用行夫十六名用銀壹兩九錢二分
一支吳委員住波羅用坐夫十六名用銀壹兩壹錢二分
二十八日
一支徐委員住韶州用坐夫十六名用銀壹兩壹錢二分
一支吳委員回洸口用行夫十六名用銀壹兩九錢二分

二十九日
一支徐委員住韶州用坐夫十六名用銀壹兩壹錢二分
一支吳委員住洸口用坐夫十六名用銀壹兩壹錢二分
二月份獲犯花紅銀數
一支拿獲散旂頭劉番鬼二花紅六元計銀叁兩九錢
一支拿獲散旂頭鍾大安花紅六元計銀叁兩九錢
一支拿獲散旂頭楊亞得花紅六元計銀叁兩九錢
一支拿獲散旂頭羅覩林花紅六元計銀叁兩九錢
一支拿獲散旂頭莫罘眼順花紅六元計銀叁兩九錢
一支拿獲散旂頭何田科花紅六元計銀叁兩九錢
一支拿獲匪犯巫亞華花紅四元計銀貳兩陸錢
一支拿獲匪犯盧乙秀花紅四元計銀貳兩陸錢
一支拿獲匪犯余亞羅花紅四元計銀貳兩陸錢
一支拿獲匪犯羅亞齊花紅四元計銀貳兩陸錢
一支拿獲匪犯林添化花紅四元計銀貳兩陸錢
一支拿獲匪犯李亞閏花紅四元計銀貳兩陸錢
一支拿獲匪犯張亞二花紅四元計銀貳兩陸錢
一支拿獲匪犯王亞石花紅四元計銀貳兩陸錢
一支拿獲匪犯譚門秀花紅四元計銀貳兩陸錢

一支拿獲匪犯劉亞千花紅四元計銀貳兩陸錢
一支拿獲匪犯郭觀佑花紅四元計銀貳兩陸錢
一支拿獲散旂頭傅晚花紅六元計銀叁兩九錢
一支拿獲匪犯譚十養花紅四元計銀貳兩六錢
一支拿獲匪犯陳拈猪序花紅四元計銀貳兩陸錢
潘定沅卯亞伸吳會同潘萬春朱石佑鍾亞寛黎師旺
吳丙林張家幅譚榮珍成滿亞亞奇劉亞四盧存英陳
庚陞范亞丙許亞七羅亞蘭江亞贊佘石秀黎亞三杜
亞昌成十佑
以上共二十三名均未給花紅合并聲明
以上徐委員共用夫價銀肆拾壹兩貳錢捌分
吳委員共用夫價銀肆拾伍兩貳錢捌分
共用花紅銀陸拾壹兩壹錢
總共用夫價花紅銀壹百肆拾柒兩陸錢陸分
上月計存經費銀壹百肆拾兩零壹錢陸分貳月貳
拾玖日又領到
憲臺發下經費銀叁百兩正除用淨存銀貳百玖拾貳
兩伍錢正

B

委員廣東文昌縣青藍頭司巡檢徐溥文
試用從九品吳毓瑛今將緝捕花紅支發夫
價銀兩數目開列清冊恭呈
憲鑒
呈閱
三月初一日
一支徐委員由韶州回英德用行夫十六名用銀壹兩九錢二分
一支吳委員由洸口回縣用行夫十六名用銀壹兩九錢二分
初二日
一支徐委員行抵英德用行夫十六名用銀壹兩九錢二分

一支吳委員住英德用坐夫十六名用銀壹兩壹錢二分
初三日住英德
一支徐委員用坐夫十六名用銀壹兩壹錢二分
一支吳委員用坐夫十六名用銀壹兩壹錢二分
初四日由縣赴盤龍園
一支徐委員用行夫十六名用銀壹兩九錢二分
一支吳委員用行夫十六名用銀壹兩九錢二分
初五日住盤龍園
一支徐委員用坐夫十六名用銀壹兩壹錢二分
一支吳委員用坐夫十六名用銀壹兩壹錢二分
初六日住盤龍園
一支徐委員用坐夫十六名用銀壹兩壹錢二分
一支吳委員用坐夫十六名用銀壹兩壹錢二分
初七日住盤龍園
一支徐委員用坐夫十六名用銀壹兩壹錢二分
一支吳委員用坐夫十六名用銀壹兩壹錢二分
初八日赴白沙
一支徐委員用行夫十六名用銀壹兩九錢二分
一支吳委員用行夫十六名用銀壹兩九錢二分
初九日住白沙

一支徐委員用坐夫十六名用銀壹兩壹錢二分
一支吳委員用坐夫十六名用銀壹兩壹錢二分
初十日住白沙
一支徐委員用坐夫十六名用銀壹兩壹錢二分
一支吳委員用坐夫十六名用銀壹兩壹錢二分
十一日赴上砆
一支徐委員用行夫十六名用銀壹兩九錢二分
一支吳委員用行夫十六名用銀壹兩九錢二分
十二日赴羅家營
一支徐委員用行夫十六名用銀壹兩九錢二分
一支吳委員用行夫十六名用銀壹兩九錢二分
十三日赴上砆
一支徐委員用行夫十六名用銀壹兩九錢二分
一支吳委員用行夫十六名用銀壹兩九錢二分
十四日赴西鄉
一支徐委員用行夫十六名用銀壹兩九錢二分
一支吳委員用行夫十六名用銀壹兩九錢二分
十五日赴大灣

一支徐委員用行夫十六名用銀壹兩九錢二分
一支吳委員用行夫十六名用銀壹兩九錢二分
十六日住大灣
一支徐委員用坐夫十六名用銀壹兩壹錢二分
一支吳委員用坐夫十六名用銀壹兩壹錢二分
十七日住大灣
一支徐委員用坐夫十六名用銀壹兩壹錢二分
一支吳委員用坐夫十六名用銀壹兩壹錢二分
十八日住大灣
一支徐委員用坐夫十六名用銀壹兩壹錢二分
一支吳委員用坐夫十六名用銀壹兩壹錢二分
十九日赴洸口
一支徐委員用行夫十六名用銀壹兩九錢二分
一支吳委員用行夫十六名用銀壹兩九錢二分
二十日住洸口
一支徐委員用坐夫十六名用銀壹兩壹錢二分
一支吳委員用坐夫十六名用銀壹兩壹錢二分

二十一日住洸口
一支徐委員用坐夫十六名用銀壹兩壹錢二分
一支吳委員用坐夫十六名用銀壹兩壹錢二分
二十二日住洸口
一支徐委員用坐夫十六名用銀壹兩壹錢二分
一支吳委員用坐夫十六名用銀壹兩壹錢二分
二十三日住洸口
一支徐委員用坐夫十六名用銀壹兩壹錢二分
一支吳委員用坐夫十六名用銀壹兩壹錢二分
二十四日赴龍窟
一支徐委員用行夫十六名用銀壹兩九錢二分
一支吳委員用行夫十六名用銀壹兩九錢二分
二十五日住龍窟
一支徐委員用坐夫十六名用銀壹兩壹錢二分
一支吳委員用坐夫十六名用銀壹兩壹錢二分
二十六日住龍窟
一支徐委員用坐夫十六名用銀壹兩壹錢二分

一支吳委員用坐夫十六名用銀壹两壹錢二分
二十七日往龍窟
一支徐委員用坐夫十六名用銀壹两壹錢二分
一支吳委員用坐夫十六名用銀壹两壹錢二分
二十八日赴水邊圩
一支徐委員用行夫十六名用銀壹两九錢二分
一支吳委員用行夫十六名用銀壹两九錢二分
二十九日赴縣城
一支徐委員用行夫十六名用銀壹两九錢二分
一支吳委員用行夫十六名用銀壹两九錢二分
三十日住縣城
一支徐委員用坐夫十六名用銀壹两壹錢二分
一支吳委員用坐夫十六名用銀壹两壹錢二分
三月份獲犯花紅銀數
一支拏獲散旂頭吳添華花紅六元計銀叁两九錢
一支拏獲散旂頭盧岳英花紅六元計銀叁两九錢
一支拏獲散旂頭石亞二花紅六元計銀叁两九錢
一支拏獲散旂頭劉花肚科花紅六元計銀叁两九錢
一支拏獲散旂頭饒四花紅六元計銀叁两九錢
一支拏獲匪犯何戊昌花紅四元計銀貳两六錢
一支拏獲匪犯劉亞檢花紅四元計銀貳两六錢
一支拏獲匪犯陸亞養花紅四元計銀貳两六錢
一支拏獲匪犯謝亞發花紅四元計銀貳两六錢
一支拏獲匪犯邱章保花紅四元計銀貳两六錢
一支拏獲匪犯李承渦花紅四元計銀貳两六錢
一支拏獲匪犯劉養保花紅四元計銀貳两六錢
一支拏獲匪犯吳丕秀花紅四元計銀貳两六錢
再拏獲旂頭劉觀德夥匪黃高養未用花紅合并登明
以上徐委員共用夫價銀四十四两
吳委員共用夫價銀四十叁两貳錢
共用花紅銀四十两零叁錢
總共用夫價花紅銀壹伯貳拾柒两伍錢
上月計存經費銀貳伯九拾貳两五錢除用净存銀壹
伯陸拾伍两正

委員廣東文昌縣青藍頭司巡檢徐溥文 試用從九品吳毓瑛今將緝捕花紅支發夫
價銀兩數目開列清冊恭呈
憲鑒
呈開
四月初一日往縣城
一支徐委員坐夫十六名用銀壹兩壹錢二分
一支吳委員坐夫十六名用銀壹兩壹錢二分
初二日往縣城
一支徐委員坐夫十六名用銀壹兩壹錢二分
一支吳委員坐夫十六名用銀壹兩壹錢二分
初三日
一支徐委員解犯回省行夫十六名用銀壹兩九錢二分
一支吳委員赴高道行夫十六名用銀壹兩九錢二分
初四日
一支徐委員行夫十六名用銀壹兩九錢二分
一支吳委員坐夫十六名用銀壹兩壹錢二分
初五日
一支徐委員行夫十六名用銀壹兩九錢二分
一支吳委員赴洸口行夫十六名用銀壹兩九錢二分
初六日
一支徐委員行夫十六名用銀壹兩九錢二分
一支吳委員坐夫十六名用銀壹兩壹錢二分
初七日

一支吳委員坐夫十六名用銀壹兩壹錢二分
初八日
一支吳委員回縣行夫十六名用銀壹兩九錢二分
初九日
一支吳委員坐夫十六名用銀壹兩壹錢二分
初十日
一支吳委員坐夫十六名用銀壹兩壹錢二分
十一日
一支吳委員坐夫十六名用銀壹兩壹錢二分
十二日
一支吳委員坐夫十六名用銀壹兩壹錢二分
十三日
一支吳委員解犯回省行夫十六名用銀壹兩九錢二分
十四日
一支吳委員行夫十六名用銀壹兩九錢二分
十五日
一支吳委員行夫十六名用銀壹兩九錢二分
十六日
一支吳委員行夫十六名用銀壹兩九錢二分
四月獲犯花紅銀數
一支拿獲匪犯陳亞葉、黃玉昆、馬六威、梁亞添四名每名
花紅四元共銀拾兩零肆錢
以上徐委員共用夫價銀九兩九錢二分
吳委員共用夫價銀貳拾叁兩五錢二分
共用花紅銀拾兩零四錢
總共用夫價花紅銀肆拾叁兩捌錢四分
上月計存經費銀壹百陸拾伍兩正除用淨存銀壹
百貳拾壹兩壹錢陸分

[redacted]

謹將卑職王謨管理夫發東勇夫價截至正月貳拾壹日止存銀叁百肆拾肆兩玖錢連貳月初拾日領銀貳千伍百兩支用數目一併開列清摺呈

電

計開

廣協委員黃千總併弁兵東勇用夫陸百陸拾名

隨營委員卑職王謨用夫叁拾名

以上共用夫陸百玖拾名 每日行夫每名壹錢柒分五厘應發銀壹百貳拾兩零柒錢五分 每日坐夫每名壹錢應發銀陸拾玖兩

一夫黃千總併弁兵東勇在三江墟二十二二十三二十四日坐夫三日夫銀壹百玖拾捌兩

一支隨營委員卑職王謨在三江墟二十二二十三二十四日坐夫三日支銀玖両

一支黃千總併弁兵東勇由三江墟至白沙市貳拾伍日行夫一日支銀

壹百壹拾伍両伍錢

一支隨營委員卑職王謨由三江墟至白沙市貳拾伍日行夫一日支銀五両

貳錢五分

一支黃千總併弁兵東勇在白沙市二十六二十七二十八二十九三十初一初二初三初四初五初六日坐夫拾壹日

支銀柒百貳拾陸両

一支隨營委員卑職王謨在白沙市二十六二十七二十八二十九三十初一初二初三初四初五初六日坐夫拾壹日支銀

叁拾叁両

一支中協差委黎把總併兵丁用夫陸名在白沙市初三初四初五初六初七初八初九初十十一十二日坐夫拾日

支銀陸両

一支中協差委弁兵洪記委等用夫五名在白沙市初六初七初八日坐夫三日支銀

壹両伍錢

錢貳分五厘

一支黄千總併弁兵東勇在白沙市初七初八日坐夫二日支銀壹百貳拾玖兩

貳錢

一支弁兵東勇護解借撥夫價用夫拾肆名由白沙市至青石塘初七初八日

行夫二日支銀肆兩玖錢

一支由青石塘至白沙市抬銀桶夫二名初八日行夫一日支銀叁錢五分

一支黄千總併弁兵東勇在白沙市初九十一初十十二日坐夫肆日支銀貳百六十兩

一支隨營委員卑職王謨由白沙市赴清遠請領夫價初七日由白沙市

至英德行夫三日支銀壹拾伍兩柒錢五分

一支黄千總併弁兵東勇拾叁日由白沙至沙田行夫一日支銀壹百壹

拾伍兩伍錢

一支黎把總併兵丁拾叁日由白沙至沙田行夫一日支銀壹兩零五分

一支督標撫標官兵護解犯人胡其椿等四名来白沙市交收用夫二十名初

拾日由頭至英德行夫三日支銀壹拾兩五錢

一支由白沙市抬病犯胡大[illegible]等二名用夫九名至沙田交李令查收拾叁日
行夫一日支銀壹兩五錢柒分五厘

一支黃千總併弁兵東勇在沙田拾肆日坐夫一日支銀陸拾陸兩

一支督標黎把總在沙田拾肆日坐夫一日支銀陸錢

一支黃千總併弁兵東勇拾伍日沙田由白沙市行夫一日支銀壹百壹拾伍兩
伍錢

一支黎把總併兵丁拾伍日由沙田由白沙市行夫一日支銀壹兩零五分

一支隨營委員卑職王謨清遠請領夫價由英德至白沙市十三十四十五日行夫三
日支銀壹拾伍兩柒錢五分

一支南韶鎮標弁兵護解夫價兼送撫標餉銀用夫貳拾肆名由英德至白
沙市十三十四十五日行夫三日支銀壹拾貳兩陸錢

一支抬夫價餉銀夫六名由英德至白沙市十三十四十五日行夫三日支銀叁兩壹
錢五分

一支南韶鎮標弁兵護解夫價拾陸日由白沙回至英德行夫三日支銀

壹拾貳両陸錢

一支黎把總併兵在白沙市十七十八日坐夫三日支銀壹両捌錢

一支督標弁兵護解火繩来白沙市交收拾玖日回頭白沙至英德用夫

壹拾陸名行夫三日支銀捌両肆錢

一支黄千總併弁兵東勇在白沙市十六十七十八日坐夫三日支銀壹百玖拾捌両

一支隨營委員卑職王謨在白沙市十六十七十八日坐夫三日支銀玖両

一支弁兵東勇壹百壹拾陸名用夫叁拾肆名護解首犯黄毛五十九日

由白沙市至英德行夫二日支銀拾壹両玖錢

一支弁兵東勇叁拾壹名用夫拾貳名護解賊犯劉天成等四名

貳拾肆日由白沙市至英德往返行夫四日

支銀捌両肆錢

一支黄千總併弁兵東勇在白沙市十九二十二十一二十二二十三日坐夫五日支銀叁百壹拾三両

一支黎把總併兵丁護解黃毛五十九日由白沙市至英德行夫二日支銀貳兩壹錢

一支隨營委員卑職王謨在白沙市十九二十二十一二十二二十三日坐夫五日支銀拾伍兩

一支黃千總併弁兵東勇在白沙市二十四二十五二十六日坐夫三日支銀壹百捌拾肆兩貳錢

一支隨營委員卑職王謨在白沙市二十四二十五二十六二十七二十八日坐夫五日支銀拾伍兩

一支黃千總併弁兵東勇在白沙市二十七二十八日坐夫二日支銀壹百叁拾兩捌錢

一支隨營委員卑職王謨由白沙市至英德行夫二日支銀壹拾兩五錢

一支黃千總併弁兵東勇由白沙至英德行夫二日支銀貳百叁拾壹兩

以上自正月貳拾壹日起至二月三十日止共發銀三千零六兩五分內

除存領銀支用外

計不敷銀壹百陸拾壹兩壹錢五分

謹將卑職奉委支發督標廣協官兵夫價銀兩前報截至二月三十日止今又自三月初一日起至初十日止支過官兵並自用夫價銀兩數目列摺呈

電

計開

一督標廣協官兵四百五十名　用夫三百七十七名

每日應支　行夫銀陸拾伍兩玖錢柒分伍厘
　　　　　坐夫銀叁拾柒兩柒錢

一支三月初一日督標廣協派官四員帶兵搜山用夫二十四名支行夫銀肆兩貳錢

留營夫三百五十三名支坐夫銀叁拾伍兩叁錢

一支三月初二日督標廣協未搜山用夫三百七十七名支坐夫銀叁拾柒兩柒錢

一支三月初三日督標廣協派官三員帶兵搜山用夫十八名支行夫銀叁兩壹錢伍分

留營夫三百五十九名支坐夫銀叁拾伍兩玖錢

一支三月初四日督標廣協未搜山用夫三百七十七名支坐夫銀叁拾柒兩柒錢

一支三月初五日督標廣協派官三員帶兵搜山用夫十八名支行夫銀叁兩壹錢伍分

留營夫三百五十九名支坐夫銀叁拾伍兩玖錢

一支三月初六日督標廣協派官六員帶兵搜山用夫三十六名支行夫銀陸兩叁錢

留營夫三百四十一名支坐夫銀叁拾肆兩壹錢

一支三月初七日督標廣協未搜山用夫三百七十七名支坐夫銀叁拾柒兩柒錢

一支三月初八日督標廣協派官三員帶兵搜山用夫十八名支行夫銀叁兩壹錢伍分

留營夫三百五十九名支坐夫銀叁拾伍兩玖錢

一支三月初九日督標廣協未搜山用夫三百七十七名支坐夫銀叁拾柒兩柒錢

一支三月初十日督標廣協未搜山用夫三百七十七名支坐夫銀叁拾柒兩柒錢

以上十日督標廣協共用行坐夫價銀叁百捌拾伍兩伍錢伍分正

一支 卑職 三月初一日至初五日隨營駐龍蟠用夫二十六名每日支銀貳兩陸錢

連支五日坐夫銀壹拾叁兩

一支三月初六日 卑職 由龍蟠回清領餉到關前用夫十八名支行夫銀叁兩壹錢伍分

留營夫八名支坐夫銀捌錢

一支三月初七日隨清遠夫十八名由船支坐夫銀壹兩捌錢

留營夫八名支坐夫銀捌錢

一支三月初八日隨清遠夫十八名由船支坐夫銀壹兩捌錢

留營夫八名支坐夫銀捌錢

添僱抬餉夫二名支坐夫銀貳錢

一支三月初九日由清遠水路到黃口汎用夫二十名支坐夫銀貳兩

留營夫八名支坐夫銀捌錢

一支三月初十日由黃口汎到龍蟠用夫二十名支行夫銀叁兩伍錢

留營夫八名支坐夫銀捌錢

奉派武員楊外委古記委二員護餉用兜挑夫十名兵丁二十名用挑夫十名共用夫

二十名往返二日支行夫銀柒兩

開發抬餉夫二名支回頭兩日米飯銀肆錢

引路差二名每名每日米飯銀壹錢共支銀貳兩正

以上十日 卑職 自用夫價等共銀叁拾捌兩捌錢伍分

連督標廣協官兵共支銀肆百貳拾肆兩肆錢

截至二月三十日止存銀陸百柒拾柒兩伍錢叁分伍厘

三月初八日 卑職 在局領夫價銀伍百兩

二共銀壹千壹百柒拾柒兩伍錢叁分伍厘

除三月初一日至初十日止支出銀肆百貳拾肆兩肆錢

現存銀柒百伍拾叁兩壹錢叁分伍厘 備初十一日以後支發

謹將捐局現在各行捐輸所有未繳銀兩數目列摺呈

覽

省城油行未繳銀壹萬五千一百兩 原捐三萬兩

衣新行未繳銀壹千五百六十兩 原捐四千兩

欄干行未繳銀四百兩 原捐七百二十兩

草紙行捐銀叁百六十兩均未繳

馨蘭煙行捐銀五百兩均未繳

磁器缸瓦行捐銀壹萬兩均未繳

故衣行捐銀壹萬兩均未繳

省城內外布行未繳銀弍萬八千兩 原捐三萬兩

東西欄猪行未繳銀弍萬四千七百兩 原捐三萬兩

鮮魚行未繳銀壹萬九千兩 原捐二萬一千兩

藥材行未繳銀叁萬弍千兩 原捐三萬五千兩

繡巾行未繳銀壹萬兩 原捐一萬四千兩

各糖行未繳銀弍萬八千兩 原捐三萬五千兩

南北京果行六十四家未繳銀壹萬七千兩 原捐二萬兩

南北京果行三十二家捐銀壹萬兩均未繳

以上各行捐項尚未繳銀弍拾萬零六千六百二十兩

原捐銀弍拾五萬零五百八十兩截至本年二月十一日止前已繳銀四萬三千九百六十兩現在尚未繳銀弍十萬六千六百二十兩

另西關局各紳士鋪戶捐項尚未繳銀弍萬餘兩

另新城局各紳士鋪戶捐項尚未繳銀壹萬餘兩

另佛山 東莞 三水 順德 香山 新會 六處油行尚未繳銀六萬七千弍百兩

原共捐銀九萬零弍千兩

通共各行紳士鋪戶捐項尚未繳銀叁拾萬三千兩零自本年二月半起約六個月分派完繳每月應派繳銀伍萬兩

謹將各號戰船配駕弁兵月需口糧銀數開列清摺呈

閱

計開

一第四號戰船一隻配弁一員日給口粮銀八分每月需銀二兩四錢兵丁八十名每名日給口粮銀五分月共需銀一百二十兩加舵兵二名每名日給銀三分月共需銀一兩八錢該船每月共需口粮銀一百二十四兩二錢

一第五號戰船一隻配弁一員日給口粮銀八分每月需銀二兩四錢兵丁八十名每名日給銀五分月共需銀一百二十兩加舵兵二名每名日給銀三分月需銀一兩八錢該船共月需口粮銀一百二十四兩二錢

一第六號戰船一隻配弁一員日給口粮銀八分每月需銀二兩四錢兵丁六十名每名日給銀五分月共需銀九十兩加舵兵二名每名日給銀三分月需銀一兩八錢該船共月需口粮銀九十四兩二錢

一第八號戰船一隻配弁一員日給口粮銀八分每月需銀二兩四錢兵丁五十名內大口粮兵十名每名日給銀一錢月共需銀三十兩中口粮兵十四名每名日給銀七分月共需銀二十九兩四錢小口粮兵二十六名每名日給銀五分月共需銀三十九兩加舵兵二名每名日給銀三分月共需銀一兩八錢該船共月需口粮銀一百零二兩六錢

一第九號戰船一隻配弁一員日給口粮銀八分每月需銀二兩四錢兵丁三十五名內大口粮兵四名每名日給銀一錢月共需銀一十二兩中口粮兵六名每名日給銀七分月共需銀一十二兩六錢小口粮兵二十五名每名日給銀五分月共需銀三十七兩五錢加舵兵一名日給銀三分月需銀九錢該船共月需口粮銀六十六兩三錢

以上五船每月共需口粮銀五百一十兩零六錢

[redacted]

謹將擬改營制節畧開列呈

電

計開

徐聞營原設守備一員專管營務千總一員分防東場汛把總一員分防英利汛外委一員在縣管理城守額外二員在城帮差計馬步兵丁二百三十二名今請改爲

徐聞汛歸雷州營兼轄裁撤把總一員額外一員兵丁一百名添設外委一員以千總一員爲城守管帶存城兵丁一百名以額外一員在城帮差以外委一員帶兵二十名分防東場汛稽查海口以添設外委一員帶兵十二名分防英利汛接遞公文理合註明

靈山汛原設千總一員外委三員兵丁一百零三名今請改爲

靈山營添設守備一員把總一員額外一員馬步兵一百八十名連原設兵丁共計有兵二百八十三名除裁撤宋泰汛外委一員歸徐聞汛管轄外以守備駐縣城專管營務以把總一員管理城守以額外一員在城帮差以千總一員帶兵五十名分防西鄉司屬太平墟並請改宋泰汛爲太平汛其原設分汛九又石塘兩汛外委請仍其舊理合

註明

[redacted]

謹將本年春間置造淺水戰船工料開列呈

覽

身長約六丈五尺　面闊一丈一尺五寸　深三尺七寸

本料銀二百二十兩零

鐵釘銀五十兩零

桐油灰料竹絲約銀三十七兩

船匠人工約計七百五十四工每工巨算

槳約五十枝槳尾用青好椽木一丈槳頭用紅椆木五

約銀八錢

大桯一架約銀

謹將二起營帶紅單船十四隻駛赴江南聽候調遣應領官兵薪水口糧銀兩數目開列呈

閱

計開

統帶官一員每日薪水銀五錢自本年六月十九日起至九月十九日止除小建一日實計九十日共銀
四十五兩

管駕官共十六員每員每日薪水銀三錢自本年六月十九日起至九月十九日止除小建一日實
計九十日共銀四百三十二兩

記委共十八名每名每日薪水銀一錢五分自本年六月十九日起至九月十九日止除小建一日實計領
九十日共銀二百四十三兩

兵丁共一百三十二名每名每日口糧銀七分自本年六月十九日起至九月十九日止除小建一日實
計領九十日共銀八百三十一兩六錢

另跟兵三名每名每日口糧銀五分自本年六月十九日起至九月十九日止除小建一日實計領九
十日共銀一十三兩五錢

合共計九十日應領官兵薪水口糧銀一千五百六十五兩一錢

遵將滿漢八旗及水師旗營週歲共需俸餉動支款項開列呈

電

計開

廣州將軍滿漢八旗及水師旗營共官一百零六員共兵四千一百五十八名

週歲共需俸廉等銀一萬零四百九十二兩二錢二分八厘支地丁及鹽課

週歲共需餉銀九萬八千七百七十八兩四錢支地丁及鹽課

週歲共需紅白銀六千三百兩支地丁

週歲共需草價銀二萬五千八百三十五兩二錢五分支地丁

另滿漢八旗無米養育兵一千一百一十一名週歲共需餉銀六千

六百六十五兩三錢四分支鹽典二商息銀

滿漢八旗添設餘兵一百名週歲共需餉銀一千二百兩支典商息銀

以上共銀一十四萬九千二百七十一兩二錢一分八厘

F.O. 682/279A/6(4)

[redacted]

謹將通省武職各官兵歲需養廉俸餉紅白公費草價師船燂洗口糧
各項銀兩開列呈
閱
計開
陸路提鎮協營各標額設官弁陸百捌拾柒員兵丁叁萬玖千陸百
肆拾陸名
歲需養廉銀柒萬陸千伍百陸拾肆兩（在田房稅羨鹽課耗羨三款內動支）
歲需俸薪銀叁萬零陸百貳拾壹兩肆錢貳分捌厘（在地丁鹽課二款內動支）
歲需兵餉銀陸拾萬零肆千貳百叁拾叁兩伍錢（在地丁鹽課二款內動支）
歲需草價銀陸千捌百壹拾肆兩肆錢陸分柒厘（在地丁項內動支）
水師提鎮協營寨各標額設官弁肆百捌拾貳員兵丁貳萬捌千
陸百捌拾捌名
歲需養廉銀伍萬貳千零玖拾兩（在田房稅羨鹽課耗羨三款內動支）
歲需俸薪銀貳萬壹千陸百叁拾肆兩柒錢壹分捌厘（在地丁鹽課二款內動支）
歲需兵餉銀肆拾肆萬肆千伍百貳拾貳兩（在地丁鹽課二款內動支）
歲需草價銀貳千貳百零肆兩伍錢叁分伍厘（在地丁項內動支）
以上陸路水師各營共需銀壹百貳拾叁萬捌千陸百捌拾肆兩陸
錢肆分捌厘
水陸各營歲需公費銀貳萬陸千零肆拾貳兩貳錢壹分壹厘
（在地丁備公息項內動支）
水陸各營歲需紅白銀叁萬陸千伍百零肆兩壹錢陸分貳厘（在地
丁項內動支）
憲標駐省差兵壹千名歲需口糧銀壹萬貳千陸百兩（在米耗盈餘項內支）
水師各營管駕師船弁兵歲需口糧銀玖萬壹千兩（在閩鹽盈餘項內動支）
又管駕師船燂洗銀壹萬肆千兩（在田房稅羨項內動支）
以上五款共歲需銀壹拾捌萬零壹百肆拾陸兩叁錢柒分叁厘
通共歲需銀壹百肆拾壹萬捌千捌百叁拾壹兩零貳分壹厘
又水師各營師船每歲約需修費銀柒萬柒千餘兩（在田房稅羨閩鹽盈餘肇
慶府橋羨三款通融動支）

[redacted]

謹將奉委代兩湖購買籐牌竹帽業已遵辦齊足所有支用過價銀数

目理合開列呈

閲

計開

湖南籐牌一千面每面價銀三錢一分該銀三百一十兩

竹盔帽二千頂每頂價銀五分二厘該銀一百零四兩

共銀四百一十四兩

湖北籐牌二千六百面每面價銀三錢一分該銀八百零六兩

竹盔帽五千頂每頂價銀五分二厘該銀二百六十兩

共銀一千零六十六兩

合共價銀一千四百八十兩

長田汛

一長田汛係平遠縣長田鄉地方安兵伍名防守右哨貳司把總巡防陸路衝汛人烟稠密有墟市鎮店地方寧靜

相距本營都司駐防平遠城玖拾里

相距本營都司巡防鎮平城捌拾里

東至蓮塘角叁拾里與嘉應州地方交界係僻路

西至本營石正汛叁拾里係僻路

南至伯公坳伍里與嘉應州地方係衝道

北至本營壩頭汛叁拾里係衝道

……二兩
篾絲繩纜約銀四十餘兩
鐵鐃二架　一架七十觔計銀九兩零
　　　　　一架一百觔
用棕纜二条　一条七十觔銀十五兩零
　　　　　　一条一百觔
茭樟蓬十四張共銀十六兩
竹篙每枝約銀一錢連鐵嘴在内
另油船工料在外
合共約計銀伍百餘兩

FO.682/289/3A(5)

炸炮藥丸 四千一百五十四個

袋藥炮子 二千三百九十五個

袋藥槍子 卅五萬一千四百五十二個 每千合洋銀三[illegible]

鎗藥袋 五萬一仟四百零八個 每千洋銀八塊八角三分

銅帽 四十六萬五千一百一十三個

袋藥炮子 一千零九十二個

火線 一千九百五十八根

火繩 二百斤

襍樣炮子 二百五十五箱

火藥 二箱

5

謹將置造淺水戰船估實工料什物價銀細數開列呈

電

大號戰船身長六丈五尺　面闊一丈一尺五寸　深三尺七寸

底骨用松木	厚吋	銀七両
横桊用樟木	厚吋	銀二十一両
梁頭用雜木	厚〣寸	銀八両
大風檀用楠支木	厚〡〥寸 闊尺	銀四両
頭檀用楠支木	厚吋 闊封	銀二両一錢
頭梁用楠支木	厚吋 闊封	銀三両
櫃面用柳州杉板	厚〢寸	銀十二両
上院口用槵木	厚〡〥寸對開 闊吋	銀十二両
頭尾桊橋用山枣木	厚〡〥寸	銀三両
底艕用柳州梔杉木	厚〡〥寸	銀六十五両
梳用樟木	厚吋	銀十八両
明龍一對用柳州梔杉木	厚吋	銀六両
大桅甲用楠支木	厚吋	銀三両五錢
頭甲用楠支木	厚〣寸	銀三両二錢
尾梁用杉木	方〥寸	銀八錢
大小桅二支舵一門槵木		銀三十二両
櫃蓋用柳州杉板	厚〢寸	銀十四両
下大根用槵木	厚吋 闊吋	銀二十四両
水離軒用雜木	厚吋	銀三両
中步公櫃兜簾窓床位艙底板全付		銀七両四錢
神樓一座槳腳欖軍器架		銀七両
大槳五十支	每支計	銀四十両
大鉄錨一架	重一百斤	銀五両四錢
小鉄錨一架	重七十斤	銀三両七錢四分
大小鉄錨上用棕繩二条		銀十四両五錢

頭尾拖纜二条　銀三両六錢
大小悝二張　銀二十二両
筊篷全付　銀十六両
長行纜二条　銀五両六錢
藤蘇纜索律羅全付　銀七両五錢
鉄嘴竹篙二十支　銀四両
各樣鉄釘　銀三十六両八錢
桐油　銀四両二錢
竹絲油灰料　銀二十二両九錢
油漆工料　銀五両六錢
船匠人工　計六百九十二工　〡〣寸　銀八十九両九錢六分
合共銀五百三十七両八錢

二號淺水戰船身長五丈　面闊九尺　深三尺四寸
所有工料均照大號戰船置造什物全備
共銀四百八十七両六錢

一號長龍快艇身長四丈　面闊五尺　深二尺四寸
底艕用柳州杉木　厚〢寸
横紮用樟木　厚〡〥寸
桡用樟木　厚〡〣寸
樑頭用雜木　厚吋
桅一支
悝纜槳筊篷全備
鉄鐃一架
棕繩一条
蛇皮櫃床位
軍裝架
抬炮架
共銀八十九両五錢

二號長龍快艇身長三丈二尺　闊四尺　深二尺二寸
所有工料均照一號快艇置造什物全備
共銀六十五両

戰船脚艇身長一丈九尺　闊三尺　深二尺
槳八支
艙板全備
共銀十四両五錢

謹將舊銅砲鎔化鑄新各項工料大畧數目開列呈
電
一鎔三千觔舊銅砲需炭二千四百觔時價忖
銀二十六两四錢
一鋤鈒開粗坭共工銀二十一两
一開粗坭後仍需再鎔過細條用炭連工約銀五十两
一鎔燒結爐用沙磚銀二两八錢
一新鑄過三千觔大砲鎔水每百觔工銀八錢
共銀二十四两
一新鑄鎔水需用白松炭三千觔時價忖
共銀六十六两
一三千觔砲模每百觔工銀一两共銀三十两
一三千觔砲模用土泥細沙禾稈烏烟鉄心黃藤
共銀一十二两

一鎔三千觔銅水用瓩䍈五十個每個㕽
共銀一十二两五錢
已上三千觔約工炭等項共銀二百四十四两七錢
尚有器用物件列後
三千觔鎔水需結爐四十個共磚六千口每口対
共銀二十四两
需用鉄東瓜兜八個工料銀二十两
篷廠約銀四十两
三共需銀八十四两
另任廠司事二名每名每月約飯食銀十两
如另鎔一萬二千觔照三千觔鎔鈒工炭加五作砲四
條應加鎔鈒炭工共多銀二百两零零四錢

謹將十一月分所造火箭噴筒數目列摺呈
電

初一日繳火箭壹百伍拾枝　噴筒柒拾個
初二日繳火箭壹百柒拾枝　噴筒肆拾個
初三日繳火箭壹百肆拾枝　噴筒陸拾個
初四日繳火箭壹百捌拾枝　噴筒陸拾個
初五日繳火箭壹百陸拾枝　噴筒陸拾個
初六日繳火箭貳百枝　噴筒叁拾個
初七日繳火箭壹百捌拾枝　噴筒叁拾個
初八日繳火箭貳百枝　噴筒叁拾個
初九日繳火箭貳百枝　噴筒叁拾個
初十日繳火箭壹百玖拾枝　噴筒捌拾個
十一日繳火箭壹百捌拾枝　噴筒柒拾個
十二日繳火箭壹百柒拾枝　噴筒陸拾個
十三日繳火箭壹百捌拾枝　噴筒陸拾個
十四日繳火箭壹百柒拾枝　噴筒陸拾個
十五日繳火箭壹百捌拾枝　噴筒柒拾個
十六日繳火箭壹百捌拾枝　噴筒捌拾個
十七日繳火箭壹百玖拾枝　噴筒捌拾個
十八日繳火箭壹百玖拾枝　噴筒捌拾個
十九日繳火箭壹百玖拾枝　噴筒捌拾個
二十日繳火箭壹百玖拾枝　噴筒捌拾個
二十一日繳火箭貳百枝　噴筒柒拾個
二十二日繳火箭貳百壹拾枝　噴筒捌拾個
二十三日繳火箭貳百壹拾枝　噴筒肆拾個
二十四日繳火箭壹百陸拾枝　噴筒壹百陸拾個
二十五日繳火箭貳百壹拾枝　噴筒捌拾個
二十六日繳火箭貳百壹拾枝　噴筒捌拾個
二十七日繳火箭貳百壹拾枝　噴筒捌拾個
二十八日繳火箭壹百玖拾枝　噴筒捌拾個
二十九日繳火箭貳百叁拾枝　噴筒捌拾個

本月分共繳火箭伍千肆百貳拾枝　噴筒壹千玖百陸拾個
連前共繳火箭玖千叁百捌拾枝　噴筒叁千零捌拾個

[redacted]

計開

餉項兩款共銀捌萬壹千兩正

合用擔保費用庫平銀壹千貳百零叁兩叁錢捌分

委員一位隨從四人並行李各件

合用脚費庫平銀叁百壹拾柒兩零陸分

二共合用庫平番銀壹千伍百貳拾兩零肆錢肆分

[redacted]

計開

餉項兩款共銀拾叁萬柒千陸百兩正

合用擔保費用銀壹千玖百玖拾陸兩正

委員兩位隨從八人並行李各件

合用脚費銀陸百玖拾壹兩柒錢正

二共合用藩庫平番銀貳千陸百捌拾柒兩柒錢正

[redacted]

謹將老城內勸捐局自十一月十八日起至二十七日止十日
內勸捐銀数列摺呈

電

計開

一洗湖清捐銀壹千六兩
一朱有成捐銀貳百四拾兩
一何禮耕堂捐銀貳百兩
一劉四宅蠟丸店捐銀壹千兩
一老城故衣店捐銀貳百叁拾兩
一劉敬業堂捐銀壹千兩
一劉詒齋蠟丸店捐銀七百兩
一區鯤騰捐銀五百兩
一陳李濟蠟丸店捐銀壹萬兩
一成瑞餘堂捐銀叁千兩
一梁燕翼堂捐銀叁百貳拾兩

以上十日共捐銀壹萬八千七百九十兩

查前四次摺報自十月初八日起至十一月十七日止共捐銀
五萬五千貳百貳拾八兩壹錢四分貳厘

總共捐銀七萬四千零壹十八兩壹錢四分貳厘
已繳廣州府庫銀叁萬五千八百叁拾九兩七錢叁分五厘
未繳應催銀叁萬八千壹百七十八兩四錢零七厘

謹將水師提標右營第一號米艇擬將貞吉第十六號全船拆下改造
該營舊式米艇估用工料銀兩開具畧節恭呈
憲鑒
計開
一拆下貞吉第十六號戰船原料用回水師右營第一號估冊內
木料四十款該銀二千三百二十兩零二錢二分

一拆下貞吉第十六號戰船餘料改用水師右營第一號估冊內木
料二十五款該銀五百五十兩零二錢
一貞吉第十六號戰船原冊估變桅椗舵三項除挑揀湊用外抵
銷銀六百八十八兩
一貞吉第十六號戰船原冊估變銅片等件抵銷銀八百六十二兩
以上共計拆下貞吉戰船抵用水師右營第一號米艇工料銀四
千四百二十兩零四錢二分
貞吉第十六號原估變
銀三千八百兩合聲明
查水師提標右營第一號大船拆造除舊料外應需工料銀一萬
零七百三十兩零一錢六分九厘
除將前項貞吉戰船拆抵外尚不敷工料銀六千三百零九兩七錢四
分九厘再貞吉戰船原係銅片包底若照舊仍用銅包計加工料銀一千
一百一十四兩共不敷銀七千四百二十三兩七錢四分九厘合註明

[redacted]

謹將現存軍裝火器數目備開呈

電

計開

洋火藥四百五十一桶

火藥一萬一千七百觔 洪提台 東莞縣 採買解省存海珠台

火箭四千六百六十五枝

噴筒四千六百三十五枝

榕火繩二萬二千七百五十盤

火藥煲二千箇 存鎮安局

新帳房五十七頂 釘棍全

新號衣二百五十件

鑼鍋一百二十箇

線鎗一百零四枝

子毋砲五十桿

潮鎗一百五十枝

藤牌二百八十面

牌刀五十把

鉛子七千一百觔

鐵節二千二百觔

長軍器六百四十枝

鐵鼎鍋共一百三十箇

銅煲四十箇

鐵節蔾五萬箇

鐵沙子九百觔

F.O. 682/327/3 (52)

把總戴文英
外委馮子材
把總張永清
外委梁成桂
外委程國寶
馬兵劉金華
賴維鑣
唐景雲
記委壯勇李鴻勳
馮日坤
韋永忠
王大倫

敬稟者二十一日戌刻接奉

賜復鈞函敬聆一切月內除將精鋭帶同張穠芳曹國瑞等十一

股派赴八字嶺山頭外加壯一千五百六十名到齊自可就近

西分堵守務求格爲嚴密謹已遵

諭分四段着西路新舊文武委員除梁采麟現在宋井道

委辦理文案劉超現患瘧疾暫難分派外業經派定東

日四員復另四員接班往復梭巡不得歇息此與東路微

有不同西路地段長于東而委員亦多于東段也惟西路一帶

蕩滌初工率未能一律寬闊昨十六七日大雨二十日又大雨多

有崩塞非不隨時花費修整也惟工者未盡得力遂致

衍了局今以既從先著其後監驗必實庶期究善無弊

深廣浩蕩既然且似可不必蓋此分段畫地為牢相等全在

防守有人否則一躍而過雖有蓋每專恃此及聯侯令

巡察防範而兵壯齊臺非復從前疏懈矣二十日辰刻

陶委員齊到

發下經費銀一千兩目前可敷至月底此五月內賬簿轉

有四月初曾經

賫憲發給者至初五六日十數日不等而

賫憲月數舊章與今多寡不齊所招者提標暨

憲標官兵及非常壯勇又各項股養夫所減者本月半裁

去冗費必須再冗費以大砲之養夫為究無謂當裁去砲

在營計二千九百[illegible]

萬等之養夫並撤是亦可節省昨奉

[redacted]

謹將奉委驗收永靖營南安砲臺製造砲架砲蓋及砲洞門扇等件除逐一驗收外合

先列摺呈

電

計開

製造五千觔砲架五座每座用南枝梗木二塊長六尺三寸高一尺二寸五分厚三寸五分南枝木車輪四個大八寸厚二寸八分南枝木尾墊二個長一尺三寸大六寸厚二寸又用櫶木口板中横尾横各寬四寸長二尺厚三寸櫶木車輪棍二條長三尺七寸大三寸三分

製造四千觔砲架二座用南枝梗木二塊長五尺四寸五分高一尺二寸厚三寸三分南枝木車

輪四個大八寸厚二寸六分南枝木尾墊二個長一尺三寸大六寸厚二寸又用櫘
木口板中横尾横各寬四寸長二尺厚三寸櫘木車輪棍二條長三尺六寸大三寸二分
製造三千觔砲架十一座每座用南枝梗木二塊長五尺四寸五分高一尺一寸五分厚三寸尾墊二
個長一尺三寸大六寸厚二寸南枝木車輪四個大八寸厚二寸六分又用櫘木口板
中横尾横各寬四寸長二尺厚三寸櫘木車輪棍二條長三尺三寸大三寸一分
製造二千觔砲架四座每座用南枝梗木二塊長四尺四寸高一尺一寸五寸厚三寸南枝木車
輪四個大八寸厚二寸六分南枝木尾墊二個長一尺三寸大六寸厚二寸又用櫘木口板
中横尾横各寬四寸長二尺厚三寸櫘木車輪棍二條長三尺三寸大三寸一分
以上共製造二十二座砲架每座配用鐵鐶軟圈耳門鐵門通鐵鐵釘及尺寸架様均照佛山舊
式齊全與冊報相符
另砲洞門六十八扇驗內八扇均係新料新鐵其餘六十扇俱換新蓉木板用舊鐵皮包
回與冊報相符
又補造砲蓋四十三個驗係杉木長短不一以人字様按照砲位遮蓋

[redacted]

謹將置造各號淺水戰船銀價総数開列呈

電

一造大號淺水戰船三只

每只估寔工料及應用什物共銀五百三十七兩八錢

合計銀一千六百一十三兩四錢

一造二號淺水戰船四只

每只估寔工料及應用什物共銀四百八十七兩六錢

合計銀一千九百五十兩零四錢
一造一號長龍快船七只
每只估寔工料及應用什物共銀八十九兩五錢
合計銀六百二十六兩五錢
一造二號長龍快船十四只
每只估寔工料及應用什物共銀六十五兩
合計銀九百一十兩
一造脚艇七只
每只估寔工料及應用各物共銀十四兩五錢
合計銀一百零一兩五錢
以上大小船三十五只
統合計銀五千二百零一兩八錢
所有置造各船工料什物另有清單附呈

[redacted]

上海夷人刻有六合叢談內開載

英爲粤事集議院以籌商爵官紳士皆謂事關至要必當衆論僉同時言戰與言和者分爲二英相則主戰上院中從相臣意主戰者多三十六人下院中不欲戰主和者多十六人英相志已决然不欲遜位而去下令將遍諮衆庶定於三月下旬諭下院紳士散歸田里以粤事和戰之是否折衷於民現民欲別簡紳士或於五月閒再集共議倫敦等處巨商各于其地集議以下院所論爲不然或上書相臣云必與中土新立盟約當遣公使駐劄京師各海口通商貿易江淮閒商舶往来無禁觀此知再集時新簡紳士或能合相臣意也是時修整械備火礮蒐討軍實督治益勤運至中土師船已啟行人思英王必特簡大臣遣至香港以察事之曲直焉

自春迄今三月之中英師船絡繹繼進皆載兵士前抵香港更有數營遣自英之屬地從數處徵調而至別有四營自英國簡往計四千五百人皆附載于火輪師船離倫敦而遠征舟中有紅衣之卒一千共計師船八大小不一一載礮七十舟子六百二十一載礮二十二舟子三百一載巨礮二舟子一百八十一載巨礮四舟子一百九十一載礮二十二舟子三百一載礮十六舟子二百二十三其外二師船未詳其數舟子皆有定額亦有太平洋師船三其二載礮二十一其一載礮三十六前所遣七師船尚未抵粤或言將調進征波斯之兵移駐香港法國亦遣師船三駐劄南洋益兵自固以防粤亂

福州英領事官出示言福州總督欲向英商貸銀五十萬兩以濟軍餉每月償利百分之三議於各海口英商應納貨稅中約期漸次清償

廣東水師提標中營右哨二司額外外委鈐記

標下中營防守蛇頭灣砲臺右哨二司額外外委曾見陞爲送驗事遵將配防兵丁花名理合備開列摺呈繳伏候

大人爵前察核施行

計開

現在臺防守兵丁貳拾叁名

目兵蘇大章　方榮高　兵丁陳伯卿　王日成　許意陞

蘇順亨　方全陞　楊沛恩　詹英亮　許全陞

梁國高　譚勝安　萬金城　陳致祥　陳莊

陳品忠　許耀邦　黃連陞　蘇發高　黃萬年

伍日光　麥同安　劉連標　許連陞　吳得邦

王定安　鄧鳴皐

田營防禦跟隨存城查夜兵丁伍名

兵丁譚善明　蔣全　葉成就　鄧雄耀　潘浩清

田營防禦派配太平東西寮兵丁貳名

蔡鑾標　萬金榮

咸豐陸年玖月　日摺

廣東水師提標中營右哨二司額外外委鈐記

廿六日虎門沙角砲臺失陷情形。未失之先，武弁將臺上大砲埋于地，恐為鬼子所得。其武官已先不在臺上，只留兵丁卅名守臺。及鬼子船到臺邊，臺上因無砲可放，鬼子只燒鎗數口，臺上兵丁望風而逃，鬼子亦不發大砲，遂登岸。刻下鬼子亦不在臺上據守，只留兵船二隻于臺外海面灣泊，臺上雖無人跡。太平墟寨內兵丁因怯見鬼子，即生去之意，諒異日鬼子來亦不敢放砲迎戰。因兵丁原籍皆附近虎門，恐一放砲則鬼子必大肆焚掠，累及附近鄉民。且有大半兵丁有引領以望鬼子之來，惟恐其不來者，為乘機搶掠地步也。國家養兵數百年，弁官貪生，兵丁思亂，一至于此，真令人髮指。此虎門現在之情形也。

廿六日書寄

十八日奉

憲臺發下七品頂戴郭有性解犯一名

王亞興　認拜會從逆投紅毛[illegible]犯西安砲台等情

十九日西關千總黃賢彪解犯一名

丁長秋　認投花歧兒船借與紅毛攻犯東砲台屢次放火未成等情

丁長秋供年廿五歲南海縣金利司安寧丁屋埔村人父親明欽早亡
十四歲母親已故兄弟二人哥子覃得小的居次娶妻已故生有
一女道光廿三年間小的往唯州九鎖匙黃閣廣大人仁和蘇
杭店傭工至本年正月內搬載檳榔來省售賣小的將賺銀自己
衣物當盡所以不能回店三月十五日小的來省有素相識的陳
亞偏薦小的同往東莞東花䰉鬼子哈二華艇內工作每月工艮
或三元兩元不等都係陳亞偏轉給小的本月初四日紅毛鬼
借哈二華艇來省幫他攻城即於是日有鬼子十餘名唐
人黃振廷黃迪添黃亞維黃亞鋭黃亞朝黃亞積陳樂
源陳兆源陳日維陳亞偏李日明素君和濤日偏及岑

記姓名共卅餘人與鬼子駛華艇初六到省在河南金花
廟河面灣泊即派小的當散仔給唐人來做的共人言明每
月工艮六元初九日哈二坐華艇帶同小的們隨同紅毛鬼火
輪船六隻三板艇五隻攻打東炮台兩處炮台兵勇坐駕
紅單船廿餘隻被紅單船兵勇開炮打爛火輪船烟通
及打穿三板艇五隻打斃鬼子百餘名漢奸共百餘名打
傷不知名姓的紅毛二兵頭一名初十日身死屍首聞說火
船載出東莞用白布包裹埋葬十二日哈二叫小的同濤日偏
上岸到西關被偷火燒着有火起賞給洋銀一百元小的即與濤
日偏到西關濤日偏走至沙灘賭寮竊歇小的走鎮海樓

恩洲囮公館住宿於是晚潘日偏携帶火藥油布玉手、
到帶同基屎坑放下火藥用布鋪蓋火藥玉手、揢住火
歇一會火到火藥即行燒起小的在附近瞭望不想見有
撿糞的人進屎坑撿糞當時係落更後未見有火起
定必係撿糞人救息十三晚潘日倫仍帶火藥等物小
的瞭望想到龍津橋放火守閘兵丁嚴緊不能下手各
回原處歇宿兩次都不成功十四日小的想起在香港時有工
銀五元即帶回家托潘日倫可以下手即行放火致十七日小
的回恩洲公館見着潘日倫詢及說寔難下手十八
日復見潘日倫他說十九日回華艇看小的仍在恩洲公館

遲三兩天他再來商量放火便是十八日鬼子打西砲台時候
小的不在華艇聞說四堡壯勇拿獲漢 奸不知姓亞威
現在草塲汎作線不想昨晚三更被亞威作線帶引兵
丁到恩洲公館把小的拿获解案小的寔只在華艇當會伙食
頭人隨同鬼子哈二帮紅毛攻打東砲台一次放火未成二次
至在武營所供江亞品譚寶珍係同搭海南横船回省
的亞非漢奸今蒙審訊所供是寔

十月　日供

王亞興供年三十一歲新寧縣南村人父親專寬年六十二歲母親趙氏年五十八歲兄弟二人哥子道玉小的居次並無妻子平日耕種度活咸豐四年六月初八在佛山瓊花會館拜会共千餘人不知姓汰子發為老母陳亞進為舅父六月十二投入佛山偽帥 陳開夥內派在大基尾第八旂 陳亞進管帶同旂二十一人六月十三在佛山大基尾與官兵打仗一次七月初六初七初八初九初十連日攻打鶴山縣城 五日初十日攻破入城搜搶衙門店舖民物後退回佛山至十二月內被官兵打敗散夥 十二月十七逃往香港挑担度活 至本年六月初六回省並無一定住址 七月十四日有向在鬼船上傭工的陳亞同薦小的在紅毛鬼 哈嚬唎士船上傭工日逐打掃鬼船洗衣服每月工銀二元十六日要小的吸食葯酒十八日帶回省港仍在船上服役 十月初三日在香港隨同哈嚬唎士坐駕兵船入省河攻城船內共有十餘個唐人所有打砲入城俱係鬼子点放小的與各唐人均在艙面站立係有一唐人在鬼子处做師爺小的未有見過亦不知姓名現在或住船或住十三行 十八日小的拿有順刀與唐人陳亞同高亞来張亞美程亞六陸亞和朱亞受朱亞得張亞荷陳亞方不識姓亞接亞日亞志亞成及不記姓名共二十餘人另鬼兵二十餘人鬼兵帶有鉄鎚三四個登岸毀拆亞安砲台隨有兵壯到来各人逃跑小的跑到三界 庙地方被获解案小的寔係拜会從賊攻城打仗共六次 散夥後在鬼船 服役隨同攻打省城毀拆西砲台是寔

十月　　日供

F.O.682/137/1 (5:A-G) 己

六年十月廿一日廣協千總黃賢彪解

蔡亞松供年十九歲新會縣長[illegible]布村人父親已故母親謝氏年六十四歲並無兄弟妻子平日在西關賣生菓度活本年四月初十日在西關三界廟地方路遇素識的胡亞林邀小的到澳門西洋國鬼行處剪去髮辮假辦鬼子模樣用西洋國迷藥誘拐唐人賣與番鬼使喚其藥研末染上黑色不知何藥名目如遇拐人先用藥搽在他頭上額門處就昏迷跟隨行走八月初十日胡亞林邀同小的與未获的蘇亞二勝張亞懷馬亞得梁亞有梁金叔共夥七人駕駛鬼子華艇來省河灣泊八月十四日在新基渡頭地方拐得年有二十歲的梁亞洪一次八月十七日在帶荷基地方拐得年二十四歲的陳亞深一次九月初五日在華林寺地方拐得年十七歲的周亞三一次九月廿二日在菓欄拐得十八歲的張亞沛一次均係帶回澳門賣與西洋國鬼子使喚每賣一人價銀六元每次胡亞林分給小的番銀五錢花[illegible]月初一日小的隨同前夥胡亞林們駕駛華艇幫同紅毛國夷人向靖海門城基攻破扒入靖海門一德社地方小的用夷人給發的火藥包向舖戶丟棄因舖民撲滅尚未延燒即被官兵趕退又于十月初十日小[illegible]蘇亞二勝在華林寺誘拐素識的何亞千誆他到澳門大呂宋處傭工是日帶他到河南快艇上小的藉称上岸買菓蘇亞二勝就帶他往香港賣與鬼子不知如何走脫回來不想本月二十日小的行至西門外城根就遇着何亞千指証把小的捉获解案小的寔止投入鬼子華艇聽從誘拐唐人賣與鬼子使喚五次隨同紅毛國夷人攻打靖海門入城丟放火药尚未延燒一次是寔

十月　日供

F.O.682/137/1(5:A:9)

F.

六年十月廿二管帶船勇營千總陳自修等解

許亞鹿供年三十四歲花縣朗溪村人父親已故母親黃氏年六十八歲並沒兄弟娶妻已故未生子女平日在裡水做外科營生咸豐四年七月十二日在裡水陳家祠拜會共夥十餘人黎旦爲老母不知姓亞九爲舅父拜完各散是月廿九日投入佛嶺市元帥甘先分扎岡頭村右營都督黃洸夥派在第十旂黃亞應管帶同旂廿八閏七月初一在金溪初十日在石門等處與官兵打仗二次均未傷人後即散夥至去年三月內往香港賣生菓本年六月內回來縣在家裡九月到裡水圩行外科後推清遠人陳亞方爲首糾同花縣鷄枕山人宋貴宋亞開花縣巴步人羅亞洪羅亞潰張亞帽張亞秋花縣黃泥塘人葉亞華及不識姓名的共夥百餘人約定候兒子鬧便乘机起事不料本月廿晚在裡水醫館被兵勇訪獲解案小的實止拜會從逆打仗二次又聽從聚夥乘机起事未成是實

十月　　日供

FO 931/1808

FO.682/137/1(5:A-G)

6

六年十月廿二管帶船勇營千総陳自修等解

湯逢吉供年三十五歲花縣石湖村人父母俱故並無兄弟娶妻已故生有一女平日耕種度活咸豐四年六月十二日在本村湯家祠拜會共夥六十餘人黃裔為老母湯亞二為舅父拜後于七月二十日投入佛嶺市甘先夥分扎炭步偽元帥湯澤昌下冬字號旂頭湯亞四管帶同旂二十一人閏七月十六在三元里廿七在佛嶺市八月初六在牛欄岡等處與官兵打仗三次後来逃散于去年十月內逃往香港與紅毛夷人煑飯每月工銀一元迨本年十月初十日紅毛鬼子亞林叫佢回鄉句引夥党鬧事是日辭出先回家暫躲至本月十八日小的纔到裡水圩糾得花縣岡頭村人陳亞朱彭亞淩彭亞添轉糾得不識姓名夥党十餘人想在岡頭村地方起旂鬧事不想二十日就被查拿解案因回鄉日子未久是以糾夥未多今蒙審訊小的寔止拜會從賊打仗三次逃後復潛回欵糾夥豎旂滋事即被拿獲是寔

十月　日供

閱

遵將自哄夷滋事起至今止據各官紳稟報拏獲漢奸放火匪犯

姓名開列送

計開

六年十月十二日碣石鎮左營守備譚𧉮稟拏獲放火匪犯一名

胡觀保

○十月十一日太平聯街值事、職員呂淳廣等稟拏獲從夷奸匪四名

葉亞芝　譚閏濆　盧萬惟　陳鑑庸

十月十三日太平聯街值事職員呂淳廣等稟拏獲奸細一名

陳亞二

十月二十廣州協稟拏獲漢奸一名

周亞合

十月廿一日七品頂戴郭有性稟拏獲奸匪二名

王亞興 闞登

十月二十三候補千總陳自修稟拿獲奸細二名

許亞鹿 湯逢吉

十月二十三打銅六十七街值事職員朱文亮等稟拿獲漢奸二名

鮑禮 鮑漢

十月二十三廣州協稟拿獲漢奸一名

蔡亞松

十月二十三太平聯街值事職員呂淳廣等稟拿獲奸細一名

黃亞四

○又拿獲漢奸放火匪犯七名該犯等未見有稟报拿獲之稟係照呈繳請令犯名摺開列

馮培長 李金成 何亞瑞 江亞興 丁長秋 李亞錦

鄧亞輝

十月二十七候補營千總陳自修稟拿獲接濟夷匪伙食漢奸一名

溫睦祥

十月二十九廣州協稟拿獲接濟夷匪食物漢奸二名口

陳亞皮成　犯婦陳劉氏

十月二十八試用府經歷胡先煒稟拿獲漢奸一名

陳亞滔

十月三十臬司稟審擬斬梟漢奸一名

吳亞順

十一月初一太平聯街值事職員呂淳廣等稟拿獲漢奸二名

鄺孔宜　吳亞昌

十一月初二軍功七品頂戴鄭有性稟拿獲奸匪一名

陳連勝

十一月初四署廣州協左營千總黃賢彪稟拿獲漢奸二名

廖亞二　陳亞添

十一月初三補用守備孔繼堯調署水師提標右營千總蘇海稟拿獲從夷賊匪二十九名

何崑山賊目　黎茁四　唐金觀　袁亞維　王亞其　陳亞成
何貴得　梁亞錦　黃錫培　周亞寬　梁俊茂　唐亞受
楊亞高　霍亞光　楊文畧　賴四興　劉亞順　陳亞得
王亞寬　區亞錦　陳亞能　蘇永寬　林亞琮　黃士堯
王亞得　劉亞能　黃亞槐　何亞幅　姚亞幅

○十一月初三廣西補用同知林福臧稟拿獲從夷賊匪五名
何秀芳　衛亞嵘　王銳加　梁亞成　葉華長

十月二十六候補營千總陳自修稟拿獲奸匪二名　止
謝亞受　葉松孫

十月二十六候補營千總陳自修稟拿獲逆首甘先戮內旗頭一名
李書華

P1　F.O.682/68/3(7)

即繕

札廣州府將梁定海等看守聽候叅辦

為飭遵（洽會）事。照得㖆夷兵船滋事，先經飭令
水師提標後營守備梁定海調署香山協
右營守備梁正高、擬補碣石鎮左營守備
譚蛟、督帶台船兵勇在於東路各砲台嚴
密堵剿在案。茲查該三弁當㖆夷攻犯之
時，並不實力堵擊，以致相繼失守，殊屬庸
懦無能，深堪痛恨。除將該三弁先行發
府看守外，合就札飭。札到該府，即將梁定海、
梁正高、譚蛟三弁加緊看守，聽候

P2

奏叅嚴辦，毋稍疏忽，干咎。仍將該弁等到
府看守日期，具报查考，速速。

一札　廣州府。

看守，除札廣州府即將云云查考外，合就札
飭。札到該（總局、司道、將領），即便查照，毋違。

一札　軍需總局、東藩臬二司。

合札總辦夷務肇羅張道、前任廣西布政司、
碣石鎮、香山協、
水提後營、水提中軍。

查考、及札軍需總局東、藩臬二司、總
辦夷務肇羅張道、前任廣西張臬
司、碣石鎮、香山協、水師提標中軍後
營遊擊查照外、相應咨會、爲此合咨
撫部院衙門
貴提督煩爲查照施行、
一咨 東撫院 水師提督

咸豐六年十月 日東稿吏何長琚

行

札廣州府將梁定海等看守候撥条辦

廿七

稟

恭德里團練公所紳士周椿齡等謹將分團壯勇守禦章程列摺呈 6

2

電

計開

第一團在人和墟守禦

淳風社 鵝湖村 蚌湖村 矮岡村 下高曽 洙泗瀝 崇能村 鄺家庄

同文社 高增村 兎風村 泰盛庄 白[illegible]庄 南興庄 東華庄 瓦窑村 大田庄

第二團在龍歸市守禦

仁風社 南村 夏良村 柏塘村 園下村 北村 石湖營 良洞村

泰安社 科甲水 新村 清湖岡

第三團在石龍墟守禦

和風社　郭塘村　聚龍村　岑境村　上邊頭　峡石村　大嶺下　井岡村　雅瑤村
神山村　隔塘村　龍山村　塘邊村　楊山村　雙岡村　蒲村　九潭村
西潭村　朗頭村　蕃羅村　古樓場　鶴岡村　洲鷺村　南浦村　大隆庄
大石岡

泰安社　沙龍村

第四團在高塘墟守禦

同風社　大田村　茅山村　蓼江村　葉邊村　沙蜆村　何埗村
南岡村　三元岡　大龍頭　珠岡村　廣業邊村　沙滘村
小塘村　西埗村　上塘村　江夏村　鶴邊村

第五團在江村墟守禦

泰安社　江村　古樓岡　唐閣村
龍湖村　社岡村

第六團在水瀝墟守禦

蓮湖社　水瀝村　長嶺村　唐貝村
長岡村　[illegible]屈村　白水塘

慕德里司團練公所戳記

咸豐六年[illegible]月[illegible]日

F.O. 682/1971/13

[redacted]

謹將沙茭屬岡尾局防夷防匪勝仗情形及辦事出力各紳銜名列摺呈

電

咸豐六年十月初旬夷匪猖獗紳即派武生陳雲驤督帶練勇駐紮新造防堵二十九
日申刻聞夷匪由新造海駛入再派記委陳嘉泰武生胡容滔督帶潮勇練勇趕到
新造堵禦該夷遥見人衆登即開船退竄

十一月初一日舉人潘亮功廩生陳澄湘協同記委陳嘉泰武生胡容滔督帶潮勇練勇并沙艇
四隻䑽舭貳隻水陸夾擊在大沙圍所開仗當塲焚燬貳枝桅賊船壹隻壹枝桅賊
船壹隻鎗斃賊目叁名生擒漢奸股匪温亞五等拾叁名供認賊總德仔賊目華壽華
富鄭秀陳寶黑仔亞江梁四胡五江仔陳中林兆塘庚仔各帶大小快船拖船共肆拾
陸號并約各幫賊夥同伊等領逆夷砲火到新造豎旗等情即轉送沙茭局就
地正法

十一月初四日賊船三十餘號竪插紅旗在江鷗大沙四沙等處滋擾廩生陳澄湘即協同
監生陳鏡清記委陳嘉泰督帶潮勇練勇并沙艇䑽舭各水勇在大沙堵禦除殲
斃外當塲捦獲賊匪梁亞土等五名轉送沙茭局解辦

十一月十七日卯刻本社內仙嶺村飛報有賊船叁拾餘號由四沙口黄婆滘駛入砍栅闖
進廩生陳澄湘即協同記委陳嘉泰武生胡容滔督帶潮勇練勇趕到該鄉堵禦
鎗砲齊施適各鄉鄉勇亦到接應該賊匪見勢不敵望風逃竄

十一月二十四日大夥賊船五六十號藉夷匪騷擾圍攻新造廩生陳澄湘即協同記委陳
嘉泰督帶潮州鎗勇先隊迎擊監生陳鏡清即協同武生胡容滔督帶本局練
勇後隊接應武生陳雲驤督帶駐紮新造之練勇分段堵截辰刻在新造墟
開仗鎗斃賊目拾餘名賊即披靡我勇追殺至河邊賊不及登船投入水中淹斃
者不計其數至酉刻收隊賊船不敢舉火至二十五日辰刻復帶勇至河邊施放
鎗炮火箭賊竟颺帆而遁

十一月二十八日賊船四五十號由江瀝口竄擾官山紳等即飭派各勇在新造堵禦

十二月初一日賊匪盤踞彬社豎旗紳等即飭各勇在新造沿河嚴堵防賊竄逸

十二月初七日沙茭局壯勇渡河攻剿彬社賊巢紳等即派記委陳嘉泰督帶潮
勇在新造三娘廟口堵禦武生胡容滔督帶練勇在新造蟹口堵禦武生陳雲
驤督帶駐紮新造之練勇在新造横架海口堵禦至未刻賊船由官山敗退
我勇鎗砲火箭齊施賊船望風而逃不敢南竄

遵將卑職驗過管帶東莞義勇把總連美外委連陞闕鎮國武舉尹應元把總張國富
六品軍功郎大麟等各起壯勇於十一月初七日在東定礮臺與夷匪打仗受傷分別輕重
及陣亡名數列摺呈
核

計開

把總連美管帶東莞義勇貳百名茲據單呈報稱

受傷外委連陞壹名驗得該外委右目被石打傷輕傷

受傷壯勇捌名

驗得林心傷右手腕重傷　連郡傷鼻輕傷　方到傷足輕傷　李勝傷右目重傷

陳丑傷肚腹輕傷　姚元傷右足膝重傷　雄正傷手指輕傷　劉順傷右足輕傷

計共重傷叁名輕傷陸名

武舉尹應元管帶東莞義勇壹百零捌名茲據单呈報稱

受傷壯勇捌名

驗得謝連傷小肚輕傷　謝添傷腰並右足膝次傷　尹興傷頭並後腿重傷　謝弟傷右脚眼輕傷

尹同科傷兩手次傷　黃肇光傷肩膊輕傷　尹鳳倫傷膝次傷　尹松興傷喉重傷

計共重傷貳名次傷叁名輕傷叁名

陣亡壯勇壹名　驗明謝運陣亡屍身現存東砲台外

把總張國富管帶東莞義勇壹百名茲據单呈報稱

該把總張國富受傷驗得該把總被石押傷胸膛輕傷

受傷壯勇拾叁名

驗得莫牛傷頭項重傷　盧紹傷胸膛脚次傷　張志傷左脚輕傷　譚猷傷右脚輕傷

梁永傷右手左脚輕傷　孫慶傷右手輕傷　譚日傷下頷次傷　譚滿傷右手指輕傷

陳寶傷右脚脛輕傷　陳藹傷左脚脛輕傷　張煥傷右腿輕傷　陳壯傷面頰輕傷

袁華傷左脚輕傷

計共重傷壹名次傷貳名輕傷拾壹名

陣亡壯勇拾捌名

張安泰　張文高　張耀文　張福勝　張奕聯　王奕芳　王文福　張得貴

何應宙　陳生　何積　張基　王悅泰　譚錦桂　張得勝　陳應壽

陳近祥　張錦英以上十八名屍身均被逆夷拋棄下河無從查驗

外委關鎮國管帶東莞義勇伍拾名兹據單呈報稱

該外委關鎮國受傷驗得該外委傷去右手小指一邊砲子擦損左腿石打傷面頰肩髆腰骨左右脚次傷

受傷壯勇拾貳名

驗得楊名有傷左邊小腹重傷　梁貴傷腰骨左膝輕傷　梁福傷右耳輕傷　何錦傷右腿輕傷

陳朝傷肩髆左右脚輕傷　李進傷左右脚輕傷　張榮傷右腿輕傷　梁發傷右手輕傷

周平傷左手右脚輕傷　黃程傷右脚輕傷　梁日傷肩髆輕傷　周得傷左脚輕傷

計共重傷壹名次傷壹名輕傷拾壹名

陣亡壯勇柒名　劉松　梁潤　陳進　陳枝　譚占　李金　周光

以上柒名屍身均被逆夷拋棄下河無從查驗

被捉壯勇貳名 陳達 梁松

六品軍功鄧大麟管帶東莞儆勇伍拾名並據單呈報稱

受傷壯勇拾貳名

驗得黃彭傷斷右脚傷左脚並下陰重傷 陳興傷右脚輕傷 譚爽傷太陽輕傷 麥言傷右脚輕傷

蕭勝傷左右脚輕傷 甘安傷左脚輕傷 謝謂傷右目次傷 翟進傷左手輕傷

黎有寬傷右脚輕傷 梁早傷左右手脚次傷 李龍傷左右脚次傷 黃興傷左脚輕傷

計共重傷壹名次傷叁名輕傷捌名

陣亡壯勇陸名 陳安 劉錦 羅有 羅雄 胡才 顧元贊

以上陳安壹名屍身於初十日在東炮台內挖出其劉錦等五名屍身均被逆夷拋棄下河無從查驗

統計受重傷捌名 次傷玖名 輕傷叁拾玖名 陣亡叁拾貳名 被捉貳名

咸豐六年十一月 日呈

[redacted]

為嚴禁接濟唊夷食物事竊思唊賊肆逆陵侮中華歷年罪惡
擢髮難數前經講和蒙我
國家格外施恩宥其罪過准在我邑香港裙帶路等處貿易通商理宜
安靜思贖前愆詎意包藏禍心貪求無厭設立夷官夜郎自大誘我
平民苛繩非法道理不通言語不曉全憑一二狡猾漢奸傳話漢奸得賄

則巨寇轉致不問漢奸無賄則良民枉罹苛刑愚弄夷官如木偶
近年以來顛倒是非誣陷良善重則解番受戮骸骨無歸輕則囚鎖
捍況死亡相繼我邑民人遭其毒害者不堪勝數尤可痛恨者更有街
道往來鞭笞亂責舖門逕拂枷鎖頻施担挑小販任踢毀以逞威遲點
夜燈遽捉拿而加罪甚至酗酒行凶毆斃者沉冤莫白強姦勒賄被害
者啞口吞聲加以容納逋逃窩藏強盜賊匪以唊夷為長城唊夷以賊匪
為牙爪包攬私船橫行無忌運去者糧食頻年米價沸騰販來者
洋烟內地錢財消耗奸謀百出害不勝言今復因包庇賊匪之故擾害省
城攻毀炮台十數座焚燒舖戶萬餘間豕突狼奔大張悖逆我省
大憲猶復大度寬容犯而不校孰意犬羊之性愈肆兇橫竟敢扒入內城

戕害兵民佔據海珠炮傷多命横行花地擄刼渡船尤復於省河一帶村庄肆行滋擾焚戮鄉民焚燒屋宇搶奪家財刼掠牲畜强姦婦女荼毒生靈罪大惡極闔省人心無不欲滅此朝食現在附省各州縣業已嚴拿內地漢奸禁止接濟斷其火食况裙帶路係我邑地方受害尤近值此薄海同仇之際斷不容匪徒射利接濟豺狼茲於十一月二十二日闔邑紳士齊集明倫堂伸明大義同心協力嚴禁接濟如各港向有開設香港裙帶路渡船者自本月二十二日起至十二月初十止一切貨物祇准裝載入口不准裝載出口至十二月十一以後各渡船均不准開行如敢故違不論何人准其擒捉貨物一半歸與捉手一半歸局充公並將接濟之人送局解官嚴辦斷不寬

倘有私開船隻及挑運貨物接濟㗏夷者尤屬可惡一經擒獲定即從嚴究辦至於長洲大澳平洲九龍等處附近香港渡船出入不無影射嗣後亦祇准載貨入口不准載貨出口至我邑各人向在香港裙帶路開店貿易者自本月二十二日起限以一月各皆罷市回家以免株累倘逾限不回各該鄉衿耆將其姓名報局作為漢奸後緝至於庸劣生童向有為鬼所惑教習耶蘇惑世誣民尤傷風化自應速將邪書焚燬生徒遣逐如有不遵立即送官究治事關公憤言出必行務必使㗏鬼餧而力除民害而後已各宜懔遵無貽後悔

咸豐六年十一月二十二日新安闔邑公啓

討嘆夷檄

逆夷嘆咭唎者，人形獸性，嗜利凶貪，爲歐羅巴極貧至苦之國，以劫掠寇攘爲生，向不齒於羣夷。由乾隆十一年始在粵通商，附於澳門，凡事聽令西洋指使，不徒不敢干犯中華，亦不敢無禮於西洋米利堅諸國也。迨後以鴉片烟轉徙獲利，國勢漸張，侵併隣封，橫行海表，種種惡逆，固覆載所難容，亦華夷之所同憤者也。客秋果爲俄羅斯所破，敗軍民死者凡三十餘萬人，其國主獻地求和，賠還俄國兵餉七千八百餘萬，不敢在各港口安插旗號，國勢由是窮蹙，幾不能贍養兵馬。前妄愚入城，又恐我民誘其進內，萬衆爭嗾其肉，遂四出劫掠，欺淩小島，暴斂橫征，由紅海以迄大淚小大諸邦，無不受毒虐也。豈意天奪其魄，自速滅亡，本年丙辰九月十一日，因疵逆案內爲水師官弁在彼船中捉獲逆犯多名，該夷理應愧悔認罪求息，乃復逞其水草之性，闖入省河，無情無理，擅毀我之砲臺，殘敗我之砲位，南城外一帶舖屋盡被焚燒，慘遭荼毒，近又劫奪渡船，擄掠婦女，塞斷河道，罪實滔天，人皆髮指，立當勦盪。風聞彼國大兵頭尚知大義，暨外洋來粵之邦，深明利害，不爲阻止，想其人頑梗已極，惡必貫盈。維時我閣督大人洞悉其鬼蜮，欲窮其伎倆，先戒我軍士堅坐城陴，姑且任其所爲。十日前後，轟發飛天巨砲凡一千三百四十餘通，僅能壞我牆屋，而居民安堵如故，即孺婦習見，亦毫不驚怪，誤傷者亦僅數人而已，是逆夷之砲力不過虛威，已可概見。十月初一日，逆夷統衆將陷新城，甫及女牆，爲我民勇發一極小之砲，輒斃其兵目咇架及茶師船主共四十七人，餘兵登時逃遁，不敢再逾新城一步。又初九日逆夷潛登我東砲臺，揚旗插鼓，自鳴得意，經我林勇東勇鼓噪前攻，鬼兵棄臺逃遁，鳧水扒岸者輒爲鄉勇所誅，是逆夷之兵力無能，又可概見。初九日之戰，逆夷統駕大兵船一號、火輪船一隻、划艇十餘舢，經我紅單客船壘施尋常小砲，頃刻之間，彼之兵頭三人、白黑鬼百八十餘人悉就殲戮，是逆夷之兵船遲鈍無用，又可概見。由初十日以後，勢力窮蹙，惟有四下放火，乘機搶掠，虛張聲勢，以恫喝無知之蛋民，所謂智窮力竭，誅之已在掌握，不能出我閣督大人意料之外也。惟夷專意圖謀入城，必致結怨日深，受斨倍烈，我全省官紳兵民無不追恨。道光廿一年北砲臺之役，當時不聚而殲諸，以致復有今日之禍。然今非昔比，閣督有久安長治之計，吾人亦有一勞永逸之圖。與其滋蔓他年，何若窮株目下。凡屬戴高履厚、踐土食毛之倫，務宜齊心一力，共滅此逆，以湔滌二十一年之際痛，謹聲夷罪，合力致討。檄文佈告，與衆聞之。

擬新安紳士下㖑咭唎戰書稿呈

覽

夫兵者凶器聖人不得已而用之如吾粵舊歲紅匪構亂數十

萬衆蔓延郡邑我

宮保中堂爵督憲飭派兵練痛加剿洗悉就蕩平除遠竄西北兩江

及逃匿香港為汝國敗類窩留外無不明正典刑自軍興迄於

善後梟磔日以千百計而戰殲自裁者不與焉除惡務盡使良

善得安此誠不得已而用之令

3

貴公使有何不得已之情使兩國兵民橫罹鋒鏑閭閻闤闠破

産蕩資各國遠人失時廢業歛諸怨毒叢於一身嘗為

貴公使設身思之不得其解若因我地方官弁於划艇緝獲匪

犯汝以包庇在前欲行索回

中堂不許即遽爾興戎尤屬誖謬無論

中堂執法如山不能因汝顏面而枉

國法以失民望即據理而論在我内地獲我逸匪且汝投詞稱亞羅為

划艇資主則船亦係我中國人之船我辦我犯汝可不必過問

若因其領有英國旗照即當護其災危此中亦當權衡未可執

一設如該船被人刦掠汝以兵援之是也今某實係逸匪被官

緝獲在汝方當推究汝國敗類誤給匪人旗照何等正大乃反

執詞固爭恃強挾制殊出情理之外且我

中堂體

聖天子懷柔來遠之意大度包荒汝之水手訊屬無辜即送歸汝國查辦

存汝顔面准情度理是之謂平上可對我
至尊下可質我羣庶而爾反欲其認誤是何理歟夫華夷交際非理不可令汝逞其強横動加責備稍不遂欲輒用資睢是不恃理而恃勢耳恃勢既不足以懾人說理將何以自處彼紅匪者吾粵亂民倡逆鄉閭旋遭撲擄在粵諸國咸所共聞彼知
王法之所不宥鄉里之所不容敗後麕集香港冀緩須臾汝乃引為己類坐地分肥又復設為港例給以旗照以為之地貪利悖理能不厚顔黨狗羣狼已不免為來粵諸國所匿笑及暹羅划艇匿匪破案汝尚不思斂戢轉復非理抗爭必謂獲盜為誤亦將謂庇盜者為不誤矣汝國刑政果乎當不如是豈以為庇之不力失此利藪耶抑恐失其衆不得倚為聲援耶汝雖財困力竭尚不至是殆特借此以為兵端耳汝既以非理用兵何所不可乃必自儕於盜賊言之不順師必無功而且客主異形攻守異勢勝既不償其所失敗將何說以自全糜費徒勞未見其可況已肯不美之名結無窮之怨竊為執事所不取也夫事不難其始當善其終豈謂恣其強横遂保終無折挫螳雀之喻哲人所悉矧天之所怒不與人怨即觀本月十八日汝等縱焚城西街道轉致自焚其巢可知冥冥有宰固以汝所為非理而反施其報矣多積者厚亡自孽者難逭蠢爾島夷不自底於滅亡不亡也嗟乎事本等於睚眦何至大肆其荼毒砰砯竟日焚掠無時極知忌憚毫無非可理喻若不痛加懲創不足以服其狡猾降我戈矛夫豈得已汝之伎倆不過恃其船礮來相恐嚇不知汝船雖堅我豈無可攻之法汝礮誠利亦自有不畏之人況吾粵人心夙固積憤待伸敵愾之夫各皆用命儲胥有恃不待追呼同舉義旗共申
天討爭先踴躍不約而同即我新安雖屬小邑然與香港密邇毗連執簊操鞭不敢在諸邑後亦未敢徼倖成一日之功請以十年或二十年三十年之期常接軍容試與校武倘汝不蕩平我邑勿遽回戈我不傾覆爾巢未許解甲如承不棄俾得時共周旋幸甚幸甚飛馳此檄請訂師期新安闔縣紳士公啓

FO.682/137/1 (45)

一虎門重地宜添設重兵斷其出入使該夷外
內不通必致坐困 45
一閘虎門之外又有金星門若水長則可由此
門直進內河宜查明是否屬實一體嚴防勿
令鬆懈
一逆夷耳目必靠買辦孖毡人役方知我境虛
實若出示嚴撤此項人等則逆夷耳目不通
糧食不繼不戰自靖此扼逆夷之大勢也其
示內寫明買辦沙民孖毡人等一概不准在
夷館出入限三日內盡行退出三日後不准
漢人出入夷館倘有胆敢不遵示者查出作
漢奸律辦并家屬一同治罪如有藉鬼子聲
勢不肯退出者日後查出加等治罪並准人
指名稟告

昨晚聯街欲擬章程先貼長紅謂花旗各國
不與為逆者俱着照常居住其為逆者不准
有孖毡買辦沙民出入如有此項人等限兩
日搬清兩日後仍有出入夷館者拿獲立即
送究并賞給花紅至逆夷有敢入街上者鳴
鑼齊出奮勇挖殺倘有受傷者照舊例給花
紅其公費仍擬按舖租均派云云但有聯街
標紅須有告示曉喻聲威自壯方能辦理得
手查孖毡買辦多係殷戶一見告示長紅自
必退出且示內止禁逆夷人數較少而此等
人役亦可以舍此就彼何肯以身家性命相
抵此條似屬可行可否即飭出示嚴諭統惟
鈞裁
一夷務宜分別辦理各外夷向皆恭順而暎夷
屢次蠢動實屬怙惡不悛自當大加懲創惟
必須分析明白免致轉生枝節
一夷人所畏者百姓今逆夷已鎗斃各街壯丁
數名民心甚憤若密令得體能事之紳士向

FO 931/1817

花旗等國説以利害將來有玉石俱焚之憂
囑其各思自存之計則各國必向逆夷辨論
事可立解否則亦孤其勢若萬不得已則聽
百姓焚戮之是其先啟釁於民與官無涉
一紳士最宜選擇若得二三人明白曉事者與
伍氏協同辦理便可其餘局内各紳只令照
常而已此事雖官授之意而紳士祗可作為
己意商辦為後來或賠礮或抵命求官完結
地步
一宜札飭各處團練而城西尤為喫緊兼防土
匪竊發
一逆夷國用近來實屬支絀其意不過欲多得
財貨彼輸誠擬講若急為俯准准則恐墮其
計中
一現在察看民心甚齊皆欲滅此朝食即一一
誅之亦復不難但未免將來多事宜鎮重持
大體可了即了以仰副
聖天子懷柔遠人之至意

一咪夷火藥短少昨日仍到各礮臺搜尋亦無
所得聞欲由香港渡船偷運進來請於各渡
船進口時嚴密稽查並嚴飭弁兵不得藉端
擾掠客商貨物
一夷人進城人所共憤其狀貌衣服一望可知
非比土匪之可以潛蹤混跡各城但當嚴密
稽查防守似不宜盡閉以定人心
一城西民壯係各舖籌辦時刻望官民消息相
通現在附近各舖紛紛搬遷深慮土匪竊發
但聯街章程未定又未悉
上憲主意若何宜出示獎勵或發札飭使聯絡有
主以助聲威
一蠻夷猾夏人心思奮官紳中或有遞呈投効
之舉亦未可知現在統籌全局以靜制動所
議尚不到此遞呈准不准自有權衡但默識
之如果萬不得已要用兵則此等人亦有可
用大約不過以小船制大船而已
已上數條謹就所見敬書呈
電

抄白

竊思逆匪已平既定章程於善後有防無患必
須繼美於從前啟者粵東省垣各港繁集通商向
遵法紀惟有暎咭唎夷人屢欲鼓其狼貪肆行
荼毒迴憶曩時不勝痛恨茲又欺凌無忌藉端
滋事想我中華蕃庶豈容任其恃勢橫行殘害
居民者若不殲除及早難以杜患將來現我四
十九街凛遵

憲諭聯街團練議出鋪丁正當自衛身家衆志成
城如遇夷人入境滋擾土匪乘機作亂刻即鳴
鑼為號同心合力奮勇爭先使隻影不留根株
盡滅以快我
聖天子神聖英武之心以副我
大憲愛民如子之念庶幾共享昇平其花紅賞格
另單於左丁數規條仍照於前

四十九街公啟

FO 682/121B/5(1)

沐恩蕭定安叩稟

大人爵前敬稟者晨下港內華夷安靖買賣如常於初八、九連日惟探得由

港內開行英火船壹隻查其調英師船往戰鵞斯國打仗近日來

潮洲嘩艇載米到港仍覆有米舖搶買載上省發賣又、

[illegible]日有呂宋米船載米到澳有奸商搶買屯封在船零碎發

[illegible]錢無減容俟後探明確實另行稟報叩請

鈞安

三月初八日稟報

[redacted]

擬東莞紳士致沿海各縣紳士書稿呈

覽

唉夷來粵通商久矣其初恪守

王章凜然馴伏而不敢有所縱也自道光二十一年冒犯洋煙禁不甘

伏罪遽恣反側我

皇上憫恤遠人恕其愚罔性成猶格外矜全之該夷宜如何愧且悔者乃夜郎自大梟獍為心種種非為擢髮難數咸豐四年土賊之變該夷以為粵東久被兵災竊欲因渠為河肆其騰波擲流之勢於是以其巢穴淵藪逋逃伺官緝拏借端生釁卒然而毀我礮臺卒然而焚我舖戶卒然而攻我城垣礮攢響以轟空船混掠以塞海禍移婦孺殃及蚩氓夫該夷荷我

朝廷勞徠之恩僑居內地乃敢任意寓匪無名出師兵不約戰而橫加犯不與校而益逞是其居心欺藐狂悖之為至斯為極若不亟制其生命盡除其禍根將來日愈憑陵伊於胡底士女生斯長斯容足何地能無髮指而心寒哉夫為戰為守我

中堂固有制勝帷幄之方而自安自全各紳民宜竭共衛桑梓之志粵東物力素富無藉於外夷而該夷航海來商居止食用之需事事借資於我今其所聚以為窟者香港耳所恃以肆毒者船礮耳我欲制之不必為迎頭之擊而當為探穴之謀不必希一戰告成之功而當操歷久與持之計誠能聯衆心合衆力停止市易絕不與交然後多集其港口近處團練分番環攻務傾其巢覆其卵當無不可以得志向但人心不憤極故不激發耳茲聞新安闔邑紳民憤其非理而逞公議嚴禁邑人不與唉夷貿易自捐經費共集練丁各就其鄉之近分向裙帶路集攻

有一日殺𠸄夷不絕期以一年二年二年不絕期以三五年或十年二十年務使根株悉拔而後已等語業已公同辦理查安邑地邇香港易於伺其動靜設法往攻且香港之夷向藉以給日用者其鄉物產居多果遏絕不與通商則該夷接濟自乏抑安邑人皆勇戰士多明理聞有王某者𠸄夷勸往教讀講孟子至兼夷狄驅猛獸之句直斥該夷為獸倫申說再四該夷知其志不屈始不敢留是其人之知大義也又廩生潘鏡蓉教習𠸄夷邑人恥其無行今年鄉闈公議不許其赴試是士氣之公正與人心之忠義概可見矣以忠義之心鼓其勇戰之力與𠸄夷決死生務去其害其必有濟也無疑夫以安邑數十萬之衆敵𠸄咭唎數百十之夷衆寡形勢既殊主客勞逸亦異如果該夷仇視安邑窺伺其鄉則逕途不熟深入良難固不能攻亦不能守而安邑之人均於其耕鑿餘暇瞰隙襲之無論戰必勝也即不皆勝而彼歸我出彼出我歸夷已擾不勝擾矣無論攻必取也即不遽取而前面合圍後面迸集夷已防不勝防矣日久如此則夷匪自疲夷餉自匱而附近又無接濟之物力勢必不能復支聚而殲之可屏而逐之亦可此削除禍根之妙策而安邑人之功績為可期也道光二十七年𠸄夷力求進城省會人心咸切禦侮即百工匠人皆約誓不為夷執藝夷意卒以中沮今安邑人有此義舉足見同仇敵愾衆有同情闔省紳民自宜協謀迸力以助成之俾禍亂休息人有樂業安生之慶

諸先生德望並重才識素優際茲蛇豕横行自必各有良謀足弭外患芻蕘之見伏乞

教言惠錫共資有成香港地方鄉人子弟貿易其中者所在皆有

我莞邑業已遵議奉行皆令歇業尚乞

貴縣各鄉一體查照先通傳知及早棄去以免安邑團練大舉誤罹玉石俱焚之禍曷勝幸甚順請

台安希

照不宣　　東莞闔縣紳士頓首謹啓

敬稟者本月初八日探得播箕村仍泊明輪火兵船壹隻暗輪大兵船壹隻白帽
甏仍泊暗輪火兵船貳隻大石鬫口泊夷大兵船壹隻自大王臺起至大石鬫口止
共存火兵船五隻并有夷三板六七隻在上滘過大石之橫水渡將往來過渡客人及
販賣食物之人俱逐上岸搶去羊菓粉食各項自獵德至東圃並無火船嗶艇合將探得緣由稟
聞伏乞
憲鑒千總李國英謹稟

探得香港有哦囉嘶兵船二隻並各國貨船數十隻于去年十
二月二十五日進香港又探得香港后山僻靜之處哦匪防閑週
密該處大蓬寮一間有哦匪數十名將大松樹造成砲樣用𥙿
木製成碼子等語又探得本月初七日有三枝桅鬼船二隻在
新造對面大石頭村有鬼子數十名登岸斬去松樹大小百
餘株因內河火船柴火斷絕故此採用等情

初八日報单

探得初七日新造河面灣泊火船一隻另有火船自大石海駛
至烏涌河面開砲轟擊搶封過往商船五六隻其客人恐被
鬼子拿獲先自鳧水逃走漁船救護渡至烏涌圩登岸而
散等由

初八日報单

F.O.682/327/5(40)

闔省紳士討暎夷檄文

嗚呼告我粵邦九郡四直隸州義士惟天統日月照臨下土
惟我
皇帝繼天御宇奠安生民懷柔四夷眾罔不知今怪暎咭唎貪戾
炊信自絕於天結怨我民在昔辛丑之年四月擾我西鄙上
我砲臺邦人困之數重殺數十百人存餘孽八百弗忍殺去
赦之怪彼貪利無厭後走浙江入定海犯寧波擾乍浦別遣
酋攻福州大入鎮江偪金陵彼處民害不能戰喻以利求給
海隮數屢作擾還佔居虎狼之欲既厭為有缺憾謂不得志
於我邦越六年丙午乃申入城之請越四年己酉又請邦人
憤怒磨齒俟其入而生啖之我　徐制府暨今　節相折以
大義懾以天威由是畏懼顧受約束載之於書不敢後言入
城今九月既望越十日己酉突率洋舶六隻划船七十隻大
輪船七隻夷卒七百漢奸千薩我城墻我兵不及還砲不及
叢水上砲臺悉被竊據僅存東角一座怪时天色特所大風
冬雲占之天文書主有急兵彼來侵我我利彼不利彼當敗
滅　節相知其如是任彼開砲擊我外城三日絕不以一矢
相報邦人俟其雄畢畧施擊刺斃彼百有二人俟又開砲擊

我內城亦三日邦人乘船從開四砲轟彼兵頭一人酋率百
八十四人計彼前後開砲千三百四十三為傷我二十九人
我兩次傷彼其數十信零星挺殺不在此數天心兩背已大
可見乃有好人受其指使而晉動以浮言恐沈于罪謂我請
和許其入城惟彼經兩敗我卯開城彼必不敢入即入我邦
人恨之已久彼寡我眾我每人唉其內一竊須剃立者並其
肯亦要以是知其不敢入況彼係虜餘生新敗於俄羅斯國
戕滅烙銀七千三百萬願易旗幟為臣僕乃免是設殘嗜僅
存安然後興今該夷厥心疾很不變畏死乃性我邦之多眾
通逃兵港足藏照会代摘弗答友語我挺彼人藉此為詞性
彼犬羊不足與辯我　節相性喇惟默敬迷天威天將豪此
唉夷於今可覩我攻之必滅我不攻角必滅性不攻而滅彼
方語我喜勇貪天之功易若攻之大張我威今性我義士挾
爾風昔義憤一鼓作氣沈其船者執其人以歸送　常相營
其心服乃貸一死徒之遠方立市支易寡俾易種乎茲城下
茲乃允性民折患之臣茲亦性天舖義德永有名在粵邦鳴
呼我粵邦義士今天下靡之性我粵滅能殺賊立名今復同
心滅此唉鬼威名必振於天下況日其又能格天義士勵茲

P.1

敬稟者茲據澳門信到營裏報稱暎逆時在嗎嚧招兵來粵滋擾其嗎嚧國人因被威逼充兵接戰不過出於無奈近又將嗎嚧國人勒充兵來粵不從者死嗎嚧國人見此情形欲待來粵則生還者少欲待不來則又加死罪糾眾合謀在知壓港內殺暎逆萬餘人又暎逆在本國遣一火兵輪戰船來粵大炮五十餘位船大火烈開行之後忽然崩裂船中夷兵及頭目皆被淹死暎逆深為喪膽此二事傳聞數日今澳門亦如此報諒非虛傳暎逆據沙角砲台之後常有大船泊近台外念九日午刻各夷船施放號炮聞係迎接兵頭因知厘生變到追兵回去者未知是否惟是漢

2 end

奸引同暎逆常上岸搶掠牛猪附近村庄時有侵擾且夷船往來飛駛太平虎門望風生畏謠言傳惑一日數驚此皆漢奸所作弄者肅此恭稟虔請

勛安伏惟

慈鑒卑職堯章謹稟

禀為放火明燒無法救護銀貨賬目慘被一空迫得據實聯訴求懇　察核秉公理處事緣店等靖海
五仙門外行棧鋪戶前臨海岸後近城垣比屋連雲最為稠密去年九月間　貴國巳領事以唐人刦艇
起衅慫慂督帶兵火船隻攻擊砲台傷斃兵勇至廿九日復發砲攻城越日三十直踞海珠台發砲砲下如
雨我官兵絶不與較勉守和約維時各街驚惶紛紛思徙議由未定忽見三板攏進海旁逼令各棧
搬遷不適時旋即闖入棧内放火延燒以此處逼近海珠　貴國船隻又泊河面拒阻因之各街水車不
敢前往救護十月初一日晚又復放火燒五仙門外各鋪四路阻塞力更難施并放砲城内燒去德社等街
鋪戶男婦老幼顛斃流離不忍悉數此皆巳領事等固意放火焚燒所致曾不思伊前標貼公司發墻
街上之字如何甜慰忽然反悔不顧前言其横悖行為實屬向所未覩况所燒行棧鋪戶大小不等其
大行鋪棧被累固多而小戶貧民受傷更慘我等鋪棧與伊無仇而此等行為直是與民作難螻蟻

雖愿青蒼默鑒慘遭此苦楚必求伸令聞
貴國大臣奉命來港專辦此事迫得聯稟聽候　察核伏乞俯念店等大小舖戶銀貨皆空苦累萬狀
秉公辦理感激　鴻慈實無既極為此上赴

稟為拒救有凴責無可貸延燒受累苦實難堪迫得瀝情聯訴求懇　察核辨別秉公理處事緣
查去年九月起事後　貴國已領事曾出字標貼公司後墻街上甜慰居民轉而不顧前言突於十
月初旬擅將十三行各街舖戶任意毀拆斬斷廻瀾街行橋不遵和約隨於十三行中約設立　貴國
兵廠晝夜巡邏是十三行住廠前後左右均為外人所不到之地可想而知誰能闖進迺忽於十一月
十七夜三更時候就在此十三行中約住廠起火延燒附近各街及洋樓等處救護無從設貴國官
商如前設法請救原可及止何至十八晚又復連燒東便洋樓數間以東便洋樓離巷之濶理難延
燒而竟袖手安心不思請救於人何尤兼之外間水車經過猶被　貴兵放鎗傷斃是晚有在欄尾
桃水救火者又被　貴兵鎗止是其立意拒救形跡可疑乃　貴國人等猶有揑為內地匪徒放火究屬
是何意見去冬曾刊刻技詞遍訴各國官商諒已均邀　洞鑒伏念此次起火係由　貴廠則延燒各
舖亦由　貴廠加以拒救有心護救無術延燒之咎尚欲推諉於人耶令聞
貴國大臣奉命來港權衡在握審斷公明迫得瀝情聯稟聽候　察核并乞俯念店等失業情形伊
等拒救心跡確查秉公理處免俾血本無歸含冤莫訴則感戴靡涯矣為此切赴

稟為叠次放火肆害愈深遭毒愈慘迫得歷陳聯訴求懇　察核秉公理處事竊維入國問禁中外
皆同飲水思源遐邇壹體今　貴國已領事等無端挑衅不問不思恣意兇横至三至四去年九月三十
連日放火焚燒靖海五仙門外內各行棧鋪屋又復擅拆十三行等處鋪戶橋梁起事之時已領事官
曾出字標貼公司後墻街上甜慰居民轉而不顧前言愈肆愈毒忽於十一月十七晚在十三行兵嚴
密處所半夜起火延燒各街及洋樓等處不能自救復行拒救乃已領事等仍罔有悛心公然不諱慘於
十二月十七早　貴國兵目等督帶兵士自携放火器械分布東西同時起火西自同德大街起延燒清平
叢桂各約等街東自迎祥街起延燒油欄谷埠各約等街俱係貴兵自進鋪棧內放火明燒衆所目覩一
面延燒一面發砲自朝至暮砲聲不斷無非阻止救護遂彼陰謀計自去年起事以來叠次焚燒行棧
鋪戶銷耗財產貨物為數甚鉅慘不勝言跡其放火肆毒並非與官對仗直若與民尋仇且店等各
街行棧鋪戶多係洋務交易與外國遠商素之嫌怨有德無仇而洋務各大棧猶屬時與遠商往來
非比小販買賣以百數十年起貯貨物之行棧一旦全行燒燬是誠何心去臘曾刊刻投詞遍訴各國官
商凡有天良諒邀　鈞鑒伏念此番焚燬民房非同細小或因此而破家殞命負債逃亡或因此而棄產
賠償飢寒困逼以及孤兒寡婦藉租餬口者更屬可憐遭此情形萬難啞忍素稔
貴國大臣仁慈在抱拯救為懷今聞奉命來港專辦此事迫得聯訴　崇墀伏乞　查按放火法律秉公
理斷設法維持俾被害各家得以恢復故業照舊謀生無使負屈難伸況冤沒世則仰沐　仁施真同
再造矣切赴

月之廿一日記

尊紀呈上一纖料蒙

賜覽港夷防守日嚴一日每夜限八點鐘即不準唐人行街而巡街

綠衣又轉覺寥寥因各店口夷商各皆出銀幫同巡緝乃巡緝之人比

前更少並有生面綠衣排隊而過詢知舊綠衣多赴省當兵故

港無幾此乃新請別處夷兵假冒各店口凡唐人大半告去今店口請

門俾嚦西夷人日夜防守每大店口俱皆如是云云又查前見有

雙烟通火船拖一大兵船入港後見有單烟通火船拖一黑細號

些兵船出港訪聞夷人因防港地生變特調大兵船守港換小兵

船回省十九下午有兩號大火船拖金星烟船黃埔醫生船及貨

船兵船共六只號到港其兵船桅裡打斜似被砲轟一般火船

名飛馬其船身亦有砲彈子痕大約被我唐兵打敗而回乃

亦無許相損失逆夷內因有唐人三五百在港放火逆夷各鋪

各船被夷兵盤搜無虞日昨拿得一婦人據因藏有火藥該又厚

FO.682/138/3(24)

昨一漢子身上帶有公局札諭並搶該寓所藏有火藥數担審知此漢子是洪匪于是大索港中所有著名洪匪被擒殆盡前日偽稱南京欽差水陸大都督吳仁英係福建人明裝長髮亦被搶獲監禁並搜得木印章箱一個背逆旗幟一箱以逆夷而滅洪匪縱我內顧憂亦不幸中之幸也現逆夷搜捉借伏食之張林甚急云張林所辦麵飽俱下毒前被毒者今有百餘二百雖未立死然皆病苦已聞張林無影但其妻被擒獲但張林已先攜家逃奔澳門約本點鐘之間逆夷即發火船追趕但不知夷兵追及否耳近日在港華民紛紛搬遷鋼而逆夷防範甚嚴本往家商鹽有書來翻伊備有要話說着人到本處面述切其形之事札恐一時搜去致罹意外不測也茲因鴻便寄此並備述請

勛安

瀾翁大兄大人麾下

弟盧玉書頓首

十二月廿二日夕

10

2

22

復訊擾吐嗲供小的聞得於去年八月內有一紅毛華艇內有水手九名係漢匪被漢官兵拏獲解案那紅毛鬼子說所拏之人均是伊船中水手要向漢官按名索回因此藉故起衅隨即駛進火輪船隻闖入省河攻打各炮台茲紅毛鬼子累被官兵焚拏船隻打斃嘆夷不少以及各處嚴禁接濟香港地方食物柴炭價皆昂貴看其情形勢亦窮蹙所有花旂西洋各國夷人亦不敢帮他小的雖係在紅毛船中做舵工本係下人所有兵頭商量事情並不說與小的們知道現在紅毛鬼子如何意見小的們實不知情前在急水門拏獲華艇兩隻小的不知實係何國之船惟有前幾日聽聞說有澳門西洋船兩隻由澳門過香港計有八日船來見到不知在急水門被拏之船兩隻就是這兩個澳門西洋船否所供是實求開恩

二月　　日

[redacted]

謹將沙茭局奉　諭防夷防匪勝仗情形及辦事出力各紳銜名列摺呈

電

咸豐六年十月十九日紳等奉　諭護守南安臺後遵於二十六日派彭永康曾德杰督帶招募新安鎗勇貳拾貳名另挑選本局刀牌健勇貳拾名共肆拾貳名駐紮臺後護守陸路二十九日申刻逆夷兵船一隻火輪船三板數隻由新造海駛下又火輪船一隻划艇貳隻由石頭嘴海駛上東西兩路突至臺前又有夷匪由左右兩處繞路上岸彭永康曾德杰親督沙茭局勇協同弁兵將左邉夷匪擊退鎗斃逆夷數名因右邉兵單不能抵敵紳等聞警飛派黎瑞炳蔣振驄羅文潮親帶局勇貳佰名赴援沿途奉到　于司主警報所有深水局禮園局岡尾社東山社壯勇一併趕到堵禦該夷遥見人衆登卽開船退竄

十一月初一日紳潘亮功協同岡尾局紳士前任永安縣教諭舉人陳龍韜武生胡容韜記委陳嘉泰督帶練勇并沙艇四號茭塘司弓役韓鴻等適　譚都司亦親帶永靖營弁兵由南步等處趕到大沙園所開仗當場鎗斃賊目三名生擒漢奸股匪温亞五等拾叁名供認賊總德仔賊目華壽華富鄭秀陳寶黑仔亞江梁四胡五江仔陳中林兆塘庚仔各帶大小快船拖船共肆拾陸號并約各幫賊夥同伊等領逆夷砲火到新造豎旗等情又同日深水局在四沙堵禦當場擒獲郭亞單一名供認駕船約東莞炳豎旗不諱均録供稟明就地正法

十一月初四日賊船三十餘號豎插紅旗在江鷗大沙四沙等處滋擾紳等飛飭岡尾局勇在大沙堵禦深水局勇在四沙堵禦茭塘練勇在茭塘口堵禦除殲斃外當場擒獲賊匪梁亞士等拾名解辦

十一月初六日深水局飛報有快船鬼板划艇蝦笱共叁拾餘號在黄埔新洲海口彬社飛報有賊船拾玖號在長洲洪福市禮園局飛報有賊蝦笱數隻在石頭嘴圓岡沙路等處紳等即派黎瑞炳鄧應槐羅文潮勇目蔣振威督勇分投堵禦賊匪夷匪望風逃竄未

有開仗

十一月二十四日大夥賊船五六十號藉𠞰匪騷擾圍攻新造紳等飛派蔣振驄羅文潮彭永
康勇目蔣振威督帶局內全隊壯勇曾德杰督帶本局駐防新造之新安鎗勇陳雲
驤督帶駐防新造之岡尾勇陳巽光督帶駐防新造之東山勇曾敬瑶曾光彥曾柏
儀督帶小龍曾勇鄔鈞飈鄔榮光督帶南村鎗勇岡尾局陳嘉泰督帶潮洲鎗勇
深水局劉建威督帶香山鎗勇禮園局招募蔡文祐督帶蔡勇黎其康督帶汀
溪黎勇同奉　譚都司　于司主督率分段迎擊辰刻在新造墟開仗鎗斃賊目
三十餘名生擒天字僞先鋒一名登即梟首焚燒三枝桅賊大船一號淹斃賊匪無
數至酉刻收隊賊船不敢舉火二十五日河橋同風平康親仁協恭同安岡尾深水東
山九社紳耆督帶壯勇五千餘名隔河鏖戰鎗斃賊目一名賊不敢登岸二十六日賊窺
伺小箍圍穗石一帶二十七日約舉人陸殿邦兩岸夾擊申刻賊船退竄長洲尾
十一月二十八日賊船四五十號由江滘海竄擾官山彬社壯勇堵禦斃賊貳名二十九日卯刻
紳等飛派黎瑞炳羅文潮永靖營外委樓兆麟記委胡佐雄督帶局內全隊壯

勇賫糧渡海另調南村鎗勇預備接應辰刻在官山墟開仗斃賊十餘名賊船退竄
南步河面各勇沿途追擊至申刻收隊賊由南步登岸盤踞彬社監旗舉人陸殿邦
回沙芰局再商進剿
十二月初一日賊船四五十號勾通夷船截阨海口賊匪五六百名盤踞彬社沿鄉打單逼勒監
旗初二日擄害彬社義勇陸五仔一名柰旗賊匪啸聚日多數倍糾集鬼板划艇沿河
遊繹別股賊船連檣駛進妖氛猖熾紳等一面分調九社壯勇沿河嚴堵趕辦軍
火鉛碼糧食一面飛派曾敬瑤黄選鄉限三日内添募新安東莞綠鎗勇壹百名挑選
大箍圍内九社鋭勇三百名於初五初六晚派蔡文祐曾光彦曾柏儀永靖營弁樓兆麟
胡佐雄芰塘司弓役韓鴻等星夜带勇飛渡潛伏另派蔣振驄羅文潮鄧應槐彭
永康羅應圖督帶全局壯勇接應簡耀文元國良督帶同風社壯勇防堵初七日卯刻陸
殿邦回鄉督戰飛飭彬社二十四鄉紳勇鼓勵義憤督派鄉導巳刻在官山墟開仗兵勇
三千餘名分三路抄截擡剿砲如雨下并約官洲兩岸夾擊至未刻大獲勝仗殲斃淹斃
賊匪不計其數生擒漢奸偽軍師莫仙人等七名焚燒三枝桅賊大船七號奪獲三千觔大砲

五位大紅旗二枝黃旗一枝偽印箱鐵筒硃墨硯皮鞭頭盔器械無數郭家塱解到首級
二顆刻即收復彬社囤梨初八日賊船圍攻官洲焚燒民居陸殿邦立懸重賞飭勇鳧水焚
燒頭艋賊大船一號斃賊無數奪獲大砲六位生擒賊目張亞慶一名已刻兵勇飛渡對伏新安
鎗勇曾亞志陣亡各勇憤恨力戰殺賊數十名未刻賊敗退竄初九日退竄金鼎孖山河面初十
日退竄烏涌魚珠等處
十二月十七日賊船仍泊長洲尾海面打㧞園口牛隻擾害沿海村鄉所有豬牛鷄鴨等物全行
掠去接濟逆夷火食紳等飭勇協同長洲下庄紳士曾章泰等親督壯丁敵退賊船并協
同禮團局黎森等帶勇當場拴獲漢奸賊匪鄧亞細等六名遵於十二月二十三日解辦在
案嗣後股匪撲滅餘黨潰散河道肅清
咸豐七年二月十六日漢奸十餘名帶誘逆夷三名到官塘村外搶牛該村紳士林春茗督勇圍捕
傳鑼各社壯勇齊到擊沉夷匪一名該逆棄牛逃竄
正月十二日蒙奉　諭查辦接濟遵即轉飭各鄉一體嚴辦三月初五日本善鄉紳士購線拏獲
接濟逆夷巨匪黃日發一名解辦在案

大英　　邑批

現擬東莞耆老姓名赴港面[illegible]

前五日英國水師前赴東莞，均係[illegible]（迫赶我船）

廣賊散去，衆命籌詞[illegible]（僭白）[illegible]水師攻東

莞等處（原是意將）不帶兵以[illegible]

[illegible]（又）師之論救饒他（我）[illegible]

情[illegible]事如此，今在[illegible]（已）（家）

[illegible]總由葉制軍[illegible]（與）（此責）圍執紅角

致本國出兵動兵[illegible]（戎）[illegible]

[illegible]後[illegible]（和好求）（維持）[illegible]時[illegible]安居良民

[illegible]（用）同心[illegible]注見[illegible]去[illegible]設

看[illegible]著[illegible]修論[illegible]

丁巳五月廿八日

順德縣局造報捐生請換局收數目銀兩清册

七年五月廿換給

1857

F.O.682/112/4 (11)

P1

P2

計開

潘仰韶原捐銀捌百兩 单一張　請換局收四百兩

吳齊興原捐銀叁百兩 单一張　請換局收壹百伍拾兩

陳璧光原捐銀叁百兩 单一張　請換局收壹百伍拾兩

區作梅原捐銀四百叁拾弍兩 单一張　請換局收弍百壹拾陸兩

陳巨謙原捐銀弍百壹拾陸兩 单一張　請換局收壹百零捌兩

蔡冠琳原捐銀貳百捌拾捌兩 单一張　請換局收壹百四拾四兩

鄭世杭原捐銀壹百兩 单一張　請換局收伍拾兩

黃治宏原捐銀壹百捌拾兩 单一張　請換局收玖拾兩

廖鈞恩原捐銀柒百弍拾兩 单一張　請換局收叁百陸拾兩

周昌能原捐銀柒百兩 单一張　請換局收叁百伍拾兩

周明漢芳原捐銀弍百壹拾陸兩 单一張　請換局收壹百零捌兩

周在己原捐銀弍百兩 单一張　請換局收壹佰兩

蘇意豐堂原捐銀弍百壹拾六兩 单一張　請換局收壹百零捌兩

P3

譚楷原捐銀叁百兩单一張

請換局收壹百伍拾兩

以上十四號原捐銀四千九百六拾八兩

請換局收弍千四百八拾四兩

連前捐生共四百叁拾七號原捐銀二十六萬五千零零九兩四錢

請換局收壹拾叁萬柒千伍百零四兩柒錢

P4 END

咸豐七年五月　日

册

FO.682/2798/9(4)

再探得昨日酉刻有火船一隻鬼板八隻載鬼兵百餘名駛到大
凰台邊拋泊鬼子登台查係輪流換班之夷兵此時放鬼鎗數次
至本日卯刻該火船鬼板復由柵外駛出而去白帽躉火船二隻大
石海口火船一隻龜岡台仍插花白旂一枝謹報

閏五月廿五日報单

敬稟者月之初九日接奉 台諭捧誦之下備悉前月三十日稟函一件
已邀 台電備蒙 指示周詳敢不敬遵 訓誨勉力馳驅遵 示內
飭令詳查之件者大近日情形自初旬火船到後業于逐日探詢採情
謹稟一切至飭查新夷酋是否確往者大抑上北边一節諭云省中訛
傳不一等因是不獨省城即澳港中亦有是說傳言遵即再向各
夷查詢眾口一詞概云確去者大至回港遲早在內及雜港夷人并孟
啉印白頭鬼則咀罵了據云你重望他回來作甚這酋該嘆酋之者大
該此刻早造死鬼了剁作肉醬了等語據稱情形亦因平日嘆夷刻薄
各夷受彼欺凌太甚今因火船到有者大孟呀喇等受十二港口失其十數隊
兵船打了敗仗故肆口咒詛矣隨至吋倫受細詢情形據云我們講之者
大去天津你們概不必計較在你及你東家出入洋務中許似此情形豈有
不知之理晚故向其甚麼情形該夷云你真蠢鈍你來港澳亦經洋面曾見
佛蘭西花旗等兵船否晚云曾見佛蘭西兵船大小在澳門沙瀝及大嶼山灣
泊約十零隻花旗亦有幾隻而已該夷云都又來新兵頭是上天津在佛花
等国兵船尚肯澳港灣泊納暑更換耶只有嘆兵頭前船趕往他們各
国后船扯帆跟上惟恐遲了皆趕嘆国上北边

大皇帝要若有甚好意新章我們暎国開丹他們各国跟隨欽限叙以又好
造情彼此庇援護衛且得張大聲勢一舉發便斷毋不附和朕邦之理
勢也即將來新兵頭由吉大国來或不入香港由外洋直駛往上海左例
亦要有火船行文來港知會各国近云云聞言之下識以來諭所云是否確
往天津總以佛蘭等国兵船有多動彈為準俾外候等国後查確情以
出一轍足見高明先見英情伏惟遵華等擬之中昌勝欣佩至書大函
喇等委土英兵變鬧事因本月初旬二日有該委孟咪埠火輪郵船信們讀
日內吖倫并悄度等委細詢情形據云此事鬧得極大了該委緣因孟嗒喇（即產孖公烟埠）
起相連咭喇咭大次至孟吖喇（即產鬆色棉花之區）吵拖延吥嗲嚨（出產洋菜最多之區）以及內山喇吐咖再重慮叠啟
相連入內即庇咕再進則後連沙漢大小回回咻喳等委矣其外港之信尾
總埠為孟咪等委共十二大港口埠頭另其中小埠細港不可勝計今因
土著兵（即本府稱里兵者）激成大亂非同小可現火船信到自叙了喤架沒綱之之大家有味咊嗽
後又打壞了三桅兩層砲兵船兩隻三層砲大號火輪兵船一隻打了兩個
大敗仗但喉新兵頭尚未到該處港口已失去十分僅有兩處亦已收旗
振動了惟孟咪一港因該埠里英畀廿巴士白英土（即白頭鬼）佳嫂多且多在暎国
喃噸都城及吐別港貿易者當兵者極少且巴士英佰伯五六歲幼孩即
配家室故家眷重累未設騾鞍而已晚云在暎許多兵船該可易
了事該英桿首吐舌難說難說此事大壞輕重皆難着手因係本

處土兵變土夷隨附一齊関反勢太大了若輕办萬難得手必要办了斜可
慮者又非僅十二港而已既見該夷詰致沖口而出尚多械累形原真回婉言
追根探問再三該夷漢云若論該處港口十二大半在戌英国首□十十
多少深謀智慮易書布置經營所得匪易今一旦前後僅兩個月全盤
反叛言之深為嘆惜但此番大變萬非使事由土兵激變即令該處通十二
港土夷齊亂亦斷難闹成再如由該舊王家等啟圖興復亦難得手的
懷在兵變民附舊王從衆後起則事不知從何了局矣所関要在前數十
年該處土夷初不知兵鎗砲不利茲教練數十年俱成勁敵而師尚在其次
若陸隊則勇往直前較之英兵白夷不及遠矣是以近十餘年來列為陸路前
鋒摧堅挫敵所往多獲勝仗初得該處港埠英国該例以止該夷為兵者
陞階不列為將亦杜漸防微之意也其知兵自以有变也因自咸年英国喻頒
都城白夷兵变一次及英老王出遊在馬車上被統領步兵夷酋闲鞭杆
樣風鎗行刺一次俱得黑人夷馬步兵剿捕平定未得成亂并白夷酋弁統
帶黑兵多行暴虐屢激變故酋校等以後方改例由便次軍功即可
陞階自隊目小兵隊起至四等夷酋止各都守之類惟止管轄伊名下黑
夷兵并不兼管白夷仍由白夷酋調度以至今日該孟呀喇咭大等埠將弁

但齊兵法皆精今一變亂反養虎為患練兵資敵矣云云因該英所設
真寔但情節冗長當場未便執筆遍露形迹晚向伊洋將博學
大才一時難記合無給以筆墨俾得記錄稍知吉大里英反叛你咦吉利之無
良心該英大喜給紙後從頭細述一切并云你要知列該英情形再述你記
據云前者該處十餘年地土膏腴四時皆如春夏雖屬酷熱而無大冷
霜雪之苦週年早晚則細雨如雲霧迷濛正午則出太陽炎烈故無
瘴毒之虞五穀豐稔不假人力耕種雜糧菓菜除山遍谷至山芋野
薯之類隨地掘取皆得煮食以充饑味殊甘美故前者百數十年該
土英懶于耕植又不善貿易生理故多窮乏自嘆得後教以造活操
作開墾通衢引道種烟大棉花樹桑養蠶種蔗榨糖等項火船火車
修繹水陸日漸營蓄茲成巨富之區矣并道光十五六年（即咦英一千八百三十五六年）間咦国部臣吐嚧
嘸鳴吐嘸兩老首議立新章生毒計名或則貝寔護孟吖喇咭大等之惡鬼
土英秋謂不分白黑一視同仁使黑英不能識破深謀寔則蓋国添
兵之大策係黑英氣力眾大衣食應少不飼畢肉單衣耐寒而操佔
日萬無數人之工故咦吉利嗡嘶貿易總攬及鄉村等處殷富英人買
蓄黑英為奴僕聽使中年者配以黑英婦（擇）養如牛馬有另設一定村落
養至數百名口者所生子女男之少壯者賣與洋船水手田戶耕種每口可

得身價百餘元至二百元不等女者賣為奴婢亦可得百數十元是以廿
年前㖹夷家業十万八万元多半在奴僕身價上者有相傳數代以此
為生者而黑夷貧賤者倍亦多願自賣身得價以助營充兵者日
漸稀少（故）自是年創立新例禁止民間不准販賣黑夷男女限以七
個月概令放還歸宗不許原主勒討收贖身價此例一出黑夷歡舞
震地一時星散多有叛主告勒者數月之間多有富戶一旦反為
赤貧矣迨後黑夷之衰老幼小者民間亦不肯留養無主可歸填
街塞巷哄動一時㖹国部臣復議例以黑夷十八歲之內者仍許原主
留養或轉雇為奴僕不禁俟及歲時仍令歸宗事方安息但黑夷
素性凶悍亦可使為奴僕為兵嚴以法律羈以主僕名份方可駕馭
常因一朝反目戕官殺主重案今新例更章抑主自身且慣為奴僕不
人情性一旦意揚更揚遨遊道路遇舊主而惡語相加以至各夷俱存
戒心之之年（間）投不敢私相買賣即雇使亦相戒不雇黑夷平日止知用力
不諳為生產此（反）變困乏之矣部臣始復議添兵減糧之法名謂恤貧濟之
並塞添了數萬少壯黑夷（兵丁）耗之日額糧費尚屬無徒也在黑夷受了恩
而感激不盡真善計也云云
次日後至該夷復詢情形之之向接云天下中外共有三𠱥嚟喇即譯云大皇

帝中国为天皇帝，俄罗斯为地皇帝，佛兰西为海皇帝，此外则概属咪唎
即谭三王，虽间有雄踞称为皇帝，但兴灭不常，不能久远。似此揆度起来，
只见你们中华　天朝大皇帝是　天皇帝，洪福如天。回看若十余年，嘆
国闹烟土案时，虽算得手，得了数千万饷费，回国纷叠连各处兵燹，及本
国荒旱瘟疫，不数年间，所费早不敷所得矣。此外喊咭兵戈，更遭巨费。
至陛年俄罗斯开仗，靡费巨饷，水陆练将精兵覆没，阖国为之空虚，
君民为之丧气，尚留下多少遗害祸根，破坏许多好旧例，又不止此狱内矣。
迨前年冬间，幸得和息，去年又值中国闹出事来，征兵调将，又由咭大闹起
大事。核其源头，虽由当年以智力得来，相沿积了数十年怨恨之根，后因俄罗
斯之役，该处则加征税饷，军营则坑害残兵，太不加体恤，军民怨望实深，而
尤不能作宽。本年夏初间，因征兵一节，虽抽丁抵欠，只充兵两个章程太过刻
薄，然不先不后，直至同你们　中国闹事吃紧用兵之际，来往中枢咽喉之路
激出此大变乱来，数旬间不约而叛者十二你之十是，不独次中国事诸多掣肘，
即本国喻噸都城亦不无震动。防范缘国中并各要隘驻防守战，闹该
处土兵当兵，倚为劲旅者不下七八万众，倘外叛内应，则国事亦在可虑。且国
库岁支费用多半藉该处十二德埠年中税饷尽从此出，若不能趁早设法

平空於国用尤不堪設計矣。似此英夷重洋橫靜湊合，惟有天主可能主持布置，非人事所能計料也云云。查英夷犬羊成性，化外生成，罔知 天威 神道，於此番嘆夷情形，仰見 天朝聖主有百靈護助。即如本年春間逆夷故逆天猖獗，炮火轟空，我 節相秉持忠正，不動聲色，誠感 天心，自邀眷祐，暗中使逆夷首尾牽掣，不能肆逞其兇焰。在中国師旅難越重洋，假手外夷，令彼自傾巢穴，以誤夷听諭所論情形，在犬羊中亦稍知有警懼之心，即謹特不揣冒昧，擬情條禀。一切至港中私貨仍出前充斥，至洋米船隻陸續但有利闲，八月中旬後有大幫來到，而米販亦扎住不肯多買上省，因省價不高，獲利寡微。且各頭私貨雖然割錢一項十廿八九十，條綢疋由四鄉販運大幫走來，其茶葉走私隨大幫走私外，近日見聞多由各鄉渡船根用草帘包作零包，數斤至數十斤不等，作為舖家販賣四鄉零用，裝頭由省至佛，由佛至江門，由江门方走至澳港行棧，配堆裝箱，每船一小约走百餘斤一次。至針扇錫礶、裱糊、烟藤，其办茶之四行頭與港中皆多有造工矣。似此涓滴漏卮，英夷既闹貿易，窮蹙殊甚，豈能久安乎。至洋货惟足頭洋布止可簡色零賣而已。至港中嘆夷船隻自本月初间起，其大者二隻等兵船陸續多駛出港口外洋，间亦有装載前所指本地富家壯勇兵船，計至本日大小已有八隻，另隨有中等火船二隻。探探嘆嗹唆云係有嘆大孟叮剌應援的云云，而日来多見前者嘀火船之逆黨啤嗷咍由澳來港同淺水火船艇主水兵總等成羣逐隊遊行街上十一日禮拜各船水手兵弁上岸多向舖店買補零用角皮帶物件行止似有舉動不知作何伎倆遍查吥喻等黨輩俱稱新兵頭未回一概舉動現暫停止又未聞有個淺水船往別處即咑大等處現已開不着云云此外港中情形如常並無別項新聞容俟續探情形再行稟報一切 晚 賤體藉庇粗安所有早晚出入熟溜之至惟仍當遵照

台諭謹慎行藏幸毋

厪念是所切禱尚此佈達敬請

金安不宣

老太太前叱名稟安

覃府均安

晚生余銘新頓首 七月十六日

由香港中環具

咭喇咭大即咭大總名又稱嗌吖喇相連共十二總埠喫英設立了庄烟公局在嗌吖
喇㑹歸發賣若則作為私貨凡種烟之戶所得烟土皆入公局估值約二百伯勞
嗶視收成之豐歉計每勞嗶發值粃以拜再得二不一二私值耗作五账所替
由公局造好發賣以四百勞嗶為額之外由各商投標高低歲得各餘約
而千百萬元之譜喫英自佔得該港通衢挖雜食入內數十年来共得大埠
十二處另小港中鎮二十餘處歲收孖姑烟棉花酒羊毛等項為大宗喍啡豆穀麥糧稅亦得百數十萬元
該港土夷多力性悍而慈直耐苦得乎性情能致死力俗俱回教肉多不
食以鴉魚為美饌良莠薯米為飼不嗜殺生養牛羊僅取乳為酪故
牛羊遍野食麤衣朴耐寒暑英喫自得此港漸務以富國陸兵十三
港中果後亦多之港有歲收三稻田不需耕名吥嗲㖃土兵最悍而多
即咭喇咭大又有名嗎囒梳所謂黑鬼兵餘港稱是地勢山多水曲
而殘內也無閙不然無烟瘴之患清流溪澗多產魚蝦土夷多以漁
為業者取用不竭誠海島中魚米膏腴之地也多霧少晴四時如春夏
無寒暑之別夷船水手必需義名為挺擁負重應用每名氣力可抵白鬼三
四名以頭頂物雖數百斤亦能行走上落高低能將無肩力雖數斤亦不
能致遠亦性情所慣也或有時鬪毆慣用牛角拳勢甚勇但一倒地便
作輸了即不復毆亦再打則旁觀不平羣拳下矣倘毆傷流血洗以塗泥
即止刻日便愈並無傷痕其犬羊中之犬羊也該處土夷面貌顏色亦多數
有黑如煤炭起漆光者有如青靛缸色有如紫銅色有稍如唐人紫色而頭髮長如艾絨拳
捲如球種類不一概在嗌吖喇等十二港島之內另其中小埠中港名色繁多地勢羊腸遼遠之至
前云咭吠兵变之由係因軍中勒以豬油擦砲承皮塞鎗而起並探得仍屬咭酋巧詐故出
此令自領小過名目以示兵变出乎細故掩惡遮羞恐別國評論譏誚之意云云

①

再禀者，月之初間自該逆祖家火輪郵船到後，疊經探該英
歷述情形，復向私英處探詢，並歷查小陸英情，辦正本修函禀
相商。詎初八日寒熱交作，次日右手拇指甲縫暴腫，痛劇異常，
恐生蛇指之患，惟所有探悉應禀情形，未便稍延，現雖忍痛
英情寂靜，而謠言不一，反覆者與待來，以愚揣度，係該英販私爲
屯烟奸商故爲編造，藉一傳十，播英行中起見，但據該英嘖嘖
所談及洸查情形，殊覺着急，刻事竣無因，詎左拇指痛日甚，執
筆維艱，曷勝焦憤之至，特以會表鄭祺生人尚慎密，故敢令其

②

代筆續謄呈，相應理合聲明，伏祈
高明察奪爲之
鑒原，一切是荷，切禱切禱，此附禀，復請
金安
晚生余銘新仍頓首
十月初十日具

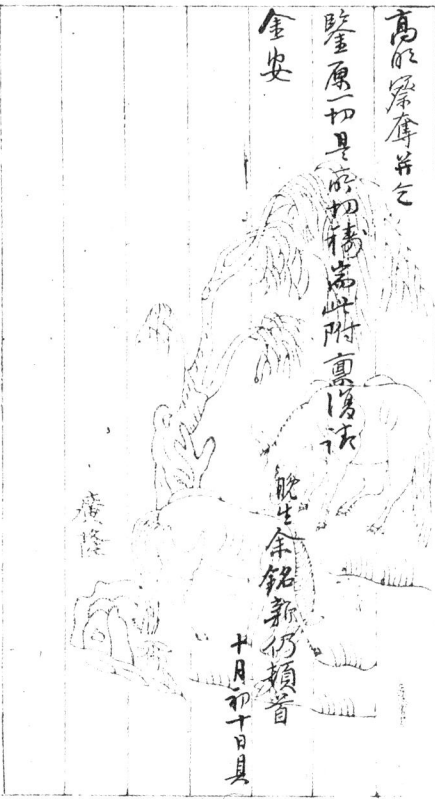

廣隆

End

F.O.682/378B/1(29)

咸豐七年八月二十日內閣奉

上諭：葉名琛奏遵旨保剿洋匪出力人員開單請獎一摺。廣東水師提督吳元猷統帶師船剿捕洋匪出力，又捐銀除應叙外，加恩賞戴花翎，仍交部議叙。參將李新明著賞給副將銜。游擊李奎彪著以廣東外海水師游擊儘先補用，並賞戴花翎。都司李懋元著賞戴花翎，拔補千總加捐守備黃從署著免補本班，以廣東外海水師守備儘先補用，並賞戴藍翎。把總樊耀開著俟千總補缺後，以廣東外海水師守備儘先補用。先換五品頂戴孫兆桂著俟千總補缺後，以廣東內河水師守備儘先升用，並賞戴藍翎。陳大恩著以千總遇缺儘先拔補，並賞戴藍翎。吳國寶著以外海水師千總補用，並賞加守備銜。武舉譚肇邦以營部守均著賞給六品軍功頂戴。附生鄭翰宗著賞給五品頂戴。副貢生鄧嗣光著以復設訓導不論雙單月遇缺即選。復設訓導羅應鑑著賞給教授銜。鄧家麟著以訓導儘先選用。貢生李發壇、歐元觀均著賞給訓導銜。六品銜吳集秀、龐選、從九品陳智、郭新照、吳生、吳瑞光均著賞給五品頂戴。從九品銜劉應勳著賞給六品頂戴。布政司理問銜朱進英著賞給五品頂戴。從九品銜陸士剛著賞給州同銜。貢生康景清、廩生宋通昌、增生黎澍、陳廷璘、附生蔡僑暉、蔡如晰、林士儀、朱發茂均著賞給訓導銜。該部知道。欽此。

中堂親折

漢軍副都統雙齡為告急事　向在
大北樓駐守不料夷人于十四日早間
聞得東北兵單將城西官兵星速調
往應敵連火藥全被用盡不見回報
奈城路崎嶇往東看不真　切待至巳
刻四座炮台皆失闻得探子来报可

2

F.O.682/378B/3(5)

恨官兵同時散去,往我親率餘剩官兵上前攔阻,無奈官兵已由觀音山逃東,早先逃走,清靜。本都統親率官兵開炮打仗,火藥用盡,是以親至西門調兵速回北門,行至中途,遂大散。其半急的,我給何勇叩頭,求他們幫我

3

F.O.682/378B/3(5)

打仗,迨往何勇敗回,往我親率官兵赶至城西北角炮台開炮,約打五百餘出,與賊相持終日,內有陣亡及受傷兵丁不可勝數,直至天黑始止。可憐等到天明止剩官三員,兵三十餘名,不得已告急于

中堂
將軍座前,即速賜我官兵前來接應,我與賊

4

以死相拚也即速
賜我回音是所切禱

雙齡頓首
十五辰刻

初五日到佛山盧基查隊自修既獲之火兵船內有兩枝桅烟通船身長
十二丈闊式丈四尺查係江毛船由香港運火食接濟內河賊兵配有江毛鬼
廿七名被擊斃小而鬼現存嗎喃鬼嘍啞吐一名啞嗶鬼啞嘍一名盧道
船工龍年兩個應鬼嘍一名咥吐啜年二十八歲有女孩之人一名啡喇年卅
一名嘍嗲嗲年六十八歲又鬼嘍一名嘛喇年三十二歲有女孩一名孖啄啞年四
歲詢及鬼名供由香港裝載薪米面粉信糖甘蔗書接濟內
河兵船又詢及該船去年曾在十三行河面開炮打仗數次十二刻
壽水手能工坎巫嘴鬼攻陷廣人焚燒大小共事同內外無應幫同
陳自修擒獲五船內漢奸劉名陞何宗陳桂枝鄭比勝陳帝林保
凌華盛杜根宋果黃陳成任果根劉萬昌陳救中葉華保陳
明春譚桃郭祖蓮王細譚成共十九名俱解回內應執勒之之現
查該火兵船作物俱全獲見大砲二標洋鬼鎗十二枝洋鐵一個

探實火船兵船三板自內河新造一路至海珠均有爭
餘隻內有真鬼每船十名餘外船面走動係木鬼子漢奸
內有卅號船係每日納租三百元與佛囒西訂明坐守不
幫打仗限至十七日止如不定就敢行其中鬼甚難料
宜防堵更佳
停泊海珠靖海並似一路鬼船前晚由香港裝來砲子火
藥餅倉已上在船
本日有漢奸廿餘名帶鬼子十名上油欄門直街各路至
東路入店買猪羊一派告示
兵頭文漢在香港管理新招客家勇約一千名早晚操
演今晚到省河分派鬼船搭便禾草鬼一千餘個木鬼
砲數百尊外面油漆光滑如與鐵一樣在水面浮起不
況竹梯綿花甚多俱一甲放在新搶艇船渡船各鬼船
亦有
聽實紅毛理兵頭有（初十四已發）書與現在西海兩兵頭在內河鬼艇內
主持（一切事務）河南其民如不從定有騷亂一場鬼子在香港與內係
之派帖告示奉旗彼河南入城通商如不從（鬼子）入城河南不
能起鬼樓則要賠四各國貿易偏得此二樣就各國納
稅与紅毛不用賠良故退擦於行事作威亦無大碍
但須嚴為佈置防堵為要

[redacted]

謹繕在聯各街捐輸經費逐款開列清摺并附列獲犯名數合併

報明呈請

電察

一五年十月起至七年三月止共支各街雇募壯勇捐給口粮銀

壹萬三千二百二兩八錢

一六年夷匪滋擾十月起至七年三月止各街加募壯勇捐給口粮銀

五千七百五十一兩三錢八分

一五年十月起至七年三月止公所雇募壯勇三十名捐給口粮銀二

千三百三十二兩八錢

一六年夷匪滋擾十月起至七年三月止添募壯勇二十名捐給口

粮銀五百十八兩四錢

一遵 諭添募巡防靖海五仙等處壯勇四十五名自六年十一月十

四日起至七年正月十四日止計捐給口粮銀三百八十八兩八錢

一前後添置號衣器械犒賞各段壯勇等共銀八百二十二兩一錢三

分四厘

一五年十月起七年三月止公所雜項費用銀六百九十兩七錢八分二厘

一五年十月起至七年三月止計前後拿獲逆匪吳亞邪等并縱火奸

細葉亞芝等共四十一名

俄羅斯與紅毛講和若干萬給多少未得確聞

俄羅斯三枝桅兵船壹隻於十月二十八日到香港官船兵總一名啞哪喇兵約四百五六十名砲分兩層約五十餘位尚有二隻聞吃水甚深泊處甚遠此三船係前兩年由東北口外往各港口而來粵東順道回西北本国的聞得不來者

香港舖戶照常買賣惟有别国在口兒俱搬往澳门

紅毛兵佣多少實未能得確惟見兵甚少

俄羅斯初時破奪[illegible]咾国埠頭聞此埠可造大船又可屯兵此埠與紅毛隣境佛嘣哂又與紅毛聯連是以有兩国合攻俄羅斯至俄羅斯水陸大敗紅毛兩佛嘣哂陸戰又勝俄羅斯講和係湛波啦国

凡人爭鬪輸者要落旗講和後方許豎回旗現豎係打仗旗

紅毛兵頭包玲現在有病哂兵頭死信尚未查確因十月初九日東砲台打仗時見此船落旗數尺實係打死管船兵總一名伯駕已陣亡了現

在主事者係巴下札業已奏伊国王十月廿六日由火船去約四個月
間方可來回
紅毛竟思決要進墩惟要借俄羅斯火食艮兩每日伍伯大員
紅毛打伏有花旗人相幫據伏火食有新安香山等縣人鄉名難以
得識
紅毛因臺初九打敗後出示一張約千言似此話頭有些慊惜火燬
民鋪之意
香港鬼樓沙文買办仍照常使用
紅毛鬼與紅頭賊另有串同勞發番脾船照百餘隻與紅賊
沙角砲台寄存仍有官兵防守大角砲台及大虎砲台亦雲焚燬
橫檔大小砲台二座有鬼兵看守其餘砲台俱焚
紅毛又現與嗹㖊喇打伏已有兩月因其埠有棉花出處其鬼名
摩勞鬼

啟者現在細查得逆夷若苦要入城之故因該夷欠
賠俄羅斯兵餉七千八百餘萬定於在廣東省城徵
取必須入過城一次即便勒收租稅每日共計收
地租銀一萬両城外亦收地租銀一萬両另每日勒
收貨物稅銀一萬両每日共收銀三萬両每月合計
收銀九拾萬此乃吾人身家性命所關務祈同心聯
絡各宜瓦面多設火煲灰罐器械等物堵禦盡力攻
守務除大害不許入城方能保全切勿懷疑觀望以
誤大事各宜奮勇莫信謠言是所切禱

闔省防虞公局謹啟

FO.682/327/5(47)

啟者付來知信。兄可得收。特字付來一音。本月廿[illegible]日。紅毛兵頭同各客酌議。問及生意知事。各客說及。目下福洲如此。大傷元氣。又放且加剌吉打埠頭。狩唎亞士兵頭將本處土人三丁抽一。逼立本土人謀反。殺去紅毛兵頭各官。連紅毛客商人等。一千有餘。本處海口。砲台被他奪去四個。目下酌議廣東知事。各客問先日到知兵。有何主意。兵頭說及吾到打帳一事。等在後到此兵頭可能定寔。主意此兵頭先日來香港做过他名字文翰士。如今兄處聞得他。改名字文京士唎。本月底至遲初間必到。看各客商說及不必打帳。兄見他情形要和。免至有悞生意。難做。各埠頭生意不及廣、東。兄聞得付來一音可也。但有信收即〻付來一音。免有望至盼〻。

本月廿四日寄

[redacted]

謹將沙茭屬岡尾局團練紳士銜名列摺呈

電

總辦團練紳士

舉人遇缺即選知縣潘亮功

廩生陳澄湘

幫辦團練紳士

軍功七品監生陳鏡清

佾生潘紹功

軍功八品陳靈川

督帶潮州鎗勇紳士

軍功六品記名外委陳嘉泰

督帶鄉勇紳士

武生胡容滔

督帶鄉勇駐紮新造紳士

武生陳雲驤

督帶水勇紳士

軍功七品陳智英

幫辦局務紳士

從九品李瑜珍

從九品陳永熙

軍功六品監生陳德泉

軍功七品李光廷

監生廖敦衍

監生陳贊襄

隊長

潘敏

敬覆者：初九日早晨得接來示，欽悉一切。日前附上夜鏡壹枝，諒必收妥，惟來信未有及此，夜鏡未曉得收妥否？如妥收希示一音，以免寄失。旦又弟現查悉港事務，於初八日晚，嗹呢大船載死尸至港後山土名石柱埋葬。又於初九，葬署理量地官嗯嗹喀呢等數人。本港英旗兵扯杆，并無餘事。奧門對頭地方於初七夜紅匪打劫彼街坊，捉拿二十名，解往軍民府讅究，下餘逃走去了。草此奉聞，順請

近安，不具。

松圃先生大人 如晤

愚弟黃輝頓首

十月初九日申

前數日打東砲台時在虹口被火藥焚燒在西
處發出煙頭西至城新時單例數人指西
貢司行洋樓者均係（滔賓）已前傷甚危重但
現在彼地近來大都甚秘密所有本月交
易生意之馬頭等均不令一人到十三行洋
樓去均在界外（蕃商）保行與鄰地（今商）嘆難相見
但內地人知其底實前下午在虹口紅邑牆下
旂從地風氣多有在列營旗巴蘭此時
曾不死亡旨未知真（實）然之事係深重
勢甚危篤（則）其賓事（首其）也前數日未有紅
連日攻新城焚節一蘇前道之事以伴蘭
臺係英俄羅斯之僕急不敢而去
現聞退出去於有去到黃浦換此裝
新兒兵在近來之說聞紅夸在黃浦
一帶造鐵炮車（係賓外）用大鐵半皮圍遮文
聞俄羅斯來人口操土音字皆滿字冬
人通曉現西國律商等理所覓蕃時到
國於曉俄羅斯語之二兒子（未全其）甚落探
俄國消息並細就中原委以制紅夸
云云此者留大深夕人從國（西國叛賓）等得來信

10 B

F.O.682/253A/4(10:c)

海珠砲台昨夜遲下砲子甚多，不知移往何
處。砲口向北，挪下撥救，聞係防長龍快艇
去搶。此台前打東砲台，有巴領事在右船受
彈傷，被砲火噴筒火藥燒壞頭面，被火燒
爛。係實俄羅斯事近日在香港索紅夷償
欠甚緊，來兵八百名，每日索其借張為費，
而此費一月須數萬金，聞已先交欠項廿萬，
又欲以在粵港之貨物作抵，俄參挑剔不
願，又有欲以粵港地方抵給與俄國開市
之說。故日來香港居民均有搬遷來省
者，花旗在香港之貨物已從後山運出搬
去澳門，其中紅毛各有貨物夾帶出去
者。日來紅夷被俄國人逼迭殊甚云云。
此丁羅二處探西問香港做生意人得
來語。

10c

F.O.682/253A/4(102D)

兵頭遍士在東炮台被火箭花河燒着頭面開是初十早身亡
此人是高蘭賊目周仔之妹夫前在華艇所拿有遍士岳丈在
內是以欲圖報復

10

呈

敬稟者竊司員奉
飭回籍辦理截攔接濟𠹭夷火食等事到籍後曾將辦理各情兩次
稟報在案連日密飭各團長勇目人等妥派得力壯勇分起前赴
裙帶路一帶殲擒𠹭夷以挫其鋒據紳士拔貢陳廷槐等報稱查
新安西鄉曾有耶蘇館引誘漢人煽惑邪教早已逃回香港恐其
尚有內地奸人潛藏此館窺探消息司員伏思此係逆夷惑衆之
藪必須先清內奸方可懲創外夷茲於十二月二十五日密派紳

D

F.O.682/112/3(22)

士振貢陳廷槐等帶勇前往圍捕舘内奸民聞風逃匿搜獲夷物
共六十五件繳到公局復於本月二十八日據二十四日派出之
團長生員陳桂薰等挑撥之練長陳閏明蔡閏福廖勝福等數十
人回稱奉派前往裙帶路香港一帶殲擒嘆夷勇等即於二十七
日到裙帶路見嘆夷防守甚嚴遂改裝小販民人混入街内是日
申刻適福興居酒舘門口有巡街紅毛綠衣鬼數人各持軍械俟
其不防迅將該夷殲取首級一顆餘俱驚逃勇等遂即打出柵外

E

F.O.682/112/3(22)

扒山渡海星夜解回呈驗伏乞轉解驗明照賞給領實為恩便等
情據此司員查明無異合將解到嘆夷首級一顆並搜獲夷物器
皿一併派令團長生員陳桂薰解赴
憲轅伏乞
俯賜委員察驗照賞給領以示鼓勵實為
恩便肅此具禀恭請
勛安司員桂籍謹禀

十一月十五日𩔖補戰船補用守備孔繼堯等解

林亞釗供年二十四歲南海縣五斗司佛山人父母俱故並無兄弟妻子平日在省城西關丐食並與花轎店做工夜間在眉洲廟口睡宿本月初二早有常到紅毛鬼子處丐食年約十歲的陳亞福帶小的到鬼行丐食是日早同陳亞福到德興街口遇見鬼子四五個並有年約廿餘歲的香山人在旁那鬼子把麵頭飯食與小的同陳亞福吃食並把鬼衣二件分給陳亞福一件小的一件吽小的穿起常到他那裡丐食不妨鬼子攔阻以便小的與他代買牛肉羊肉等物初三早小的與陳亞福又往討食鬼子給有銅錢五六十文與小的買取飯食後即轉回初四早又與陳亞福到鬼行門口鬼子交銀五錢吽小的買牛肉羊肉各半小的隨到楊巷買了羊肉到下九甫買了牛肉帶回鬼行交與香山人收訖隨給有工錢八十文一次那香山人係在鬼行裡當伙工的初五日又往鬼行討食到午後鬼子給有飯食就即轉回又自初六日起至十一日止每日早到鬼行門口等候那鬼子每日交銀三錢至六錢不等均買取牛肉羊肉各半每次給工錢四五十或七八十文共六次初八日早鬼子並吽小的打探杉木欄有無官兵壯勇住扎小的探聽得並無兵勇住扎回報十二十三兩日前往鬼行均給有飯食轉回並無代買食物十四早小的在眉洲廟口睡宿就被寶華坊壯勇拏获解案小的寔止受有鬼衣與鬼子代買食物七次內探聽兵勇消息一次是實

十一月　日供

26

十二月二十六日西門委員李鼇等解

梁亜滿供年二十歲番禺竹横沙蜑民父親梁華社年五十歲母親已故並沒兄弟妻子平日與父親梁華社在省河開擺小艇本年九月内因有紅毛鬼子[口施]唎咇時常呌小的小艇載送他在聯興街各處往来是以認識得他本年十月初一日[口施]唎咇在省河呌小的去他華艇即狗[illegible]掙當水手每日給工銀一錢二分船上向有鬼子十餘人漢奸連小的二人另一人係陳金帶也當水手那華艇時常駛往香港十月初一日小的所駛的華艇與另有鬼子[口東]噹火輪船一隻在香港開行小的華艇船上經[口施]唎咇招添香山漢奸二三十名鬼兵七八十名[口東]噹火輪船上有鬼子十九名有鬼兵二十餘名是月初三日船至大車尾湾泊初四日見有官兵船三十餘號共約官兵数百人駛至小的華艇同火輪船即行駛到水師炮台地方與官兵打仗小的放有二千斤炮兩口是日自食早飯的時候開仗打至午後官兵打敗後来鬼子將船駛回大車尾地方湾泊至是月廿四日又將船駛往三山滘河面湾泊三山滘河面離水師砲台十餘里廿五日鬼子因要將華艇放回香港是以將小的辞工回来小的並非打敗迯回的小的回来後與父親梁華社在竹横沙開擺小艇小的寔止在鬼子華艇當水手與官兵打仗放炮一次並沒有與鬼子放火及探聽官兵營盤的事至小的父親梁華社係瞎眼亦並沒有做漢奸的事是寔

十二月　　日

十月十六日彰化局紳李文田等解

黎亞四實鄧亞四供年廿四歲三水縣銀洲新村人父親已故母親藍氏年六十一歲兄弟二人大哥子同進小的居次並沒妻子小的自六歲時賣與黎姓為奴故改姓黎平日耕田度活咸豐四年六月十六日在横村地方拜會共夥廿六人陳開為老母林亞志為舅父小的出錢二百文拜完得還硃砂錢三文為記各散即日投入三水縣属横村元帥劉亞才夥派小的充當第五旂小旂頭管帶廿人七月十二日隨同元帥前往南海大慿村向事主馮澤明家打單得銀二百元是月十八日又隨同元帥共夥百餘人在岡頭沙河面行刼米船二隻刼得米一百包銅錢十八千文均分小的分得銀一両銅錢一百餘文打單的銀歸大營應用八月十一日在[illegible]水滘奇地方與鄉民打仗一次未傷人後即散夥逃往香港躲匿至本年九月十六日在香港地方有素相識的李亞保荐小的在紅毛鬼[illegible]第二兵頭名大須處當鬼兵每月工銀十元十月廿[illegible]隨同兵頭大須駛百花火輪船前来攻打獵德砲台小的燒放鳥鎗與官兵打仗一次未曉有無傷人同船有滕縣人張三娣佛山[illegible]廣鶴山人李亞保小的攻打獵德砲台後即跟原夥駛回香港本月初十日小的與張亞潰張三娣隨同兵頭大須駛百花火輪船来省李亞保在香港未来十三日兵頭大須着小的招誘唐人往當鬼兵即于是日小的来省珠光里和合吳亞九柴炭店住歇意欲招夥並未招得小的正欲往各處打探官兵消息就于十六日被兵勇訪获解案小的寔止拜會從逆打仗一次打單打刼各一次散夥又復投入紅毛鬼處當鬼兵攻打獵德砲台一次及招夥未成是實

十一月　　日供

十一月十二日軍功七品閔文照解

59

譚亞美供年三十八歲省河蛋民父母俱故並沒兄弟娶妻盧氏生有二子二女平日在迎珠街開攏小艇度活十月廿六日早有紅毛火輪船灣泊在德興街口適小的小艇經過有不識名夷人給紅毛五色長方小旂一枝交小的放在艇上為號叫小的攏岸與他買鮮魚當即給得銅錢四百文小的往河南海幢寺前買得鮮魚二斤駛回火輪船交給水手鬼收領自廿六起至是月廿九止共買了四日每日買兩次共八次每次均係給錢四百文除買魚閒暇的時灣在火輪船边送白面紅毛夷人至十三行花園每日給工銀一錢八分至廿九已後紅毛夷人另找有小艇接手不用小的之艇小的就將原旂交回夷人將艇駛回黃沙地方灣泊至省河小艇與夷人買物過渡的均領有夷人旂號領夷人旂的小艇約有七八隻其自行用本販賣生菓青菜各物賣與夷人均無用領旂本月十二日被壯勇查知就在黃沙地方把小的捉獲解案今蒙提訊小的實止與紅毛夷人買過鮮魚八次裝送夷人往來四日此外並沒句串夷人攻陷台堡的事小的頗懂得夷話三兩句所供是實

十一月　　日供

[redacted]

謹將芻蕘數欵列摺呈

電

一擬請 飭局札委幹員分赴各縣會同地方官紳認真辦理團練並於附省
各處鄉村預備應援堵禦各要路安設炮位

一擬請 多派委員會同地方文武在於省城內外認真稽查保甲並於城外
沿河各街口暗藏炮位如果夷人登岸迫近炮口即行轟擊

一擬請 札飭附省各州縣設法招商採買米石轉運來省以資接濟

一擬請 密飭東莞香山新安等縣如果暎夷再敢闖入省河滋擾即當

91

激勵紳民設法攻襲香港以分該夷兵力

一擬請 飭局分札各縣出示曉諭如有燒燬夷船擒斬夷匪來報者雖
從前犯有大罪重案亦准一概赦免仍論功照賞

一擬請 飭局酌調東莞新安增城線鎗勇數百名來省分撥駐紮防勦
並飭該勇自備線鎗及藥角等物

一擬請 札飭北路安良局紳梁祿訓等及恩洲局各紳預備勇壯聽
候調用

一擬請 飭局多備沙包灰瓦石片分布四城以備防勦

一擬請 飭番禺縣於大東小東一帶勸諭各鄉團多方設法層層布
置暗伏炮位挖塞要路加意嚴防

一擬請 札飭沿海文武派撥船隻協同各局沙艇在於各該管地方
勤慎梭巡勿致土匪竊發滋擾地方

據香港來人報說新到鬼兵四百名係正月廿五日由石立國搭來
防堵香港並非打仗所存各國鬼子鬼兵約有千數漢奸入紅毛那
蘇教約有五六百人紅毛連前存千餘名又搭新安客家水馬約有
五六百名早晚操演嚴守各國呂兩貨物搬運落大船或運至澳
內放貯新到貨船大船七隻所有貨物起放行內散去馬毡不与鬼子
交易十條去三尚存七條石立國原日荷蘭地方因被紅毛鬼打勝每
年納稅与紅毛國而地方仍歸石立（石立國）管理到粵有約半月遲則（紅毛）
廿日方到設立囤廠請福建人在此總理稅務平道理事宜該國
主再行文石立國使徹底查明如何起事誰是誰非着從實（管）平
道理如果係紅毛鬼生端滋擾攻打砲台焚燒衙署停止賣買先行洛
行各國善為調停了結如初倘或清朝督官先与紅毛對敵致凌
鬼子即〻飛報准其先行就近撥石立兵一千名到粵衛護已有
洛會到香港着萬金領事官代理兵頭事剳切明白分別具報
俟國王覆到撥兵快則二月遲則三月中方有洛巴到並後各船遲
去此係確實情形非虛傳由鬼子內司付來佈知

[redacted]

查番禺縣黃埔新洲之東土名沙貝沙海口橫濶僅二十餘丈潮退時水深八九尺潮長時水深約一丈餘逆夷大船由東路來者俱經此處海口擬用大鹽船四隻每船二隻用纜連綑為一載石橫沉海口複用沙十數載填蓋鹽船使其乘潮淤積不能撼動此處海口已經塞斷其南有北帝沙沙外小河一道可容商賈貨船出入至逆夷大船及火輪船不能來往僅將該處河道繪圖呈

電

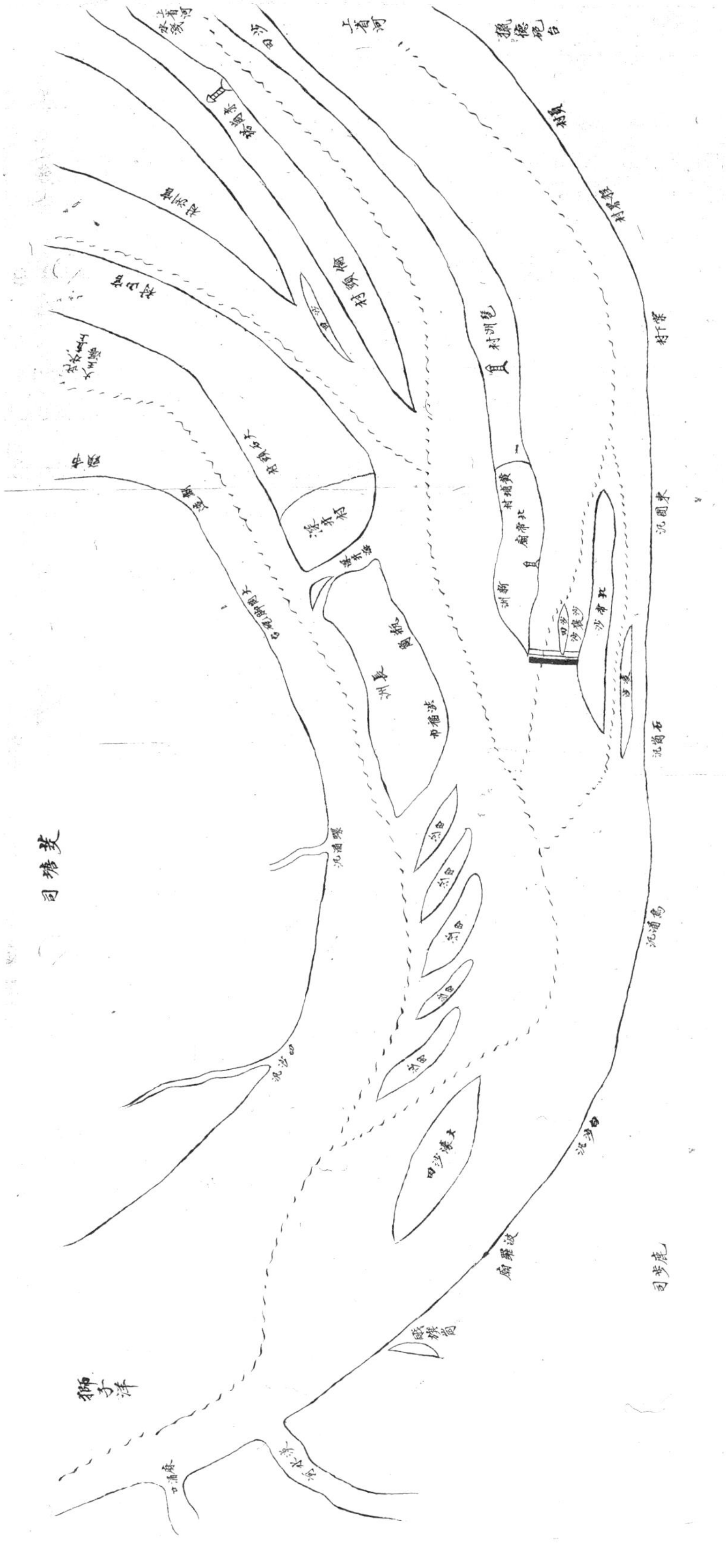

[redacted]

謹將防剿夷匪各起兵勇口糧開列呈

電

計開

八旗防守城臺官兵三千五百三十員名　半月銀三千五百二十八两六錢一分五厘

廣協防守省北五臺官兵一百六十一員名　半月銀一百九十七两七錢

總局廉勇四十四名　半月銀八十三两七錢

職員宋浩湘巡船二隻水勇一百零二名　半月銀三百一十二两二錢

又蝦笱艇一隻水手二十二名　半月銀五十三两七錢

千總蘇海巡船六十八隻水勇三千八百五十名　半月銀一萬二千一百九十两零四錢

裁船十六隻半月約減銀三千二百两

職員張瑩三板船十隻巡船一隻　半月銀八百四十九两九錢

把總鄧安邦壯勇八百名　半月銀一千八百六十二两三錢三分

千總李恩榮順德營兵二百名　半月銀二百八十六两三錢二分

大瀝巡船一隻　半月粗銀二十两

派局廣協差弁九員名　半月銀一十九两二錢

同知林福盛巡船十隻水勇五百名　半月銀一千六百零九两六錢

大瀝鄉勇七百名　半月銀一千六百九十四两

外委方耀潮勇五百一十名　半月銀一千一百四十二两五錢五分

石牌崇下鄉勇（石牌崇下壯勇六百五十名）　半月銀二千一百一十三两九錢五分

裁勇三百名半月約減銀六百五十四两三錢

林勇一千二百名　半月銀二千九百八十一两一錢

軍功潘兆元水勇四百五十名　半月銀九百四十五两

外委鄭萬邦拖船一隻兵勇四十三名　半月銀一百一十一两七錢

職員尹翰廷東勇一百四十名　半月銀三百二十六两零六分

撫標老城八門盤查弁兵一百七十六員名　半月銀一百一十六两四錢

撫標左右營藥局弁兵四十四員名　半月銀二十九两一錢

撫標官兵六百一十二員名夫價　半月銀六十三两

督標駐轅兵丁三百名油燭　半月銀六两三錢

委員吳邦英水勇二百五十名　半月銀七百零九两

查城壯勇六十名　半月銀九十兩

廣協防守藥局弁兵四十四員名　半月銀二十九兩一錢

督標捧　令箭官兵三員名　半月銀六兩六錢

撫標派防河旁官兵十一員名　半月銀七兩五錢

卸廉州府沈守　稟留章昇耀波山船一隻水勇四十六名　半月銀一百三十一兩八錢

千総梁國定管帶紅单船二十九隻拖船十隻水勇二千一百二十五名　半月銀六千四百七十兩零五錢五分

又管帶船隻宋浩湘梁國定黃琳等三十七員名隨捕兵丁十六名　半月薪粮銀一百八十八兩五錢五分

瓊州鎮黃　統帶紅单各船弍十三隻　半月銀三千六百七十九兩零五分

千総李國英探事弁兵二名　半月銀三兩三錢

中協懷　領防守新城水師提標中營雲騎尉劉國樑一員額外二員記委十四名兵丁六十五名半月薪粮銀一百一十三兩二錢五分

以上各起半月共銀四萬一千九百五十一兩五錢七分五厘

一月共銀八萬三千九百零三兩一錢五分

謹將防勦夷匪各起兵勇口糧開列呈

電

計開

八旗防守城台官兵三千五百三十員名 半月銀三千五百二十八兩六錢一分五厘

廣協防守省北五台官兵二百六十一員名半月銀一百九十七兩七錢

總局廣勇四十四名 半月銀八十三兩七錢

千總李國英採事弁兵二名 半月銀三兩三錢

職員宋浩湘巡船二隻水勇一百零二名 半月銀三百一十二兩二錢

又蝦笱艇一隻水手二十二名 半月銀五十三兩七錢

千總蘇海巡船六十八隻水勇三千八百五十名半月銀一萬二千一百九十兩零四錢

職員張瑩三板船十隻 巡船一隻 半月銀七百一十五兩六錢 一百三十四兩三錢

把總鄧安邦壯勇八百名 半月銀一千八百六十二兩三錢三分

千總李恩榮順德營兵二百名 半月銀二百八十六兩三錢二分

裁撤 大瀝巡船二隻 半月租銀四十兩

裁撤 委員黃經史東莞壯勇二百名 半月銀二百二十一兩四錢

派局廣協差弁九員名 半月銀一十九兩二錢

裁撤 委員胡先熚東勇二百名 半月銀四百八十二兩

同知林福盛巡船十隻水勇五百名 半月銀一千六百零九兩六錢

大瀝鄉勇七百名 半月銀一千六百九十四兩

外委方耀潮勇五百一十名 半月銀一千一百四十二兩五錢五分

石牌棠下鄉勇 石牌三百五十名 棠下壯勇六百名 半月銀二千一百一十二兩九錢五分

林勇一千二百名 半月銀二千九百八十一兩一錢

軍功潘兆元水勇四百五十名 半月銀九百四十五兩

外委鄭奠邦拖船二隻兵勇七十一名 半月銀一百八十八兩七錢

職員尹翰廷東勇一百四十名 半月銀三百二十六兩零六分

撫標老城八門盤查弁兵一百七十六員名半月銀一百一十六兩四錢

撫標左右營藥局弁兵四十四員名 半月銀二十九兩一錢

撫標官兵六百一十二員名夫價 半月銀六十三兩

督標駐韓兵丁三百名油燭 半月銀六兩三錢

委員吳邦英水勇三百名裁五十名 留二百五十名 半月銀七百零九兩
查城壯勇六十名 半月銀九十兩
廣協防守藥局弁兵四十四員名 半月銀二十九兩一錢
紅單船二十九隻 拖船十隻 半月銀六千四百七十兩零五錢五分
又管帶船隻宋浩湘梁國定黃琳洸瓊開等三十七員名隨捕兵丁十六名 半月銀一百八十八兩五錢五分
督標捧 令箭官兵三員名 半月銀六兩六錢
撫標派防河旁官兵十一員名 半月銀七兩五錢
卸廉州府沈守 稟留章昇耀波山船一隻水勇四十六名半月銀一百三十一兩八錢
中協懷 領防守新城水師提標中營雲騎尉劉國樑一員額外二員 記委十四名 兵丁六十五名 半月銀一百一十三兩二錢五分
瓊州鎮黃 紅單各船弍十三隻 半月銀三千六百七十九兩零五分
以上各起半月共銀四萬二千零二十八兩五錢二分五厘

以上省城北江張
通共又即省銀五萬零三百二十四兩零一分一厘

謹將查明朱京玉等六名是否漢奸分別列摺呈

電

計開

朱京玉係香山沙溪墟人出洋貿易多年遂進西夷教充當西洋地們地方兵弁嗣由該處回澳迭次唆聳啞酋索詐漁利為啞酋所信任實係著名漢奸迭經設法照會夷目查拿因該酋力為護庇致未弋獲

區德源係澳門人向充澳關通事諳習夷語與喹嗉素好暗為夷人耳目本年五月初旬澳關快艇被夷人拉去早職查係該通事通同作弊當即嚴飭速為辦結該通事屢求寬限忽於六月十一日逃匿無踪現訪聞即藏住喹嗉夷樓所聞之喹嗉則稱並無其事是明明狼狽為奸者

以上二名委係漢奸惟俱為夷人袒護未能即時弋獲

翁亞春住居澳門龍環村向習泥水工作現被夷人勒令接造馬蛟石夷屋並修開馬路

劉亞二係嘉應州客民向在澳中開張萬勝石店素安本分夷人勒令開築馬路該匠不從被啞酋拘押勒令承辦

何啟全向在澳門開張華興番衣店與夷人貿易安分營生

沈榮顯家住牛塘坑村與前山附近向在澳內開張隆盛仁茂酒米洋貨二店與夷人交易素来安分并無招夷聚飲之事

以上四名或僅與西夷貿易或被夷人勒令造屋開路並非漢奸

[redacted]

現在英夷猖獗如此莫不切志同讐欲置伊於死地
但窺伊情形非喫一大虧不肯悔悟求成然制之之法
莫如火攻玆有鄔菁華李玉培等俱番禺原籍進勦
沙茭局人頗有智謀現呈火攻節畧一摺其法以舊大
船底一隻長約三丈前頭樹桅一杆長二丈五尺以備掛
帆船尾用柁柁筒用横木一條約長八尺執練把柁之人
隱藏船尾柁之左右俱要活動船上裝載一丈八尺杉木

八層每層用杉五十條共四百條横排船上又間用松尾八
層約重三十二担又間以綿胎八層透灌桐油信石硫磺烟
骨等物層層排疊高約六尺用沙藤找固内藏火引一
條如小蘇繩大每層蟠旋於内通貫八層其引用油紙綿
布包裹以防油濕引頭之處以竹筒吞住削斜其嘴藏
些些颮藥以木塞之及用時將香火一引便遍排皆火每排
火種面上以煑鎔松香封面可免雨水之濕欲破大船以
六船連貫為一欲破小船以四船連貫為一每度用鐵鍊壹
條約長一丈五尺每一連首尾二船多用小練一條長八尺
多繫鈎鐒一個如順流直下用此鈎鈎住敵船之尾如
在上風横駛將此鐒鐒住夷船之頭令彼此不能滑脫
破敵必須順風揚帆串珠而下或分三對同落將到夷
船近處串珠而下者横排一字三對同落者了分八字直
撲其船而焚之縱火不能盡焚毒烟亦必收除其命矣

至各路有夷船必經之處均亟宜塞淺也

一每船用勇四人發火即行落水白布扎頭爲號

一東西須建兩土台一在竹排尾地方建造一在天字馬頭地方建造用棉花原包壘成炮台置炮撥兵攻擊其綿花包可借各棧現貯者備用此物方正利便築台可以立就

一塞淺須用大船五十號内用席包裝載碎石等項以滿爲度將三十號泊在三山滘内空地令到之日即往大王滘炮台之上深隘處把該船沉塞又將二十號泊在東炮台内空地令到之日即往海珠南北兩路沉塞助火成功夷船不能逃脱若非兩處齊發夷人仍可逃遁

一另挑撥水勇六十名各帶刀牌將牌油黑每人頭頂火藥二三斤用小艇二十隻以五人同一隻刀牌放在船上人在水中伸一手扳住艇邊順流而下一到海珠叔台用水勇三十名一到大王滘叔台亦用水勇三十名所帶火藥放於炮門之處用火焚開乘烟而入挨墻閃黑見鬼子便斬

一兵勇船繼火船之後以便搜拿多少由官酌派

一火船木料工價每隻約用銀二百八十兩之間方能造成閩英夷現在兵船二隻火輪船五隻共大船七隻須用火船四十二號三板船約十餘隻須用四十號共用火船八十餘號約需銀二萬二千兩之閒製造二十餘日方能完工

[redacted]

敬稟者竊以為制夷之法莫重於守內地而杜接濟杜接濟之法固重嚴防海口尤重嚴飭各局紳士以禁之今查巡海各弁如章昇耀陳高等通融收規私放漢奸船艇出口任其接濟每土絲百斤收銀十二兩茶葉百斤收銀二兩四錢硝磺鹽鐵鴉片等物無不分別議規且為之沿途護送在漢奸亦樂與之謂猶勝於海關榷稅也又查近日接濟奸商始於南海屬沙頭堡澳門渡官山九江次之順德屬水藤黃連扶閭甘竹諸堡鶴山屬沙平圍墩等處又次之其販私總會之地大約以沙頭水藤交界之河面為最且各堡俱有劣衿把持公然販運近復招誘夷船護送徑至沙頭水藤內河遠近無不駭異是

大憲日杜接濟而奸商劣弁反藉之以營私也應請

嚴查巡弁分別調換以散其謀嚴飭各堡紳士密為稟揭速行查辦以剔其弊但使刑賞凜然則內地自清接濟自絕西洋必先求款各國因之彼紅毛亦不旬日而乞款矣是否有當恭候

憲裁

敬陳進攻逆夷管見

竊以夷人甚少漢奸現亦無多若令登岸斷不能與唐人敵其所恃者船隻耳苟能破其船其術立窮夷船大者客艙四圍包裹銅錫上有水槽火攻甚難但燒炮一兩輪必要停止否則烟滿艙內立致薰斃惟沿海用大竹筐實以溼泥堆作小炮台安置大炮每炮位用兵勇二十人掌管以五人為一班施放一次第二班上前以次而進則炮聲不絕令他接應不暇停止不能艙內自被薰死對仗時海旁多發烟墩遮他之千里鏡且令我軍不見他炮子飛來致生懼心彼以勇苦怯我以眾禦寡夷人不難破也或恐開炮轟擊致傷船艇民居又用以小擊大之法揀善游水人數百暗中設法出其不意一旦用火焚

燒他必不能躲避查香山淇澳及番禺黃浦左右各鄉有精慣偷竊水上貨物者混名
水老鼠破窗入艙攘取貨物船中不覺遇有覺者游水遁去且又善駕小船每船
三兩人同類一人向那邊入水潛逃一二人即在這邊乘小船駛去其行如飛以此術覓
人雇小船百餘艘每船約四人預備刀鎗長札藥罐火紙油繩火箭并引火之物扮作
客船相其艙口巧乘空隙號炮一舉眾舟並發他便措手不及盖炮能擊遠不便
攻近況火炎上不能俯侵縱彼自上擊下而藥罐油紙及火箭一時燃及伊船遇有炮
火吊下即以自焚其身此用船之術也但此非得敢死士加以重賞予以厚恤不能為力
所望破格招徠更要及早籌策勿令日久鳩聚紅賊黨羽既多勢愈難制是在
早決其機耳是否有當伏乞
裁奪施行

[redacted]

敬稟者聞沙頭堡有仁安澳門渡自逆夷犯順即販運貨物出洋接濟獲利鉅萬初時祇開擺一隻後竟續開至二十餘隻其貨以鴉片土絲為多伙食各物次之最弊者則販內地銅錢累萬盈千售與夷人私貨充斥道路以目省佛各販私者羣然萃集鄰近各局以新奉
憲諭嚴杜接濟莫不危之而彼販運如故查該處澳門渡船經上年辦局紳士李雲驅等赴縣呈控在案奈有劣衿把持是以正人解體紛紛辭去局事日壞走私日多而沙頭官山各鋪戶因之挾資接濟者遂絡繹不絕誠當今之大患也

又查沙頭仁安澳門渡期初一日開行其出口貨物多在鯉魚沙或扶閭三漕口落船回時亦在此處上貨大約六七日往返一次他船亦如之

計開渡主
鄧亞紹
黃亞中
莫老三

計開販私各店
和　昌醬園在牛乳巷其和昌醬棧在穀埠為私貨總館
義　記在大有街　何光五
怡　昌在居安街　張老杰
新景福在新橋脚　莫老三
義　德在大有街
同　義在大有街
太　昌在牛乳巷
時　記在花徑街　何光五

[redacted]

六品軍功林桐芳謹陳策畧二條敬呈
憲鑒職員屢經勦復荷蒙優奬深仰
中堂沉智妙運用兵若神見衆人所不見知衆人所不知勝於
無形戰於無聲逆匪前亂運謀靖之逆夷前吠伐謀勝之
神妙機微運戰於心職員少習兵機久欽
中堂計無不成戰無不勝弟刻下陸勇既足水勇未戰官兵謹
守義民未倡可否職員挑選精於陸戰善於水戰者三百名
願為扮作義民之倡或水或陸因機乘隙遇便倡戰或扮商
賈船隻或扮來往民人忽聚忽散或夜或暮或擊其三板以
奪逆夷遊兵或焚火船以除心腹大患或夜襲砲臺以復省
城險要統此三百之勇或水或陸扮作種種色色以作我軍之
遊兵以乘彼之機隙也倘有敵機或得敵隙遲速飛報請示
辦理自可無失敵人機會也尚能先焚火船隨復砲臺然後
徐議大計制其死命自必無難矣其破火船之法或用果敢
水卒潛帶水砲遊入火船之底兩輪之中將水砲繫在兩輪
之閣其水砲用藤加漆載以火藥三担用竹筲線火線砲發其
勢酷烈突然轟趣自必分碎而猝焚也是不用旁擊對擊
而用底擊是不用晝戰明戰而用夜焚暗焚夜裏水平卒精
器巧此焚火船中之一法也又或用最快最急小艇四十隻渡船
兩隻夜裏扮作民艇民船以十隻小艇用砲擊其一輪以二十隻
擊其兩輪輪破船自無能為矣復以二十隻四邊埋火箭火
煲火桶齊射齊擲務焚乃止而兩渡又復用砲夾擊火船烟
通兩邊齊砲齊射齊擲自必如意得捷也謹陳兩策聊備
芻蕘之獻是否可行仰祈
憲鑒
再稟陳管見祇係大畧情形至因敵制勝用陰用潛運謀
運詐則又俟隨事隨時密稟聽候
示遵合併稟明

[redacted]

標下潮州鎮標儘先即補把総饒人龍謹陳策畧敬呈
憲鑒
一請飭局備造草船二十隻內貯樟腦烟硝火藥等項用
鉄鍊一條長三丈將草船鍊造兩隻一連先用繩索將
兩草船揶造一處每一草船安置得力潮州水勇六名

乘夜由石門順潮放下將近夷船先將繩索砍斷放起火
來使草船一字兒分開船上之勇落水務使草船挨攏
夷船如此則夷船斷難逃脫矣另用大頭三板二十隻每一
三板置五百斤或三百斤大砲一位抬鎗二枝配潮州水勇
十六名在草船之後以分拒夷人三板並接應草船鳧水
之勇夷船一燒則公司行海珠台兩處斷難支持矣愚昧
曾見是否有當仰祈
憲鑒

[redacted]

謹將公捐夷務軍需銀兩數目開具清摺恭呈

憲鑒

憲署發下銀壹萬兩

海關恒　捐銀壹萬兩

藩司　捐銀伍千兩

兼署臬司督糧道　捐銀肆千兩

運司　捐銀伍千兩

署肇羅道蔡振武　捐銀壹千兩

署廣州府郭超凡　捐銀壹萬兩

署韶州府陳應聘　捐銀壹萬兩

理事同知清恩　捐銀壹千兩

廣糧通判程乃乂　捐銀壹千兩

南海縣華廷傑　捐銀伍千兩

番禺縣李福泰　捐銀伍千兩

署東莞縣劉式恕　捐銀伍千兩

署順德縣李鼇　捐銀捌千兩

署順德縣李潤　捐銀壹萬兩

香山縣邱才穎　捐銀壹萬兩

署新會縣帖臨藻　捐銀伍千兩

以上共捐銀拾萬零伍千兩

再增城花縣二處擬分派伍千兩先由廣州府函商再行定數合并聲明

F.O.682/318/1(4)

P.1

十一月二十日廣協千總黃賢彪解

梁亞洪供年三十六歲南海縣江浦司百滘村人父母都故並沒兄弟
妻子平日在省河沙面淘銀沙度活道光十六年二月內犯搶
擬徒發配陸豐縣安置十九年徒滿釋回仍淘沙度日咸豐五
年八月十二有羅有牙進來省到十三行尾探望淘沙的梁亞
金小的也在梁亞金處坐談與羅有牙進認識羅有牙進說起
他現在黃埔新洲怡益店內住歇有賣豬仔的路數小的就
起意誘拐賣錢使用隨往藥店買有閙楊花製成備迷藥
藏放身邊八月十五小的在靖遠街行走見有一人年約廿餘
歲衣衫破爛知他沒人雇倩隨向那人詢問那人說係姓
張現在並無頭緒小的就向他騙說帶他往黃埔鬼行雇工
每月工銀四元張姓的人應允就帶他同行到十三行地方又見

62

有一人年約三十餘歲與張姓的講話衣衫亦係破爛隨起意
一併拐賣即向問係姓黃仍說帶他往黃埔鬼行雇工黃姓
人應允後即一併帶往黃埔新洲同羅有牙進帶往佛囒
西鬼船售賣有唐人不知姓亞根亞狗仔大隻九亞伊們四人
在那鬼船傭工把張姓黃姓二人交與亞根們收管每人賣銀
八元共得銀十六元小的與羅有牙進各分得銀八元一次九月
十四日小的在聯興街行走與素識年約三十二歲的陳亞又三十
六歲的黃亞咸二人撞遇小的向陳亞又們騙說舉荐他們往
黃埔鬼行雇工陳亞又們應允小的就帶往黃埔新洲仍同羅有
牙進帶往佛囒西鬼船交亞根們收管每個賣得銀八元
共得銀十六元小的與羅有牙進各分得八元一次又九月廿

P.2

一日在新基渡頭見有一个年十餘歲的孩子問名羅亞幅係在下九甫住家雇工迯出起意誘拐帶他到茶居飲茶把迷藥放落茶杯給羅亞幅飲了就根隨小的隨即帶往黃埔新洲仍同羅有牙進帶往佛囒西鬼船售賣賣與夷人近身服後交與亞根們收嘗得銀十元小的與羅有牙進分用一次本年十二月十八日小的在杉木欄行走不想就被官兵拏獲解案同線人吽小的做路捉得三兩個漢奸可以在副爺處出入這話小的是以把亞根們四人說出小的寔止誘拐唐人轉賣三次並沒做過漢奸及情愿做線引拏亞根們的事是寔

供黨

羅有牙進年四十五歲南海縣羅格圍人現在澳門販賣猪仔

63

十二月

日

十一月二十七日六品生員金石銘等解

郭亞奀混名茶幽餽供年三十三歲南海縣屬省河蛋民父親亞汝年七十六歲母親已故兄弟二人哥子亞仰小的居次並無妻子平日在劉亞培西瓜扁船上傭工本年九月廿八因鬼子滋事工主把小的開除小的就在伯母小艇寄住隨有素識在紅毛快艇的漢奸不識姓亞比叫小的替鬼子駛三板艇亞比因他在鬼子處傭工日久不敢登岸叫小的代買食物接濟夷人每次許給工錢二百文小的應允就于十月初八初九十二及十一月廿三廿四廿五廿六等日每次交銀三四錢至一二元不等每次買取豬肉麵食柑橙芋頭番薯等物交與亞比轉交夷人應用共七次每次除工錢外可賺銀一元至一二錢不等廿六日買物後小的在環珠橋上岸不想就被查拏解案小的寔止買物接濟夷人共七次並沒探聽兵勇消息的事至亞跛名祖蔕師爺帶二人係各自有艇隻買物接濟夷人的那紫洞艇係鬼子在花地搶來住鬼兵的小的代鬼子買就食物有時送交快艇亦有時送交紫洞船是寔

十二月十二日軍功七品關文照解

梁亞容供年三十二歲省河蛋民父親已故母親陳氏年五十七歲並無兄弟娶妻杜氏生有二子二女平日開擺小艇販賣鮮魚度活本年十月二十日有在省河嗶艇的紅毛夷人給小的紅毛鬼子五色長方旂號一枝以便來往自十月二十日起至十一月初二日止陸續與夷人買過鮮魚二十次每次給洋銀一元或錢五六百至三二百文不等小的每次可聽得錢多少亦不等又于十月二十一日在新荳欄渡載不知名鬼子一人往海心嗶艇得洋銀四分五厘一次又于二十一晚嗶艇的夷人叫小的用小艇裝載鬼子二人洗刷洗嗶艇艇旁未有銀交給一次又于二十四日在新荳欄裝載鬼子二人往海心嗶艇得洋銀四分五厘一次至省河小艇領有鬼子旂號代買食物及擺渡的共有七八隻如係自覓本錢販賣青菜生菓食物不用領那鬼子旂號亦可搖艇到鬼子船边售賣小的于十二日艇泊洋塘涌口被获解案小的寔止接濟夷人二十次渡送鬼子二次用小艇裝載夷人刷洗船旁一次那鬼子旂小的于被捉時丢棄落水此外並沒探聽軍情攻打炮台的事是寔

十一月　　日供

十一月初九日軍功七品頂戴郭有性解

何亞有即陳村有供年三十六歲三水縣老村人父母都故兄弟二人大哥子遂臣小的居次並無妻子向在新基渡頭賣麵食度活上年十一月初八日獨自起意在黃埔誘拐黃亞福賣與花旗鬼子爲奴得洋銀三圓一次又是月廿二日獨自起意在黃埔地方誘拐黃亞有賣與花旗鬼子為奴得洋銀三圓迨後回來仍在新基渡頭賣麵食因無妻子親戚認識小艇的蒯牙亞一婆為契媽早晚同爨并在他的艇居住本月初六日在德興街新中和行與紅毛鬼子代買鷄蛋十只白糖二斤一次不想初九日在稅館口被壯勇捉獲解案小的實止拐賣良家子弟與夷人二次接濟一次是實

十一月　日供

十二月初十日順徳協記名把總閻福安解

周亞九供年二十歲南海縣金利埠蛋民父親連枝年五十三歲
母親黃氏年五十五歲並沒弟兄妻子向駛小艇在省河賣菜
為生小的於本月初八日駛艇往韮菜欄買有芥菜白菜
回金利埠河面經過十三行有紅毛鬼子火輪船一隻船旁
上刻有順興唐字二個邀小的買芥菜六斤得銅錢六十文
初九日仍在韮菜欄買菜回来復經十三行河面紅毛鬼
子火輪船邊他與小的買有白菜卅餘斤得銅錢二百文賣
菜後小的艇回金利埠文魁扁河面就被兵丁查知把小的
拏獲解案小的實只接濟紅毛鬼子青菜二次是實

十一月　日供

FO.682/324/4(7)

現在各鄉禁与夷匪交易而蛋船私販不虞寥寥乃內河夷匪仍不至饑乏者則由其大船於香港販運外洋之物食往來以為之接濟也頃有人自香港回稱言本月中旬該夷船運有麪頭二百餘桶并牛隻駛至香港其牛之角与中國異形是亦物食取給於外之明証取給於外則香港之物力疊而因以轉輸於內河則內河夷匪之食用亦給於其船之販運於外洋者不遽饑遏絕之其船之轉輸於內河者似可設法堵截之也月前有大輪船駛至獅子洋千總蘇海所帶之船泊於中塘一帶汊河者

駛出閧炮向轟夷匪甚爲慌亂大不能據此
係搭其船者所目擊而言之蓋其船彼往此返
每次不過一二隻船上夷匪無多我若於衝要
之處埋伏多船乘其正在駕運難於拒敵之
際出其不意合併環攻自必使之摧敗今蘇海
已往他處務斷轉輸之路似宜擇取東
莞安紳責令帶領各鄉沙艇需費不多調集安便且速
埋伏中塘滘一帶如有任從夷匪船隻往返者
即惟其是問如此則夷船出入不能自如雖恐
難於爲絕而該夷運道艱阻不無裨益也

探得大王窖砲台
紅毛暗車火兵船貳隻
大石閘上下
紅毛三枝桅兵船壹隻
又明車火船貳隻
又暗車火船壹隻
虎門口
三枝桅兵船貳隻 内兩層砲眼壹隻

敬禀者本月二十一日探得昨泊大山村前暗輪火兵船壹隻於昨酉刻駛出口現白帽鳌仍泊明輪火兵船壹隻暗輪火兵船貳隻頭艋船壹隻大石閘口泊夷大兵船壹隻自大王臺至大石閘口止共火兵船肆隻昨夜初更候逆夷用火兵船貳隻在四沙口河面搶去石龍往香山渡壹隻另載米西瓜扁船叁隻拖落蓮花山下合將探得緣由禀

聞伏乞

憲鑒 千總李國英謹禀

探得十五日午刻夷人兵船二隻火輪船二隻三板船數十隻攻小横檔炮臺，臺上炮高不能擊中夷船，午後人懈，三板船上逆夷遂登岸到臺，臺兵勇皆走，沙角横檔之兵亦望風而逃，計是日兵丁被傷者二三十人，其落水者夷人亦駛三板往救。十六日巳刻該夷又攻三遠炮臺，臺上並不回炮，提軍先走，兵丁將弁相率俱逃，其駐臺外之勇亦走，夷人遂由臺背灘邊登岸到臺焚燒火藥而去，亦不踞守，惟沙角一臺尚未曾破。聞近有夷船數隻灣泊亦臺外，其炮臺豈夷人不踞而兵丁亦不敢往守。現在虎門一帶官民紳士集議團練，紛紛亦毫無主意

F.O. 682/327/5 (34)

此旗色大小火船六隻分泊在永靖堡砲台側白鵞潭一帶河面

另有火船二隻泊在鷄鴨滘河面並無旗幟

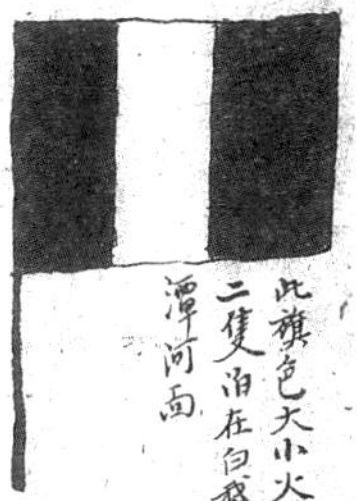

此旗色大小火船二隻泊在白鵞潭河面

此旗色大小火船二隻泊在白鵞潭河面

COMMISSAR

ADMIRALSOFFCE

此鬼字號在河南洲頭嘴永泰茶棧行尾等處

河南洲頭嘴茶棧

利全棧　慎祥棧　寶章棧　義合棧　永泰棧

以上棧房五間俱有逆夷住扎

同孚棧　利貞棧　昌利棧　厚泰棧　德泰棧　順興棧

謙和棧　慎昌棧　雪棧

以上棧房九間現無逆夷住扎

煙地吉　現年約四拾餘歲係花旗國人由水手出身輙做了片於道光拾五六年間在金星門了片躉船至今約計賺銀五六百萬咸豐二年娶紅毛女為妻現住澳門南灣砲臺側煙地吉行伊出本與紅毛合謀進城其軍餉至今已用二三百萬了另補西洋死兵銀三萬餘現有火輪船三隻因紅賊起事以來運貨送客更賺銀一二百萬之多紅毛得進城分河南近水一帶與伊起造等語

士陌火船
金花火船　以上三船約造本銀拾一二萬之間
蓮花火船

十一月　　日呈

105

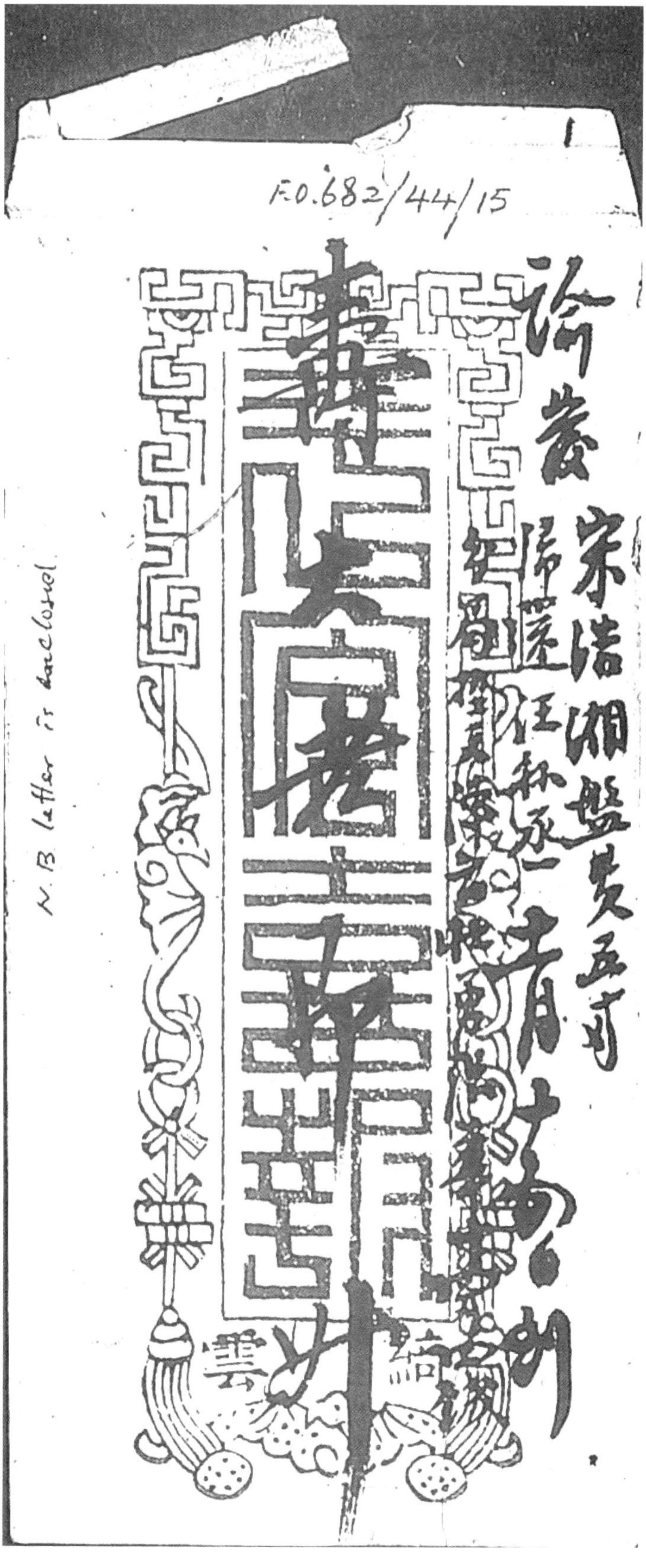
F.O. 682/44/15
N.B. letter is enclosed

FO.682/44/15

現要發宋浩湘薪水銀叁拾兩來往如數並新會脈
添港佳紀學樂費銀五千兩即先交林千帶回餉補
其領收存案可也又新化之男孫要張華于初一日陳
已應信郵銀兩有拟除還注即班船來發十四兩罷此項之
交來手帶回歸款此項即多桂
升安不一　弟推耕
十五日辰刻

綺雲樓

F.O. 682/44/15 3

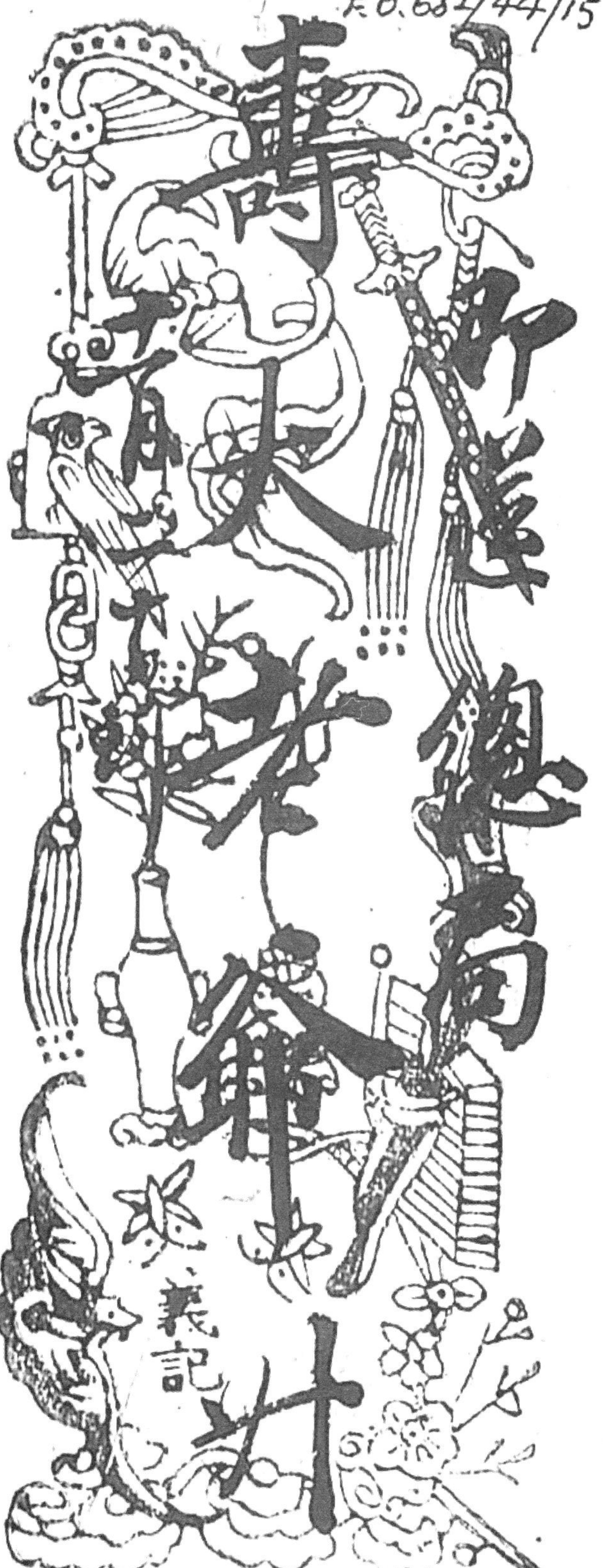

N.B letter is enclosed

固

要

頃間 張德普兄又來要辦藩槍器械銀壹
百捌拾兩只得委員送交照付但歷次零星支用銀兩盡
查文領存案礙難指銷應請支應所細查
支去若干目備文移送以爲案據總共經費若干兩
爲荷東局汪翔齋應領經費兩撥送 張德翁
買軍火銀壹百兩此款應由總局支出歸還汪翔翁
爲清款免至膠轕此布即請
捐約款請設法籌款
升安 名正具 廿日辰刻

5

F.O. 682/44/15

署羅道台

張大人台啟

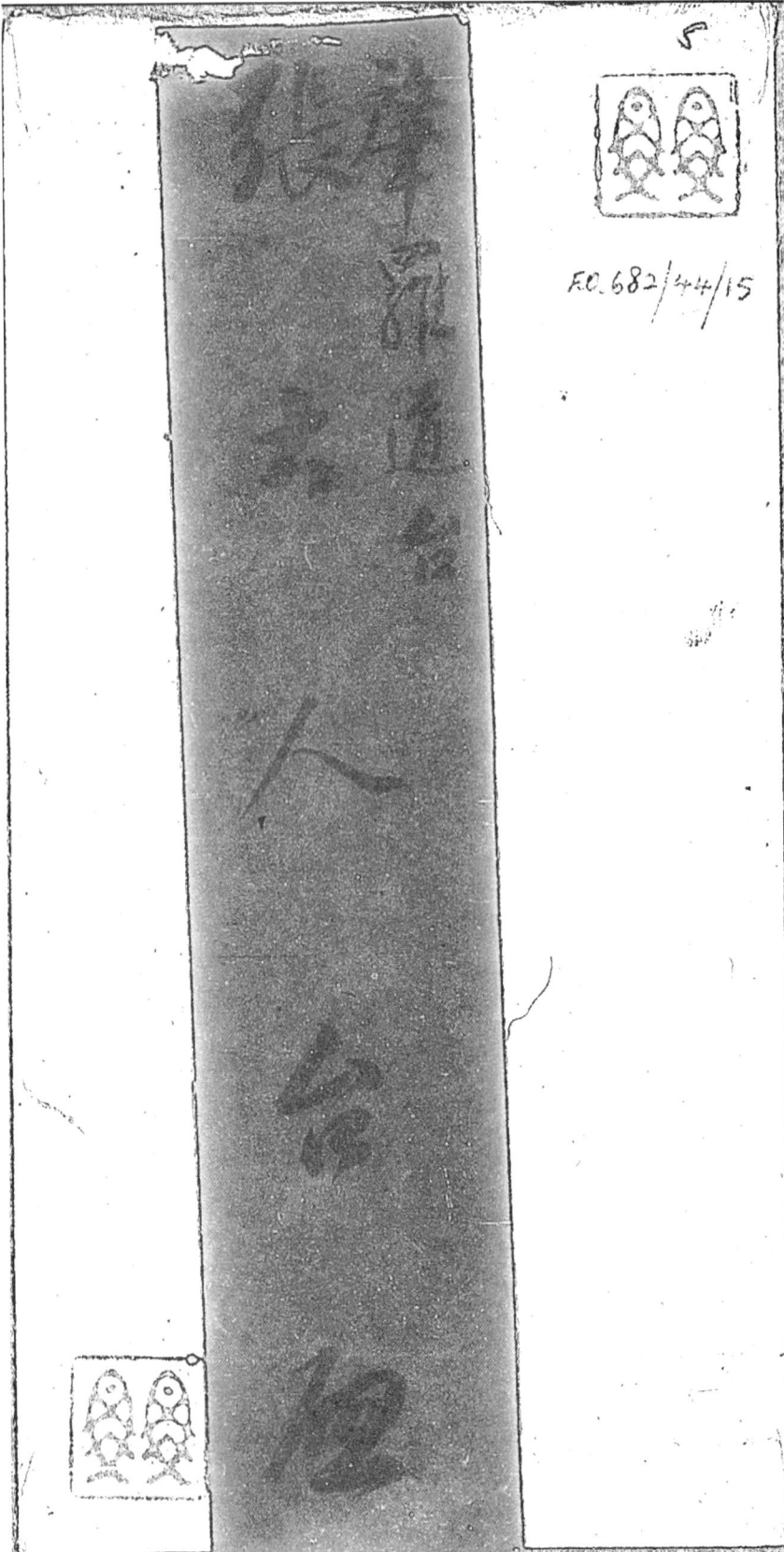

廿日俞妻袁氏來銀壹百捌拾兩當

傳鄭姓前來領去收即請

刻安 治星弟張發ゝ

有

廿日刻

張鑾三報糧除裁十船外尚有卅隻糧
即撥發半個月餉取領收存案

三月廿五日酉刻奉到印諭
葉

十二月二十六日 前收來張
收到銀一百八十兩回信

8

F.O. 682/44/15

敬稟者：現派經壽字營委理東閩分局支應，祈先付銀四百兩，隨後補具領狀可也。壽

札即希照發為要。此頌

升安

東援

名另具

廿八日未刻

總局支應所戳記

9
F.O. 682/44/15

前廣西臬司張　要領雇船
銀壹百七十五兩即付為要
文應之兄照
十七日酉刻要條字

10

F.O. 682/44/15

前廣西張臬司要領修船運柴煤鋼四

拾兩第印照發

總局支應所發記

十九日戊刻吟勝

支應所照

綺雲樓

賞孫令壯勇打仗出勞叁百兩正

十一月二十日支部和平知陳義潮勇七月廿五等日在鳳凰岡攻打逆夷賞銀叁百兩
總局支應所登記

月 日

12

標下廣州協右營防守東定臺候補千總蘇文鈺、額外外委陳國相、添派武舉韓能源敬稟者，於初四日申刻有逆夷

在海珠台車轉放夷砲擊碎東定台第八位躲口門脚石，飛傷兵丁（王給）劉朝章頭

上左額角；又閘鎮國隊下壯勇（昨已給）陳有兩脚被石飛傷，理合稟報。

十一月初四日東定台稟報

14

FO.682/44/15

初四日東砲台上受輕傷兵丁劉朝章一名，惟粵
陳有輕傷一名，暨陳有經閩鎮國寶報，昨已發給
養傷銀兩。茲查再補輕傷兵丁劉朝章一名，銀兩交
來日便發給。今只補具給領，請爲逕ゝ爲要。再廣西
張泉名當日墊賞東砲台銀三十元七兌，又墊雇船價銀
二百二十元七二兌，統祈先生分別書圖專差送來，是禱。
此布，並請
升祉。已。愚弟張頓首　初五日巳刻

十二月初五日到

十二月初五日奉到

15

F.O.682/44/15

見字祈
囑支應所速兌洋銀叁百兩撥貴東
請中保東園三台現已派王得應查勘
各台之頭帶去此致即頌
財安 弟撥安
黃啟勳

F.O. 682/44/15　16

補發大石勦夷陣亡壯勇九名　庒銀弍百弍拾伍両　十一月初九日打仗

發長洲勦夷船陣亡壯勇三名　庒銀壹百五十両　十三夜打仗

發長洲打仗重傷壯勇九名庒銀六十三両

發獅子洋打仗重傷壯勇二名庒銀一十四両　十四晚打仗

以上通共銀四百五十弍両印發　十二月　日

FO.682/44/15　17

蘇千揔及林勇巡船葉等在二帝海面大獲勝

仗奉

中堂諭賞士兵洋銀壹千弍百伍拾圓又

十月十八在白鵝潭與夷船打仗賞銀壹百五十兩

祈即付交蘇千揔收領轉給爲要此請

升安不一　星弟　頓首　初四日午刻

倚雲樓

張大人 信在內

F.O.

十五日辰刻新會滘頭餉渡由鄉到三山滘之上將到大王滘炮台夷賊用三板壹隻提拿此渡被該渡開一三千斤炮打沉賊三板淹死賊十余人炮台欲開炮此渡轉頭順帆而去矣 今早卯刻聯興橫水渡被賊開鎗打死一人傷者二人

[redacted]

十一月十八日彰化局紳李文田等解

郭亞就供年二十二歲番禺縣屬省河蛋民父親亞四年五十六歲母親布氏年四十二歲兄弟四人二弟亞桂三弟亞帶四弟亞松小的居長並無妻子平日開擺小艇往黄埔販買私塩來省河售賣本年十月初二有在紅毛士巴火輪船當水手的劉亞蘇同亞百雇小的到士巴火輪船當水手并當伙工每月工銀九元除劉亞蘇們扣出寔得銀二元船内鬼子頭人名啞忌十月初七火輪船攻打東砲台小的幫同傳遞火葯一次十七日小的由火輪船登岸到馬頭地方就被拏獲解案小的寔止受雇在紅毛火輪船當水手幫遞火葯攻打東砲台一次是寔

十一月　日供

[redacted]

查湴洲南北兩路間有土民用企戙保沙地之處至獵德一塘之路河中前築水壩中閘木樁塞斷大船由南面順潮可行小船南北路順潮均可通行

查大王炮臺之南河面前築木樁如之字式火輪船往來似有不便三板船亦可通行

查離洋樓三里之遠係在大滘口河中之南有前買夷船一隻船底沈水桅木二枝見在河面又有貞吉一號半隻沈水至九號戰船均近軍工廠前停泊往來行船亦不有阻

查洋樓面前有大石二塊係海珠石礮潮長不見往來停泊之船或有擲棄之物潮長潮落不見有碎磚瓦堆積

查大蠔頭離省有八塘路近在長洲另探記圖說并呈

鈞電

[redacted]

謹將夷務案內自九月二十七日起至十二月二十九日支用各款開列呈

電

計開

九月二十七至十月底共支用銀二十一萬一千零六十八兩二錢八分內

各處領用經費銀一萬九千八百兩

官兵壯勇師船口粮月租共銀一十四萬七千五百五十七兩四錢八分三厘

軍裝器械砲子火葯工料銀二萬零四百二十六兩零八分七厘

19

修造各項工程兵勇行坐夫價帳房折支油燭備辦犒賞撫卹銀二萬三千二百八十四兩七錢一分

十一月分共支用銀一十一萬八千九百四十六兩二錢七分六厘內

各處領用經費銀四千八百六十四兩四錢

官兵壯勇師船口糧月租共銀八萬零五十八兩五錢九分四厘

軍裝器械砲子火葯工料銀一萬六千九百八十五兩七錢八分九厘

修造各項工程兵勇行坐夫價帳房折支油燭備辦犒賞撫卹銀一萬七千零三十七兩四錢九分三厘

十二月截至二十九日止共支用銀一十九萬八千二百九十二兩九錢九分七厘

各處領用經費銀一萬五千三百兩

官兵壯勇師船口粮月租共銀一十五萬五千五百七十二兩一錢九分五厘

軍裝器械砲子火葯工料銀一萬二千九百兩零九錢二分九厘

修造各項工程兵勇行坐夫價帳房折支油燭備辦犒賞撫卹銀一萬四千五百一十九兩八錢七分三厘

以上共支用銀五十二萬八千三百零七兩五錢五分三厘

另廣西江西清遠等處經費不在內

現存銀一萬七千零七十六兩六錢零（截至十二月二十九日止三十支項未計入）

[redacted]

謹將各路兵勇獲解漢奸供認案情摘由呈

電

計開

十月十二日太平聯街紳呂淳廣解一名

陳亞二 賣生果與各夷人數次

十月二十一日軍功七品鄭有性解一名

關登 小嚤嚕工人代紅毛買食物二次

十月二十三日槳欄四十九街值事陳紫雲解一名

梁亞依 前在紅毛華艇傭工後當水勇現接濟紅毛五次

十月二十五日軍功七品鄭有性解一名

黃亞柱 檢取砲台物件渡夷人四次

十月二十七日南海縣華令解一名

陳亞冬 被夷牽艇擺渡賣生果與紅毛三次

十月二十八日廣協千總屈大光解二名口

陳豆皮成

陳劉氏 均領紅毛旂接濟紅毛十次

十一月初四日廣協千總黃賢彪解一名

廖亞二 紅毛工人運炮及炮子各一次

十一月初四日管帶東勇千總朱國雄解一名

鄭亞日 代紅毛買食物三次

十一月初四日守備孔繼堯解一名

譚亞全 接濟紅毛四次

敵字者逆夷前者竄在東閘近復佔守鳳凰礮台又於大
黄滘礮台添船壘鋸絲排控制西北一帶其揭之
燒河南燒萬沙燒柴欄打銅十八甫第十甫等街實
為搖動搬遷以遂其乘虛放火之計若果經其燃則
太平門及西門等處既無民居鋪戶攔擋夷礮可以任意
施放則城內驚惶益長而兵勇守禦更難揆厥情形
亟宜於西城外先立籓籬以為屏蔽內城之助應請速
行派撥勁勇數百名或一千名於城西沿海各要隘分隊
駐紮方足以資保衛障惟此間捍禦必須熟悉形勢之人
歷戎行之大員統帶該要害處所地方妥籌嚴密
布置俾民志安定而城內亦多一保障至為水軍援助

聲勢竊查四年六月時人心震動一經大憲雇募安勇

往守西關關中情底定遂免西顧之憂此其明證

又查歷次敵礮入城俱在海珠台上是此砲台諒賊

用以必須奪回既據唐李兩城內不攻時刻驚擾請

預派果勇員弁簡選勁旅約期一面由城上施放大

礮一面由城腳東岸小砲上下夾攻遠近齊舉一鼓奪

回此台即將拆毀如此則敵失所據而我亦免守台之

難是否有當伏乞

鈞裁恭請

崇安 蘇常謹呈 念四日

又查礮美人在上海亦火藥火食由火船到虞港接濟云云

皆銅錢未出虞港去多應請即出示禁

另探報虞港情形一紙呈 閱 另紙

F.O. 682/325/4(12)

聞日来香港（夸作）日夕自相驚慌搖惡由地人民无計策（暗中）
伊現均有絲〻（聞夸人出兵，認令大庄口有錢者方有家，奴孥餘皆無）擄奴孥革家具食物由大嶼山一帶
駛往澳门者香港刻下查訪已緊見生人即拉放
唐人船有公者聞因伊國中有事船隻不敷用
又恐内地人時去擊搶因之終日傍徨各庄口息子
日日追逼紅毛不已以（旧）債燒燼新債求派銷款拖
怨日深日索賠償債償且約内中兵船大船出去
要索償（保單）約（現在一切）期償月中伊國作來官兩大約時來
伊國作來[illegible]（均議各庄口向生意人所說語）滅威打實賠償之兩現目下伊
國並無多兵船到來而亦無兵至港打造戲
批三板船則有之此香港做生意人廿九日從
港起身初二日到省向西関人述所呼各庄口語

中堂爵督大人安禀

F.O.682/378B/3(4)

2

[redacted]

謹將造船銀兩數目開摺具呈

核奪

一製造拖船十隻計用工料銀一萬六千七百五十一兩二錢八分除按六成減平銀一千零零五兩零六分除餘存旗幟料價銀三千零四十六兩六錢二分四厘

領寔銀一萬二千六百九十九兩五錢九分六厘

一製造拖船十七隻計用工料銀二萬八千四百七十七兩一錢七分六厘除餘存旗幟料價銀三千零四十六兩六錢二分四厘尚需銀二萬五千四百三十兩零五錢五分二厘再除減平銀一千五百二十五兩八錢三分三厘領寔銀二萬三千九百零四兩七錢一分九厘

一總局少開未報存項銀三千三百四十四兩係未發鑄炮尾數及製辦火藥銀兩合併稟明

[redacted]

謹將被夷燒搶拖罟等船一十七隻減造十隻是否有當

開摺呈

電

敬稟者竊職道由山東奉差來粵監造拖船十六隻又陡遭夷匪焚燒前經詳晰具稟在案嗣因稟請籌款補造按奉總局行知遵奉

憲諭經廣東藩司核議以太平關餉貳萬両准予借支補造前項船隻等因伏讀之下仰見

中堂於籌兵籌餉庶政操勞之際猶復

仁慈垂廑曲被恩施感激難以言喻惟是此番失事實非意料所及致未先事預防在職道雖責無可諉而情有可原一切幸邀

洞鑒茲藩司議以防範不力怠玩悞公職道亦何敢置辯但期於公事有濟爲重伏思此項船工經費爲數既鉅現值粵庫支絀兼之水路不通木料短少採買異常艱難再四思維可否仰懇

中堂於原數拖船拾陸隻及山東委員何大璋舊開風船一隻

共十七隻中
奏明再行裁去七隻減至十隻之數借支庫項計共用工料
銀一萬六千七百五十一兩二錢八分除按六成減平銀一千零
零五兩零六分除餘存旗幟料價銀三千零四十六兩六錢
二分四厘領實銀一萬二千六百九十九兩五錢九分六厘趕
辦職道情願賠造伍隻禀請扣廉歸款其餘伍隻請作
正項開銷咨明
山東撫憲隨後撥解歸還如此辦理可冀速成不致再延
時日自念遠出苦差已逾一年之久客居異地呼籲無門

惟有仰乞
憲恩終始成全俾得船工早竣駛駕回東則此後服官之日
無非戴
德之年倍銜感於生生世世矣再職道前禀寄存總局
銀六千五百兩內支剩銀三千一百五十六兩尚存銀三千三
百四十四兩係未發鑄炮尾數及製辦火藥之銀並非匿
多報少應請行局查照核辦其委員盧朝安短少繳銀
四百兩亦如議由道清償合併陳明瀝情禀懇恭請
福安伏惟
鈞鑒職道鳳池謹禀

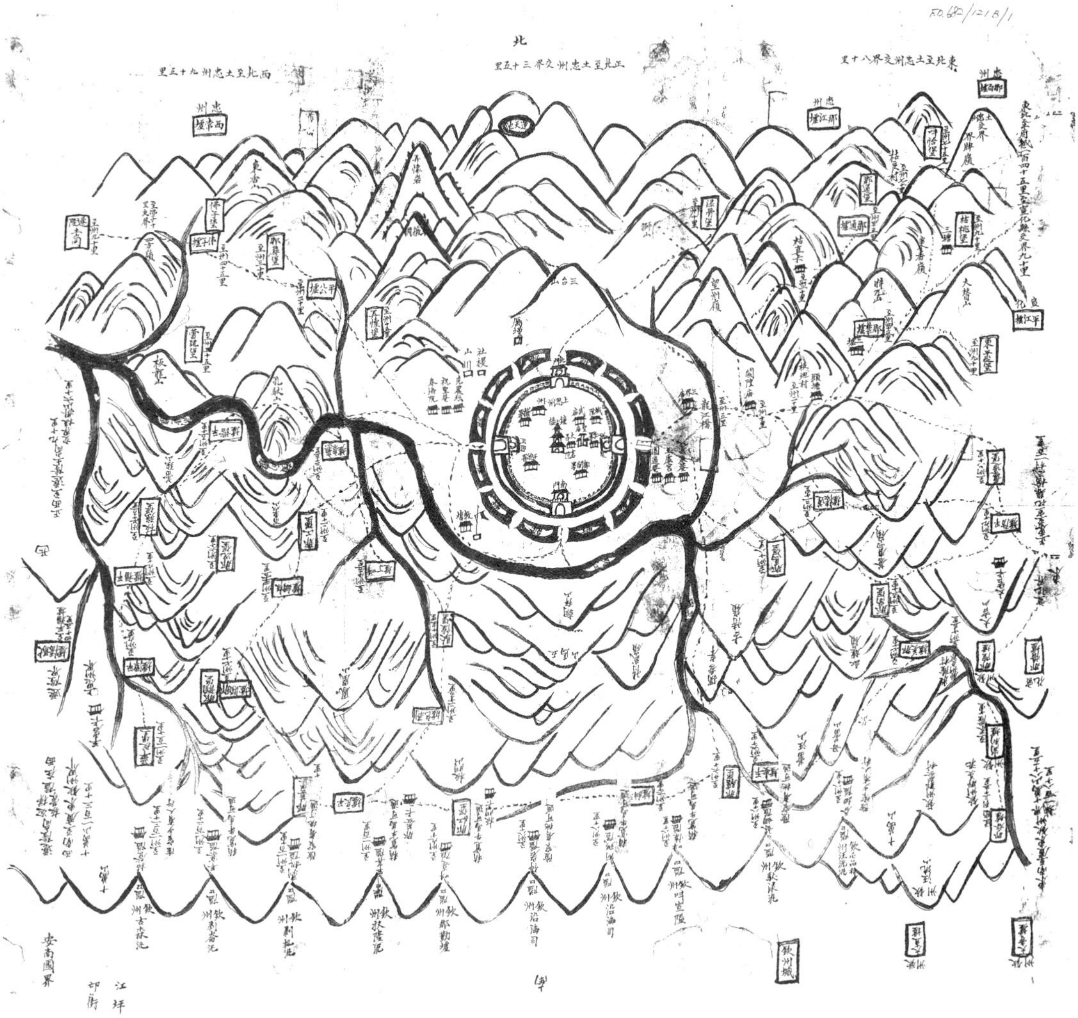
FO.682/1218/1
北
安南國界
欽州城

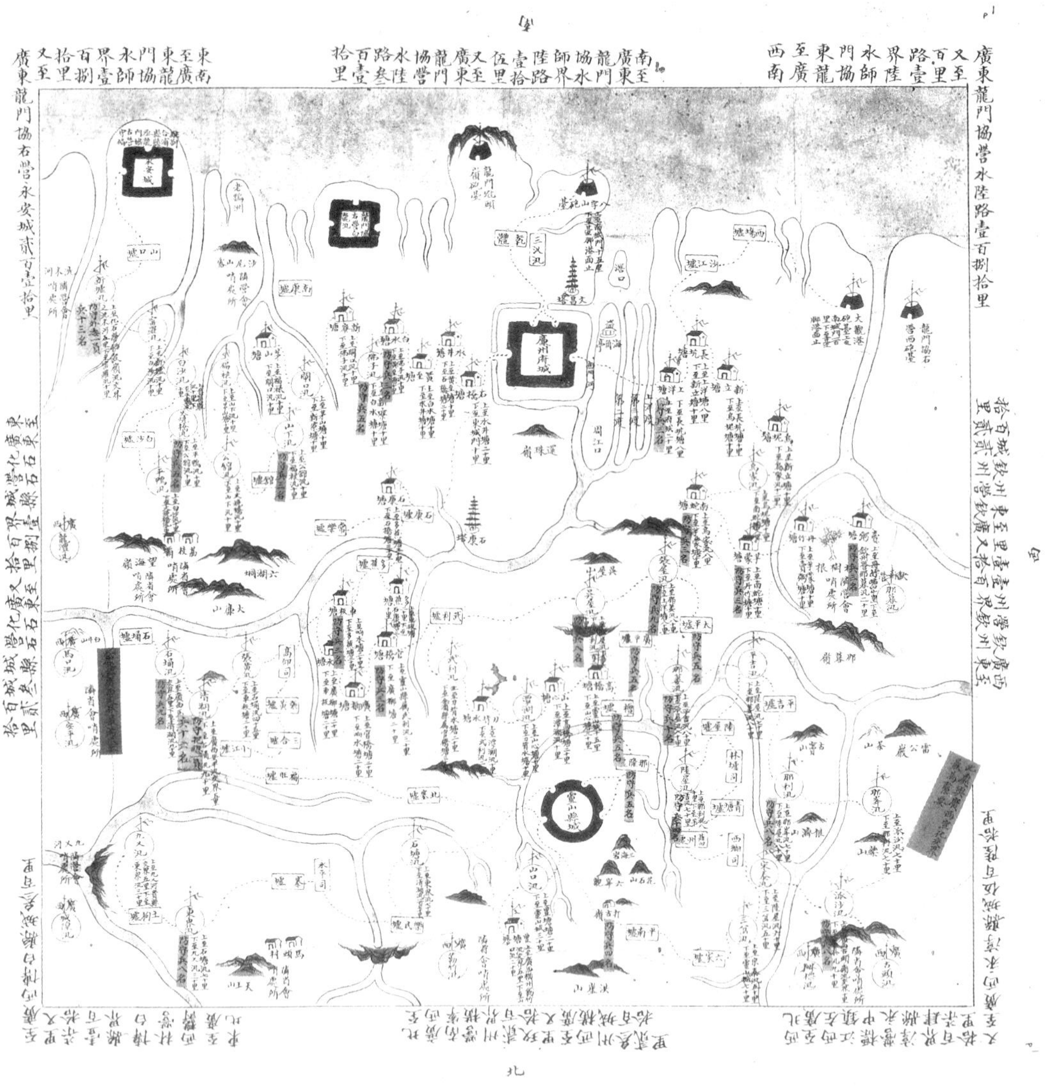
廣東龍門協營水陸路壹百捌拾里
廣州府城
北

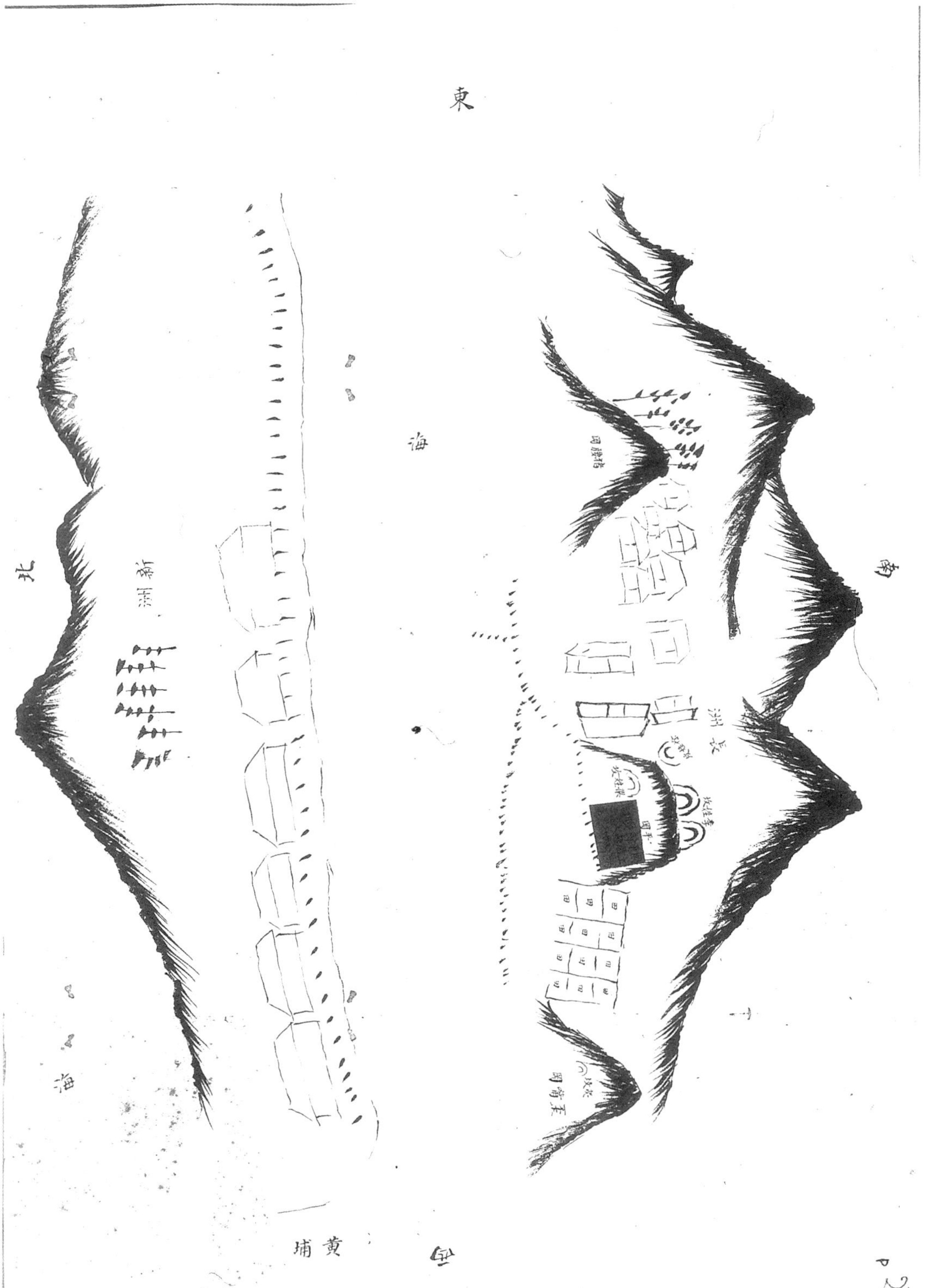
東
南
西
北
海
海
黃埔

北
南
東
西
省城
白鵝潭
南河
黃沙

西上尋田

北

南

大榔橋

河南縣城

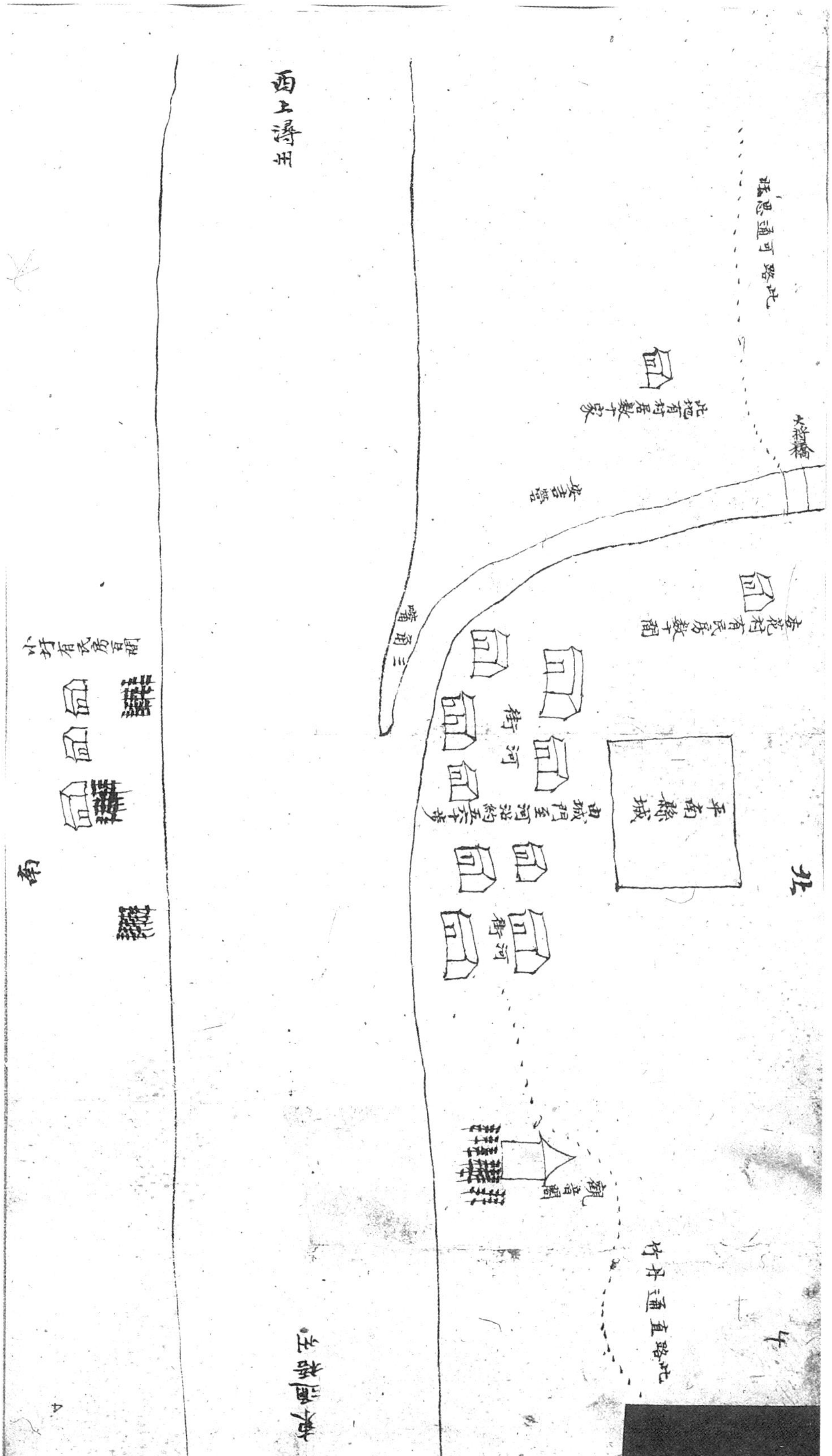

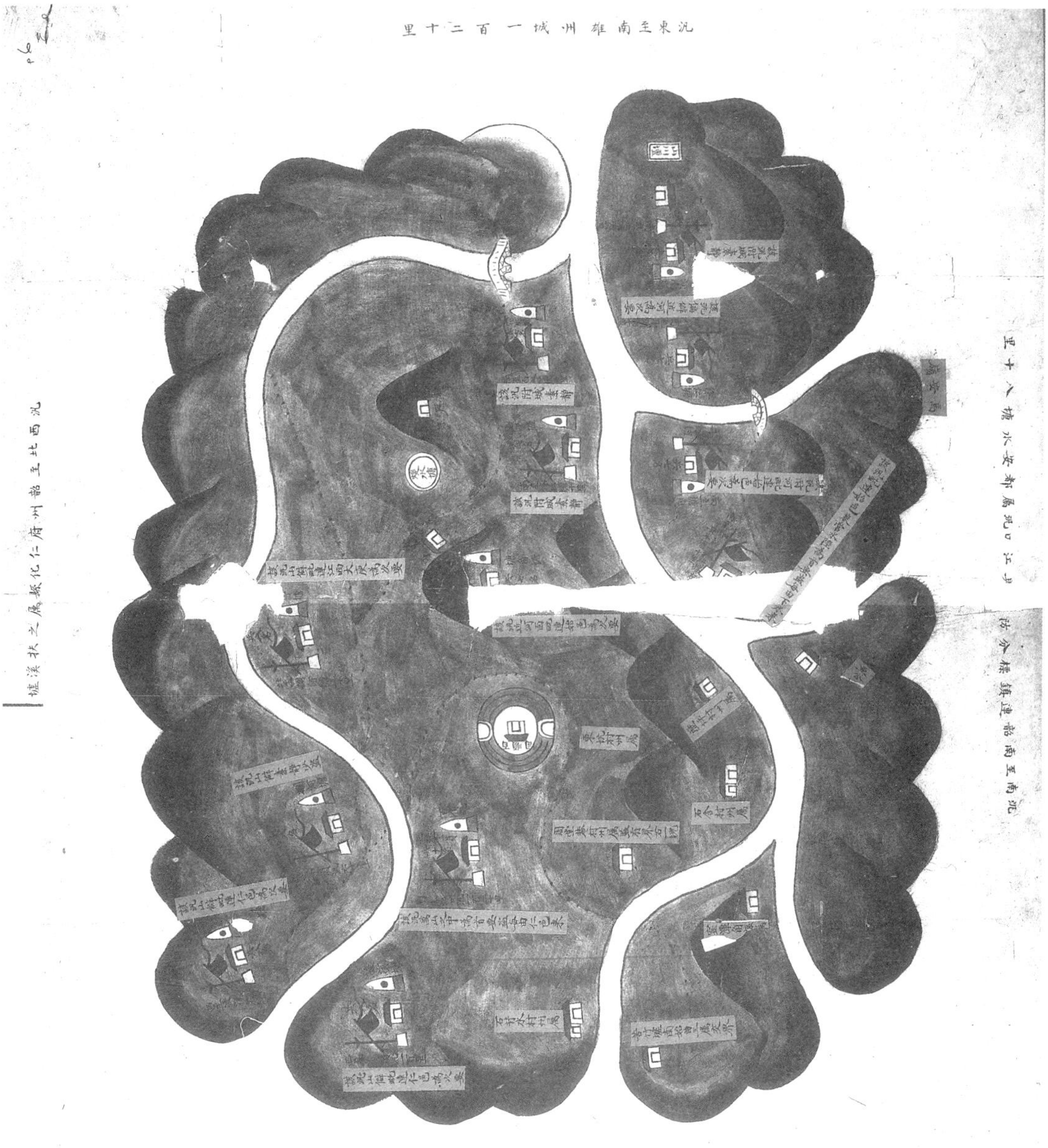

F.O. 682/1289/2(1)
西
平南縣界
此大江水上通潯州
南
下達梧州
凡有紅圈未註明者舊兵營也
北
東
荔浦縣城
永安州城
藤縣城
昭平縣城
古眉峽
佛子口
西鄉
新墟
古排
王山口
龍眼嶺
上龍村
水門
新開村
黃村
濛江口
東村
永安界
平元洞
東鄉
古東
丹竹
龍寮嶺
五指山
黃竹
白土村
仙迴里
石峽
雷劈嶺
黃茅嶺
雙峰嶺
平樂縣界
大廣
佛登
此灘江水上通平樂
桂花
平峽
高龍塘
龍冲
底塘
銅塘
上福塘
下福塘
富玉冲
古良隘
九𡎚隘
藤縣界
趙花山
封門村
野鴨
五降冲
深冲
下達梧州
冬日可涉水過河
龍門
源風
古店
北陀里
東去賀縣界

葉名琛檔案（八）

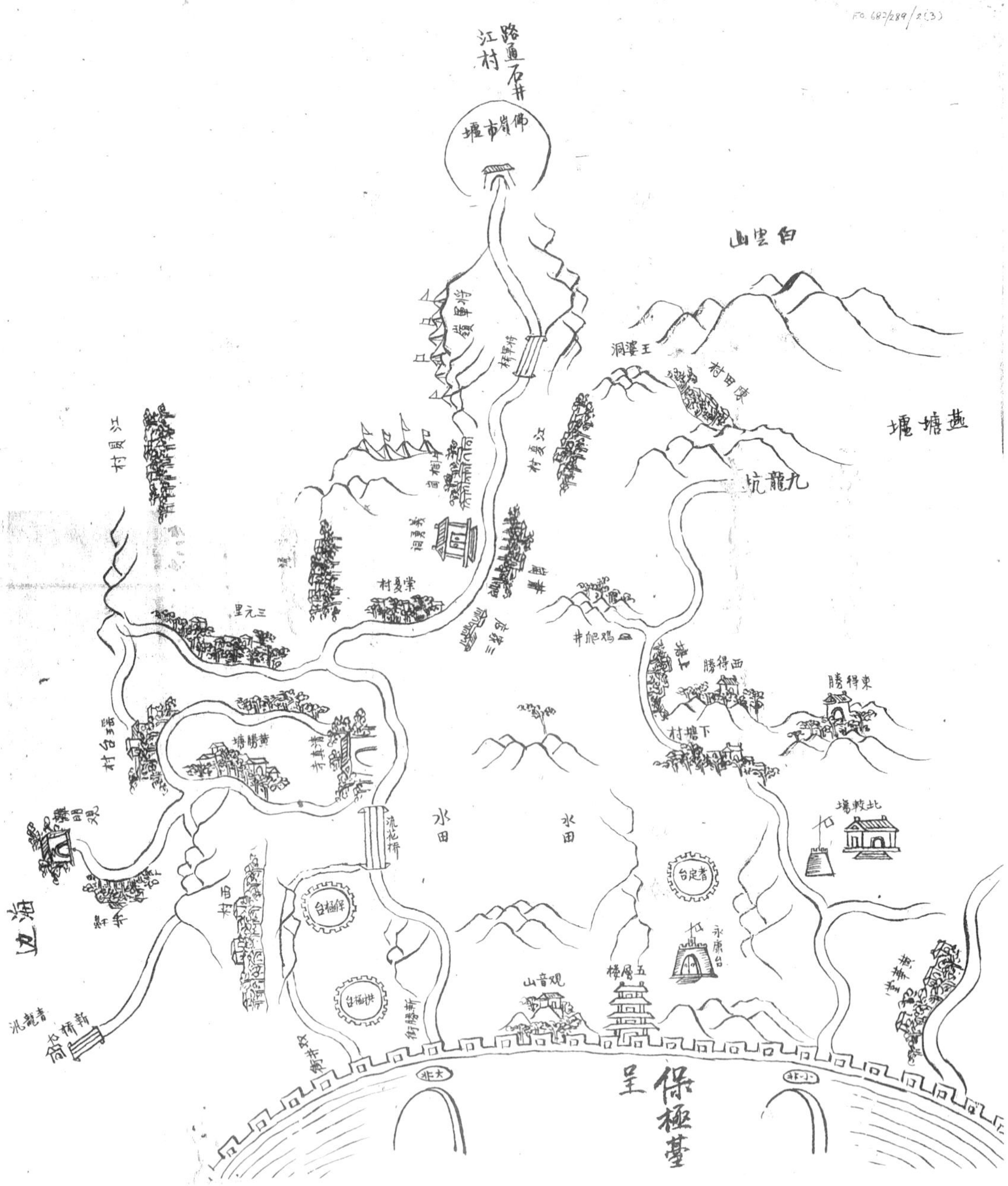
路通石井
江村
佛嶺市墟
白雲山
將軍嶺
燕塘墟
王婆洞
陳田村
九龍坑
江夏村
三元里
黃勝塘
西得勝
東得勝
下塘村
北較場
水田
水田
耆定台
永康台
五層樓
觀音山
海邊
大北
小北
保極臺

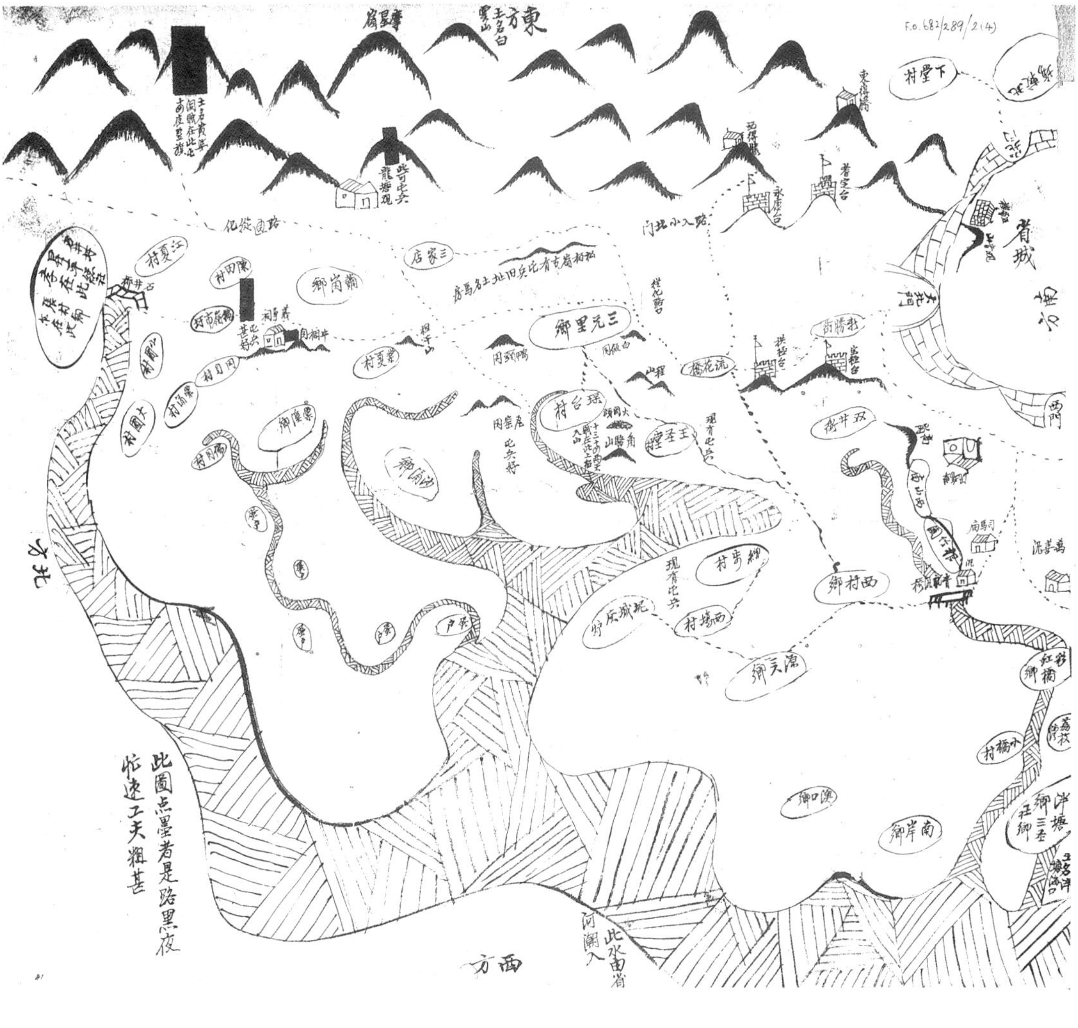

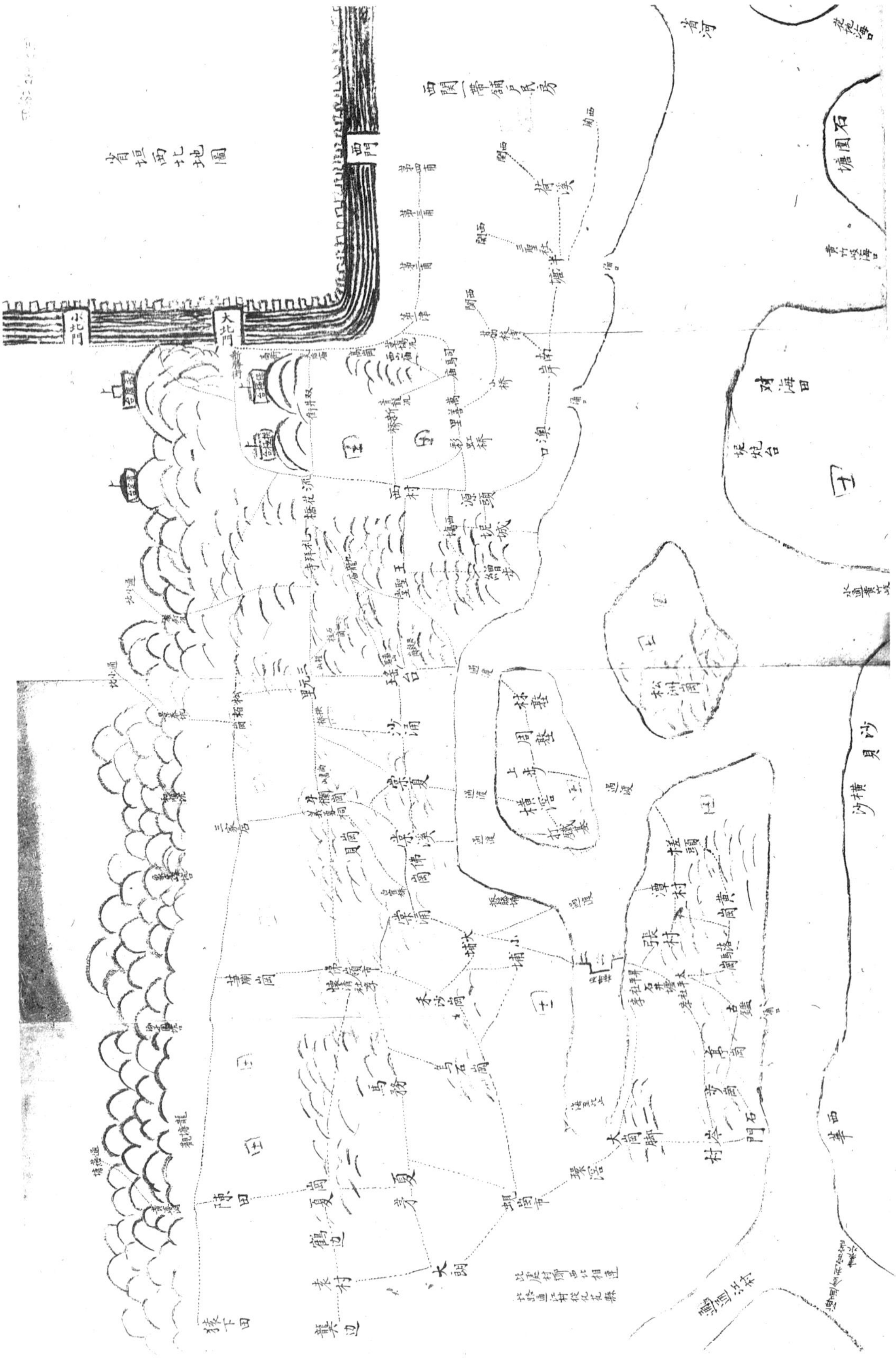
省垣西北地圖
西門
大北門
小北門

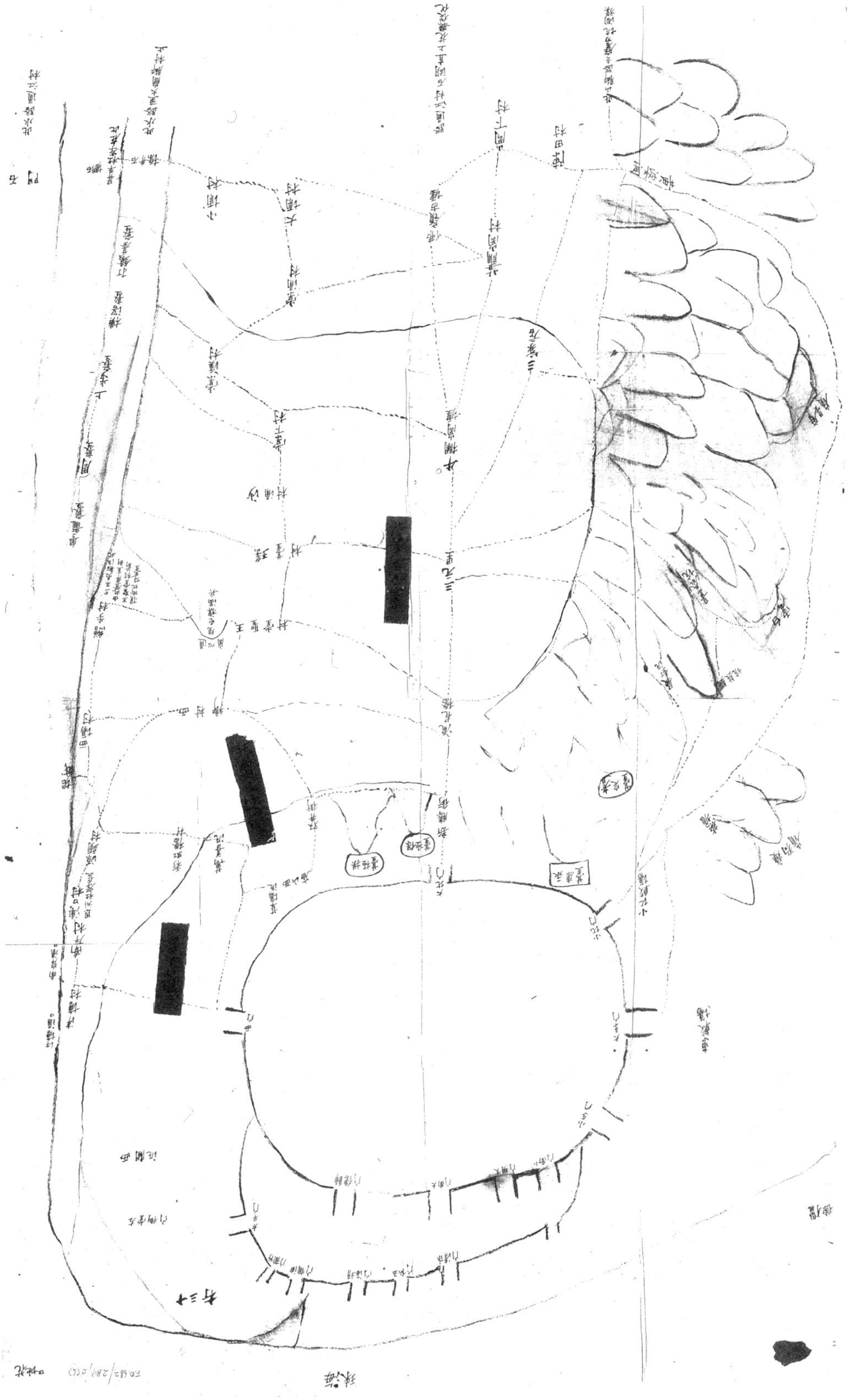

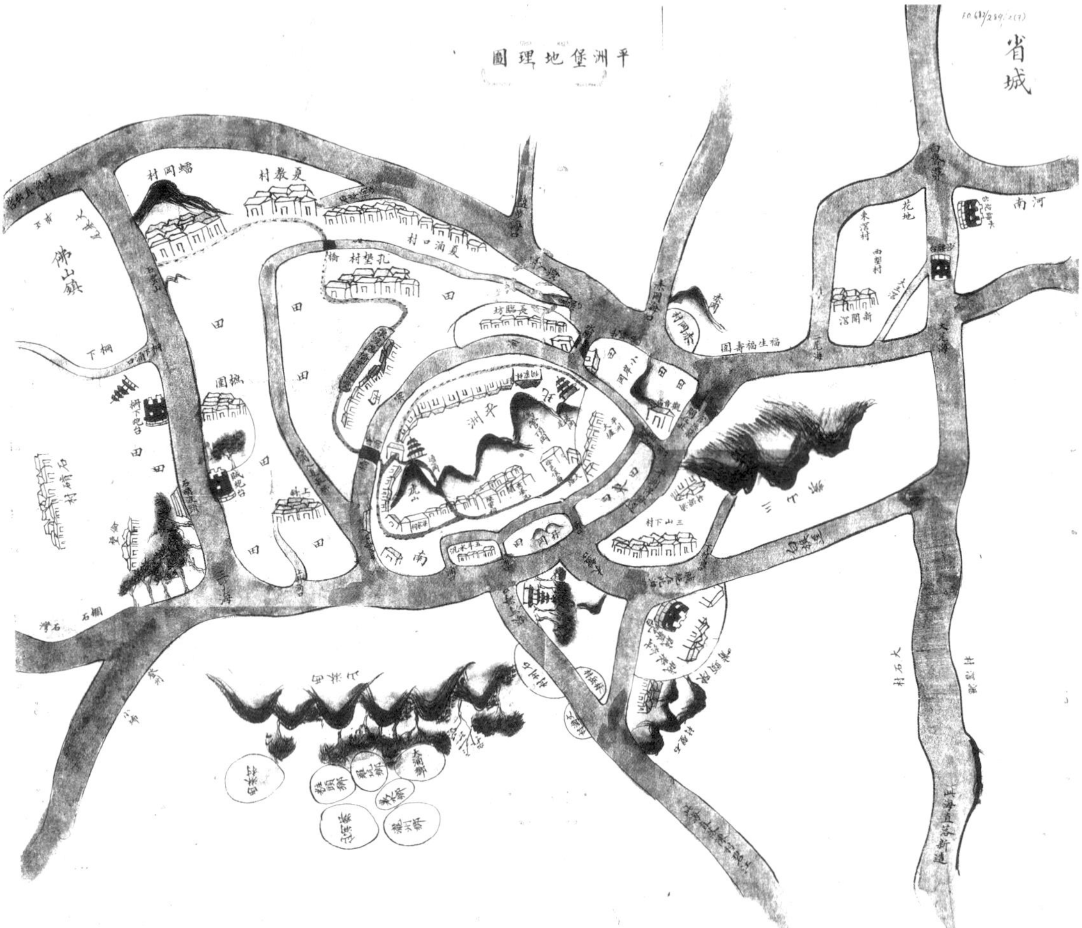
平洲堡地理圖
省城
佛山鎮
河南
平洲

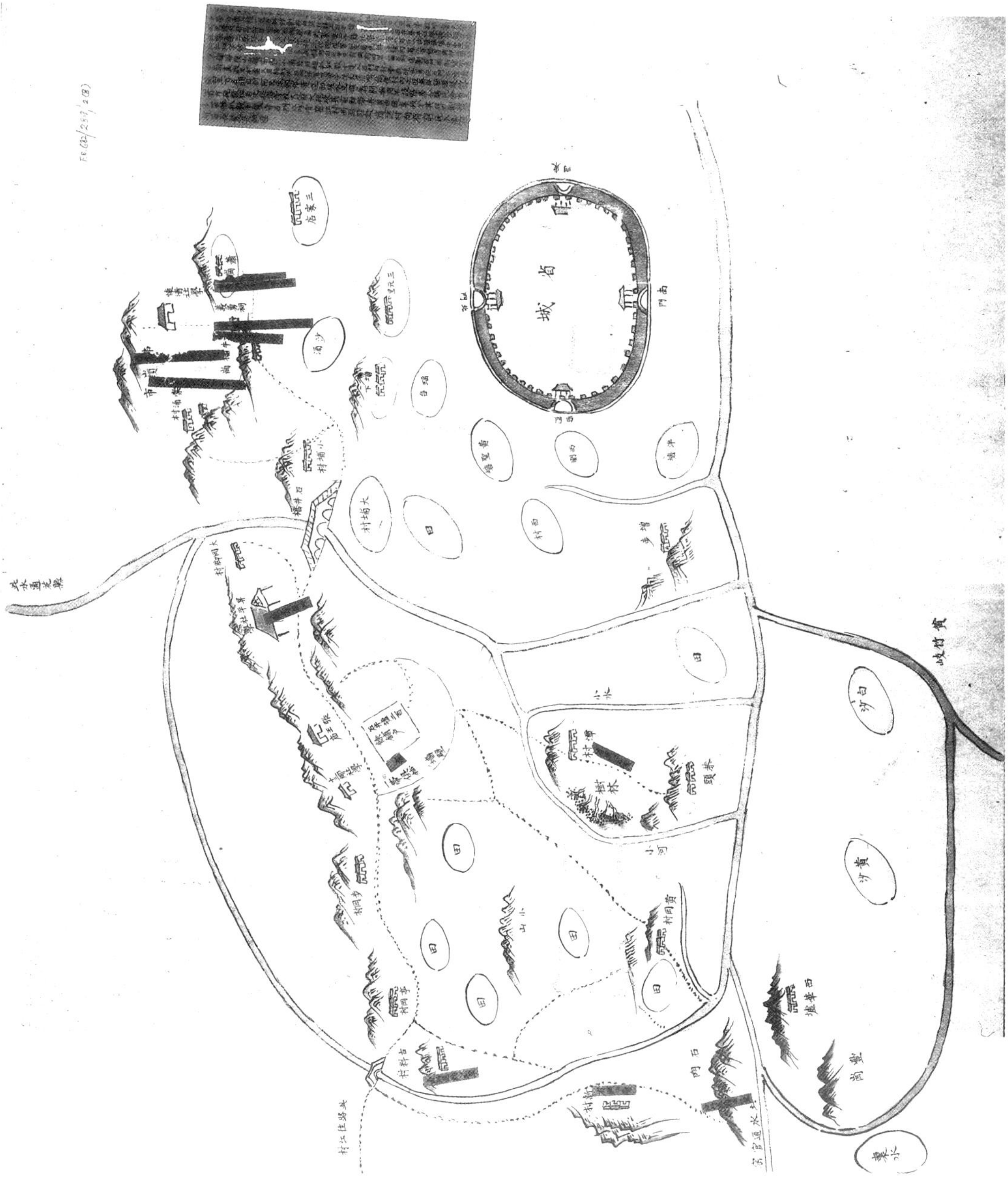

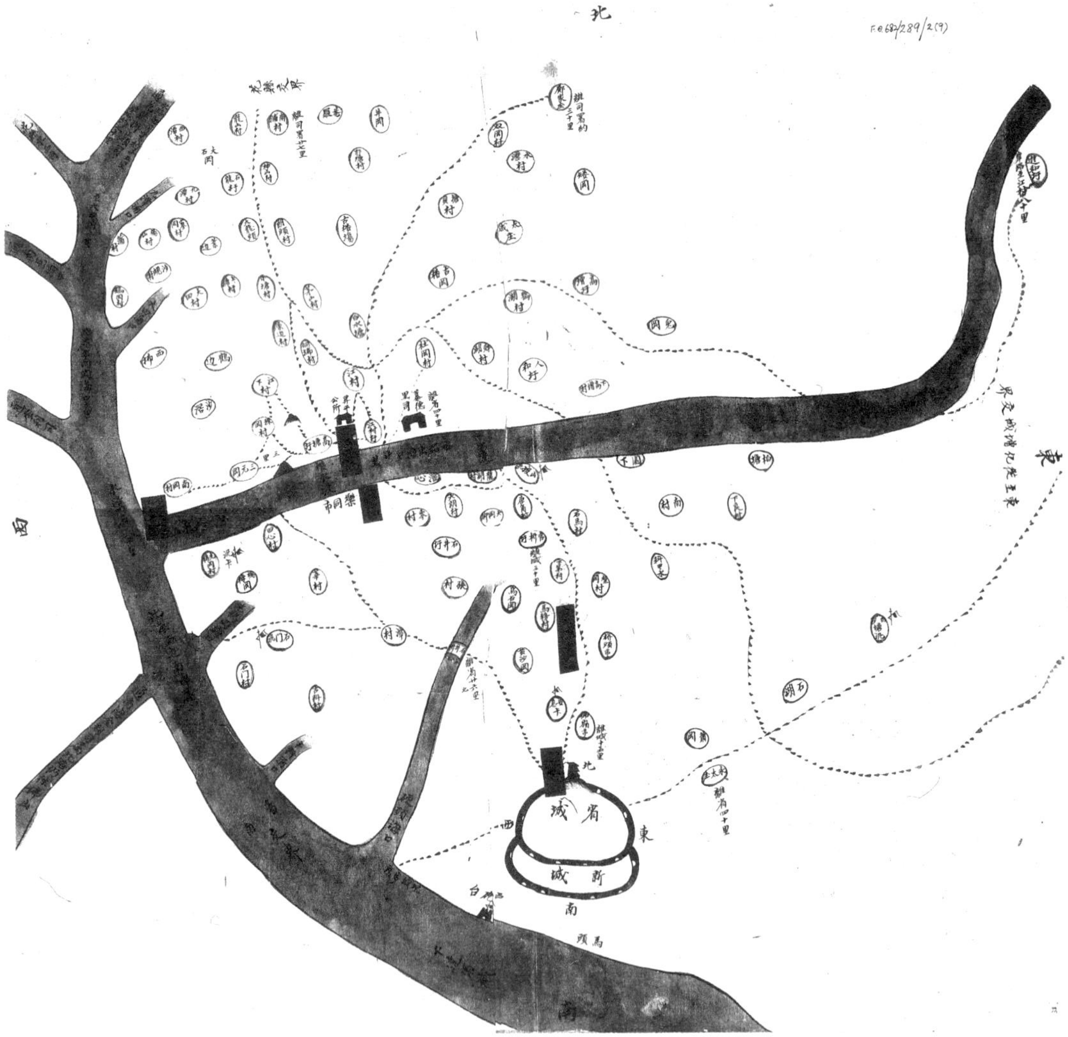
北
東
南
省城
新城

FO.682/289/2(10)

龍門協左右二營轄屬塘汛山海形勢男女服飾全圖

289/2/10

一龍門協營駐劄廉州府欽州地方該處係孤懸海島原無築造城池亦
無設立關隘惟查從前建有木城壹座週圍玖百丈續因風雨倒塌文
員亦未修復現今慙跡無存內外籠統係屬外海水師專管左右二
營並無兼轄外營隸屬高州鎮管轄文官廉州府海防同知壹員武
官副將壹員都司貳員千總壹員把總貳員外委千總伍員共帶
兵陸百伍拾捌名東至廉州營交界水路玖拾里西至越南國萬寧州交
界水陸路貳百貳拾陸里南則汪洋大海北至欽州營茅墩地方交界水
路叁拾里

一本協營分防汛地坐落廉州府欽州合浦縣地方離本營併四至里道防

(3)

守弁兵員名數目俱在于各圖說註明

一本協左營水陸地方與廣西併越南國交界內陸汛王光大菜扶隆白鷄北崙伍處與廣西省十萬大山交界又澌凛東興羅浮松栢思勒伍處與越南夷國交界又水汛石竜嶺與越南夷國釣魚臺洋面交界右營水陸地方與廣西省交界內沙尾水汛與廣西鉄屎嶺交界西山陸汛與廣西白坭溪交界

一本協營龍門地方係屬孤懸環山帶水並無湖溪古蹟市鎮驛站關壩提防該處港口水深隨時可以入港泊風所有洋汛土名島嶼在于各汛圖說註明

一本協左營牙山石龜嶺右營烏雷香爐墩大觀港砲臺肆座俱坐落
欽州地方內牙山砲臺安設生鉄砲捌位配防千總壹員兵丁肆拾名
石龜嶺砲臺安設生鉄砲拾壹位配防把總壹員兵丁貳拾陸名烏雷
香爐墩砲臺安設生鉄砲捌位配防把總壹員兵丁肆拾陸名大觀港
砲臺安設生鉄砲捌位配防把總壹員兵丁肆拾名理合逐一分晰註明
一本協營自康熙貳拾叁年伍月內新設營制額設官兵共貳千零壹
拾陸名內官拾陸員自備坐馬肆拾捌匹兵貳千名內戰兵陸百名
守兵壹千肆百名于康熙肆拾壹年拾貳月內奉行一件題明事案
內本協營裁汰步兵柒名守兵貳拾伍名撥入三江口新協召募入

(4)

額外實兵壹千玖百貳拾捌名內步兵伍百玖拾叁名守兵壹千叁百
柒拾伍名雍正柒年柒月內奉行一件敬陳管見等事案內將本協
營添設外委拾肆員以馬步兵內挑選拔補協辦汛務等因遵照
挑送考補派撥營汛差遣在案乾隆元年奉文添設右營都司壹員自
備坐馬肆匹乾隆貳拾貳年陸月內奉行一件奏明請
旨事案內將高州鎮屬各協營撥馬貳拾匹歸入本協左營額設步戰兵內
挑選陸續拔補領騎分派東興等汛防守以備邊界要務聲息傳遞
乾隆叁拾叁年拾月貳拾肆日奉文裁減繒船拖風船陸隻改造內
河快馬船貳隻裁去舵工隨粮守兵陸名乾隆叁拾伍年伍月內奉文

裁去拖風船陸隻内應裁配駕步兵陸拾名守兵壹百伍拾名乾隆叁拾
柒年玖月内奉文一件請裁等事案内將本協營每營裁减公費步戰
糧貳名募兵補額又裁减左營字識名糧叁名右營字識貳名改爲執
技操防乾隆肆拾柒年叁月内奉行一件傳付事案内將本協營武
員親丁名糧删除各官改食養廉將各官原食養廉步糧壹百壹
拾陸名守糧拾陸名裁除歸入養廉案内以乾隆肆拾柒年爲始又一件遵
旨等事案内裁除公費名色步糧叁拾伍名于是年拾貳月内奉行一件傳付
事案内照依山東兩江議覆將舵工守兵貼糧壹拾叁名裁除改給工
食造冊報銷續奉文行增添本協營馬步守兵玖拾壹名内馬兵捌名

(51)

步兵柒拾名守兵拾叁名官戰馬捌匹俱自乾隆肆拾捌年為始乾隆
伍拾年叁月內奉文一件將本協營扣減守糧字識貳名改為執技操
防兵丁乾隆伍拾壹年拾壹月內奉行一件通行事案內將本協營步
糧字識改食守糧等因將各步糧字識改為守糧所遺戰糧挑兵
拔補造報又是年拾壹月內奉行一件咨會事案內本協營京塘兵肆
名刪除募補實兵操防等因募補足額在案乾隆伍拾玖年捌月內奉
行一件遵
旨速議具奏事案內硇洲營添設官兵等項議裁本協營戰馬捌匹裁撥
入硇洲營添額其馬改為步兵造報嘉慶拾伍年叁月內奉行一件

(6)

裁汰馬匹以充經費事案內議將本協左營裁馬伍匹其馬兵改為步兵
等因裁改在案嘉慶貳拾貳年肆月內奉行一件咨會事案內將本
協左右二營裁兵叁拾名內左營步兵肆名守兵拾名右營步兵伍名守
兵拾壹名裁除撥歸直隸省天津海口營添設募補入額等因裁除
在案道光拾壹年拾壹月內奉行一件咨會事各員弁分撥船臺城
汛不敷差遣每營添設額外外委貳員考補隨營差遣道光拾貳
年正月內奉行一件欽奉
上諭事案內因甘肅省征兵糧餉不敷議將本協營每兵百名奉裁貳名
共裁兵叁拾貳名內左營裁除步兵肆名守兵拾貳名右營裁除步

(7)

兵肆名守兵拾貳名陸續裁除遵照在案道光拾伍年拾壹月内奉行一件遵

旨議奏事案内儋州營添設水師營官兵奉文議將本協營酌改外委貳

員本身步糧貳名撥住儋州新設水師營入額在案道光拾陸年拾

月内奉文議將本協右營管轄三汊海口汛撥改廉州營派撥官兵駐

防其廉州營管轄之冠頭嶺砲臺改歸本協右營派撥官兵駐防道光

拾玖年貳月内奉行一件咨會事案内將本協營裁撥步戰兵貳名

移撥水師提標中營募補配防新建靖遠砲臺駐防等因于本年

叁月初壹日裁撥在案道光貳拾年玖月内奉行一件遵

旨議奏事議將大鵬營改設副將並添設移改官兵船隻等項案内本協

營裁撥外委貳員馬步守兵叁拾名左營裁撥第伍號中米艇壹隻移
撥新改大鵬協營入額右營裁撥第壹號撈繒船壹隻撥往海安營
入額等因左營裁撥外委千總壹員本身步戰糧壹名馬兵貳名
步兵肆名守兵拾肆名右營裁撥外委壹員本身步糧壹名步兵
叁名守兵柒名共裁外委貳員本身步糧貳名馬步守兵叁拾名左
營裁撥第伍號中米艇壹隻移撥新改大鵬協營添設入額右營裁
撥第壹號撈繒船壹隻撥往海安營派配官兵管駕巡緝于本年拾
貳月初拾日遵照裁撥在案本協營額設官壹拾柒員外委拾員額
外外委肆員

(8)

一本協營實在馬步戰守兵丁連外委共壹千伍百陸拾伍名内除外委本身步糧拾名實兵壹千伍百伍拾伍名内額外馬兵貳名額外步兵貳名馬兵拾壹名步兵肆百零叁名守兵壹千壹百叁拾柒名内除字識肆拾捌名實操防馬步戰守兵丁壹千伍百零柒名操防馬拾叁匹每年額報倒馬貳匹每匹領價并皮臟銀拾捌兩本協營公費步糧叁拾伍名于乾隆肆拾柒年奉行删除公費名色改歸每兵百名歲給公費銀肆拾貳兩每年應銀陸百伍拾陸兩壹錢每年紅白賞卹銀陸百陸拾柒兩貳錢陸分嘉慶拾伍年玖月内奉文一件籌議分船廵緝章程等事案内粤東水師洋面分路廵緝西下路之龍門協營派中

號米艇船拾隻于嘉慶拾柒年正月內領駕陸續到營派官兵管駕
巡緝內第柒第捌號米艇船貳隻俱因在洋遭風擊壞奉行停修
續于嘉慶貳拾年拾壹月內奉文一件遵
旨等事案內議將該二船改造撈繒船陸隻飭行瓊州府製造于嘉慶貳
拾壹年玖月內陸續領駕到營巡緝于道光貳拾年拾壹月內奉行
一件咨會事本協左營奉裁中米艇船壹隻移撥新建大鵬協營派
配弁兵出洋巡緝右營奉裁撈繒船壹隻移撥海安營派配弁
兵出洋巡緝本協營實在米艇船柒隻撈繒船伍隻又于嘉慶拾
陸年正月內奉行一件咨會事案內會奏添設水師提督移改總兵

(9)

副將縣丞案內添設陽江水師總兵管轄西路水師各營查龍門協營係
屬外海水師應歸陽江鎮管轄等因又于玖月內奉文一件知照事
案內酌改雷瓊鎮總兵改爲瓊州鎮水師總兵所有龍門協左右營改
歸瓊州鎮管轄等因遵照造報嘉慶拾捌年造報改設營制案內
查本協左右二營係屬繁營議定每營應設字識貳拾肆名等因
遵照扣補本協營水陸遊廵遞年上班係輪委都守千把總隨同海安
營遊擊師船爲隨廵下班係副將爲統廵于每年拾月初拾日與海
口營守備會哨在于白沙洋面聨銜通報查自龍門而至瓊州沿邊一
帶港口船隻並無隨時出入泊風之處又遞年四季左營季廵兵船每月

10

11

一查本協左營地方並無猺獞等類惟三口浪石龟嶺漁洲坪汛所屬地方有啼鷄松遐河了三村係夷人每村約有叁貳拾家口其夷人来歷查欽州誌載原係漢朝伏波將軍馬援征跤趾時夷人為鄉導有微績准其在于居住耕種扒山為業男女俱長髮衣裳黑白二色大袖寬領男女俱無穿褲男用白布壹條捲其腰間俗云穿䘸即褌也人尚淳謹少有克頑歸江坪土目管束其風俗婚嫁與內地彷彿畧有差等其物產無多惟木香薯莨理合註明

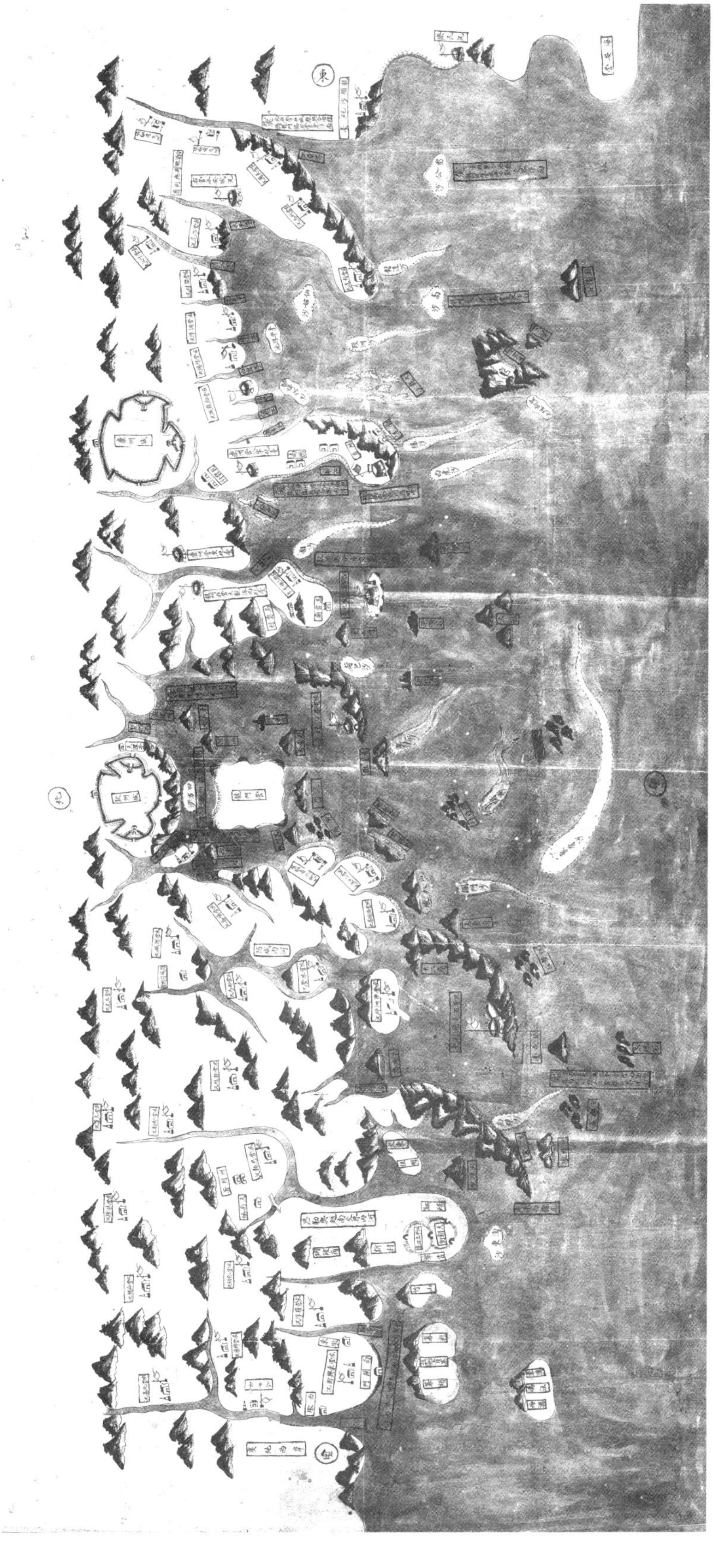

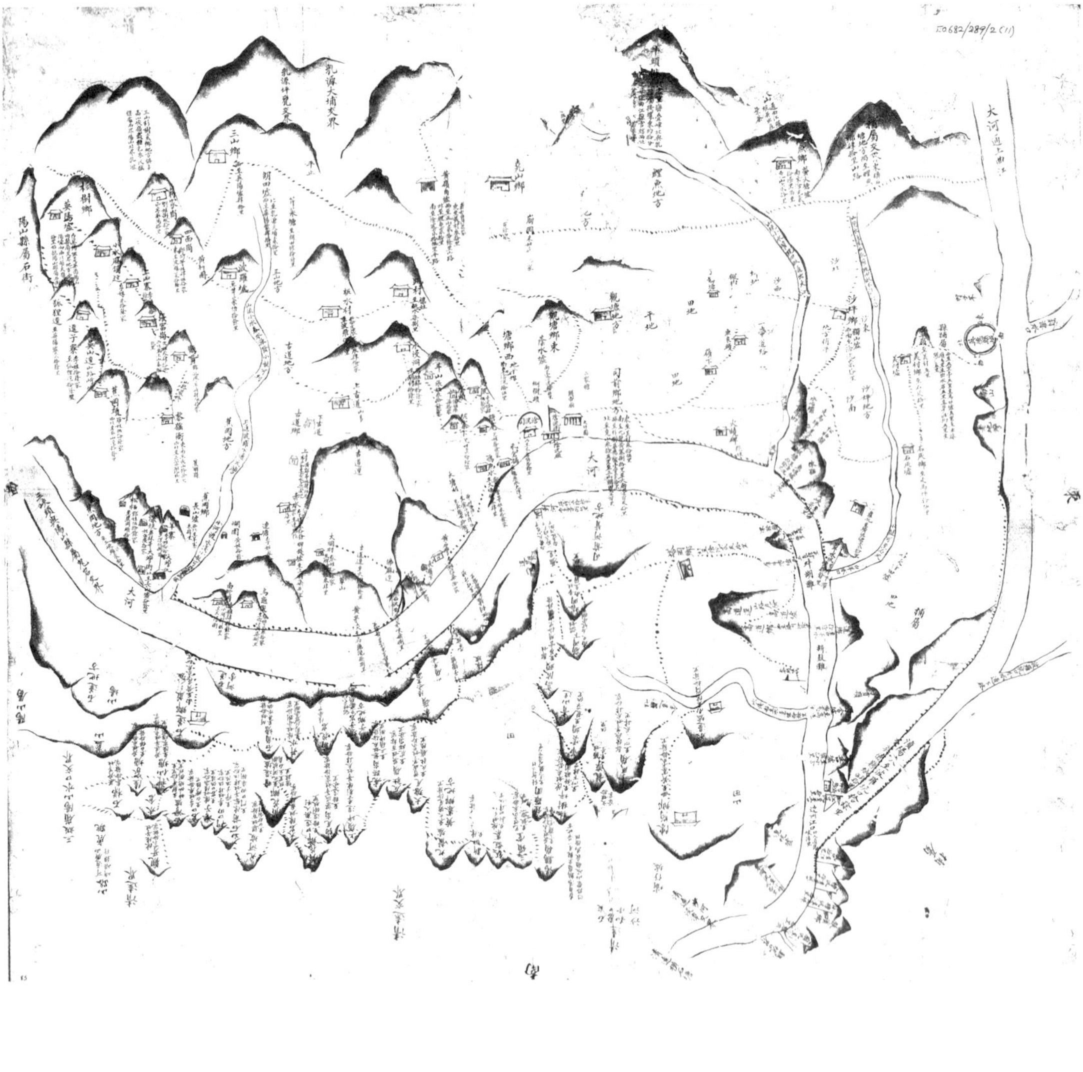
大河
三山鄉

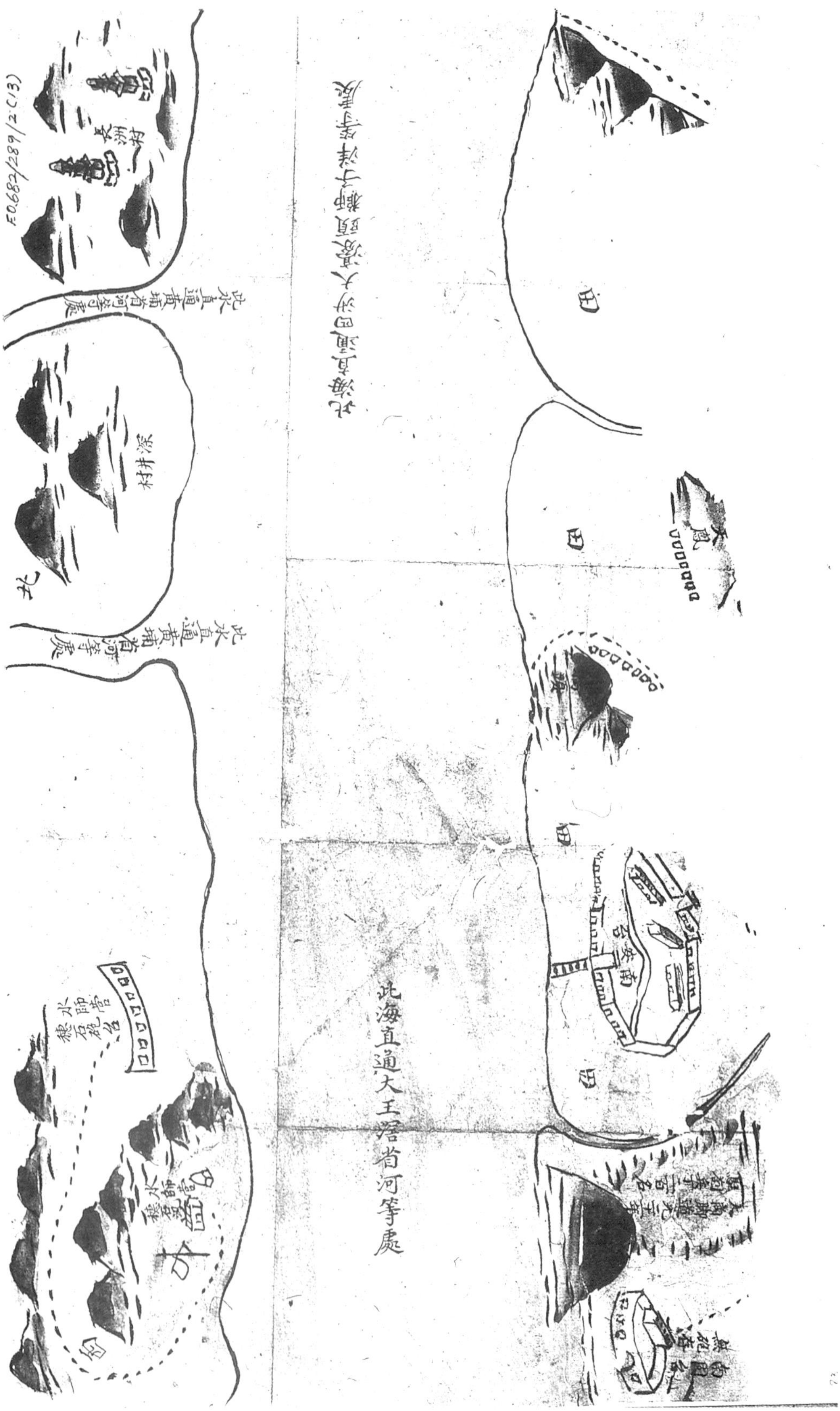
此水直通黃埔省河等處
此水直通黃埔省河等處
此海直通大王滘省河等處
FO682/289/2(13)

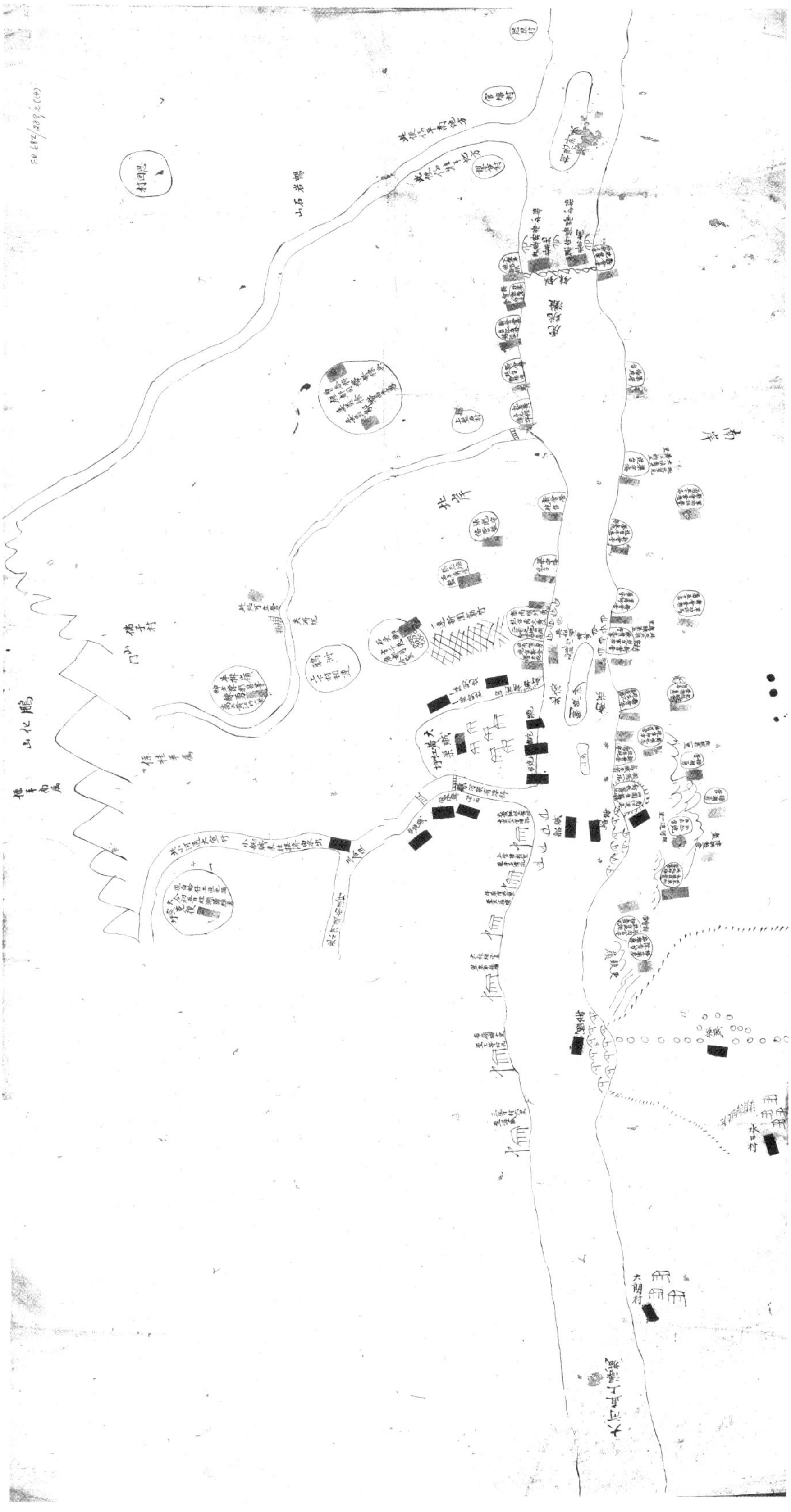

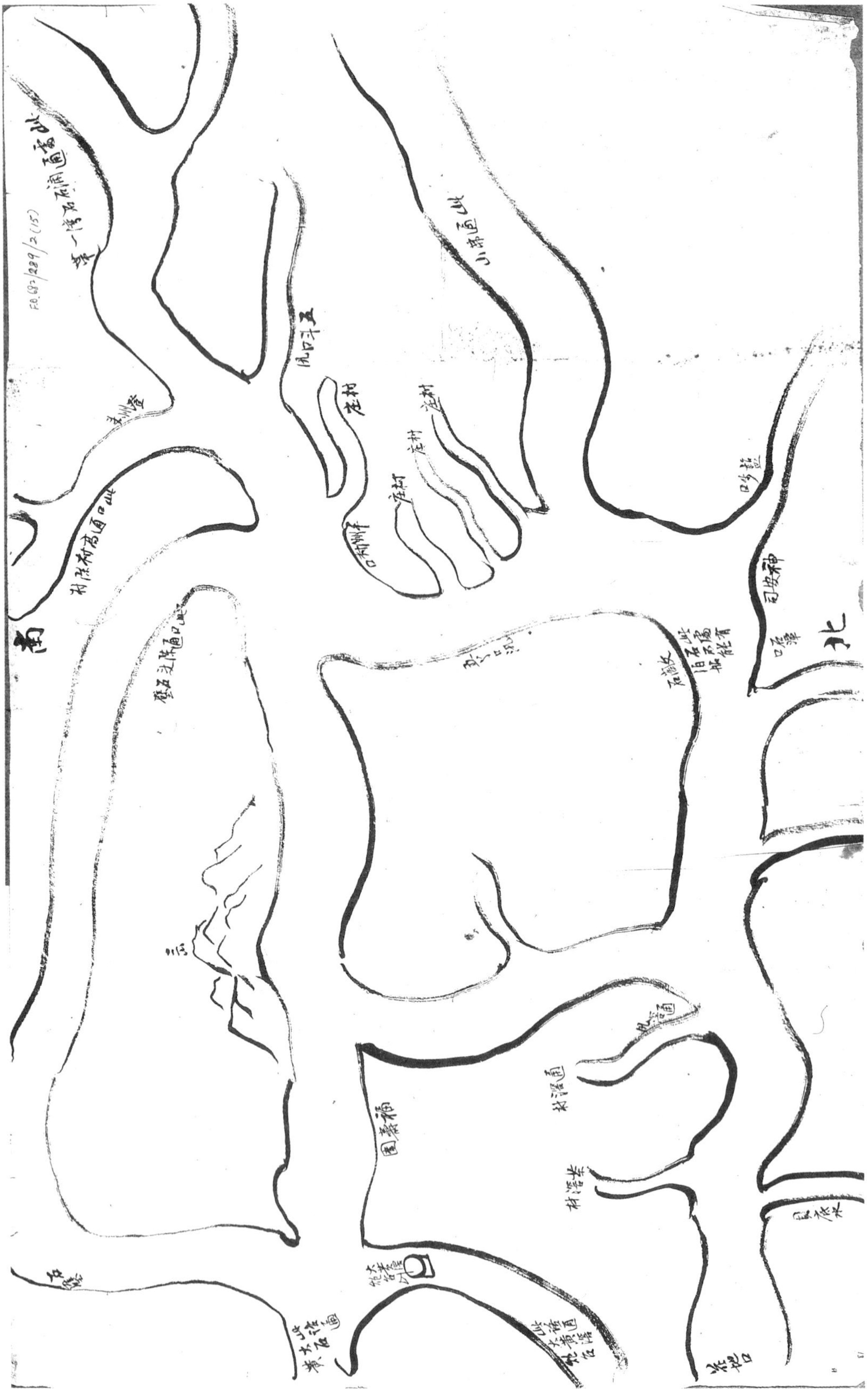
南
北

上大河

下大河

東山
二十五里十二城隔

賊城

坪唐德夫人
起造土城湘勇營
離城四十里

河內兵勇藏砲數十個

湘潭來省小路

金山城離十里

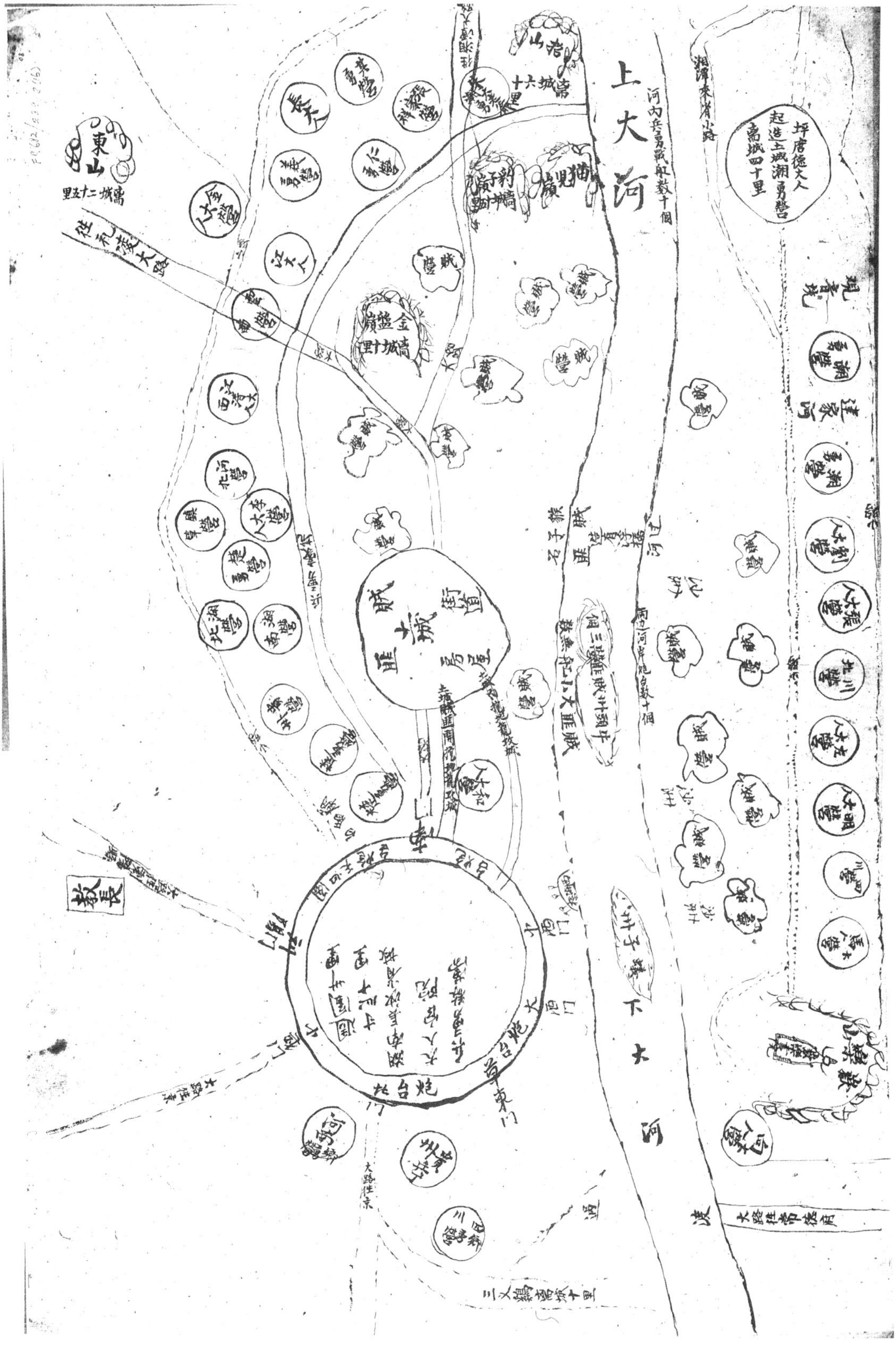

北至對河德慶州交界壹百伍拾里
西至廣西岑溪縣交界壹百貳拾里
東至肇慶府高要縣交界壹百捌拾里
南至高州府信宜縣交界壹百捌拾里
羅定州城

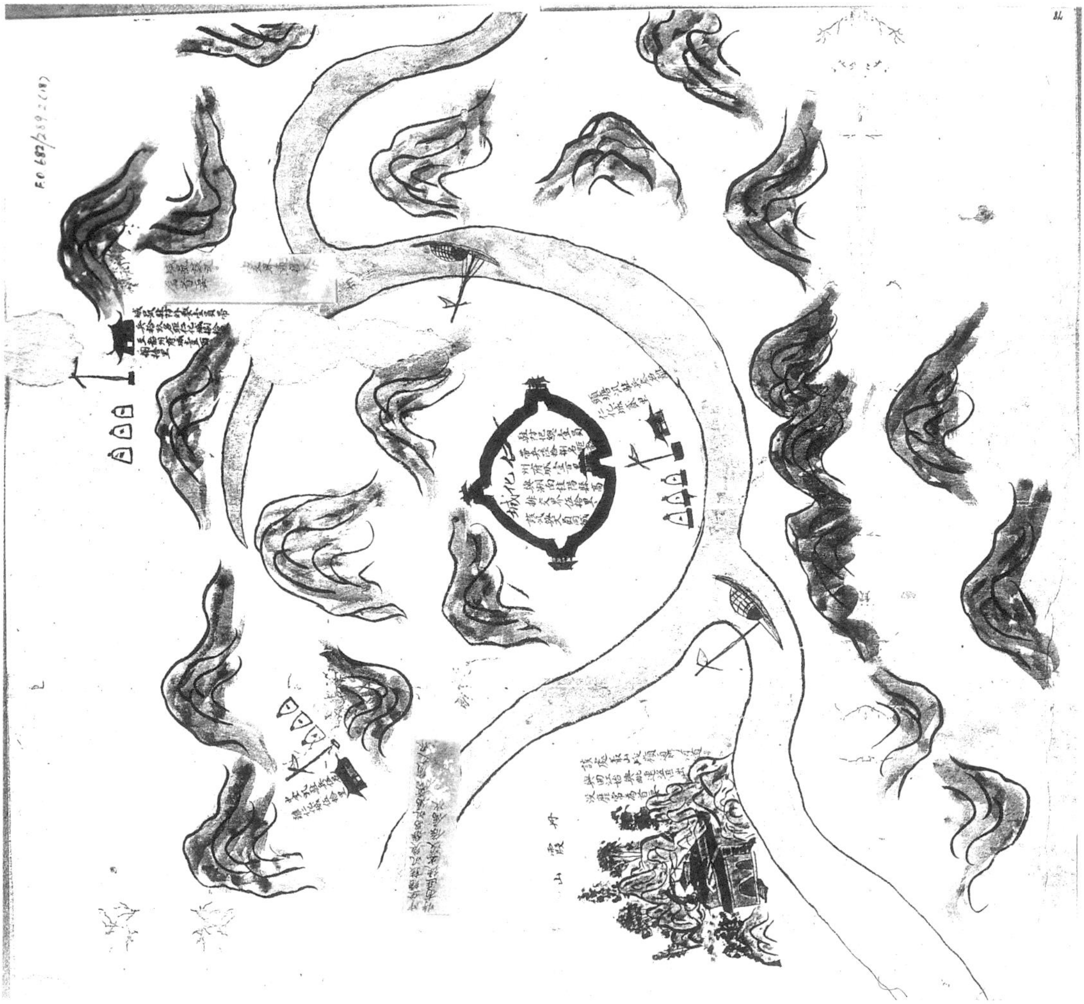

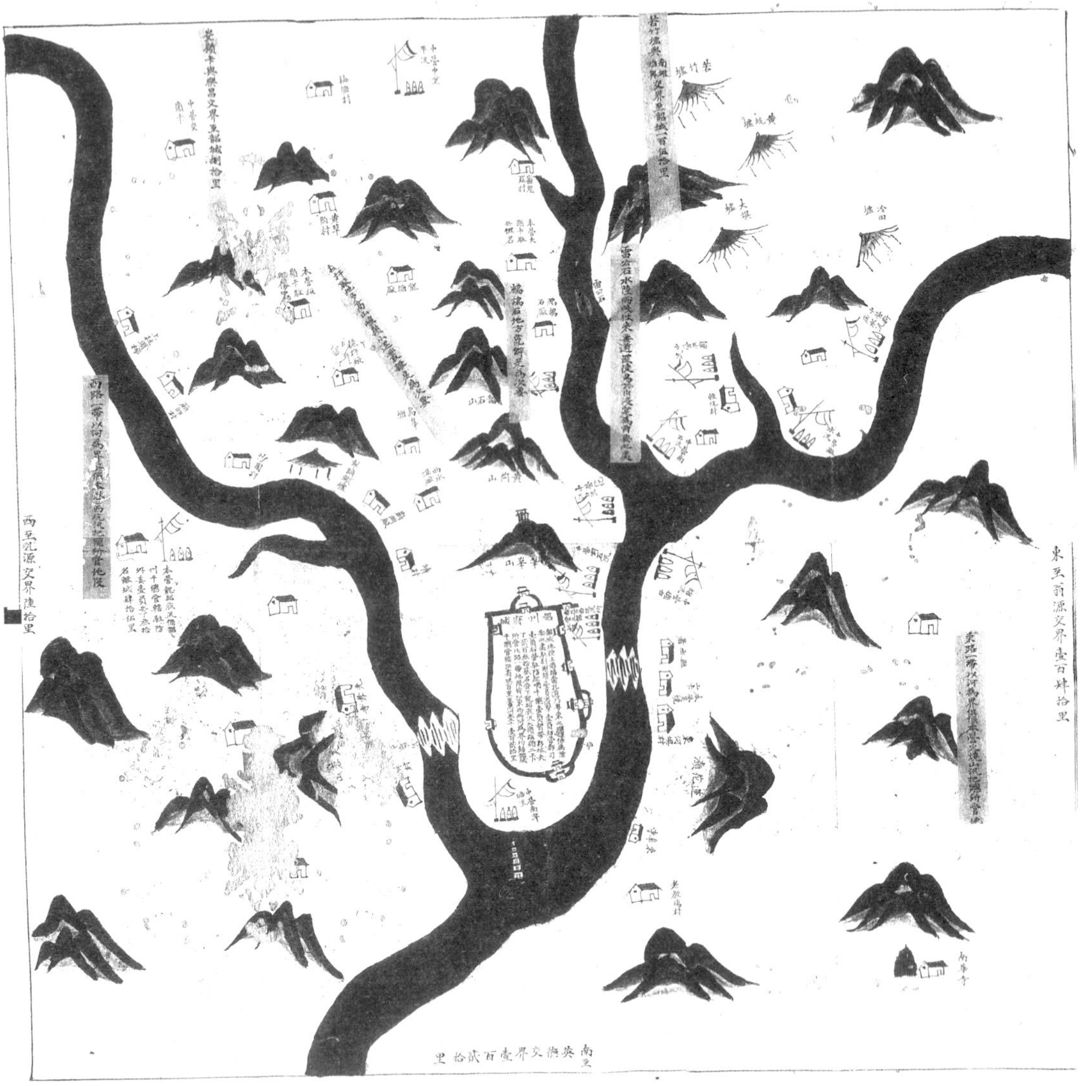
東至翁源交界壹百肆拾里
西至乳源交界陸拾里
南至英德交界壹百貳拾里

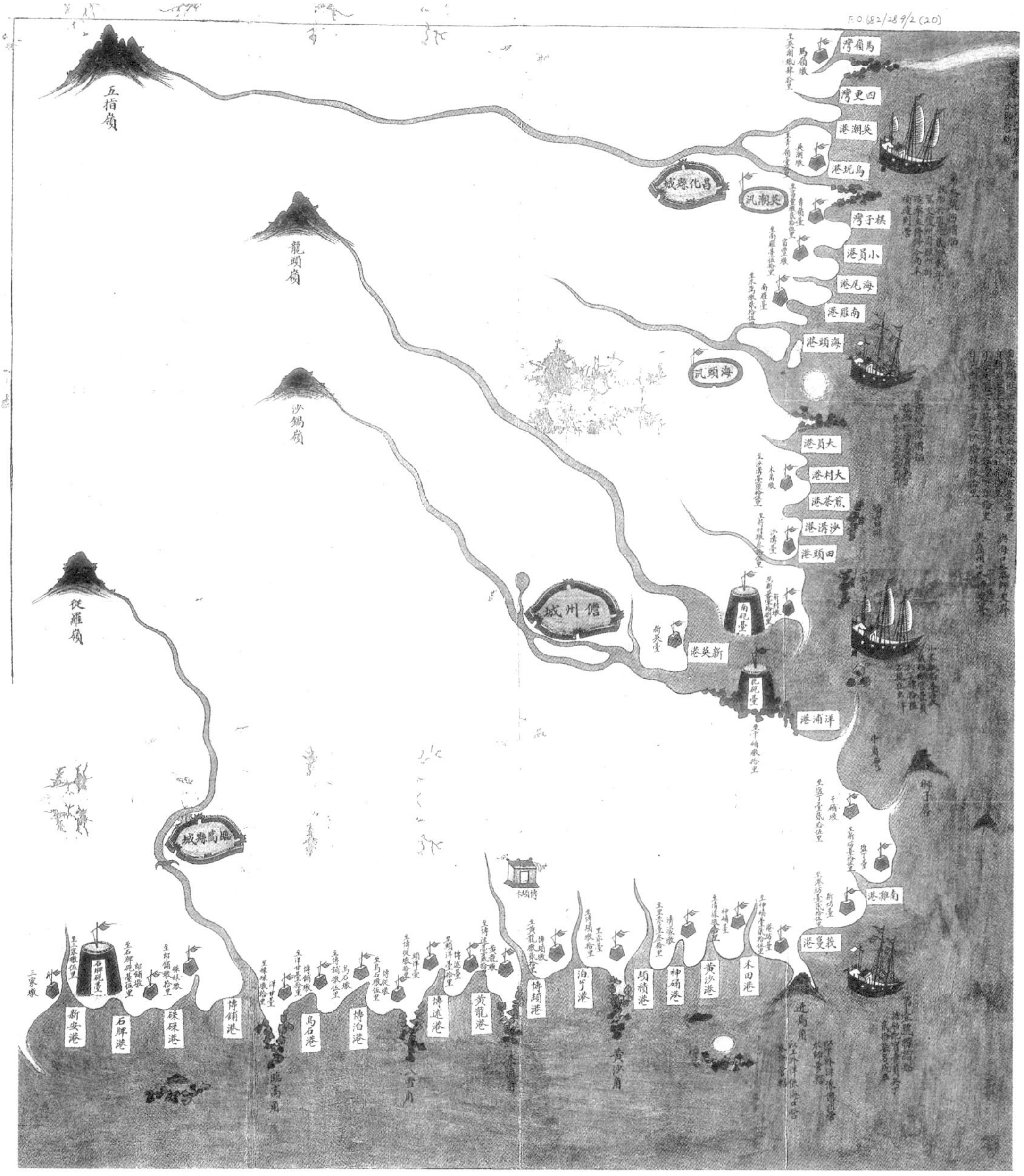
五指嶺
龍頭嶺
沙鍋嶺
昌化縣城
英潮汛
海頭汛
儋州城
臨高縣城
馬嶺灣
四更灣
英潮港
烏坭港
棋子灣
小員港
海尾港
南羅港
海頭港
大員港
大村港
煎茶港
沙溝港
田頭港
新英港
洋浦港
新安港
石牌港
博鋪港
烏石港
博泊港
黃龍港
黃沙港
禾田港

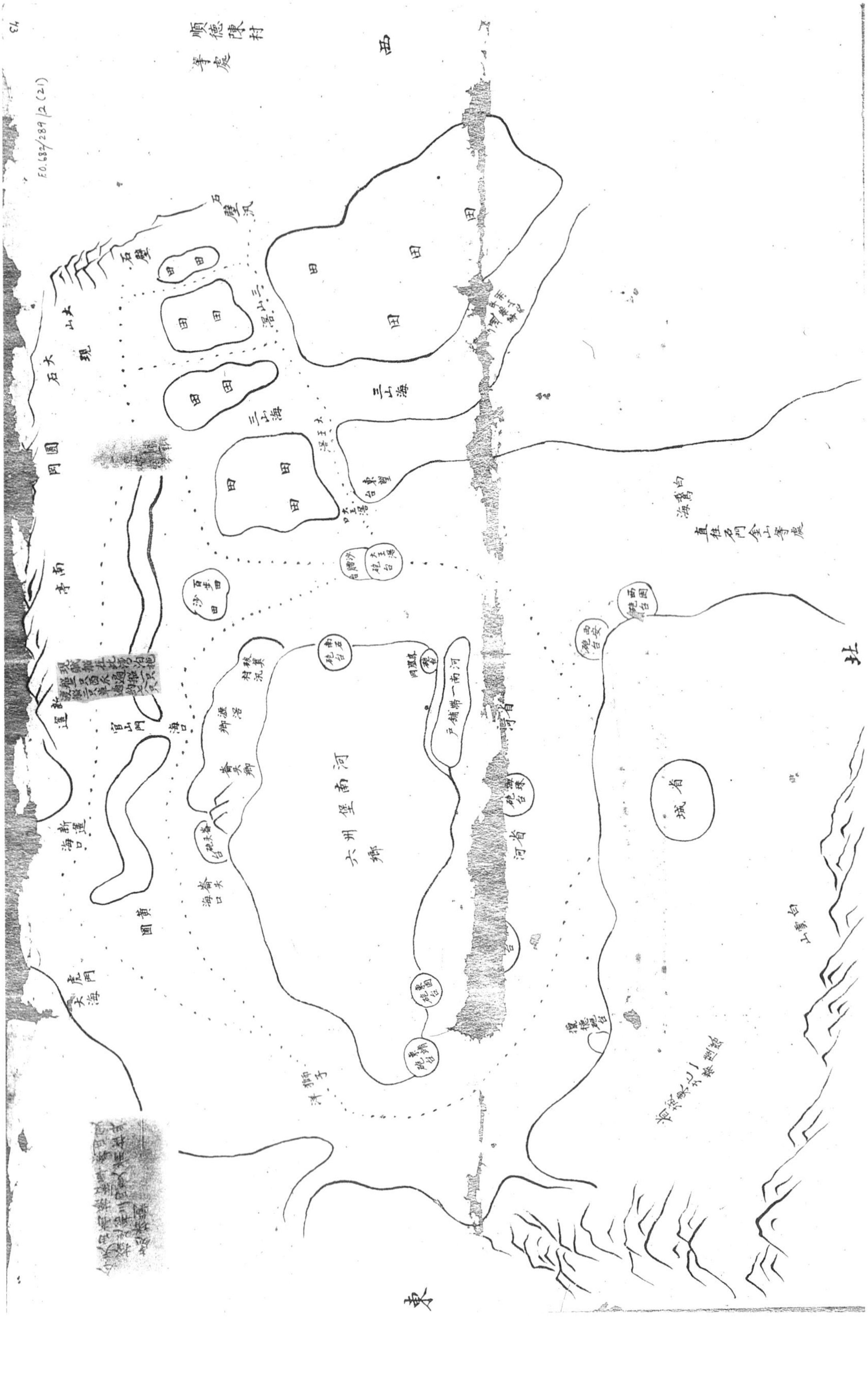

F.O.682/288.2(22)

思約水汛圖說

一該汛坐落東安縣地方，離本營守備駐劄東安縣城捌拾里。東至東安縣城捌拾里，西至白石汛叁拾里，南至右營雙捐汛貳拾里，北至南江口汛貳拾里。撥防目兵叁名，三板椗壹隻，遞送公文，目兵按季更換。

一該汛前有小江壹道，自羅定州城之上發源，直達出南江口汛，衝要。

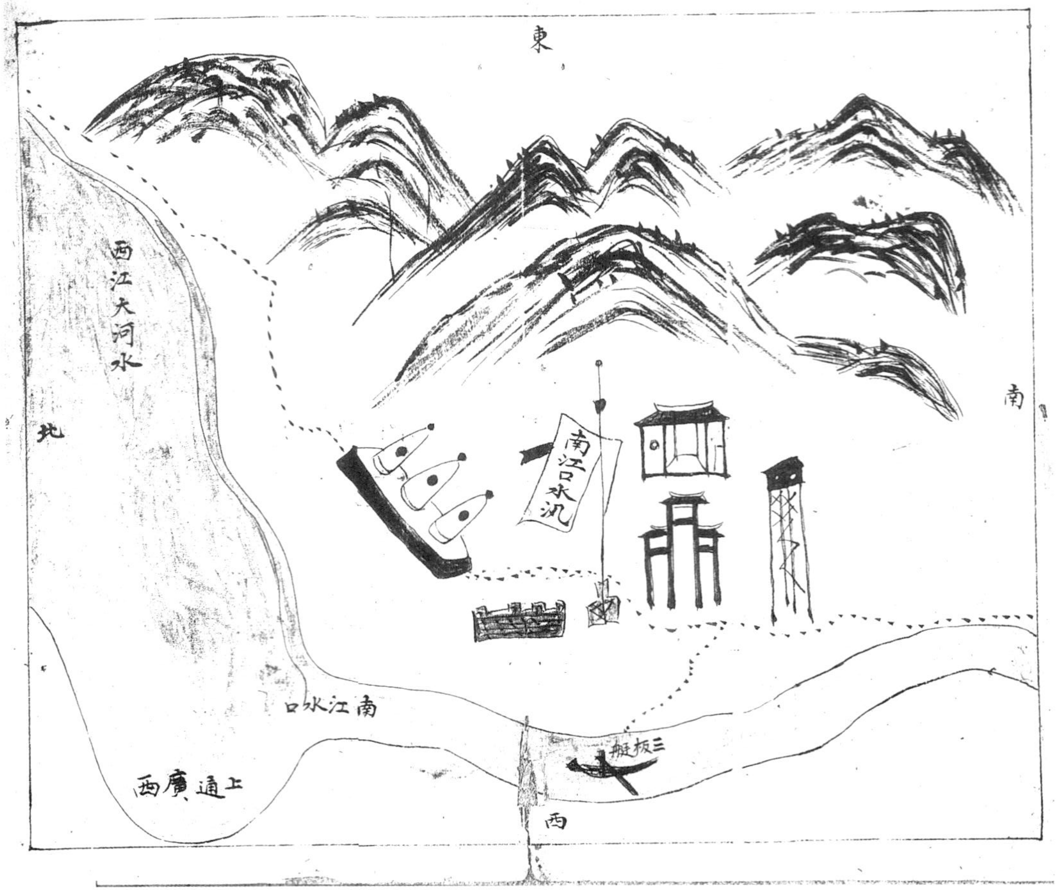

南江口水汛圖說

一該汛坐落東安縣地方離本營守備駐劄東安縣城捌拾伍里東至古霧汛貳拾伍里西至對河右營南江口汛毗連南至思約汛貳拾里北至對河德慶州肇協營馬墟汛拾里撥防目兵陸名三板艇壹隻遞送公文目兵按季更換

一該汛前有西江壹道上廣西所通下達肇省又兼羅定小江河口衝要

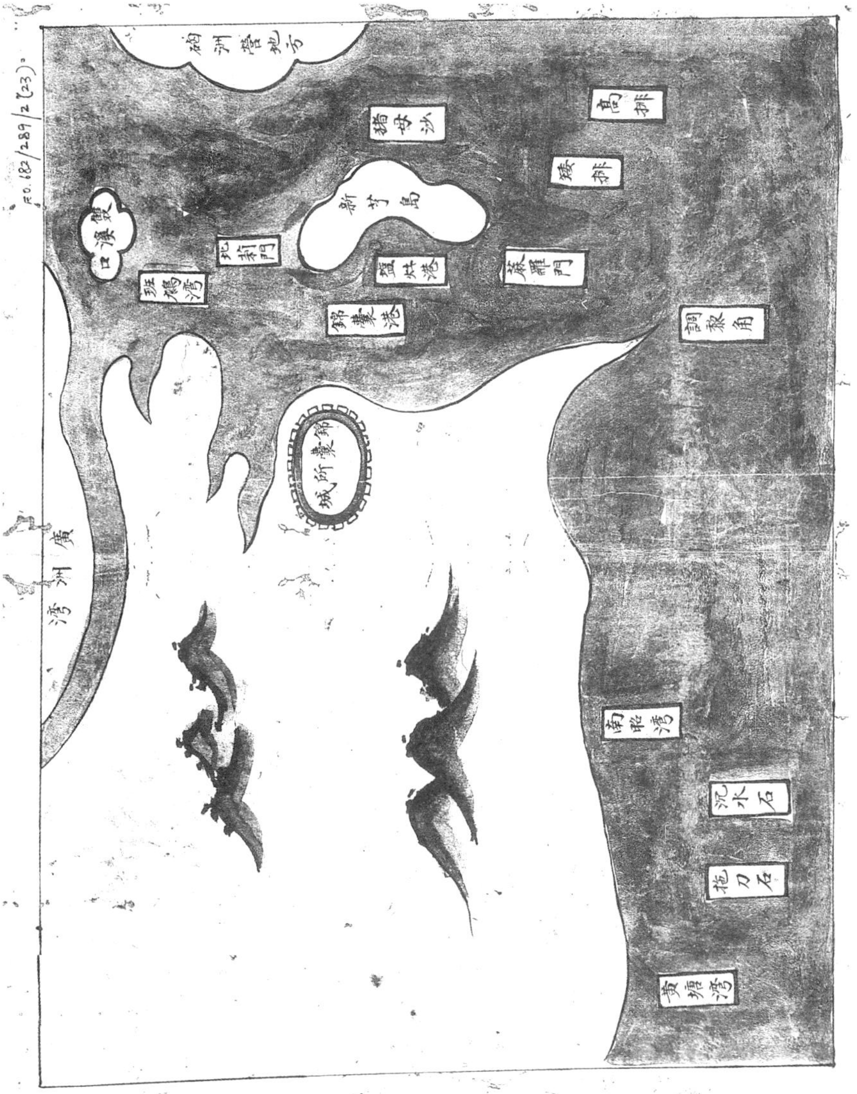

一 本營分防錦囊海汛係雷州府徐聞縣地方西至本營海安港口水程貳百伍拾里東與吳川縣屬之東山營班鵰灣水汛交界南係汪洋大海並無有岩島嶼港汊可以泊風收口之處係署右哨二司把總李起鳥專防外委李日高協防配兵壹拾名按年更換一次係屬次要查該港南北港門淺而且遠賊船不敢進向有貨船往來停泊貿易並麻羅港水深而門淺賊船不能進本境漁船多係貝出入採捕南船灣黃塘灣均多礁石賊船不敢進理合註明

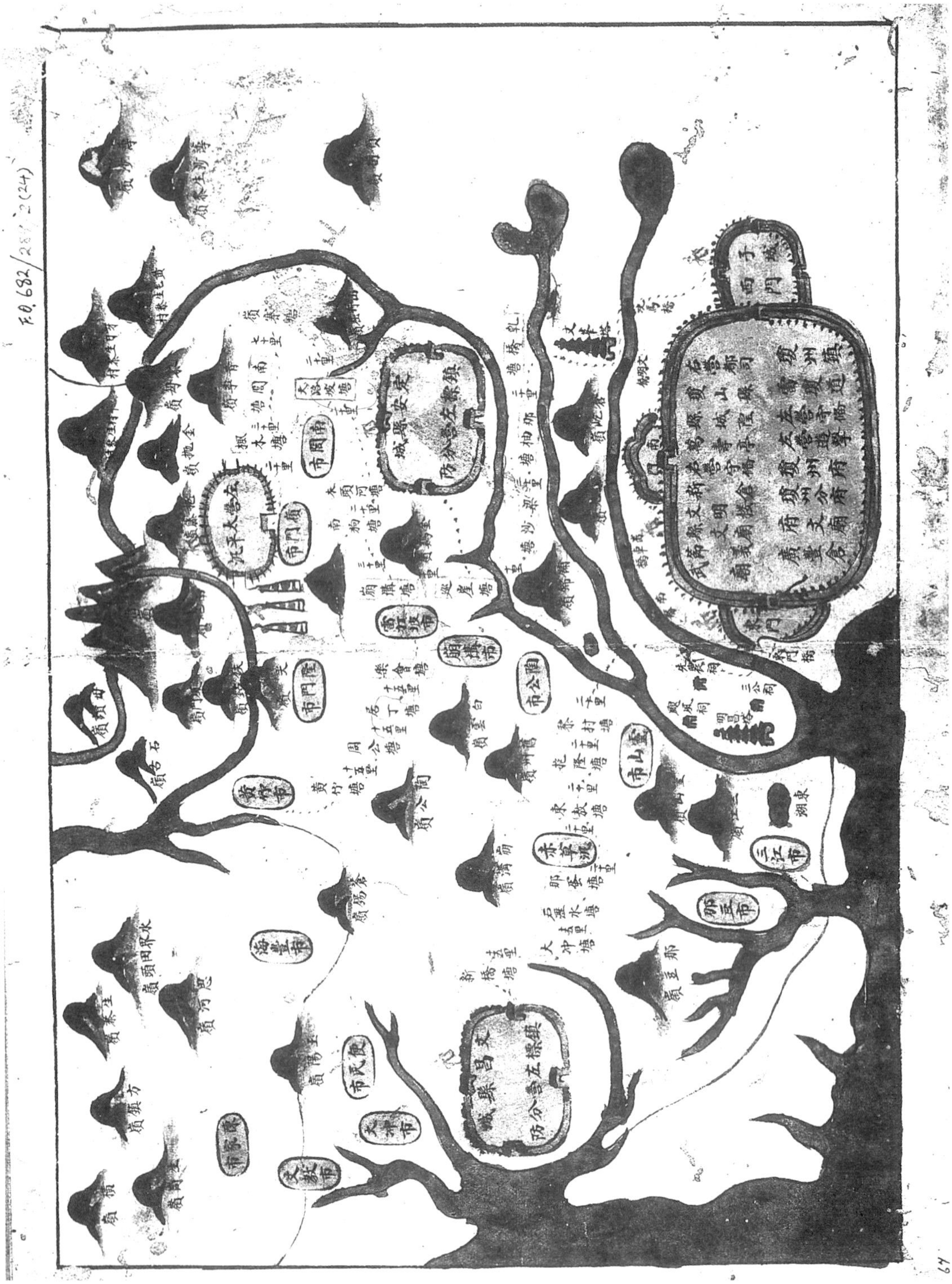

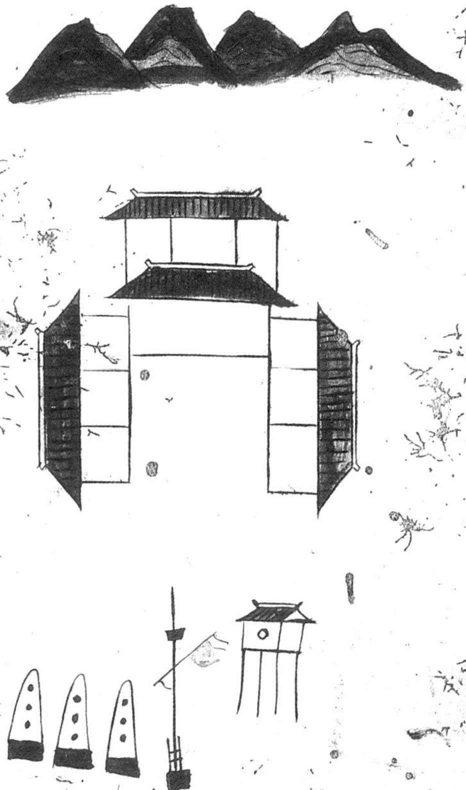

一大信汛係平遠縣大信鄉地方安設右哨頭司把總壹員帶兵拾玖名專
防陸路衝汛人烟稀少地方寧靜
相距本營都司駐防平遠城壹百貳拾里
相距本營都司巡防鎮平城貳百貳拾里
東至羅浮壩拾里與興寧縣羅浮司汛地方交界會哨係衝道
西至和尚逕拾里與江西南贛鎮標中營白石坳汛地方交界離汛房貳拾里係僻路
南至野豬坪貳拾里與惠州龍川縣提標前營渡田河汛地方交界會哨係衝道
北至角山嶂肆拾里與本營八尺汛地方交界係僻路

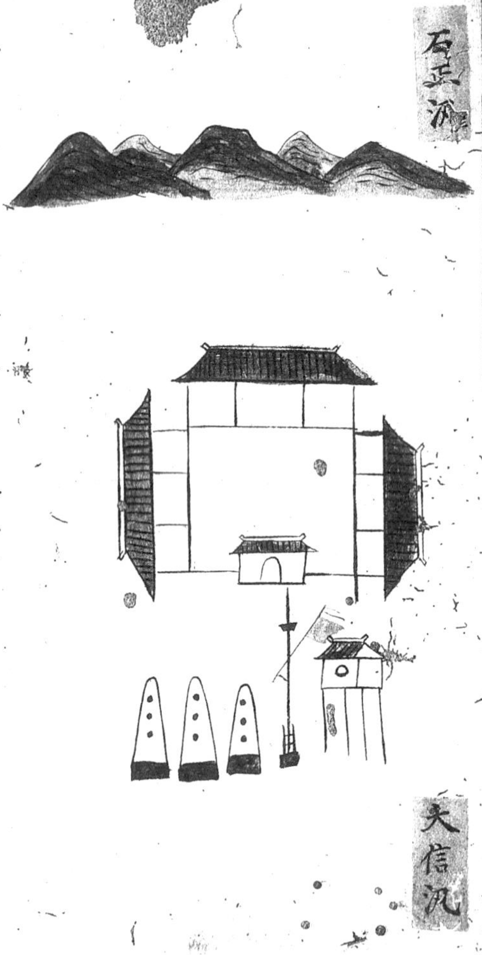

一石正汛係平遠縣石正鄉地方安設右哨貳司外委壹員帶兵柒名防
守右哨頭司把總巡防陸路該汛人烟稠密地方寧靜
相距本營都司駐防平遠城壹百里
相距本營都司巡防鎮平城壹百里
東至本營長田汛叁拾里係衝道
西至本營大信汛柒拾里係衝道
南至偷牛嶂拾里與興寧縣地方交界係僻路
北至本營壩頭汛叁拾里係衝道

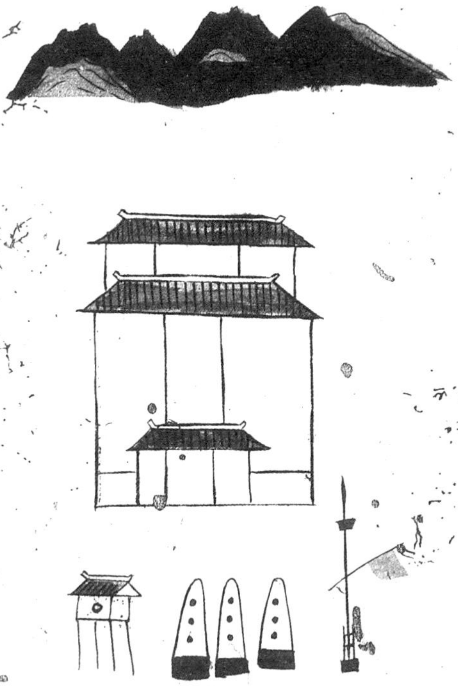

一壩頭汛係平遠縣壩頭鄉地方安設右哨頭司外委壹員帶兵拾柒名防
守右哨貳司把總巡防陸路衝汛人烟稠密地方寧静
相距本營都司駐防平遠城陸拾里　相距本營都司巡防鎮平城柒拾里
東至黄坑叁拾里與本營鎮平縣地方交界係僻路
西至本營石正汛叁拾里係僻路
南至本營長田汛叁拾里係衝道
北至本營東石汛貳拾里係衝道
境内有小河壹條自九鄉發源可通小船通達潮州有鹽廠市鎮安設巡檢司壹員

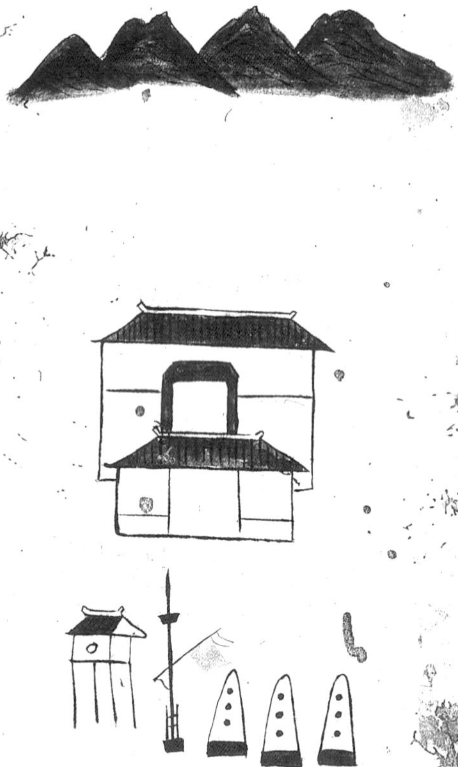

一東石汛係平遠縣東石鄉地方安設右哨額外壹員帶兵伍名防守右哨
貳司把總巡防陸路衝汛人烟稠密有墟市鎮店地方寧靜
相距本營都司駐防平遠城肆拾里　相距本營都司巡防鎮平城陸拾伍里
東至天門坳貳拾里與本營鎮平縣地方交界係僻路
西至石馬嶂拾伍里與本縣河頭鄉地方交界係僻路
南至本營壩頭汛貳拾里係衝道
北至本營平遠縣城肆拾里係衝道
境內有鉛礦山場商人開硐[illegible]爐納稅允赴山挖礦係本處民人

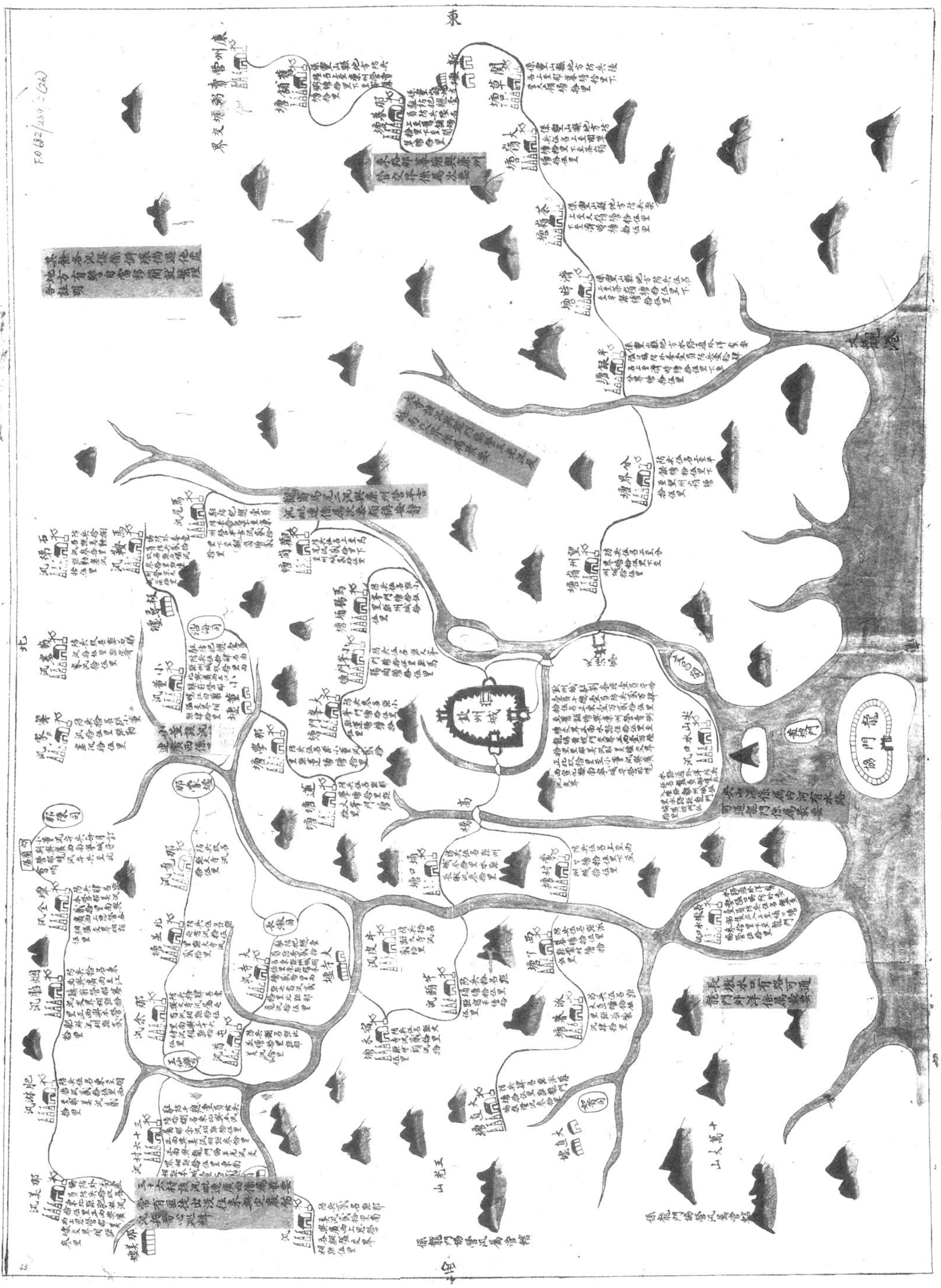

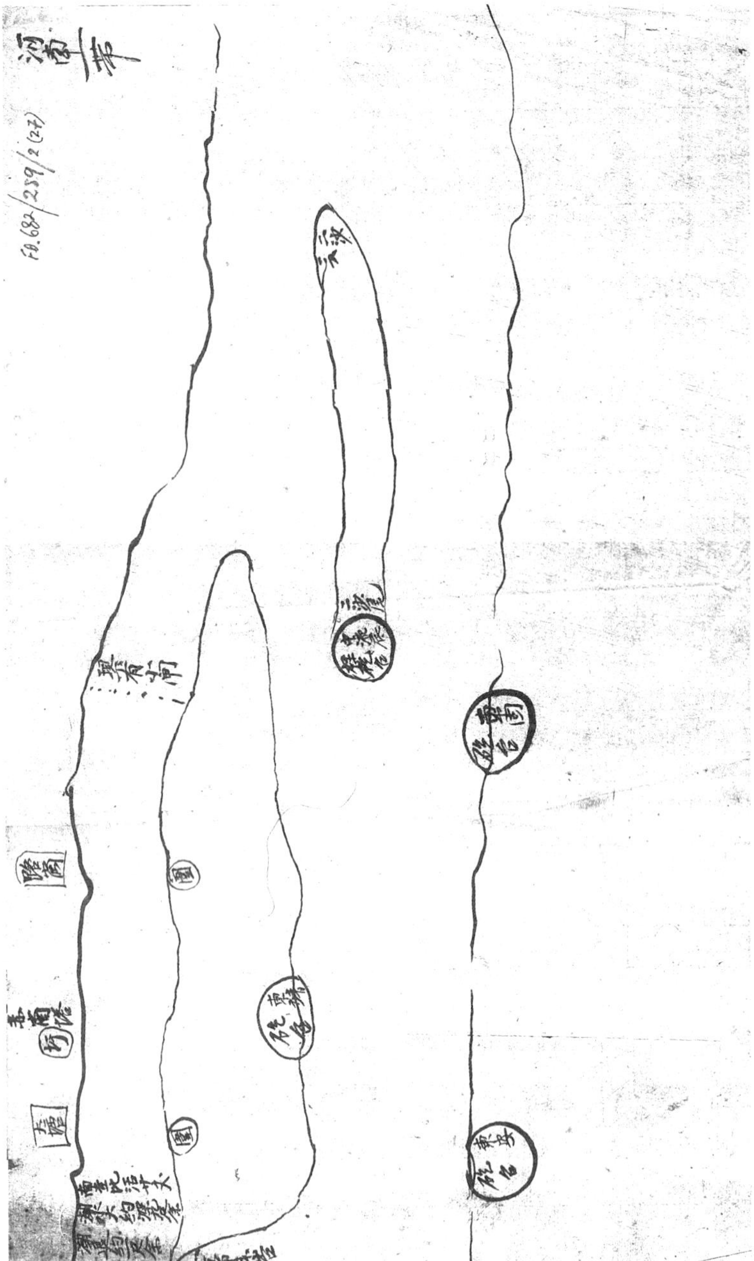
FO.682/289/2(27)

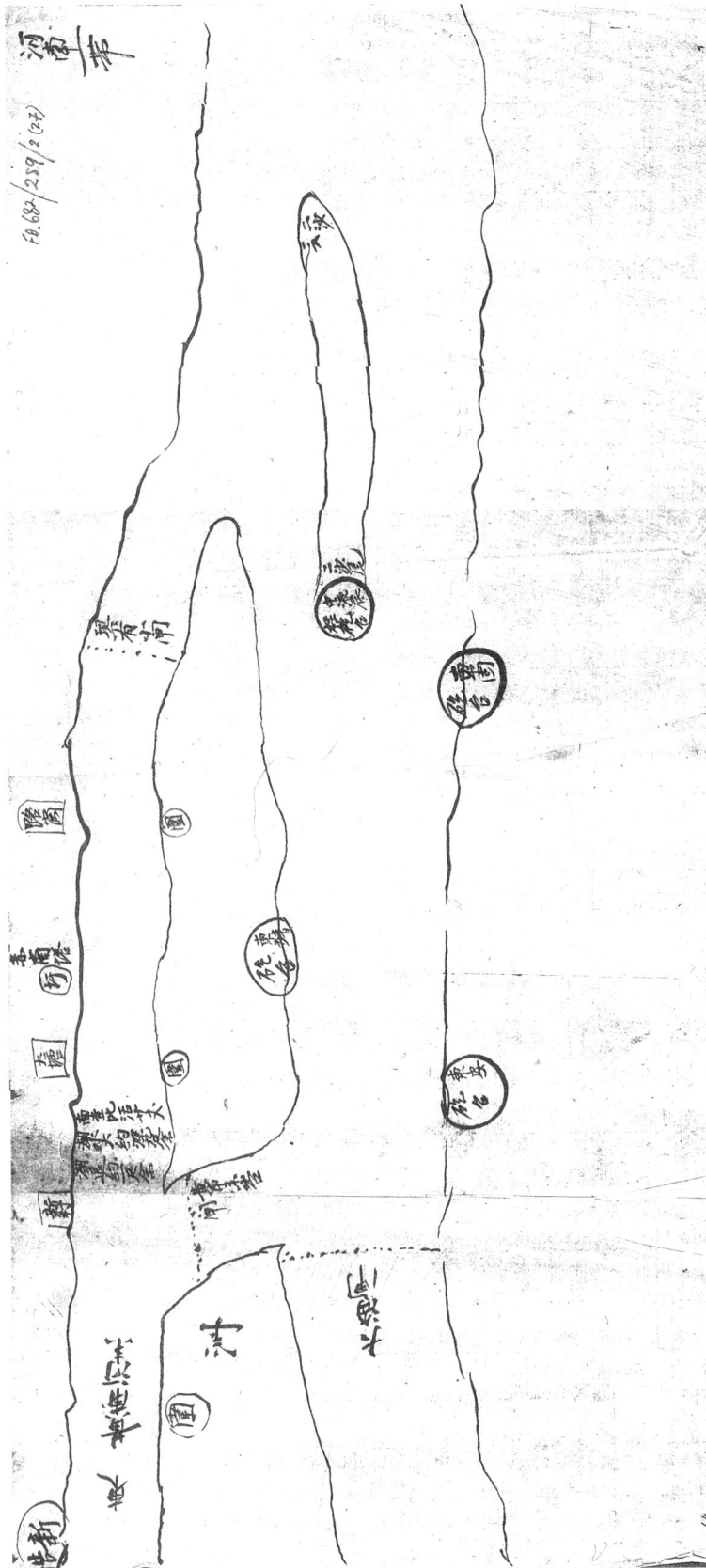

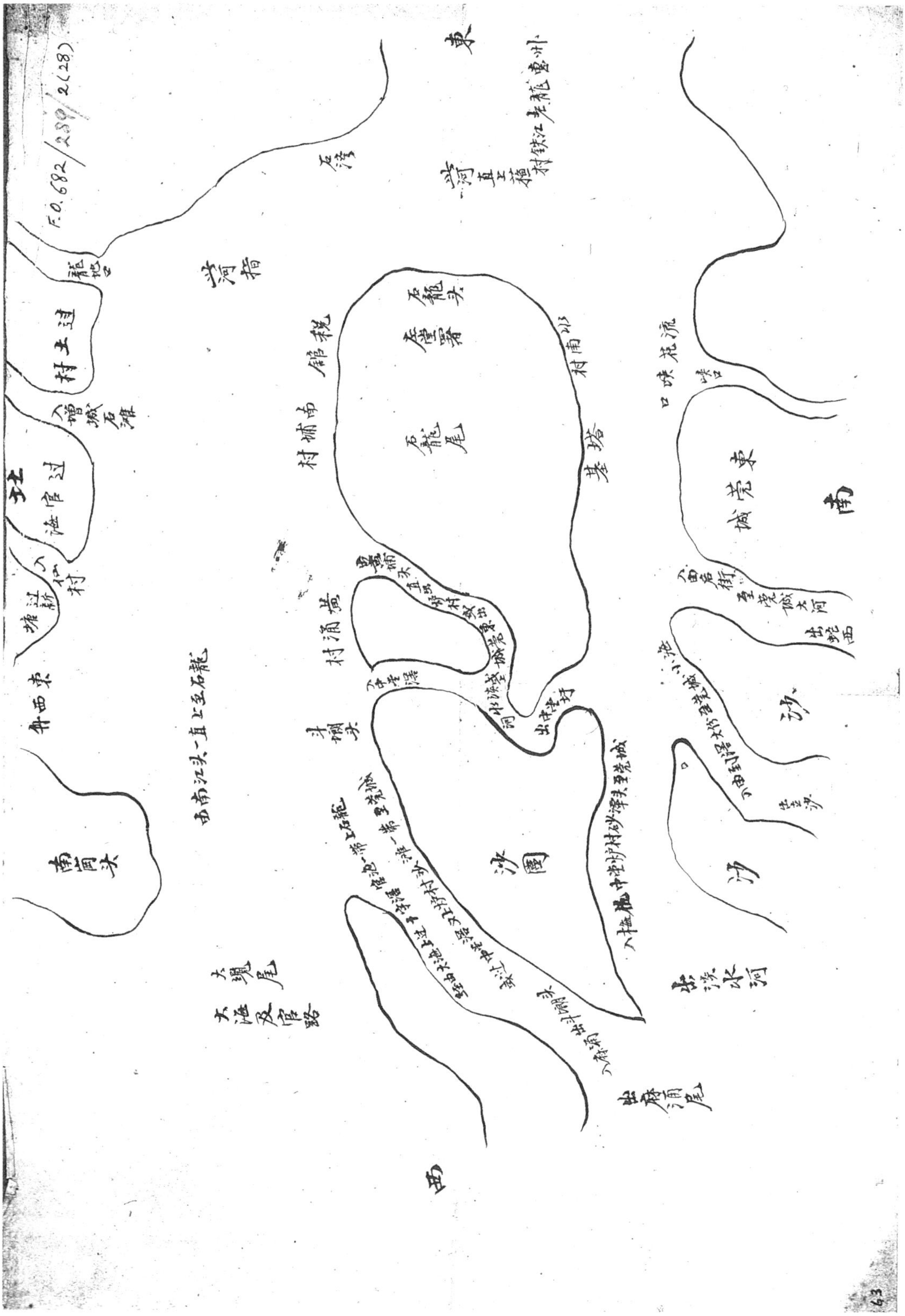
F.O. 682/289/2(28)
東
南
西
沙圍
南崗头

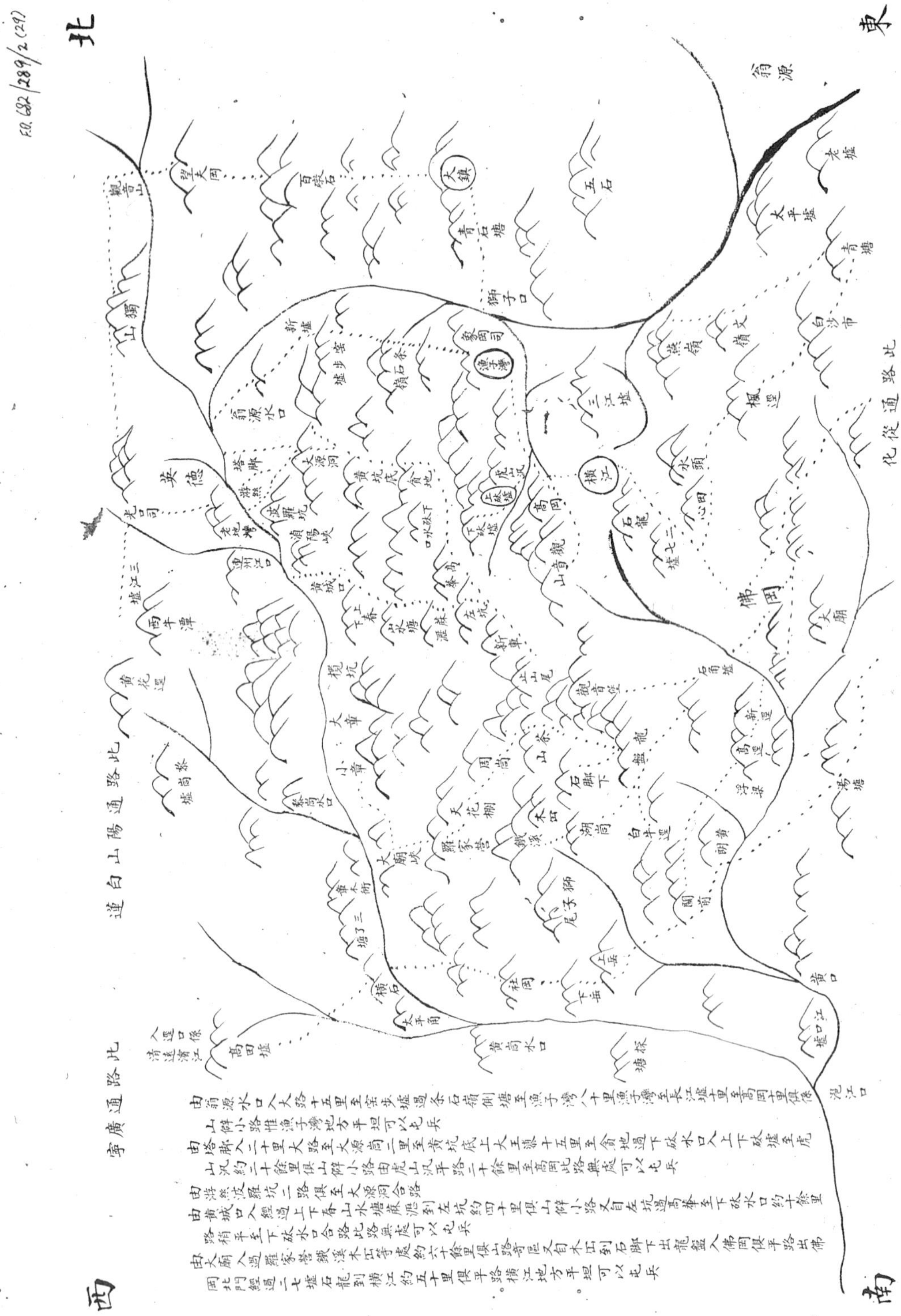
北
東
南
西
翁源
大鎮
佛岡
橫江
英德
逕白山陽通路此
寧廣通路此
化從通路此
F.O. 682/289/2(29)

北
東
西
南

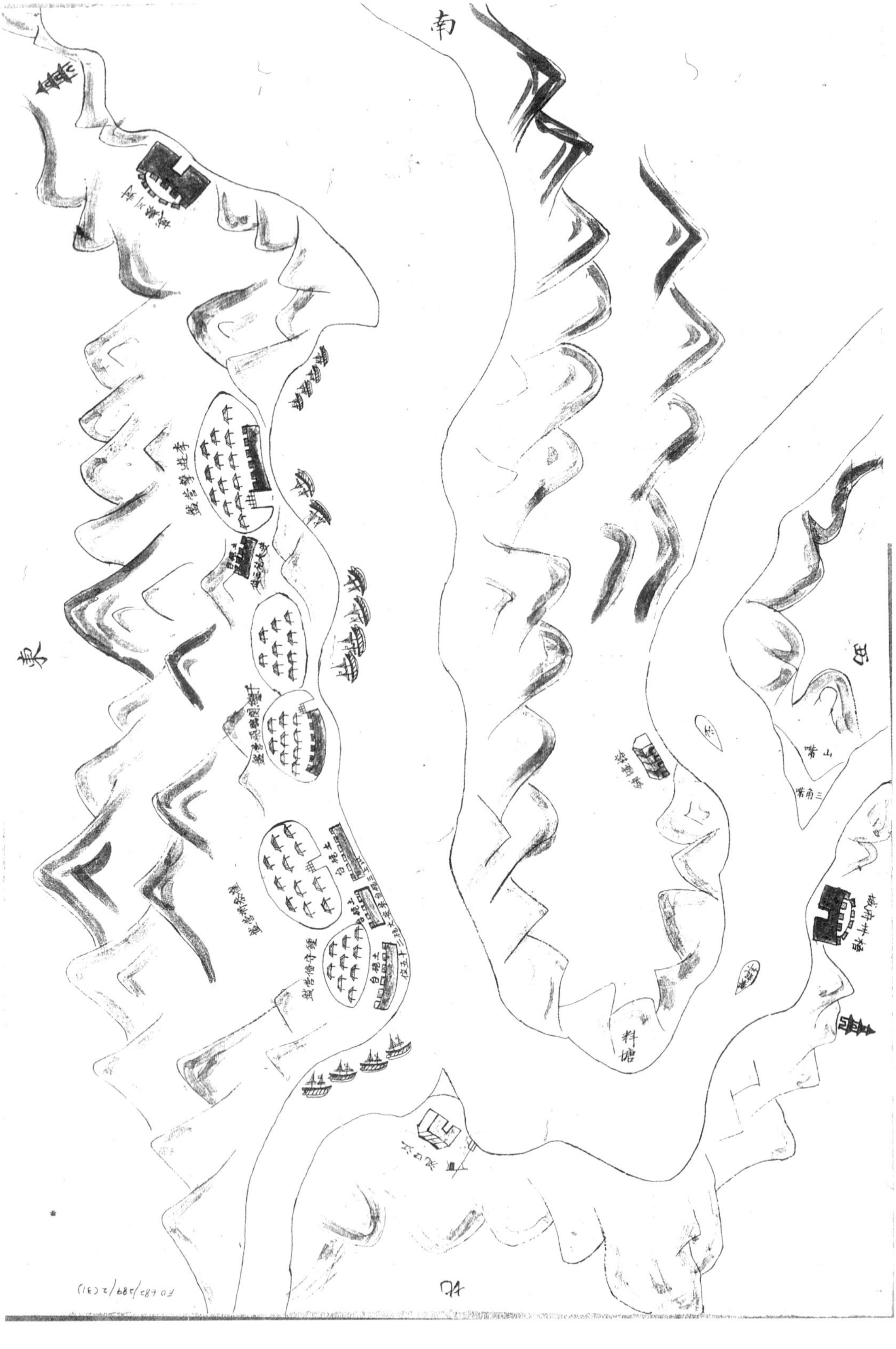
南
東
西
北
料塘

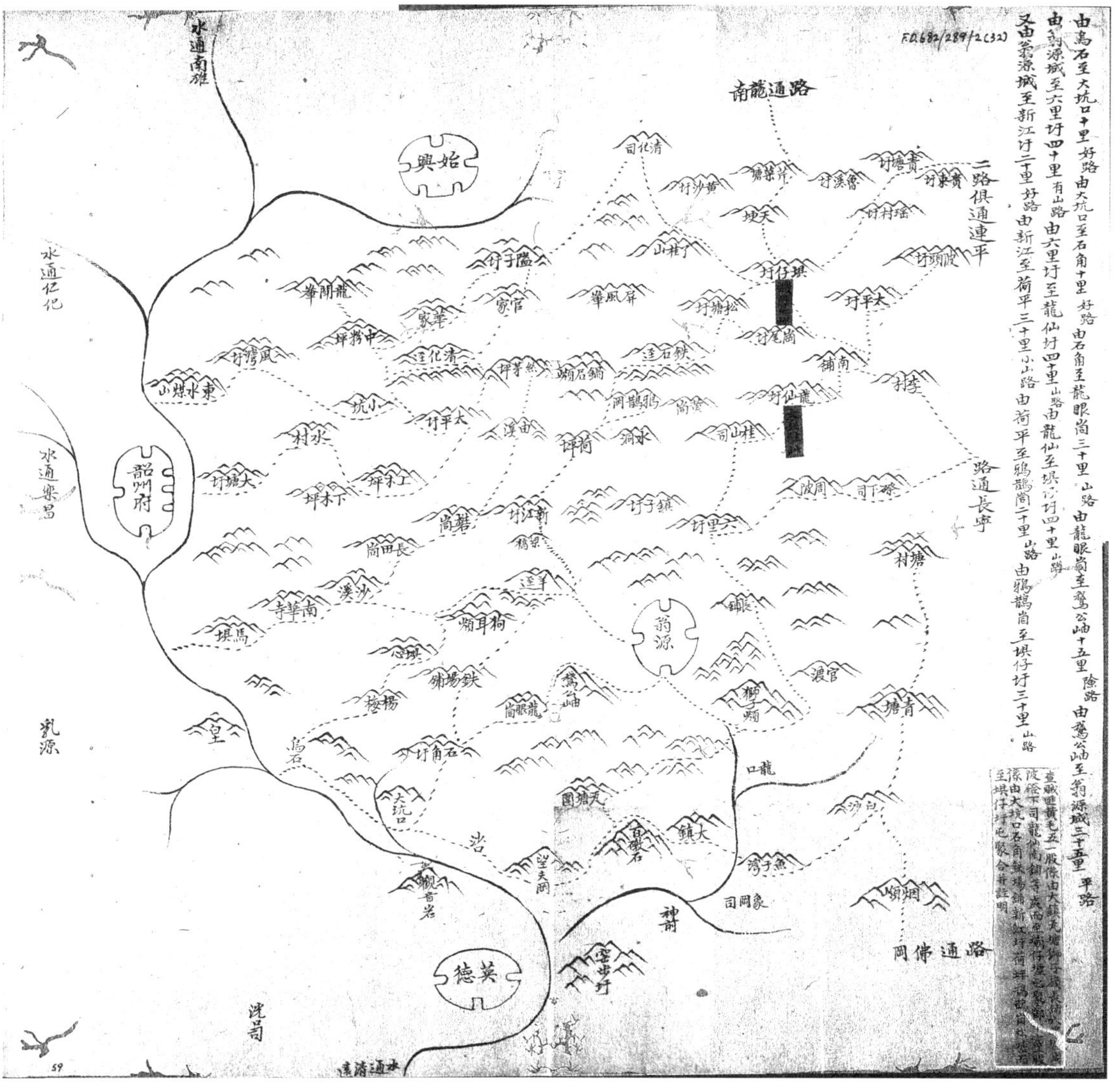
由鳥石至大坑口十里 好路 由大坑口至石角十里 好路 由石角至龍眼崗三十里 山路 由龍眼崗至鶖公崓十五里 險路 由鶖公崓至翁源城三十五里 平路
由翁源城至六里圩四十里 有山路 由六里圩至龍仙圩四十里 山路 由龍仙至壩仔圩四十里 山路
又由翁源城至新江圩二十里 好路 由新江至荷平三十里 小山路 由荷平至鴉鵲崗二十里 山路 由鴉鵲崗至壩仔圩三十里 山路
南龍通路
二路俱通連平
路通長寧
佛岡通路
水通南雄
水通仁化
水通樂昌
乳源
始興
韶州府
翁源
英德
清遠通水
大坑口
鳥石
石角圩
龍眼崗
新江圩
長田崗
荷坪
六里圩
南浦
桂山司
官渡
青塘
龍口
大鎮

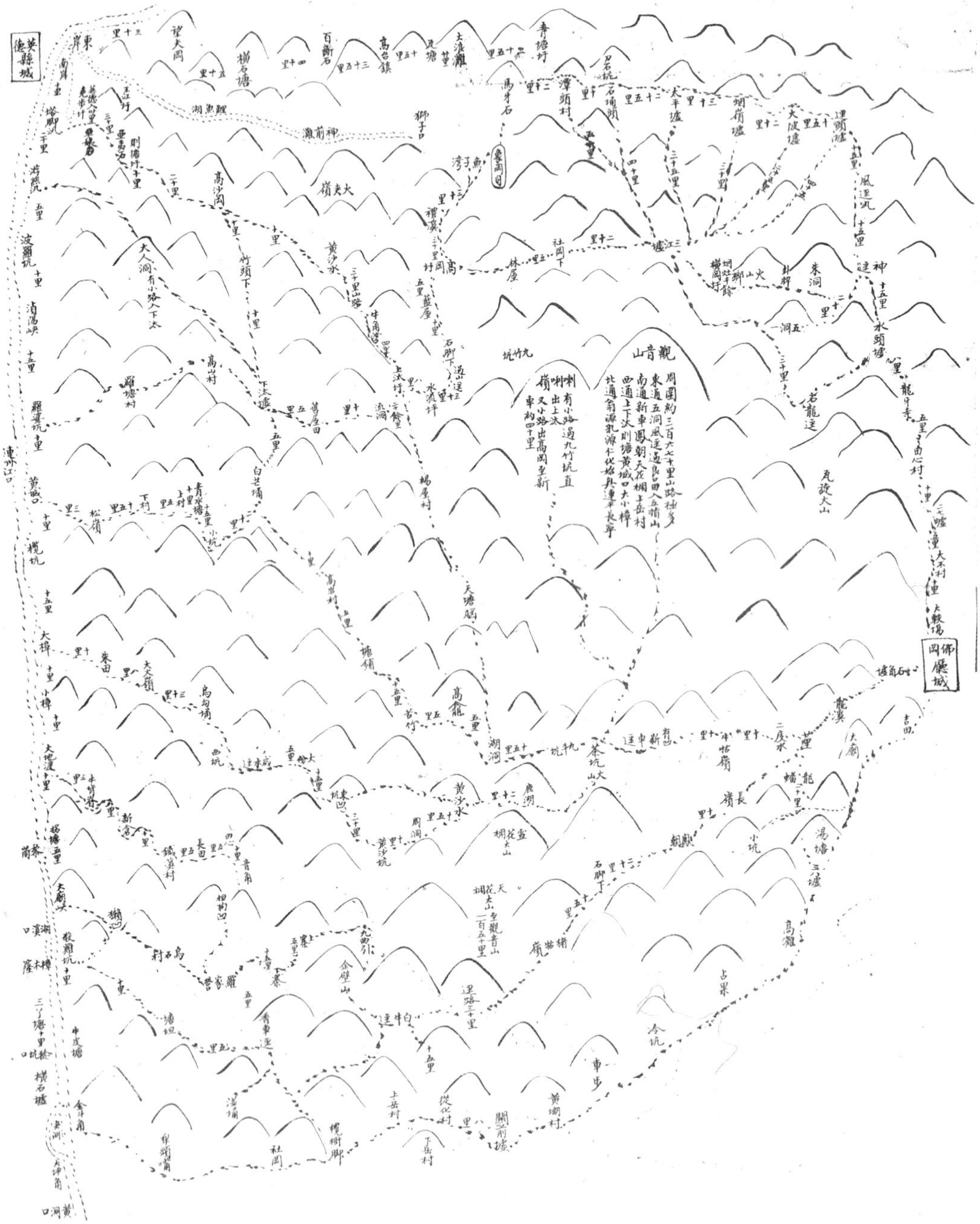
英德縣城
佛岡廳城
觀音山
連州江口

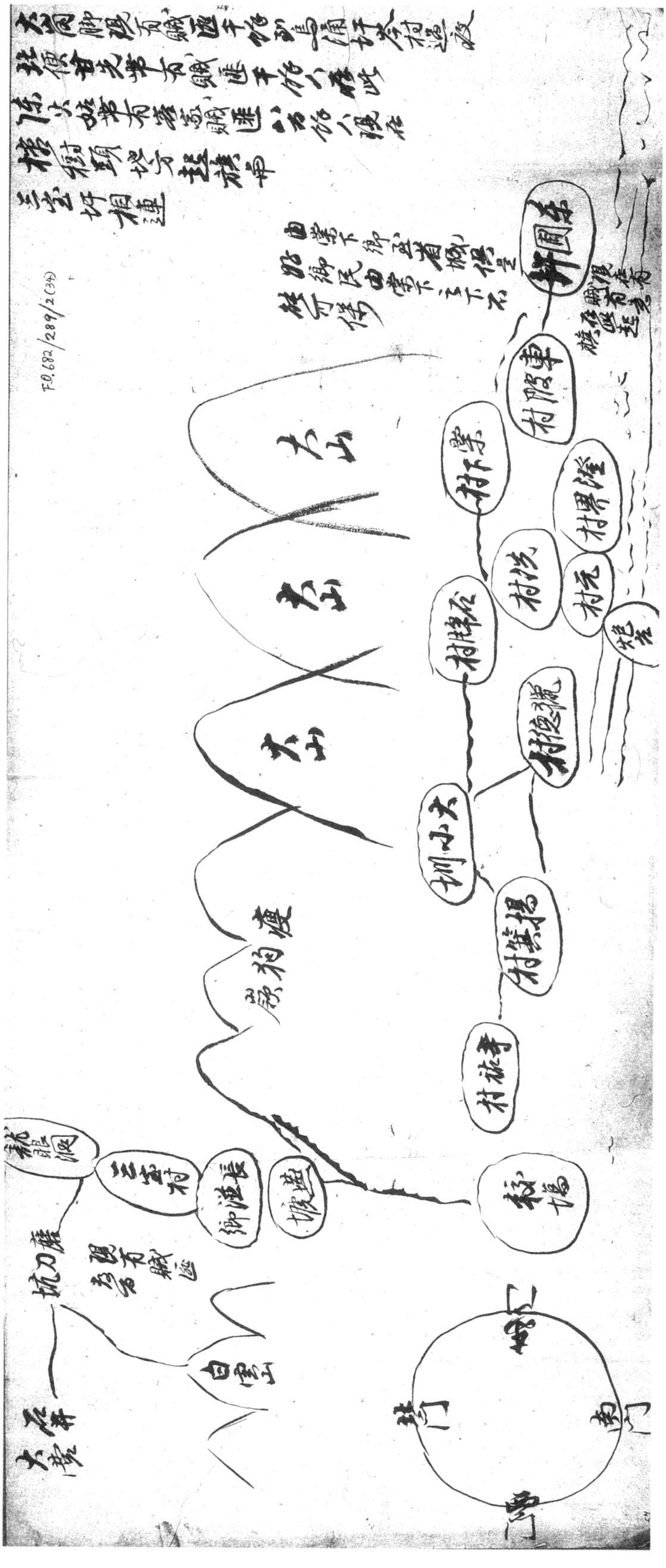

(2) P.1

(3) P.2

古霧水汛圖說

一該汛坐落東安縣地方離本營守備駐劄東安縣城陸拾里東至六都汛貳拾里西至南江口汛貳拾伍里南至東安縣城陸拾里北至對河德慶州肇協營西濱汛伍里撥防目兵伍名三板艇壹隻遞送公文目兵按季更換

一該汛前有西江壹道上通廣西下達肇省衝要

一該汛內有柴行山塲蓄長樹木從前向有商人開採今因山光木盡久經停止

(4) P.3

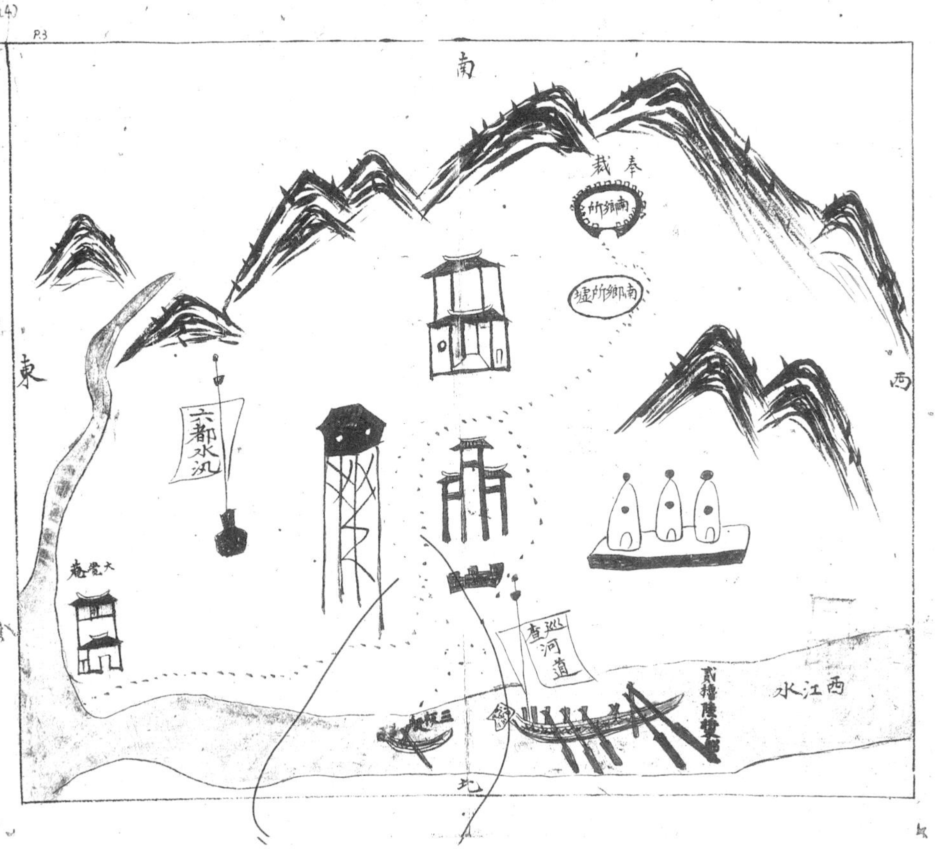

(5) P.4

六都水汛圖說

一該汛坐落東安縣地方離本營守備駐劄東安縣城肆拾里東至洚水汛叁拾里西至古霧汛貳拾里南至東安縣城肆拾里北至對河德慶州肇協營三洲汛伍里撥防目兵壹拾伍名額設貳櫓陸槳船壹隻巡查河道三板艇壹隻遞送公文目兵按季更換

一該汛前有西江河壹道上通廣西下達肇省衝要

一該汛內有南鄉所墟每遇墟期商民貿易

一該汛內原有南鄉所城壹座久經奉裁

一該汛內有黃薑堡逢遠山塲出産鐵礦現在商人開煽

(6)

P.5

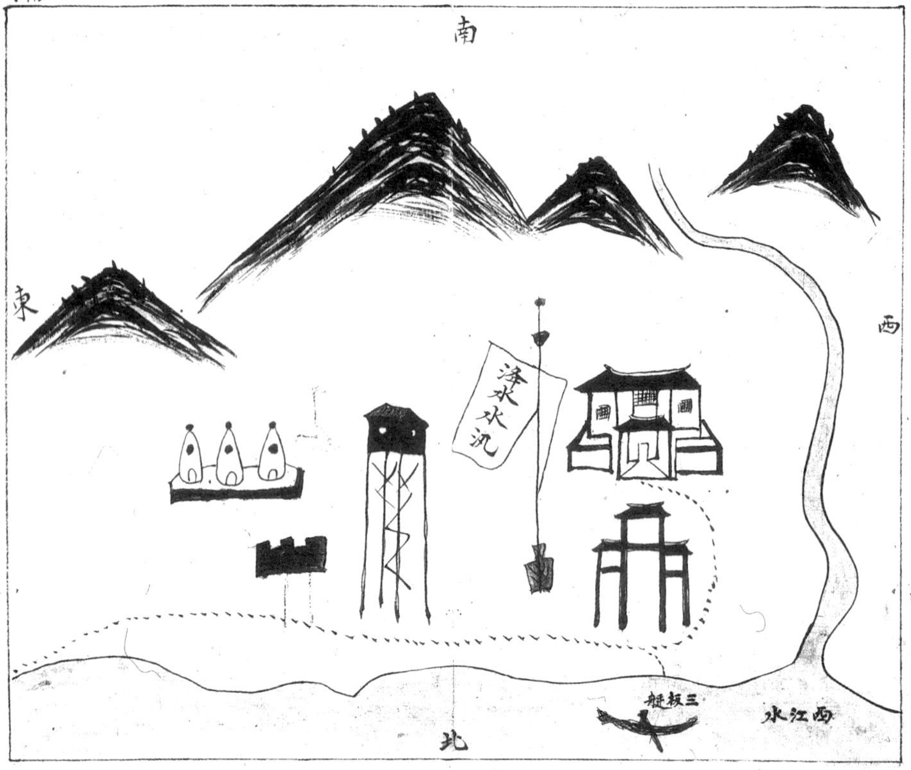

(7)

P.6

浲水水汛圖說

一該汛坐落東安縣地方離本營守備駐劄東安縣城柒拾里東至楊柳塘貳拾里西至六都汛叁拾里南至永豊塘伍拾里北至對河德慶州肇協營悦城汛伍里撥防目兵伍名三板艇壹隻遞送公文目兵按季更換

一該汛前有西江壹道上通廣西下達肇省衝要

(8) P.7

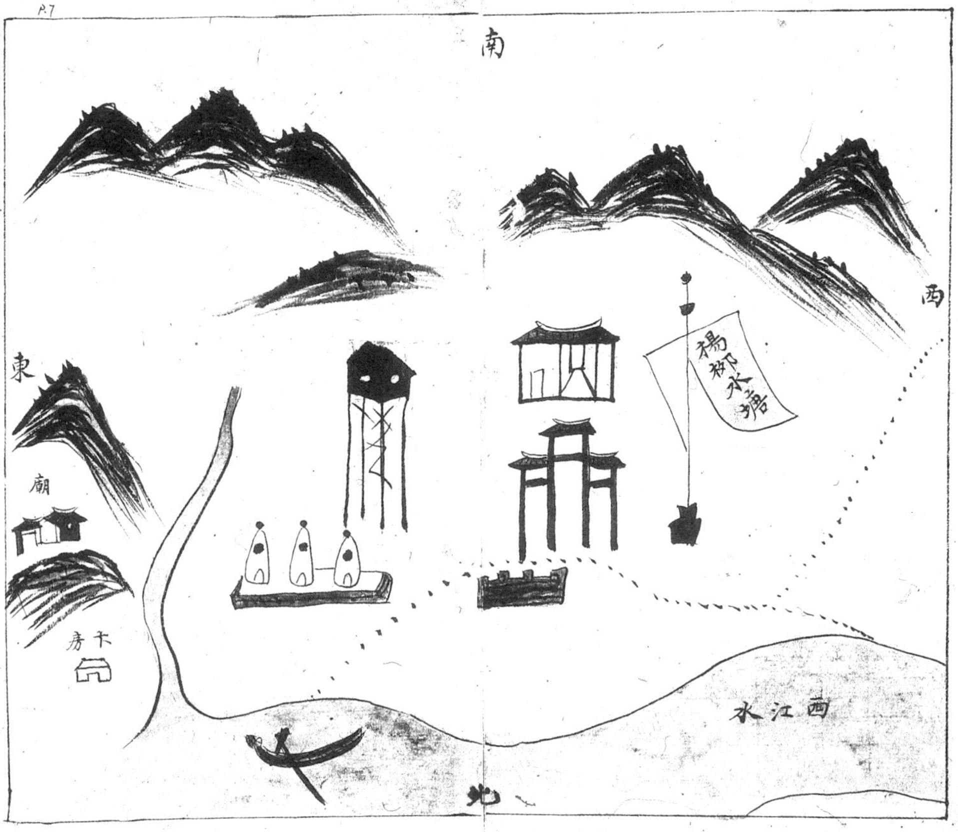

(9) P.8

楊柳水塘圖說

一該塘坐落東安縣地方離本營守備駐劄東安縣城陸拾里上至滘水汛貳拾里下至雲朋汛伍里撥擺目兵肆名三板艇壹隻遞送公文目兵按季更換

一該塘前有西江壹道上通廣西下達肇省衝要

(10)

P9

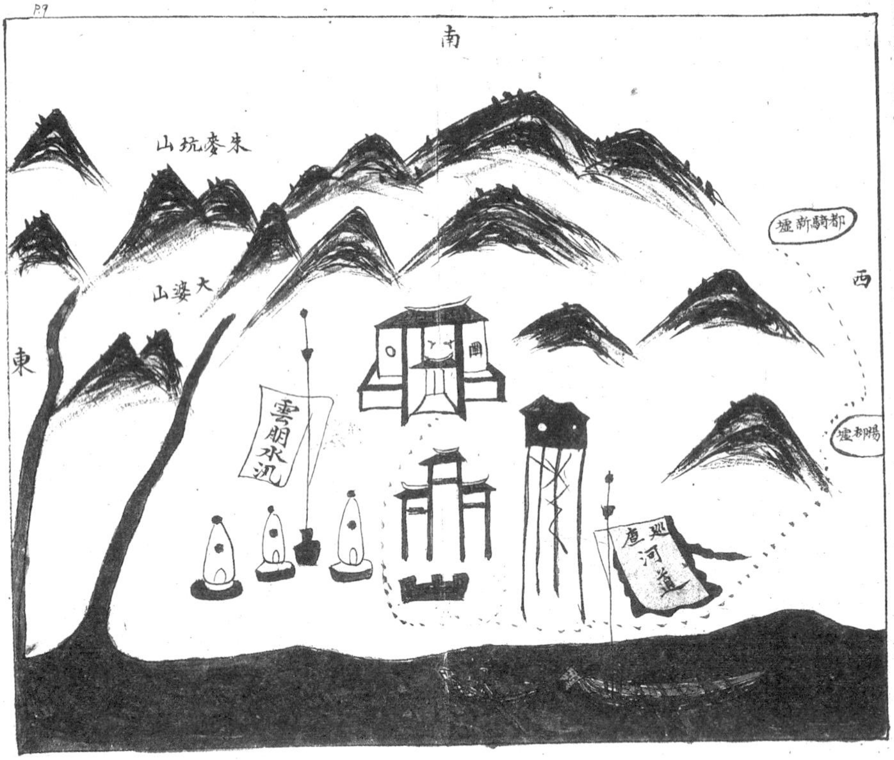

(11)

P10

雲朋水汛圖說

一該汛坐落東安縣地方離本營守備駐劄東安縣城陸拾伍里東至埇坑汛叁拾里西至楊柳塘伍里南至都騎塘叁拾里北至對河督標奇槎汛拾伍里撥防目兵壹拾伍名額設貳櫓陸槳船壹隻巡查河道三板艇壹隻遞送公文目兵按季更換

一該汛前有西江壹道上通廣西下達肇省衝要

一該汛內有朱麥大婆貳坑山場蓄長樹木從前向有商人開採今因山光木盡久經停止

一該汛內有楊柳墟都騎新墟每遇墟期商民貿易

(13)

P11

(14)

P12

都騎陸塘圖説

一該塘坐落東安縣地方離本營守備駐劄東安縣城肆拾伍里上至永豐塘貳拾里下至楊柳塘貳拾玖里撥擺目兵肆名走遞公文目兵按季更換

一該塘係屬平易陸路

附城頭陸塘圖說

一該塘坐落東安縣城西門外上至茅絲塘叁拾里下至永豐塘拾伍里

撥擺目兵肆名走遞公文目兵按季更換

一該塘係屬陸路平易

(17) P.15

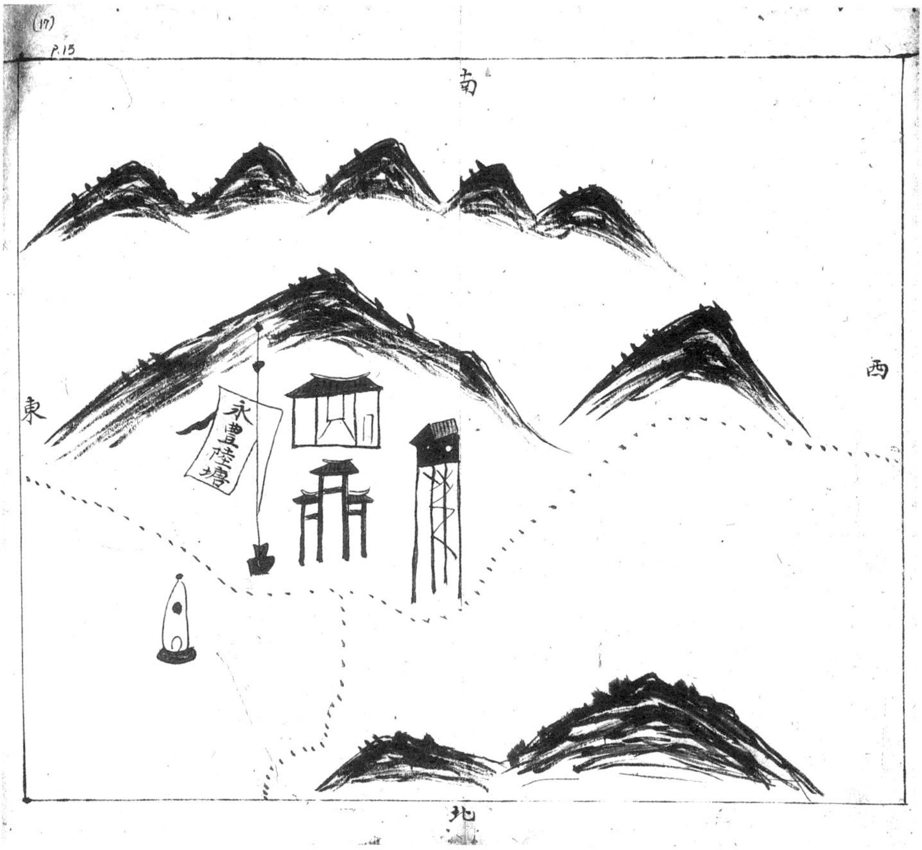

(18) P.16

永豊陸塘圖說

一該塘坐落東安縣地方離本營守備駐劄東安縣城拾伍里上至附城頭塘拾伍里下至都騎塘貳拾里撥擺目兵肆名走遞公文目兵按季更換

一該塘係屬陸路平易

一該塘內有永豊牛墟每遇墟期商民買賣牛隻

(19)-
P.17 end
西
南
北
腰古陸汛
墟古腰
橋
東
66

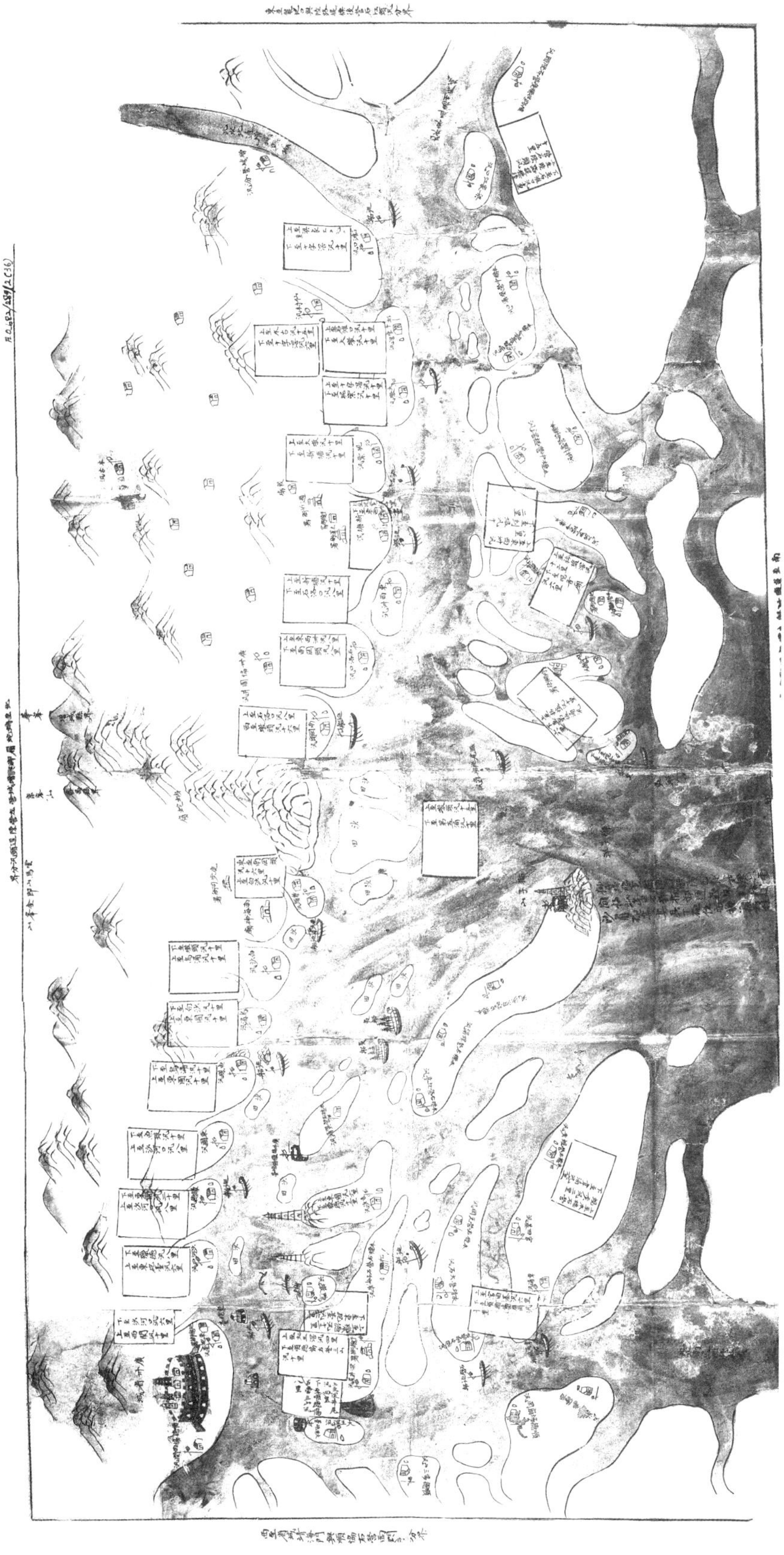

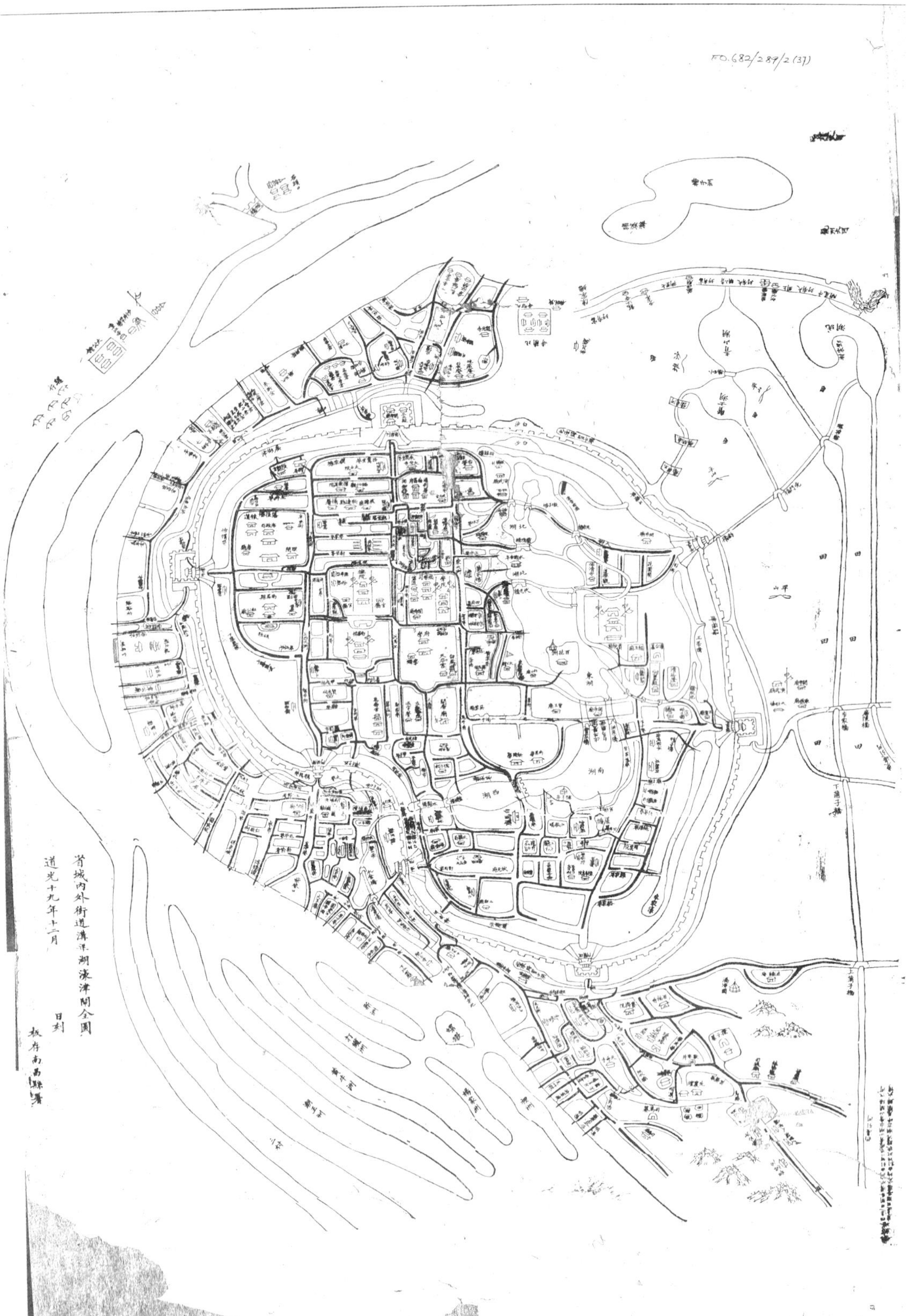
FO.682/289/2(37)
省城內外街道濠渠湖溪津閘全圖
道光十九年十二月
日刻
板存南海縣署

F.O. 682/289/2 (38)

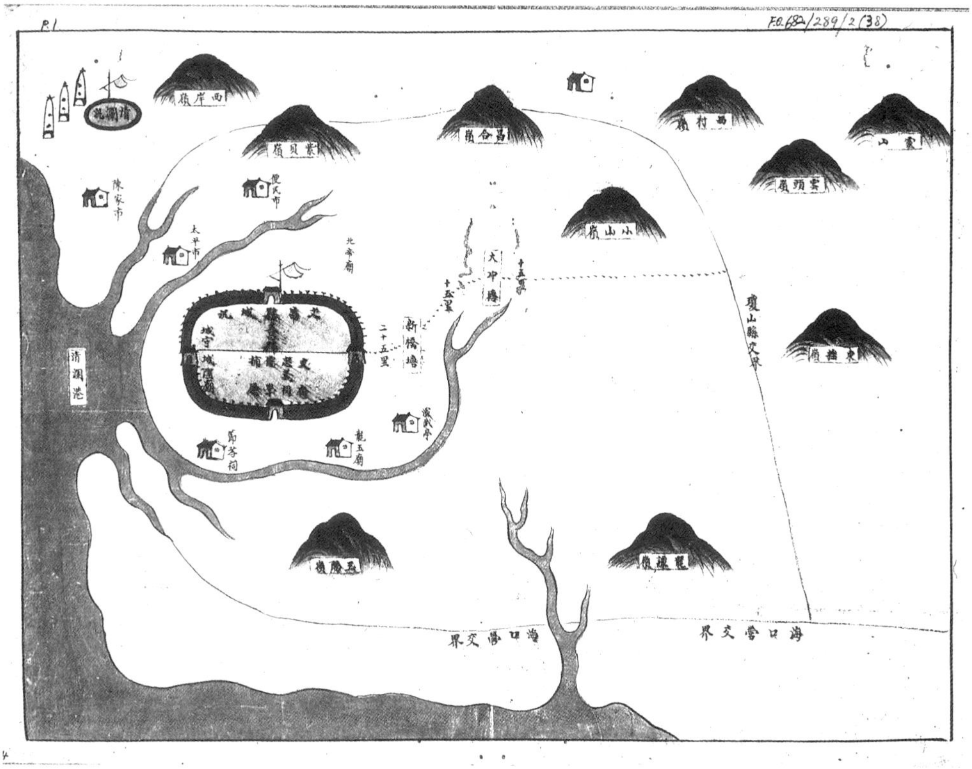

F.O. 682/289/2 (38)

一文昌汛駐劄文昌縣城有城池關隘係屬陸路專汛
管轄貳塘堡文武官陸員內文官肆員武官貳員
境離本營壹百柒拾伍里其四至與弁兵名数在
於總圖説內註明
一該汛境內名山有玉陽紫貝山江有清瀾江古蹟無
市鎮有陳家便民太平等處驛站閘壩隄防及洋
汛無
一該汛於順治肆年同本營建設並無裁改事故實在
防守兵丁肆拾伍名騎操馬匹無公費恤賞糧俱
存貯本營守備公櫃經管遇事隨時支給每月底
汛弁帶兵遊巡與本營定安汛弁在於崩溝塘交

界地方會哨

一該汛距

督憲駐劄肇慶地方壹千伍百叁拾里距

撫憲駐劄地方壹千玖百壹拾陸里距

提憲駐劄地方貳千叁百肆拾肆里距本鎮駐劄地方壹百柒拾伍里其地方民情風俗土穀等項俱

於總圖說內註明毋庸重註

一該汛與本營赤草汛石瀝水塘相距毗隣伍拾里係屬陸路與海口營清瀾汛相距毗隣貳拾里係屬

水師

p1　F.O.682/289/2(39)

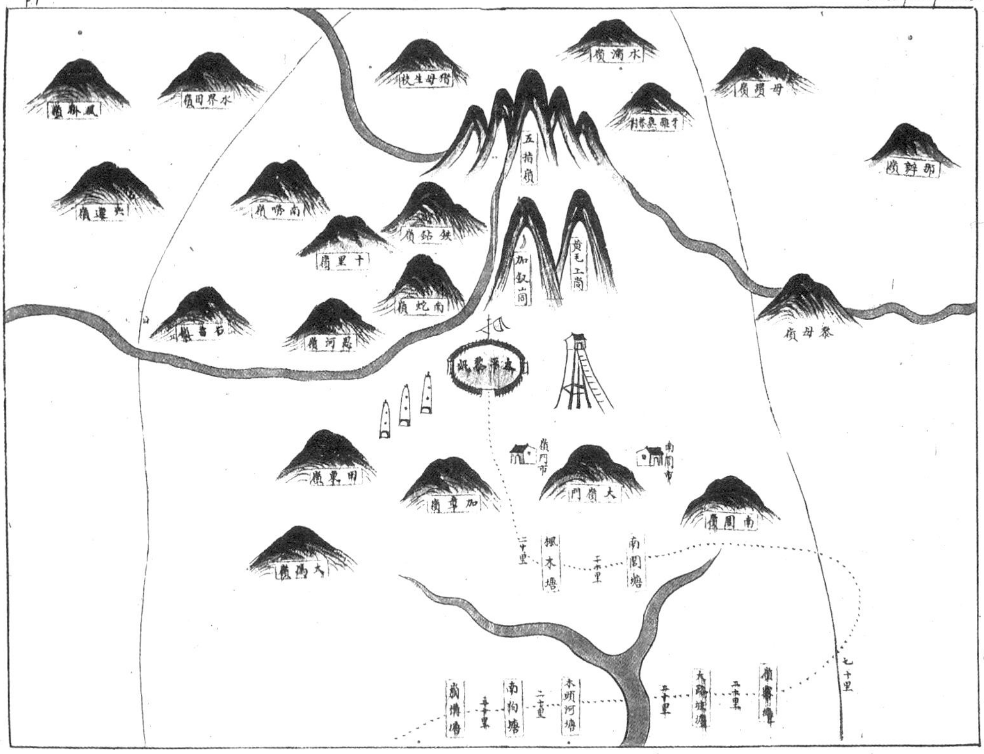

HY

P.2　F.O.682/289/2(39)

一太平黎汛係定安縣地方無城池關隘週圍有竹林係屬陸路專汛管轄柒塘堡文武官叁員內文官壹員武官貳員境離本營叁百里其四至與弁兵名數在於總圖說內註明

一該汛境內名山有鉄鉆五指山江河古蹟已於定安汛總圖說內註明市鎮有雷鳴嶺門烏坡等處驛站關壩隄防及洋汛無

一該汛於順治肆年同本營建設並無裁改事故實在防守兵丁壹百貳拾叁名騎操馬匹無公費 恤賞銀俱存貯本營守備公櫃經管遇事隨時支給每

月底汛弁帶兵遊巡與右營水尾汛在於屯昌塘
交界地方會哨

一該汛距
督憲駐劄肇慶地方壹千陸百陸拾貳里距
撫憲駐劄地方貳千零肆拾壹里距
提憲駐劄地方貳千肆百陸拾玖里距本鎮駐劄地
方叁百　與地方民情風俗土穀等項俱於總圖
說　註明毋庸重註

一該汛與鎮標右營水尾汛相距毗隣肆拾里與本營
定安汛南狗塘相距毗隣貳百壹拾里係屬陸路

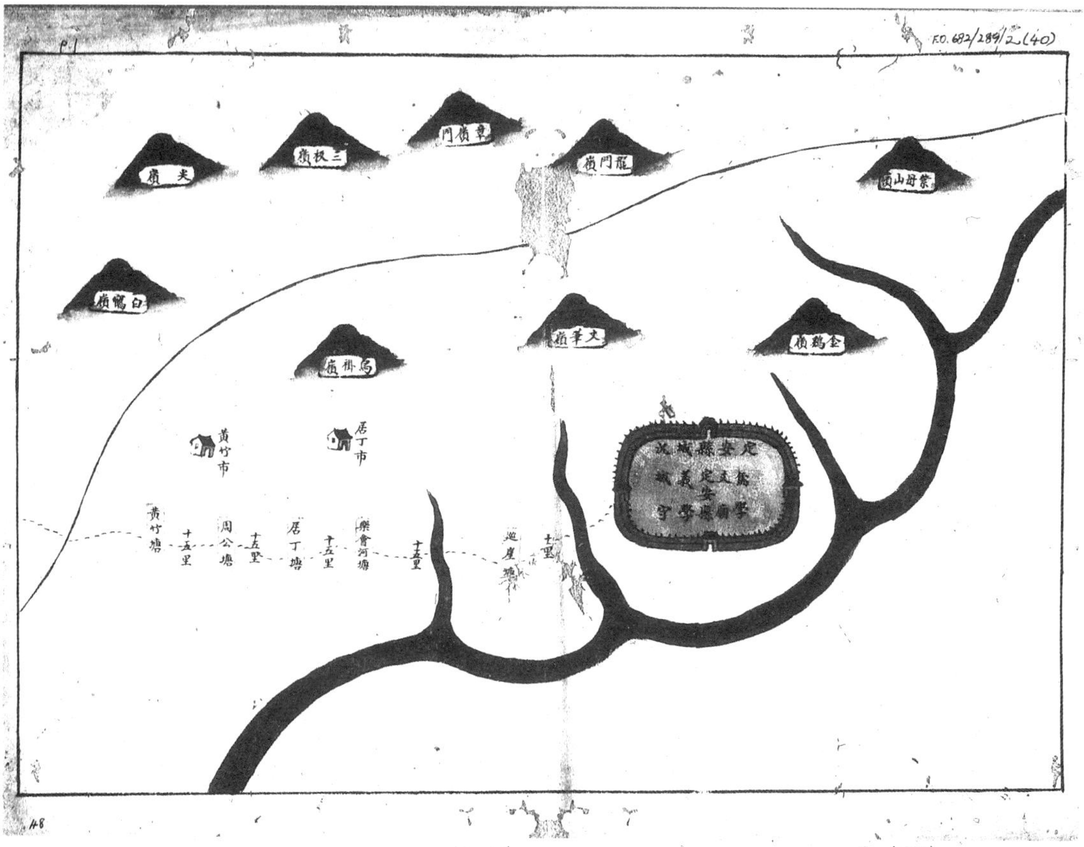

F.O. 682/289/2 (40)

一定安汛駐劄定安縣城有城池關隘係屬陸路專汛管轄伍塘堡文武官陸員内文官肆員武官貳員境離本營玖拾里其四至與弁兵名數在於總圖說内註明

一該汛境内名山有金鷄山文筆峯江河有南建江祿運河古蹟有黎母山石崖市鎮有居丁黃竹崩溝等處驛路閘壩隄防及洋汛無

一該汛於順治肆年同本營建設並無裁改事故實在防守兵肆拾捌名騎操馬匹無公費恤賞銀俱存貯本營守備公櫃經管遇事隨時支給每月底汛弁帶兵遊巡與右營會同汛在於存營塘交界地方會哨

一該汛距
督憲駐劄肇慶地方壹千肆百肆拾貳里距
撫憲駐劄地方壹千捌百貳拾壹里距
提憲駐劄地方貳千貳百肆拾玖里距本鎮駐劄地
方玖拾里其地方民情風俗土穀等項俱於總圖
說内註明毋庸重註
一該汛與鎮標右營那柚塘相距毗隣肆拾里與鎮標
右營會同汎相距毗隣玖拾伍里係屬陸路

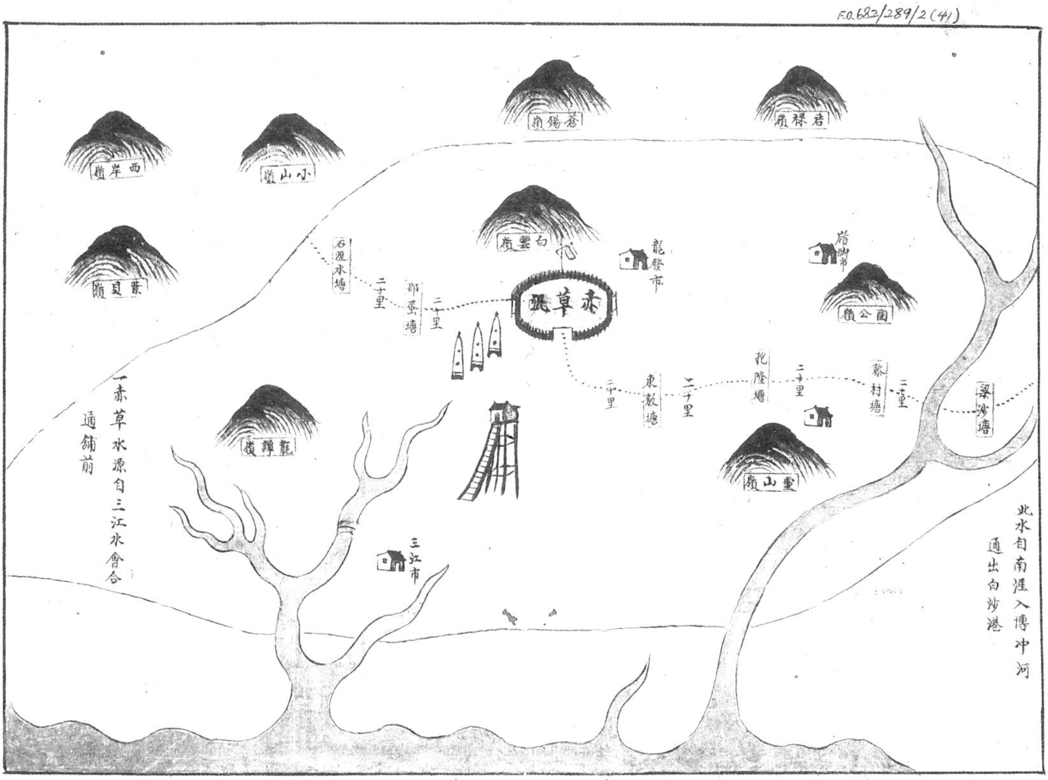
F.O.682/289/2(41)
西岸嶺
小山嶺
蒼錫嶺
君祿嶺
葉夏嶺
白雲嶺
龍發市
赤草汛
石湿水塘
二十里
那蛋塘
二十里
闌公嶺
二十里
東敖塘
二十里
托隆塘
二十里
黎村塘
二十里
梁沙塘
龍蹲嶺
靈山嶺
赤草水源自三江水會合
通鋪前
三江市
此水自南涯入博中河
通出白沙港

P.1

瓊州鎮標左營

一左營駐劄瓊州府城瓊山縣地方原有城池關隘係屬陸路隸瓊州鎮親標管轄瓊山定安文昌叁縣城汛併定安縣屬之太平黎汛同城文武官叁拾肆員內文官拾壹員武官貳拾叁員東至文昌縣屬與海口營清瀾汛交界相距壹百玖拾伍里南至海口營海豊市與會同縣交界相距貳百叁拾伍里西與右營地方相連係屬同城北至海口營紅坎坡交界相距捌里

一左營分防定安縣城汛係定安縣地方境離本營玖拾里東至黃竹塘與右營會同縣交界相距柒拾里南至太平黎汛係屬定安縣地方與瓊山縣屬交界相距貳百貳拾里西至禄運河與瓊山縣屬交界相距柒里北係南建江與瓊山縣屬交界

P.2

相距肆里本汛撥經制千把總壹員外委壹員帶兵肆拾捌名防守壹年輪流更替該汛係屬陸路塘堡肆處每塘駐兵伍名並無塘馬巡船

一左營分防文昌縣城汛係文昌縣地方境離本營壹百柒拾伍里東至清瀾汛與海口營交界相距貳拾里南至海豊市與會同縣屬交界相距肆拾里西至吊藤橋與瓊山縣屬交界相距肆拾里北至鋪前港與海口營交界相距玖拾里本汛撥經制千把總壹員外委壹員帶兵肆拾伍名防守壹年輪流更替該汛係屬陸路塘堡貳處每塘駐兵伍名並無塘馬巡船

一左營分防太平黎汛係屬定安縣地方境離本營叁百里東至石古嶺相距柒拾里自石古嶺至會同縣與鎮標右營會同汛交界相距貳百壹拾里

P.3

西至猪媽湾相距捌拾里自猪媽湾起至萬州營
寶停汛交界相距貳百壹拾里西至南閭嶺與鎮
標右營水尾汛交界相距肆拾里西南至毋讚嶺
相距陸拾伍里自毋讚嶺起至崖州營樂安汛交
界相距貳百貳拾里本汛撥經制千把總壹員外
委壹員帶兵壹百貳拾叁名防守壹年輪流更替
該汛係屬陸路塘堡柒處每塘駐兵伍名並無塘
馬趒船該汛内有生熟黎陸峝居住肆拾貳村每
村約有茅屋柒捌間及壹拾餘間不等黎人性本
蠢愚順直生黎頗有兇頑熟黎均皆淳謹原有黎
總哨官峝長管束風俗儉僕土産有楳榔沉香海
漆等物所居高山峻嶺森林密箐田土荒瘠土穀
壹年貳收理合註明

一左營分防赤草汛係屬瓊山縣地方境離本營捌

P.4

拾里東至舖前港與海口營交界相距捌拾里南
至石瀝水塘與文昌縣屬交界相距肆拾里西至
趒崖塘與定安縣屬交界相距陸拾里本汛撥外
委壹員帶兵肆拾壹名防守壹年輪流更替該汛
係屬陸路塘堡陸處每塘駐兵伍名並無塘馬趒船

一左營地隣東北與海口營接壤西南與鎮標右營
接壤並無與隣省外夷交界毋庸登駐

一左營境内江河有南建江祿運河博冲河自五指
嶺發源由祿運河匯入南建江出博冲河通達大
海人物有宋朝姜唐佐陳孚陳應元元朝蔡徵明
朝唐誼方張善敎唐舟邱濬邱墩海瑞名山有鈌
鉆嶺五指嶺古蹟有明昌塔浮粟泉市鎮有舊州
靈山嶺脚等處驛站閘壩隄防及洋汛無

一左營管轄地方原無設立砲臺安設砲位毋庸登註

一左營建自順治肆年至康熙貳拾叁年新定營制額設馬步守土著兵捌百伍拾柒名於康熙肆拾壹年奉文爲題明事案内抽馬兵壹名步兵貳名守兵壹拾壹名撥入三江協招募鄉勇驗補充額迨雍正柒年接奉文行遵設外委協辦營務雍正拾年伍月内奉行土著兵丁請照守兵一例支給糧餉遇有馬步兵缺列名考拔本年捌月貳拾壹日奉

旨依議欽遵在案乾隆貳拾捌年接奉文行遵設額外外委貳員協辦營務尚額設兵丁捌百肆拾叁名乾隆肆拾柒年貳月内奉文一件傳付事案内本營删除各官養廉馬糧壹拾壹名步糧陸拾陸名守糧捌名公費步糧壹拾玖名共删除名糧壹百零肆名乾隆肆拾柒年拾貳月内奉文一件傳付案内本營奉行添補額外外委壹員馬兵壹拾叁名步兵壹百零捌名守兵壹拾玖名共添兵壹百肆拾名乾隆伍拾年叁月内奉文一件稟明事應增守糧字識壹名在於額兵名數扣減乾隆伍拾貳年拾壹月内奉文一件咨會事將京塘守兵貳名補爲實兵舊額併新添共馬步守兵捌百柒拾玖名内原字識貳拾陸名於嘉慶陸年拾壹月内奉文一件咨行事裁減字識陸名補回實兵歸入大砲操演實除字識貳拾名外尚兵捌百伍拾玖名内馬兵連外委併額外外委捌拾柒名步戰兵壹百玖拾貳名守兵伍百捌拾名騎操馬捌拾柒匹嘉慶拾陸年拾月内奉行一件知照事案内雷瓊鎮改爲瓊州鎮水師總兵又嘉慶貳拾年貳月内奉行一件遵

P.7

旨會議具奏事案内本營奉裁戰馬叁拾匹將馬兵改
爲守兵叁拾名又嘉慶貳拾壹年陸月内奉行一
件知照事案内本營添設額外外委貳員在於馬
兵内挑選拔補又嘉慶貳拾叁年拾月内奉行一
件飭遵事案内本營裁除牌刀步兵壹名弓箭守
兵壹名鳥鎗守兵壹名共裁除兵丁叁名撥歸水
師提標中右兩營募補駐防閣西等處地方道光
元年拾月内奉行一件遵
旨等事案内本營奉裁戰馬壹拾柒匹馬兵改爲守兵
壹拾柒名又道光拾貳年貳月内奉行一件欽奉
上諭事案内本營裁除弓箭步兵陸名鳥鎗步兵陸名
牌刀步兵叁名大砲步兵貳名共裁除步兵壹拾
柒名撥歸田糧經費又本年玖月内奉行一件 遵
旨議奏事案内本營奉行移撥外委壹員弓箭步兵貳

P.8

名守兵伍名鳥鎗步兵叁名守兵拾叁名牌刀步
兵壹名守兵肆名大砲守兵貳名共移撥兵丁叁
拾名前赴崖州協營守禦又道光拾叁年拾壹月
内奉行一件報明事案内本營裁除弓箭步兵壹
名鳥鎗步兵壹名弓箭守兵壹名鳥鎗守兵叁名
牌刀守兵壹名大砲守兵壹名共裁除兵丁捌名
撥赴三江協募補又道光拾玖年叁月内奉行一
件咨會事案内本營裁除大砲守兵壹名移撥水
師提標中營募補防堂又道光貳拾年捌月内奉行
一件知照事案内本營裁除弓箭步兵壹名守兵
壹名鳥鎗步兵壹名守兵貳名撥赴大鵬協營募
補又道光貳拾貳年貳月内奉行一件咨會事案内本
營裁除弓箭步兵叁名守兵貳名鳥鎗守兵伍名共
裁除兵丁拾名撥赴天津等處募補又道光貳拾

P.9

叁年陸月内奉行一件咨行事案内本營裁除弓箭
守兵肆名鳥鎗步兵肆名守兵肆名牌刀步兵壹
名守兵貳名大砲守兵貳名共裁除兵丁拾柒名撥
歸水師提標後營募補又道光貳拾叁年柒月内
奉行一件咨覆事案内本營裁除弓箭守兵叁名
鳥鎗步兵肆名守兵壹名牌刀守兵貳名大砲守
兵壹名共裁除兵丁拾壹名撥歸水師提標後營
募補防臺本營實在操防兵柒百柒拾陸名内馬
兵連外委併額外外委叁拾玖名步戰兵壹百伍拾貳
名守兵伍百捌拾伍名騎操馬叁拾玖匹内除未滿
叁年毋庸報倒外遞年照例報倒馬陸匹每匹領
價併皮臟銀壹拾捌兩每年公費額撥支銀貳百
玖拾伍兩零貳錢恤賞銀叁百柒拾貳兩零叁分貳
厘陸路遊廵每年自捌月起至拾貳月底止例係守

P.10

備帶領目兵肆拾名遊廵與右營會同汛在於存
營塘地方會哨又自拾壹月起至次年正月底止例
係遊擊帶領目兵肆拾名與右營會同汛在於白
鶴塘地方會哨

一左營距

督憲駐劄肇慶地方壹千叁百陸拾貳里距
撫憲駐劄地方壹千柒百肆拾壹里距
提憲駐劄地方貳千壹百陸拾肆里與本鎮係屬同城
遇有緊要事件專差赴惠州府壹拾陸日可到境
内均屬陸路地方轄屬太平黎汛地方險要地多荒
瘠民情淳良風俗儉樸瓊山地方係衝繁土産梹榔
沈香海漆定安地方無衝繁土産無土地肥饒文昌地方
無衝繁土産椰子波蘿蔴土地半肥半瘠民情俱
淳良風俗儉樸土穀俱壹年貳收匪竊各汛稀少

强劫及邪教土娼枭棍併礦廠煤窑聚集多人之
處俱無每月派撥幹練千把總帶領目兵在於各
汛該管地方稽查
一左營遊擊守備駐劄瓊州府城瓊山縣地方與海口
營叅將守備駐劄處所相距毗隣拾里係屬水師
與萬州營遊擊守備駐劄處所相距毗隣叁百伍
拾伍里與儋州營遊擊守備駐劄處所相距毗隣
叁百壹拾伍里與鎮標右營都司守備駐劄處所
俱係同城均屬陸路
一左營係屬陸路並無設立外海内河船隻遊巡配防
砲位境内亦無苗猺理合註明

P.11 end

北至樂昌縣界一百二十五里
東至曲江縣界三十里
西至中營白牛坪汛界一百二十五里
南至英德縣井塘汛交界一百二十五里
大布地方

東與長寧捷下地方交界一百里
北與中營龍脉岡汎交界一百一十里
南與本縣中營青岡汎交界一望之地
西與英德捕屬土㙟坪交界一百三十里

一該營分防石牌港砲臺壹座係水師專管坐落臨高縣地
方西離本營駐劄儋州城壹百伍拾里東至瓊州鎮右營澄
邁汛壹百肆拾里南至臨高汛叁拾里北係大海該砲臺安
設貳千觔生鉄砲壹位壹千觔生鉄砲壹位陸百觔生鉄砲壹
位伍百觔生鉄砲叁位小行營砲壹位係委水師左哨把總壹員
為專防左哨頭司外委把總壹員為協防額設兵叁拾名管轄
博頓卡壹處派兵貳名實存臺兵貳拾捌名

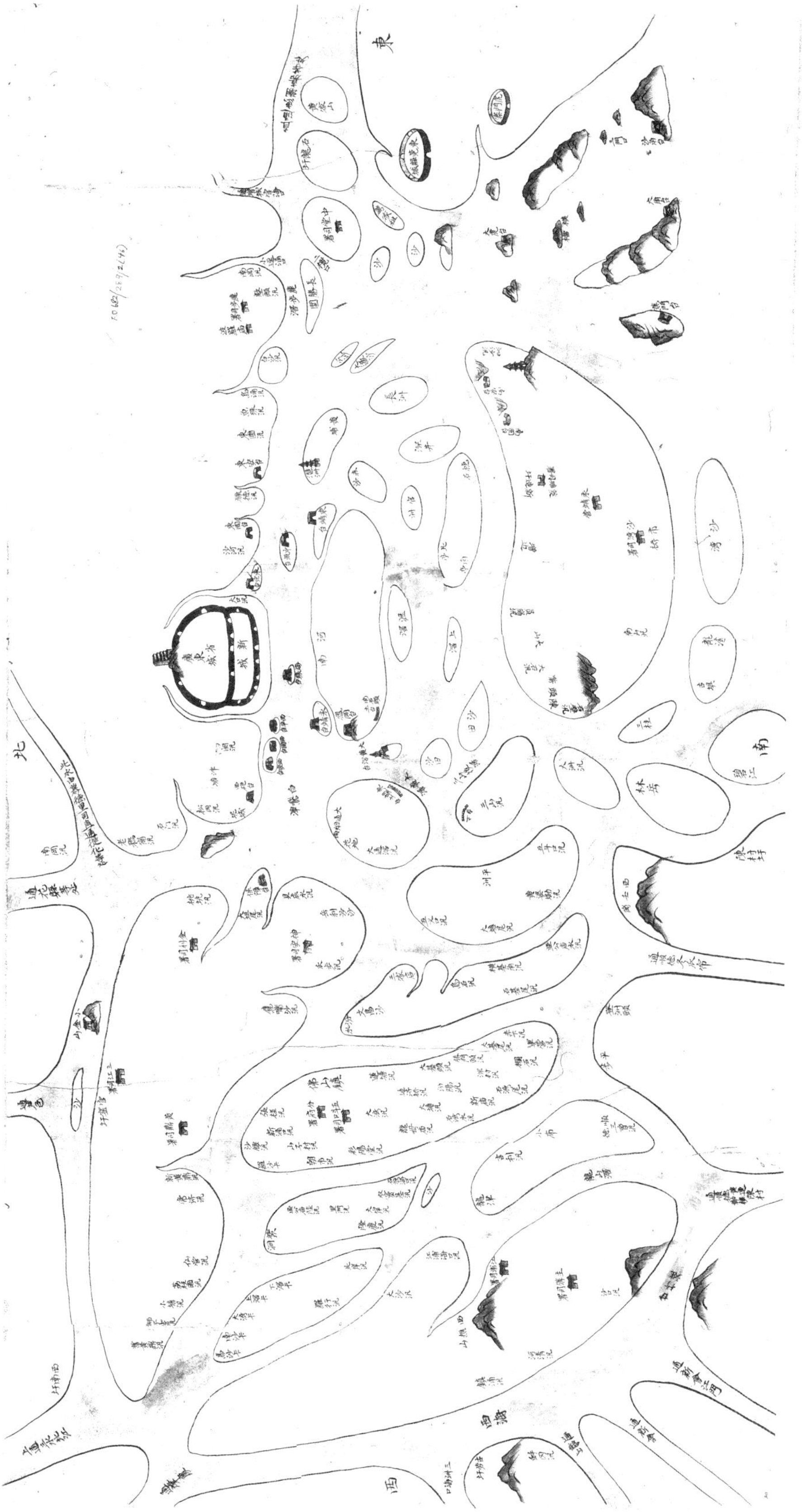
東
南
西
北

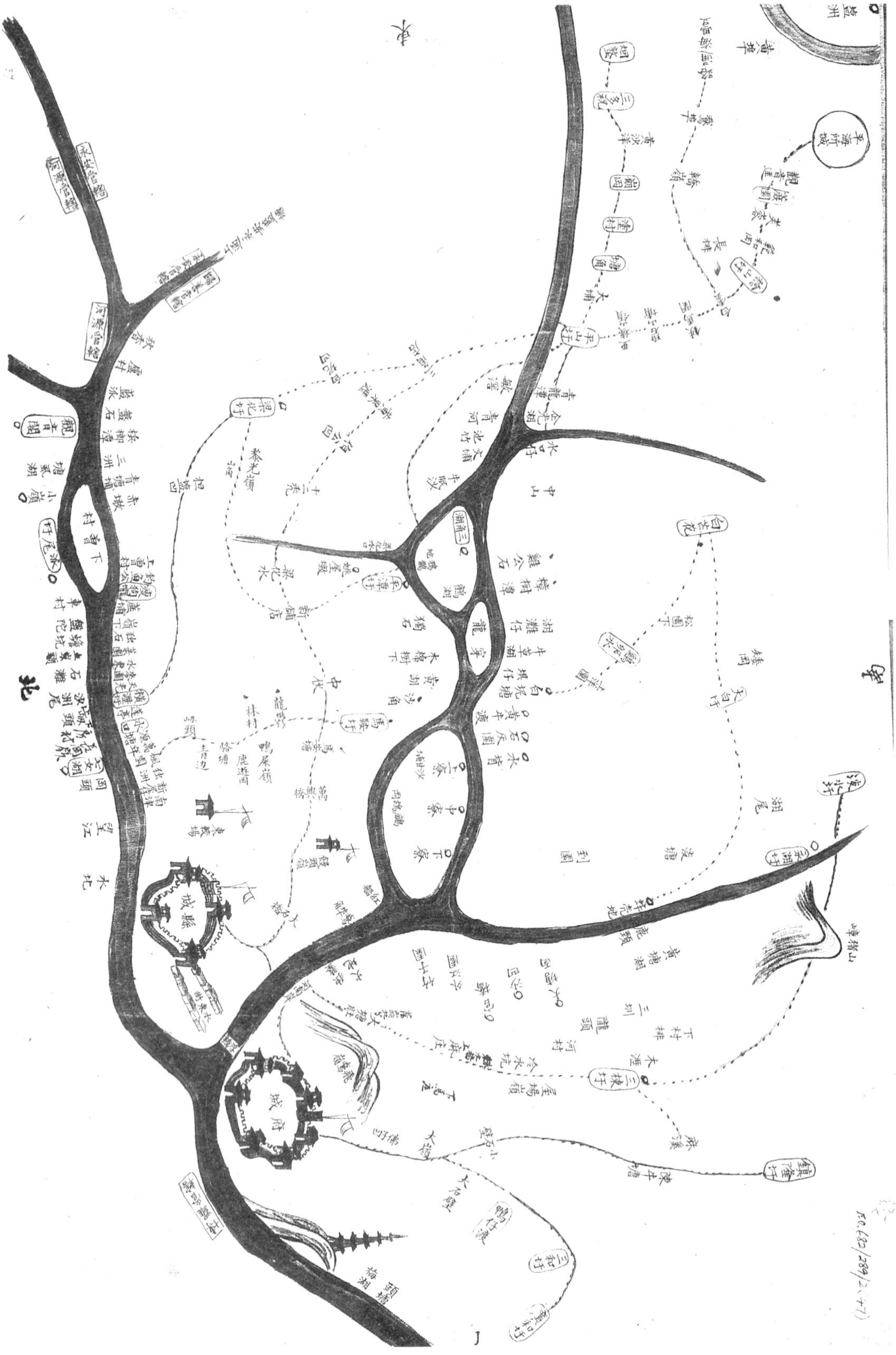

F.O. 682/289/2(47)

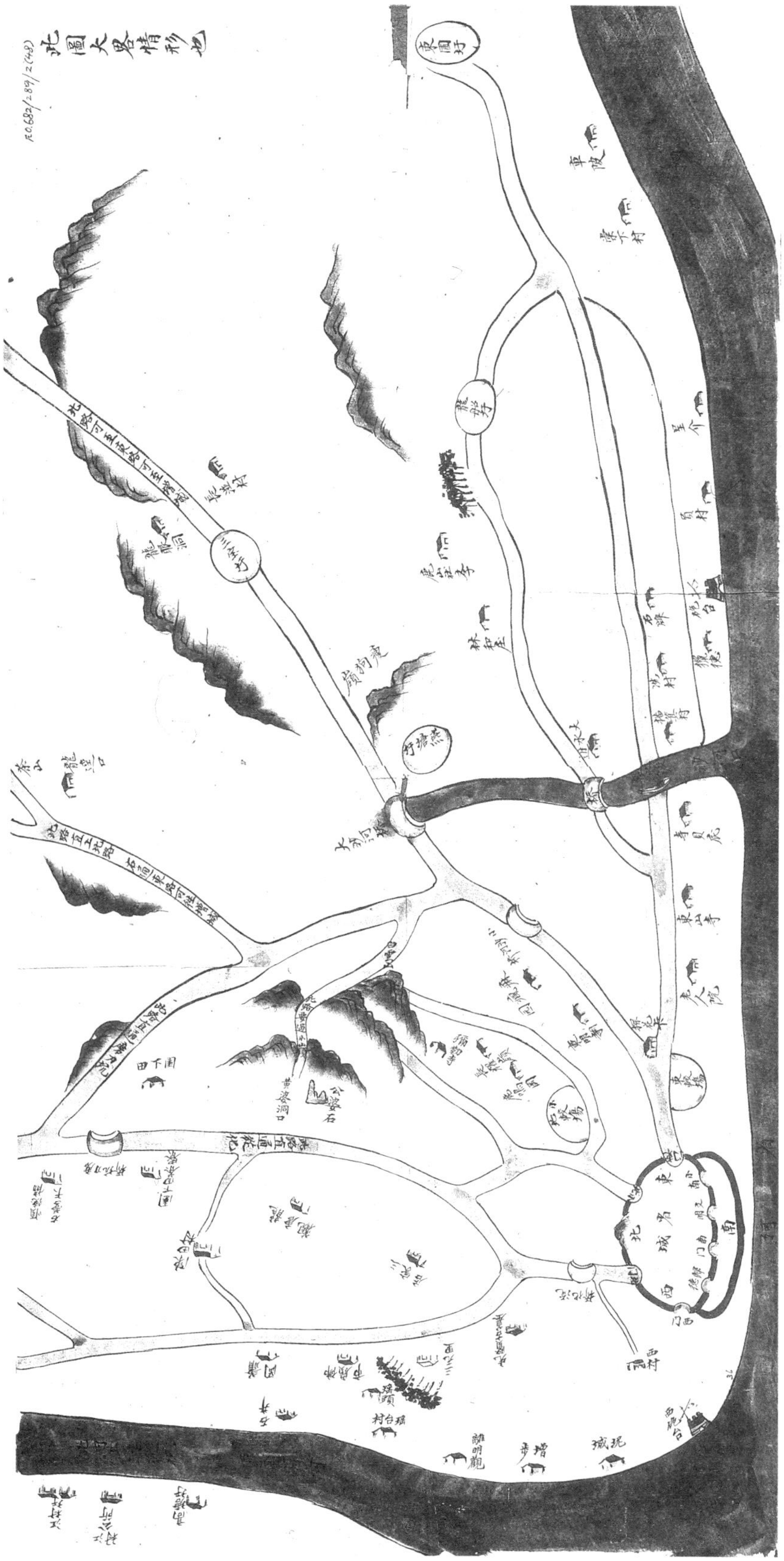

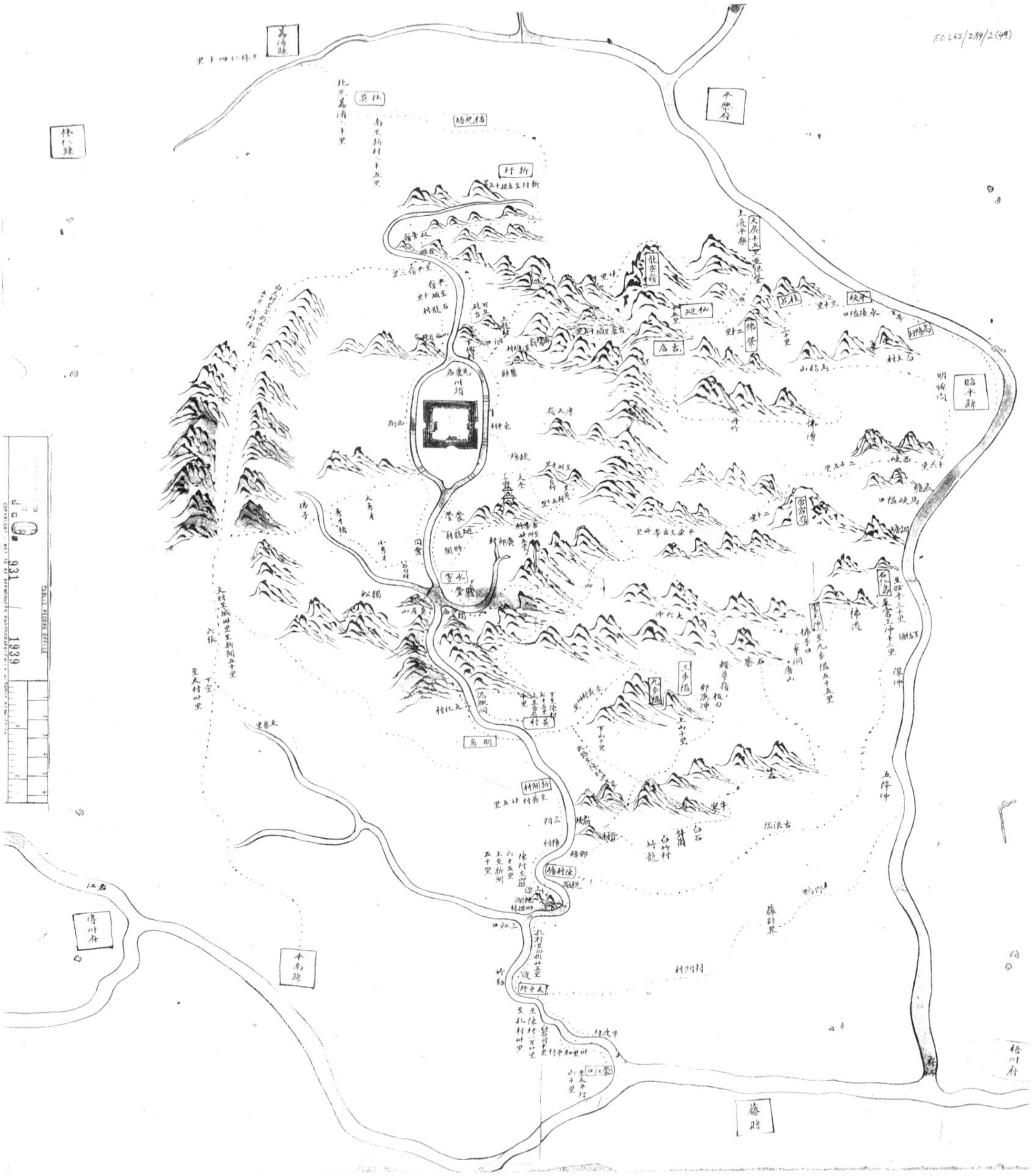
平樂府
藤縣
潯州府
平南縣
梧州府

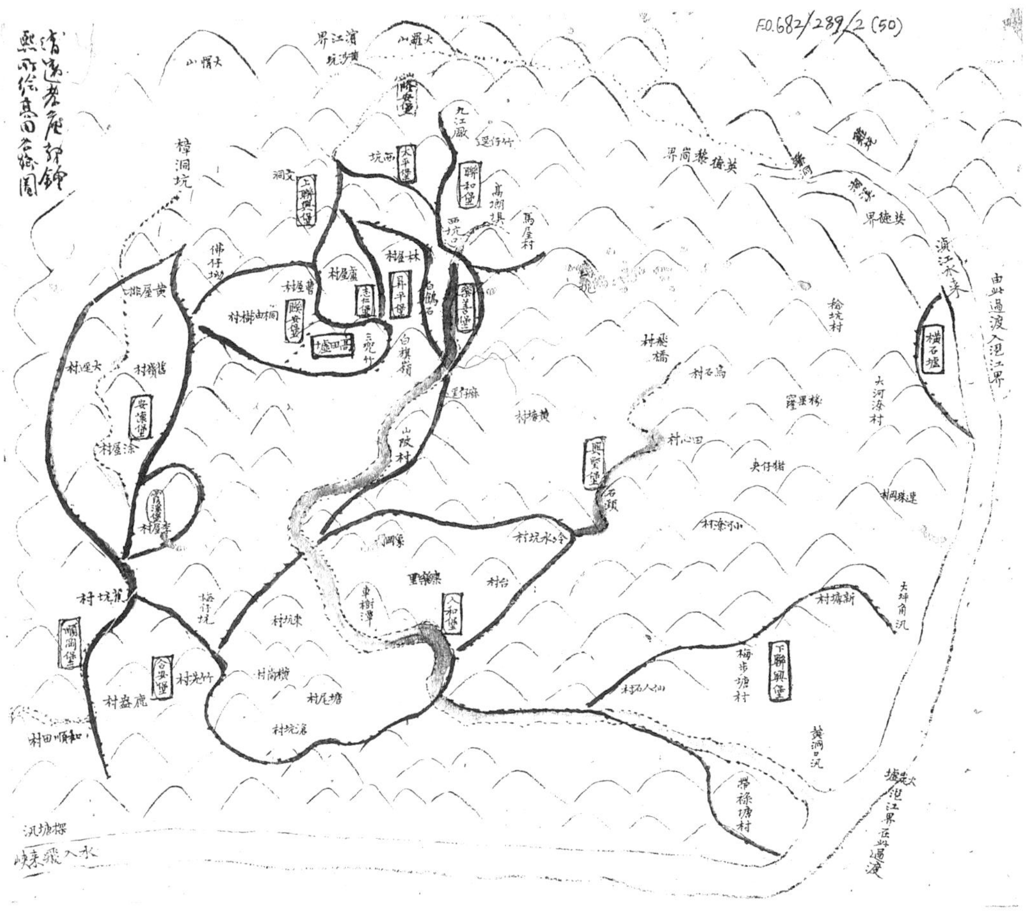
F.O. 682/289/2 (50)
大羅山
聯和堡
太平堡
下聯興堡
入和堡
安讓堡

修仁界
平樂界
永安城
昭平城
平南城
平南界
梧州界
藤縣界
府江河

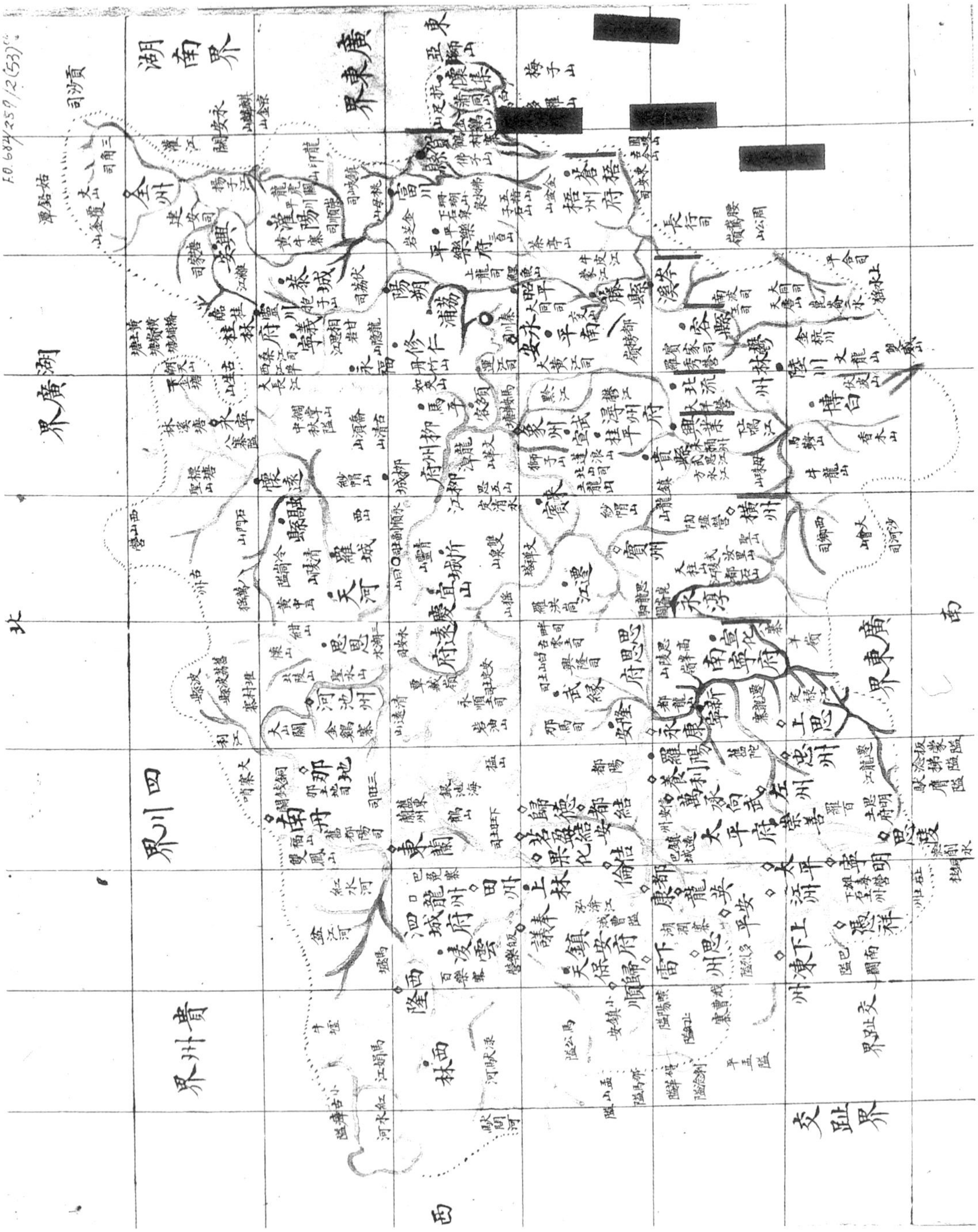
湖南界
廣東界
湖廣界
四川界
貴州界
交趾界

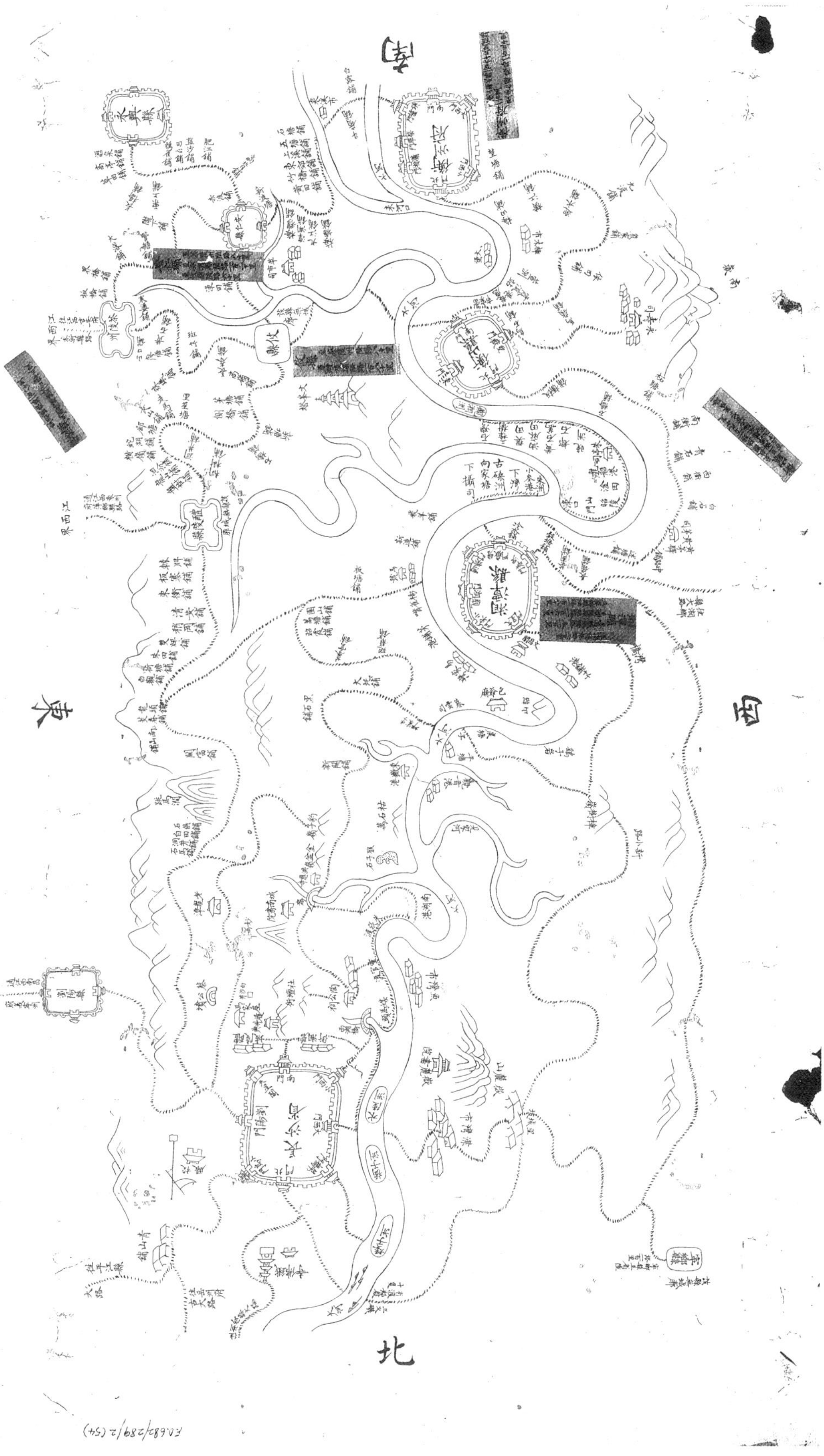
南
東
西
北

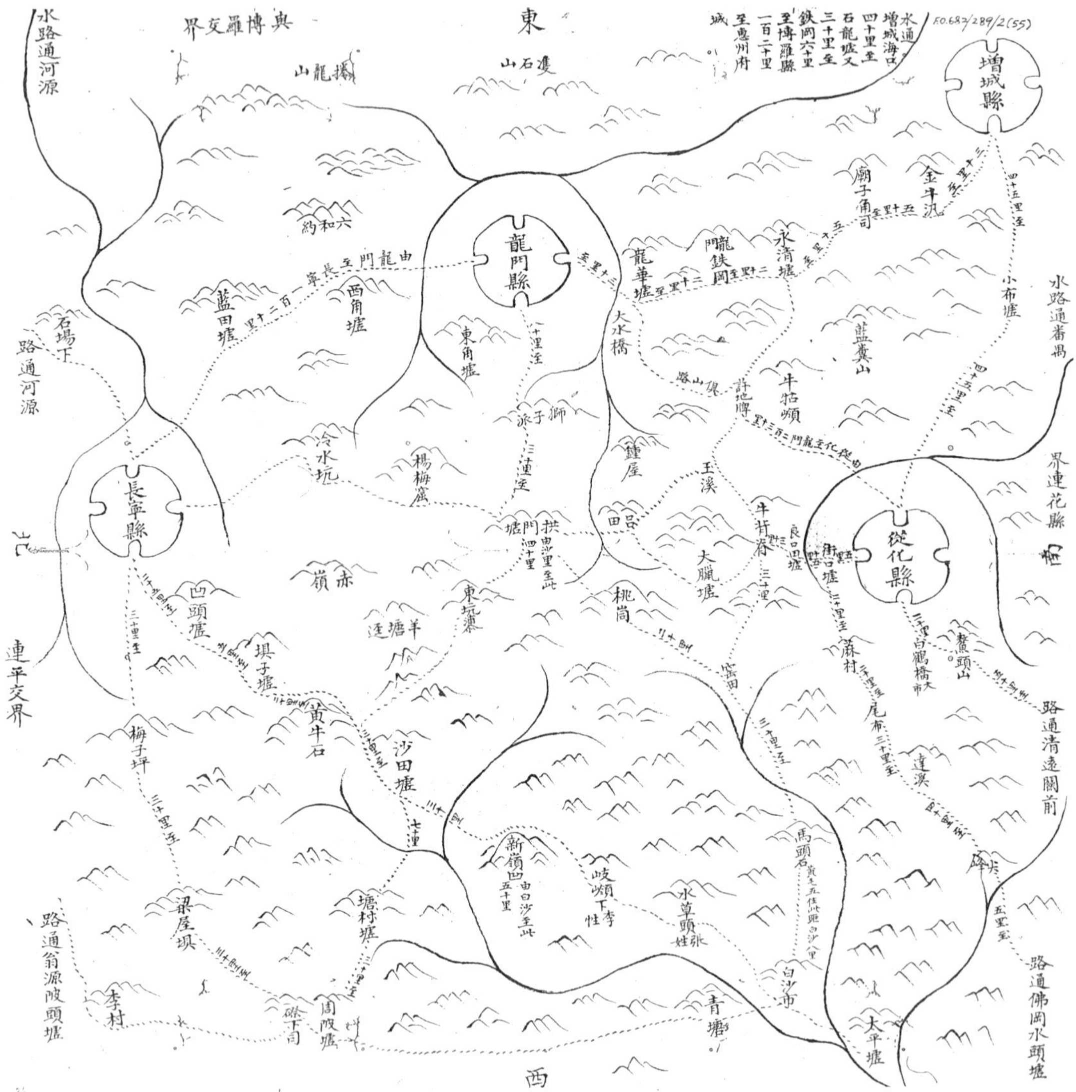
東
西
龍門縣
增城縣
從化縣
長寧縣
水路通河源
路通河源
水路通番禺
連平交界
路通清遠關前
路通佛岡水頭墟
路通翁源陂頭墟
水通增城海口四十里至石龍城又三十里至鉄岡六十里至博羅縣一百二十里至惠州府城
藍田墟
西角墟
東角墟
大水橋
龍華墟
永清墟
廟子角司
金牛汎
小布墟
鍾屋
玉溪
大朧墟
赤嶺
黃牛石
沙田墟
梅子坪
李村
青塘
太平墟
馬頭石
新嶺
達溪
麻村

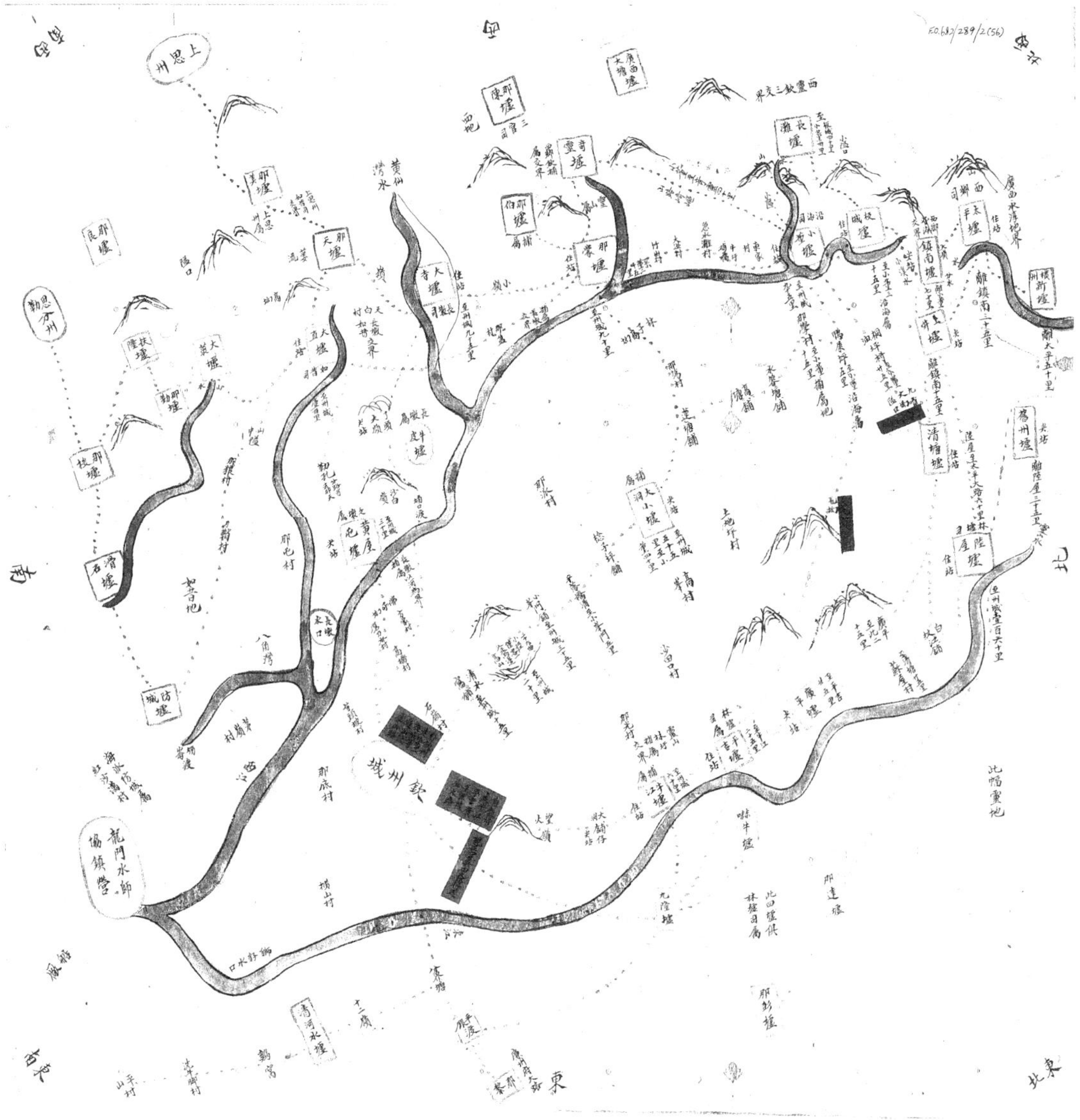
上思州
龍門水師協鎮營

北
東
南

棲霞隱
功德所
大殿香亭
達摩堂
此路上大殿
此處種大夫松
此處佛萬字百花局
大客廳
此路出客廳
文昌閣
樂舟
西小廳
此路上通客廳
桃花浪
行善所
房厨
明月前身

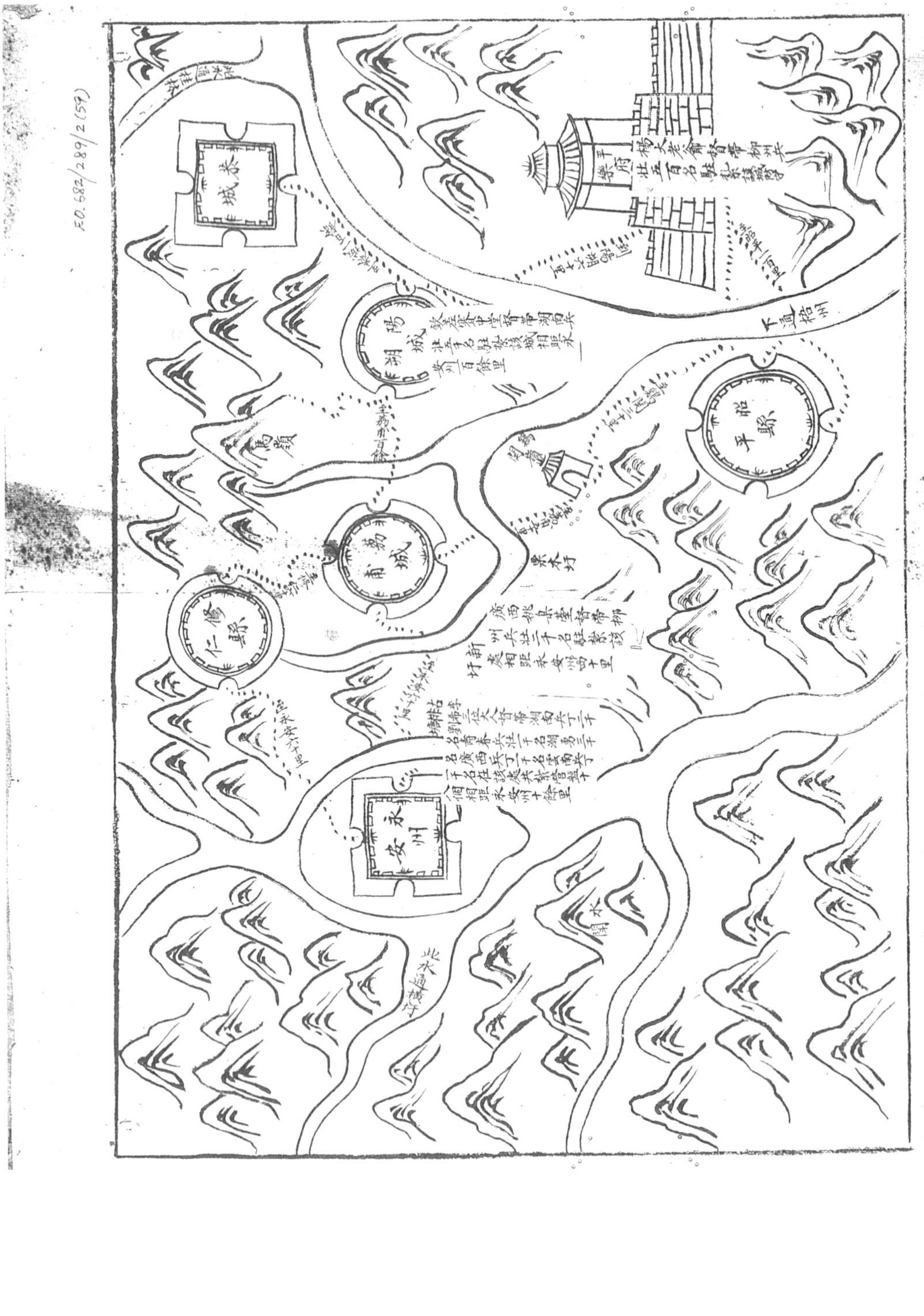

P.1　FO682/289/2 (60)

河頭陸汛圖說

撥把總壹員駐劄羅定州東安縣屬地方安目兵肆拾名防守東至豬仔坪汛貳拾里西至白馬塘陸里南至芋頭硼塘貳拾里北至左營黄沙汛叁拾里每月拾肆日與左營分防東安城千總在黄村地方交簽會哨又貳拾日與肇協分防新興城把總在二十四山地方交簽會哨並無輪流更替

一該汛水陸要區民居鋪戶稠處係屬要旮

豬仔坪陸汛圖說

撥外委把總壹員駐劄羅定州東安縣屬地方安目兵拾陸名防守東至肇協三十四山塘拾伍里西至左營黄沙汛貳拾里南至河頭汛貳拾里北至黄金堋汛叁里並無輪流更替

一該汛路當衝衢盤詰奸匪係屬次旮

P.2

P.3

黄金朔陸汎圖説

一分防黄金朔汎係肇慶府新興縣屬地方額設安兵捌名防守東至肇協白馬四塘貳拾里西至左營黄沙汎叁拾里南至猪仔坪汎柒里北至肇協勒竹汎拾里並無輪流更替

一該汎傍山對河素稱安靖

P.4

茅田陸汎圖説

一分防茅田汎係羅定州東安縣屬地方額設安兵捌名防守東至左營腰古汎貳拾里西至肇協桐村汎拾里南至肇協桐村塘拾三里北至小河汎拾貳里並無輪流更替

一該汎附山近路常有行人來往

小河陸汛圖說

一分防小河汛係羅定州東安縣屬地方額設委目兵捌名防守東至茅田汛拾貳里西至左營陡石汛叁拾里南至華協車岡塘貳拾里北至左營腰古汛貳拾里

一該汛水陸要地時有賊匪出沒係屬要首

曹洞陸汛係肇慶府陽春縣地方額設目兵壹名帶領兵丁捌名防守東至本營茶園汛肆拾里西至本營黃泥灣汛貳拾里南至陽春營那烏汛交界肆拾里北至本營牛輓曲汛貳拾里係屬偏僻次要地方素皆安靜無盜

P.7

白馬塘係肇慶府新興縣地方額設目兵壹名帶領兵丁叁名東至本營河頭汛壹里西至本營天堂汛玖里南至本營芋頭塘貳拾里北至左營富霖汛交界伍拾里係屬通衢次要地方素昔安靜無盜
白馬陸塘

P.8

天堂陸汛係肇慶府新興縣地方額設目兵壹名帶領兵丁捌名防守東至本營白馬塘玖里西至本營第什塘拾里南至本營芋頭塘叁拾里北至左營富霖汛交界伍拾里係屬通衢次要地方素昔安靜無盜
天堂陸汛

P.9

第什塘係肇慶府新興縣地方額
設目兵壹名帶領兵丁叁名東至本營
天堂汛拾里西至陽春營交崗汛交
界貳拾里南至本營牛軛曲汛拾里
北至左營富霖汛交界伍拾里係屬
通衢次要地方素守安靜無盜

P.10

牛軛曲汛係肇慶府陽春縣地方額設
目兵壹名帶領兵丁拾壹名東至本營
雷崗汛貳拾里西至陽春營松柏汛交
界叁拾里南至本營黃泥灣汛拾伍里
北至本營第什塘拾里係屬通衢
次要地方素皆安靜無盜

P.11

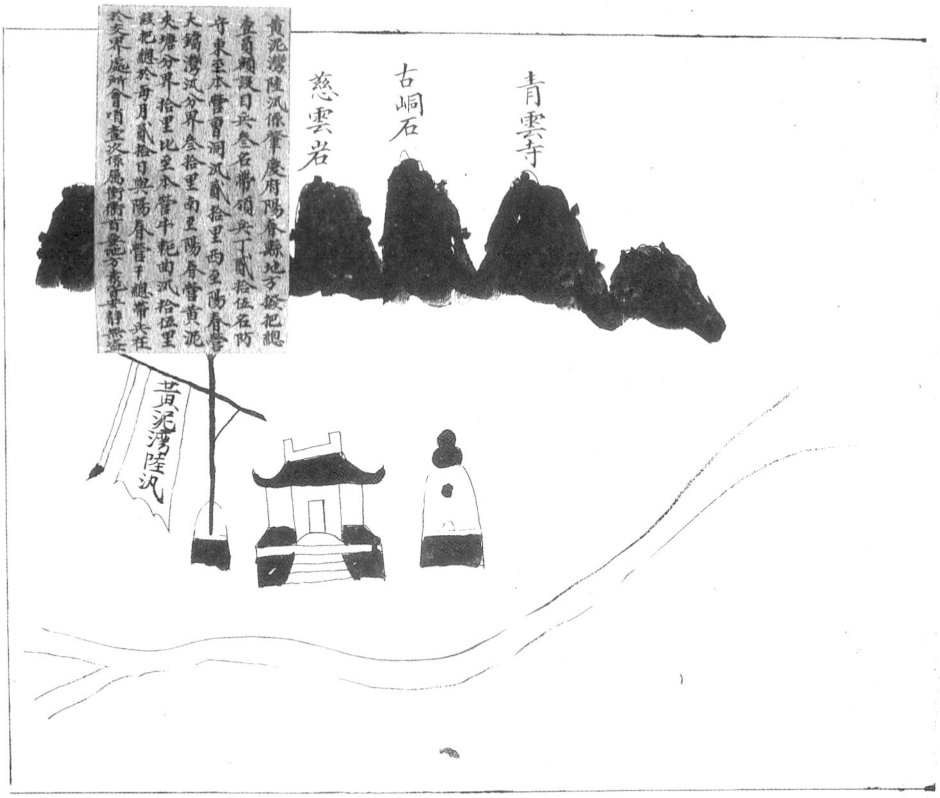
黃泥灣陸汛係肇慶府陽春縣地方簽把總壹員額設目兵叁名帶領兵丁貳拾伍名防守東至本營曾洞汛貳拾里西至陽春營大鏡灣汛分界叁拾里南至陽春營黃泥央塘分界拾里北至本營牛軛面汛拾伍里該把總於每月貳拾日與陽春營千總帶兵在於交界處所會哨壹次係屬衝衢首要地方素皆安靜無盜
慈雲岩
古峒石
青雲寺
黃泥灣陸汛

P.12

茶園陸汛係肇慶府陽春縣地方額設目兵壹名帶領兵丁捌名防守東至本營白馬塘拾里西至本營第竹塘拾里南至本營平頭潮塘叁拾里北至左營富霖汛分界伍拾里係屬偏僻次要地方素皆安靜無盜
茶園陸汛

P.13
西山陸汛係羅定州東安縣地方原係本協左營
高營汛本營外委把總壹員帶領目兵貳名
兵丁拾陸名駐防東至灣口分界壹百里西至
左營長沙汛玖拾里南至塘埇分界叁拾里
北至工峯分界捌拾里係屬偏僻首要地
方素皆安靜無盜
西山陸汛

P.14
一甕崗陸汛駐劄新興縣屬撥防外委千總壹員目
兵貳拾肆名相距東至白花嶺伍里分界西至茶園汛
肆拾里南至石降嶺肆里分界北至石窩汛肆拾里此
汛盜多出沒係為首要理合註明
三寶鼎大山
白花嶺

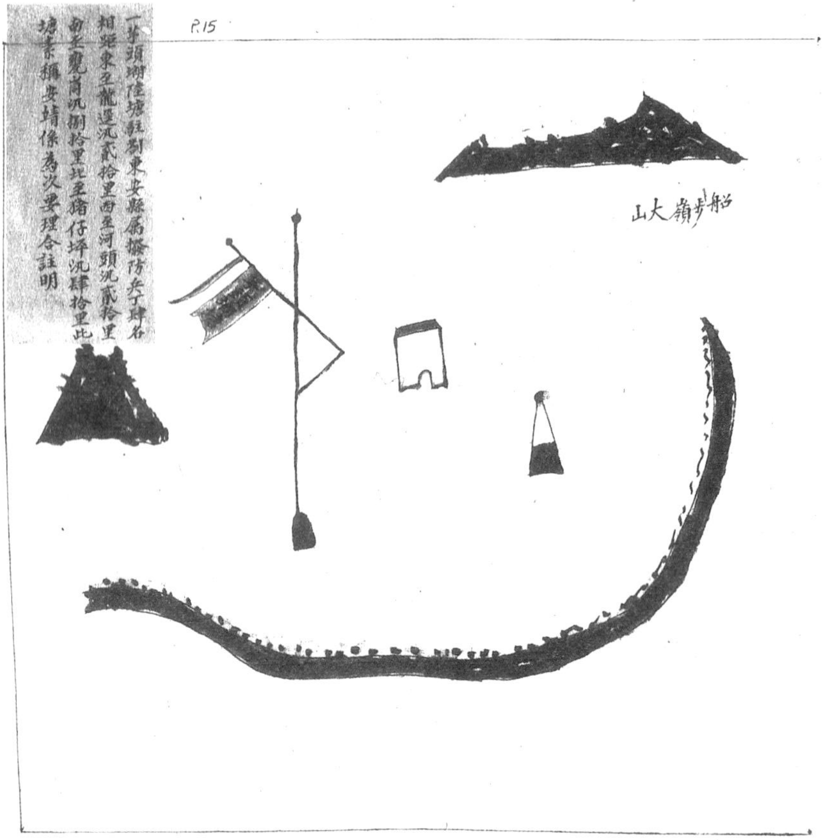
P.15
一芋頭塱陸塘駐劄東安縣屬撥防兵丁肆名相距東至龍逕汛貳拾里西至河頭汛貳拾里南至甕肩汛捌拾里北至豬仔坪汛肆拾里此塘素稱安靖係為次要理合註明
船步嶺大山

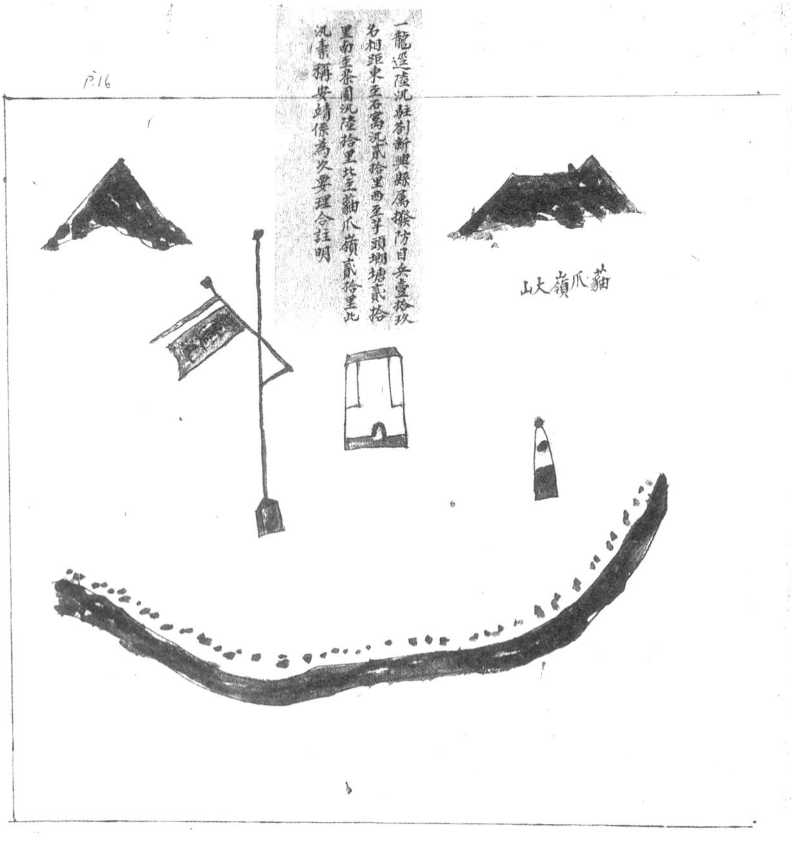
P.16
一龍逕陸汛駐劄新興縣屬撥防目兵壹拾玖名相距東至石窩汛貳拾里西至芋頭塱塘貳拾里南至蔡園汛陸拾里北至貓爪嶺貳拾里此汛素稱安靖係為次要理合註明
貓爪嶺大山

P.17 end

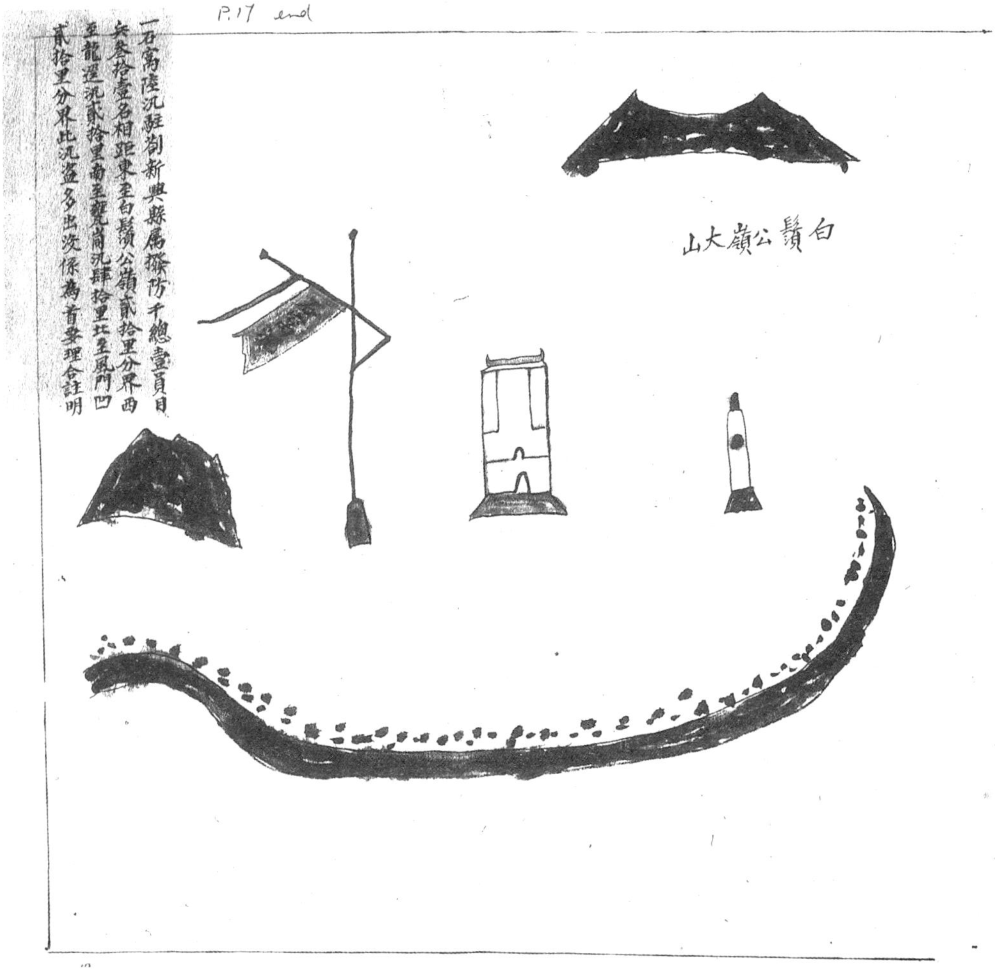
一石窩陸汛駐劄新興縣屬撥防千總壹員目兵叁拾壹名相距東至白鬚公嶺貳拾里分界西至龍逕汛貳拾里南至鵞崗汛肆拾里北至風門凹貳拾里分界此汛盗多出沒係為首要理合註明
白鬚公嶺大山

P.1

羅定協右營 守備兼轄 千總專管 輿圖

羅定協右營分防西寧城汛

西寧在明為西山駐劄之營羅旁在古為猺獞出沒之所此地有崇山峻嶺疊聳峯巒路徑崎嶇松林茂密自神廟初年改瀧水縣為羅定州邑其境之西曰西寧迨萬曆伍年于山陬之中擇平坦之區以創建城池而城不逾里形勝可觀前筆架後玉枕左文德右武功四面環山一流溪水以達于江外有華表錦被二石以捍其所出原設則有叅將守備千把各員續奉文行更定營制以西寧歸羅定協右營現駐則有守備壹員外委壹員帶領

P.2

馬步守兵丁捍禦防守又有千總壹員撥防都城水汛彈壓西江河道雖有長江之險盜息民安不覺狼浪之風化成俗美東至羅定東安交界西與岑溪蒼梧接壤南界高州信宜北界封川德慶毗連捌州縣巡防廿陸汛塘帶領貳百餘兵兼管叁百餘里地方遼濶路險多岐山嶺大而險者則有馬鞍大力等山廿泉鷄骨等嶺商農貿易路罕經由佈防則有封門函口懷鄉等汛塘碁羅星布守望相助雖宵小無所藏身水道衝而要者則有西江南江商漁舟楫繹絡往來佈防則有蟠龍羅旁南江口等汛又設都城冷水各槳船遊巡會哨梭織巡查所有衝衢要隘嚴密防範現在境內平寧頗為安堵查縣城駐劄處所東至東安南江口汛界捌拾里西至岑溪縣界壹百叁拾里南至信宜縣界叁百里北至封川縣界捌拾里距肇慶府城叁百肆拾里距廣東省城柒百肆拾伍里距惠州府城壹千零叁拾里距高州府城伍百貳拾里謹就形勢備叙呈

閲

P.3

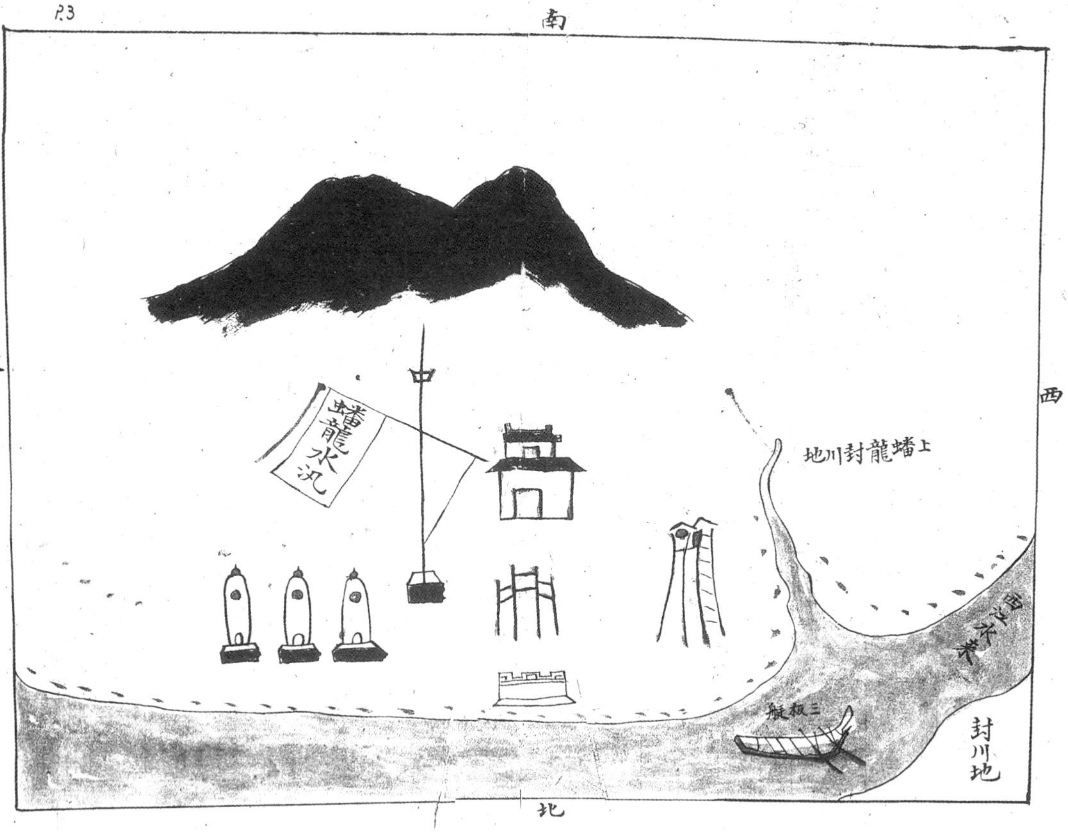

P.4

蟠龍水汛圖説

一該汛西寧縣地方離本營守備駐劄西寧城柒拾伍里東至古備汛貳拾伍里西至肇慶協上蟠龍汛封川界伍里南至蔴地汛貳拾伍里北至水口汛貳拾伍里撥防目兵伍名三板艇壹隻遞送公文目兵按季更換

一該汛前直接西江大河上邊有小溪一道入至封川縣屬鳳村墟後邊俱是一帶環山與封川縣屬肇慶協營之上蟠龍乙交界係屬衙觧

P.5

P.5A

古倫水汛圖説

一該汛西寧縣地方離本營守備駐劄西寧縣城伍拾里
東至都城汛貳拾里西至蟠龍汛貳拾伍里南至西
寧縣城伍拾里北至封川思皮汛拾里撥防目兵伍
名三板艇壹隻遞送公文目兵按季更換

一該汛前接連西江大河三面俱是巒山左右蓄長樹木
內有農商採買係屬衝要

P.6

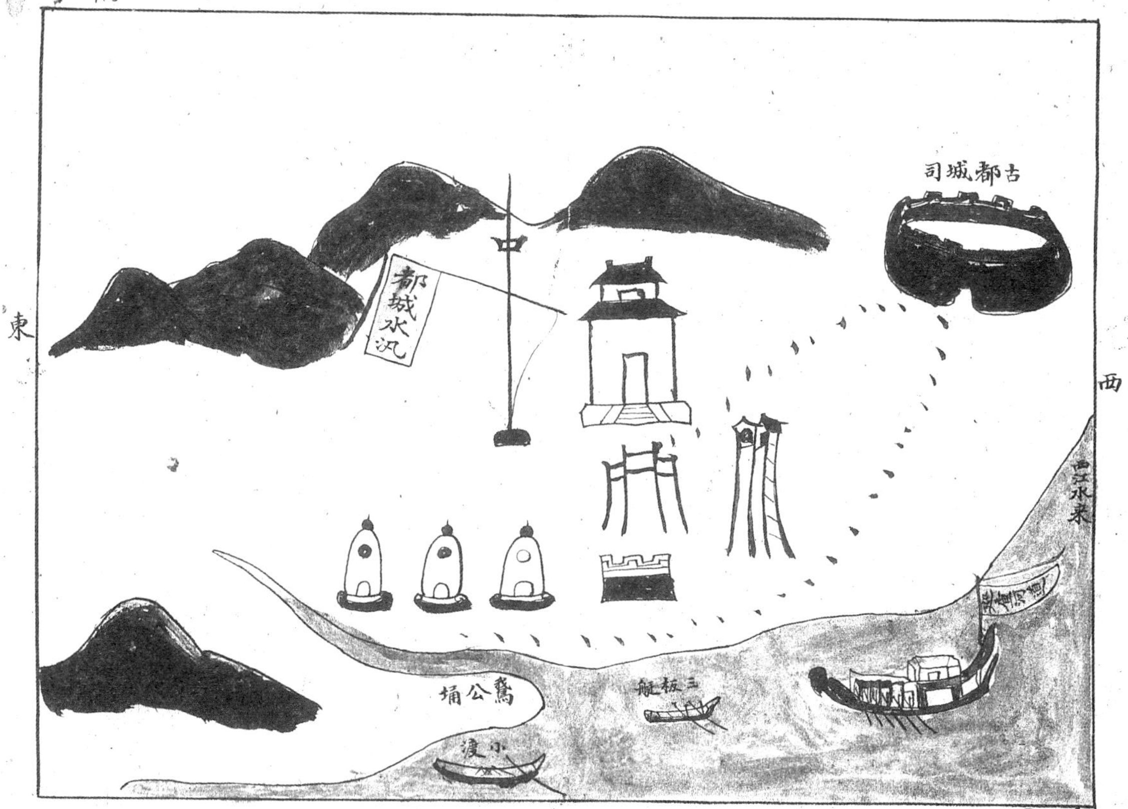

P.7

都城水汛圖說

一該汛西寧縣地方離本營守備駐劄西寧縣城叁拾里東至羅旁汛拾伍里西至古倫汛貳拾里南至麻地汛叁拾里北至封川都樂汛貳拾里駐防千總壹員撥兵貳拾名又派記委壹員坐駕西字第壹號槳船壹隻水手兵丁由該汛弁選派撐駕三板艇壹隻遞送公文兵丁按季更換

一該汛千總壹員原駐信宜縣屬地方懷鄉汛於嘉慶拾捌年詳奉文行移駐西寧縣屬都城汛前接西江大河上通廣西下達肇省船隻往來絡繹不絕汛後有小城壹座舊設基址尚存左有墟市右有小埇每遇墟期往来客商為水陸衝衢之路良歹混集緝捕更須緊要

一該汛内原有都城司城壹座久經奉文將該司改駐懷鄉其城舊址尚存

P.8

P.9

羅旁水汛圖說

一該汛西寧縣屬地方離本營守備駐劄縣城拾伍里東至冷水汛叁拾里西至都城汛拾伍里南至縣城拾伍里北至對河德慶州屬肇慶協營芙蓉汛拾伍里撥防目兵伍名三板艇壹隻遞送公文目兵按季更換

一該汛前接西江大河東西兩省船隻經由之道江心有巨石名曰錦被石對岸山上有高石名曰華表石汛旁有小江直通西寧縣城道路亦然左右俱係田塘小山汛後有小墟舖户零星每逢墟期客商載貨趁墟貿易亦屬衝要

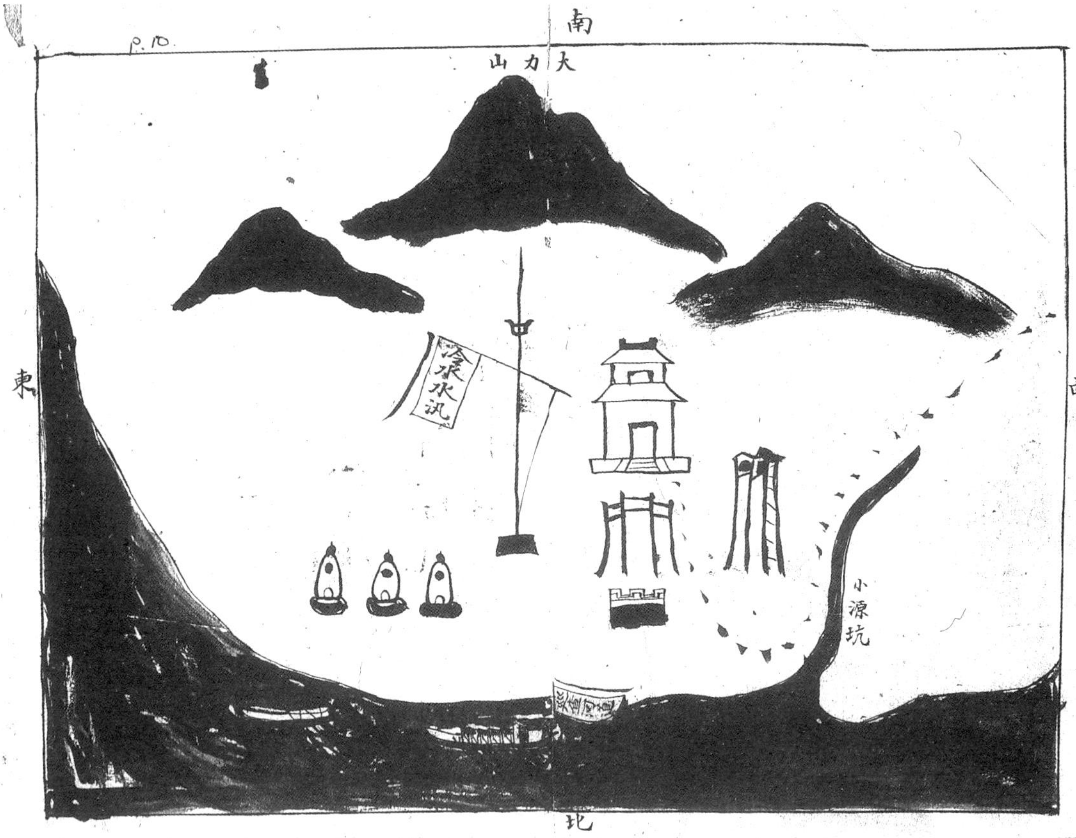

冷水水汛說

一該汛西寧縣屬地方離本營守備駐劄西寧縣城伍拾伍里東至南江口汛叁拾里西至羅旁汛叁拾里南至道遥汛叁拾伍里北至對河肇慶協營綠水汛拾伍里撥防目兵拾陸名又派記委壹員坐駕西字第貳號槳船壹隻水手兵丁由該汛弁選派撑駕巡查河道三板艇壹隻遞送公文目兵按季更換

一該汛前接西江大河東西兩省舟楫往來經由之道汛後有小坑後有崇山峻嶺叢林菁密實力緝捕巡防亦屬

P.12

P.13

南江口水汛圖說

一該汛西寧縣屬地方離本營守備駐劄縣城柒拾伍里東至本協左營江口汛東安縣界西至冷水汛叁拾里南至水依雙埇汛貳拾伍里北至對河德慶州屬塔脚地方撥防目兵伍名三板艇壹隻遞送公文目兵按季更換

一該汛前接西江大河右連羅定小江舟楫往来係屬衝衢時常加緊巡防

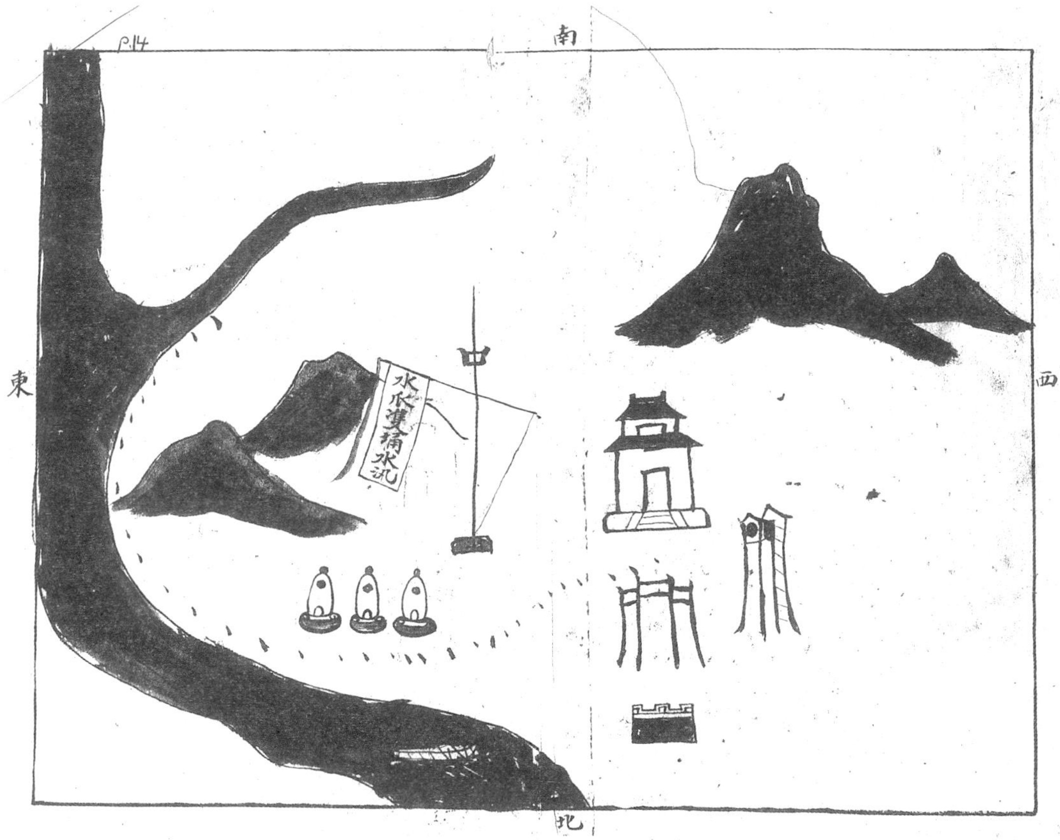

P.15

水斥雙埇水汛圖説

一該汛西寧縣属地方離本營守備駐劄縣城玖拾伍里東至思約汛貳拾里西至冷水汛伍拾里南至道遥汛貳拾里北至南江口汛貳拾伍里撥防目兵叁名三板艇壹隻遞送公文目兵按季更换

一該汛前有小江壹道直通羅定州城汛旁有小埇灌溉田畝後邊俱是山坡草木商農採買係属衝險

p.16

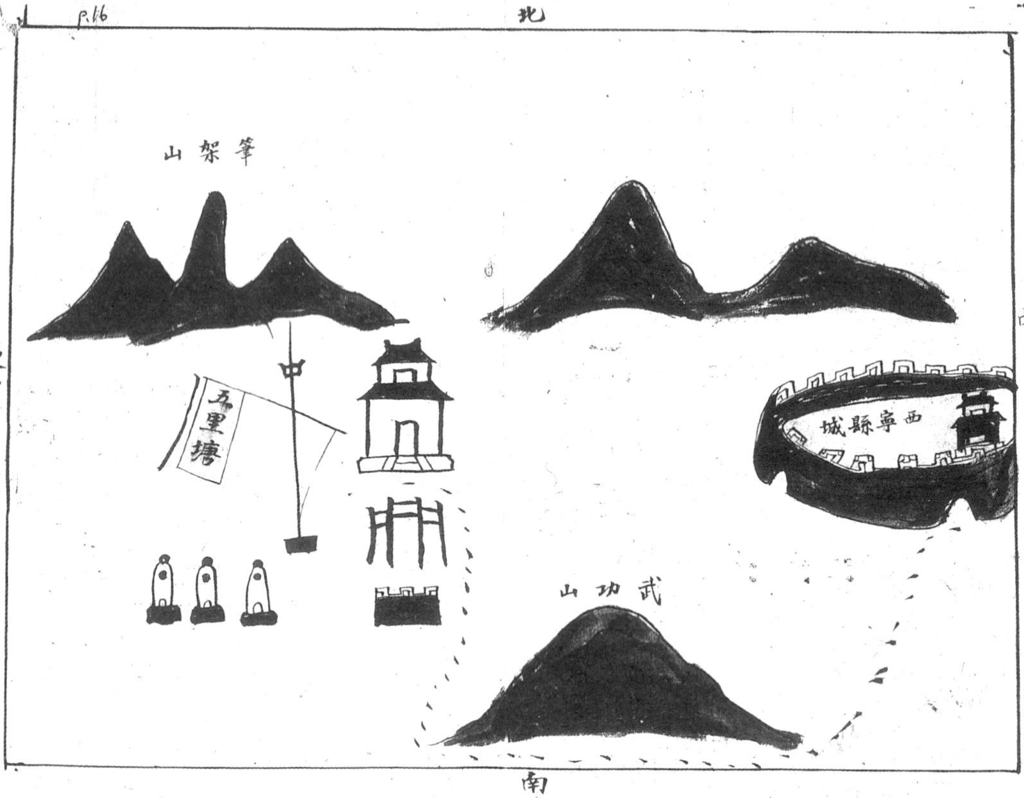

p.17

附城五里陸塘圖說

一該塘附近西寧縣城南門外上至縣城伍里下至封門塘肆拾里撥防目兵貳名遞送公文目兵按季更換

一該塘係屬小路平易

P.18

P.19

封門陸塘圖説

一該塘西寧縣屬地方離本營守備駐劄縣城肆拾伍里上至五里塘肆拾里下至大傘塘肆拾伍里撥防目兵貳名遞送公文目兵按季更換

一該塘明設守禦千户衛所基址尚存嗣於順治拾貳年奉裁

一該塘坐落山陬係屬小路

P.20

P.21

大傘陸塘圖說

一該塘西寧縣地方距本營守備駐劄縣城玖拾里上至封門塘肆拾伍里下至石橋頭塘叁拾伍里撥防目兵貳名遞送公文目兵按季更換

一該塘係屬山逕偏僻

P.22

P.23

石橋頭陸塘圖説

一該塘西寧縣地方距本營守備駐劄壹百貳拾里下至羅定州城伍里上至大傘塘叁拾伍里撥防兵丁貳名遞送公文汎兵按季更換

一該塘係屬大路平易

P.25

中伙陸汛圖説

一該汛信宜縣地方離本營守備駐劄西寧縣城壹百肆拾里東至石根汛貳拾里西至分水汛貳拾里南至雲罩汛柒拾伍里北至金鎖汛柒拾里撥防目兵肆名兵丁按季更換遞送公文

一該汛坐落山隅路不經由係属險僻

P.26

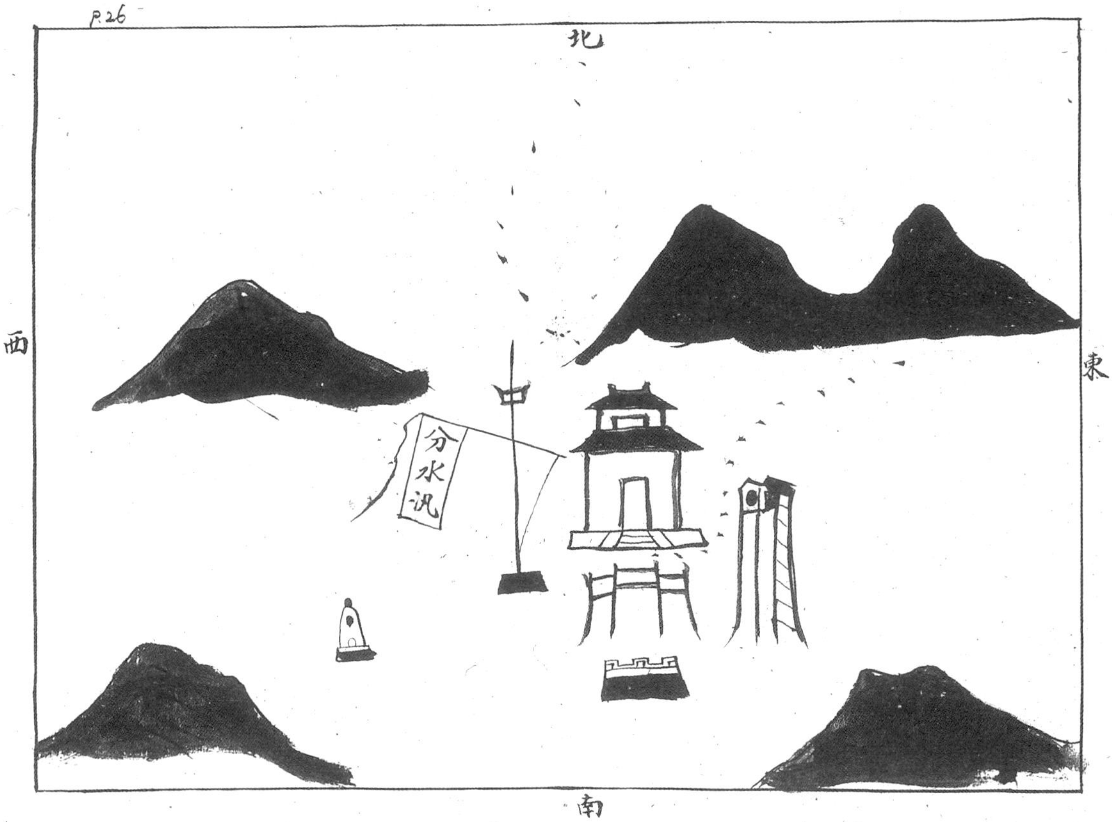

P.27

分水陸汛塘圖説

一該汛信宜縣地方距本營守備駐劄西寧縣城壹百陸拾伍里東至中伙汛貳拾里西至平民汛玖拾里南至雲罩汛肆拾里北至金鎖汛柒拾里撥防目兵肆名遞送公文兵丁按季更換

一該汛係屬山隅亦屬險僻

p.28

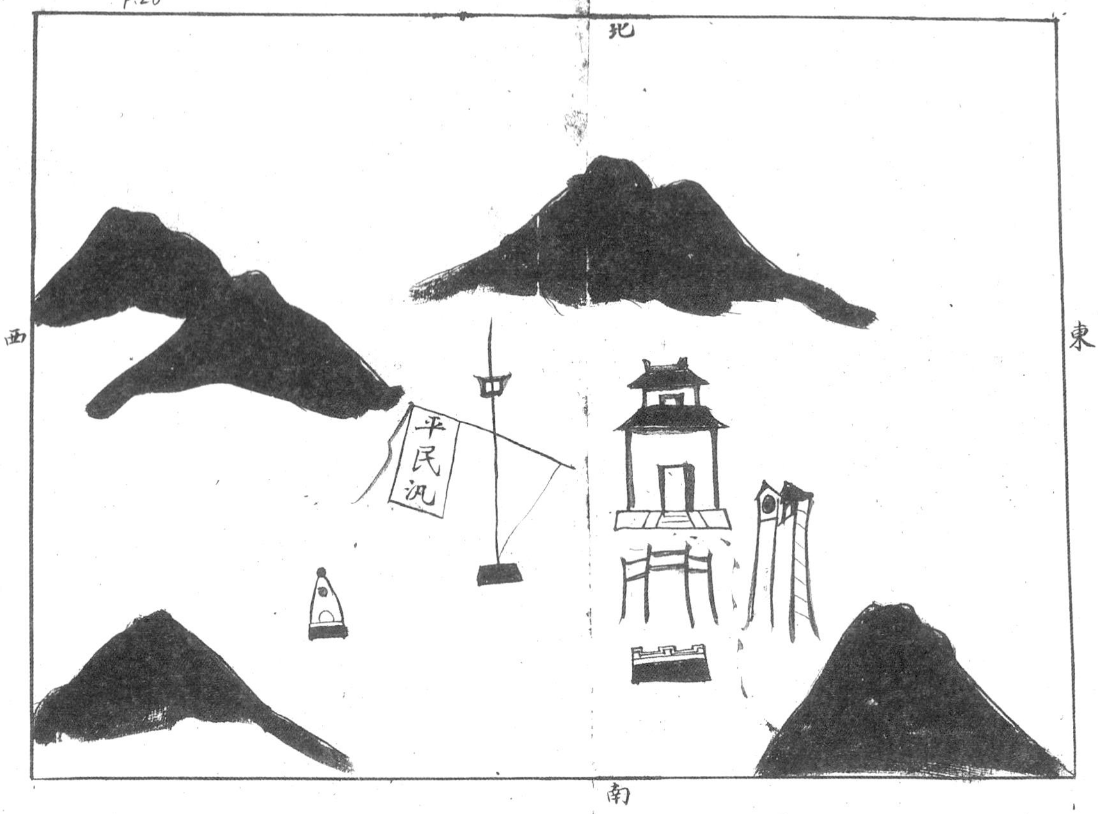

p.29

平民陸汛圖說

一該汛信宜縣地方距本營守備駐劄西寧縣城貳百叁拾伍里東至分水汛玖拾里西至函口汛貳拾捌里南至楓崗汛伍拾里北至雲致汛扶合地方撥防目兵肆名遞送公文目兵按季更換

一該汛坐落山陬係屬險僻

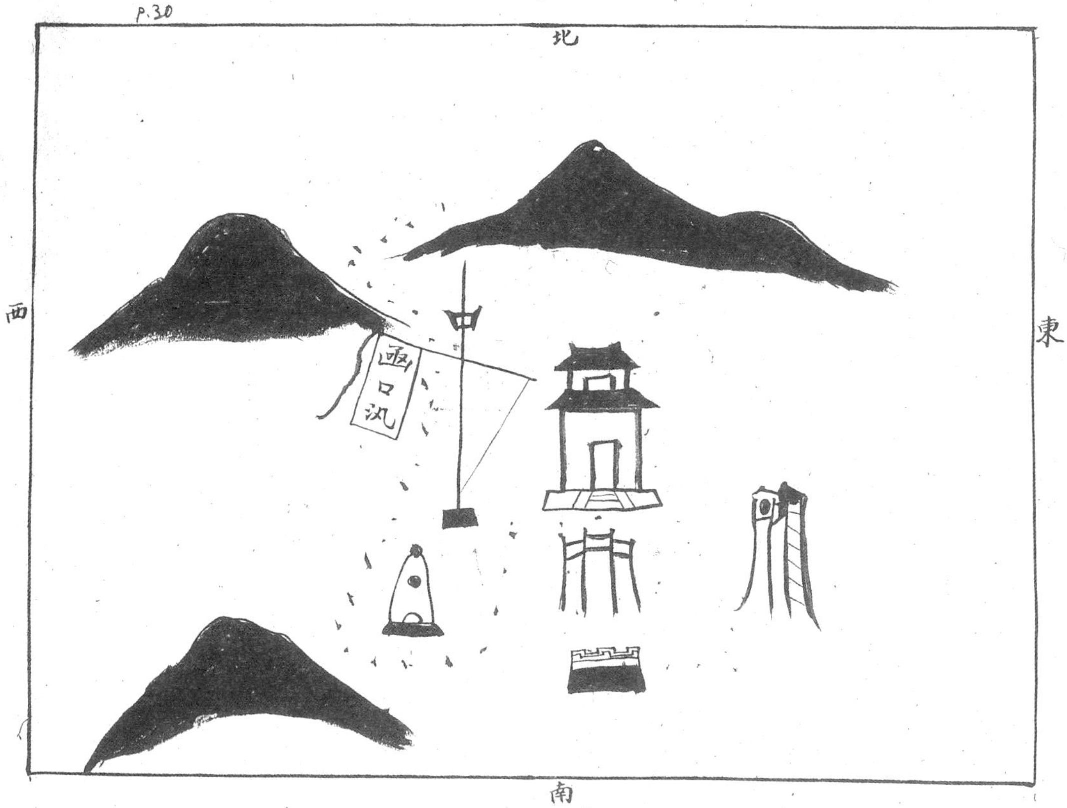

p.31

函口陸汛圖說

一該汛信宜縣地方距本營守備駐劄西寧縣城貳百陸拾叁里東至平民汛貳拾捌里西至楓垌塘貳拾貳里南至高州屬雙花汛飛鷺山叁拾伍里北至桂子墟拾里撥防目兵肆名遞送公文目兵按季更換

一該汛坐落山隅係屬幽僻

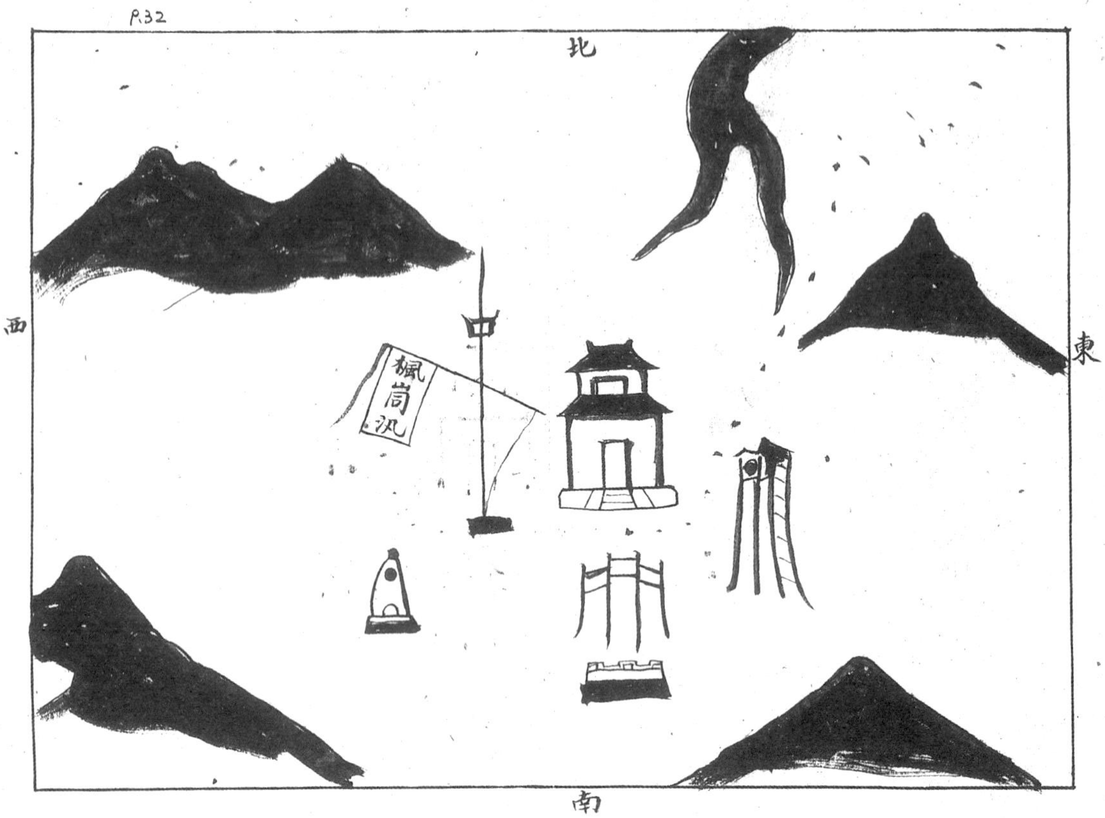

P.33

楓崗陸塘圖説

一該塘信宜縣地方距本營守備駐劄西寧縣城貳百捌拾伍里上至函口汛貳拾貳里下至懷鄉汛貳拾叁里撥防目兵肆名遞送公文目兵按季更換

一該塘坐落山隅係屬幽僻

P.34

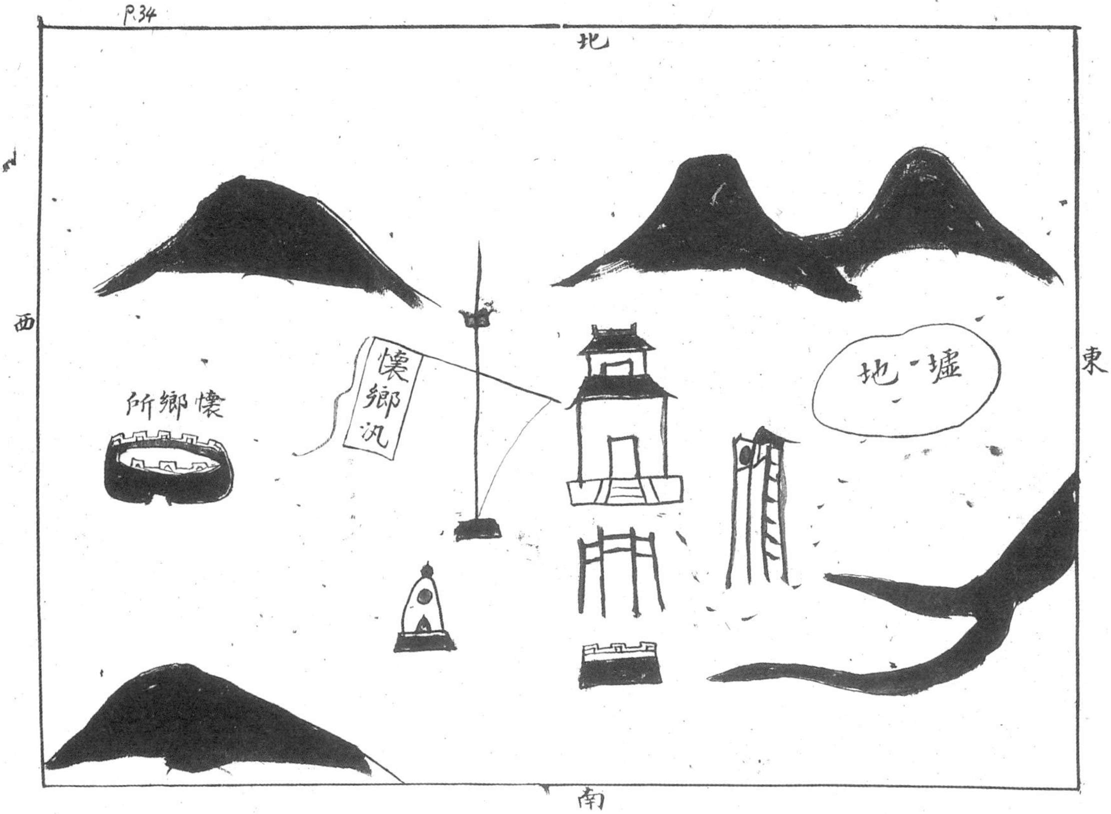

P.35

懷鄉陸汛圖說

一該汛信宜縣地方距本營守備駐劄西寧縣城叁百零捌里東至楓崗塘貳拾叁里西至高州鎮標左營洗廟汛肆里南至本營沙底汛伍拾里北至白土廠底汛陸拾里代防汛官壹員撥防目兵貳拾貳名遞送公文目兵按季更換

一該汛原駐防千總壹員於嘉慶拾捌年內移駐都城水汛彈壓西江

一該汛枕近懷鄉墟市路通高州往來必經之區現委額外壹員代防加緊嚴緝係屬衝要

P.36

P.37

安鵝陸汛圖説

一該汛信宜縣地方距本營守備駐劄西寧縣城叁百伍拾捌里東至懷鄉汛伍拾里西至高州鎮標左營莊錦汛肆拾伍里南至鎮標右營莊洞汛貳拾里北至白土厰底汛叁拾伍里撥防目兵肆名遞送公文目兵按季更換

一該汛坐落山隅路不經由係屬險僻

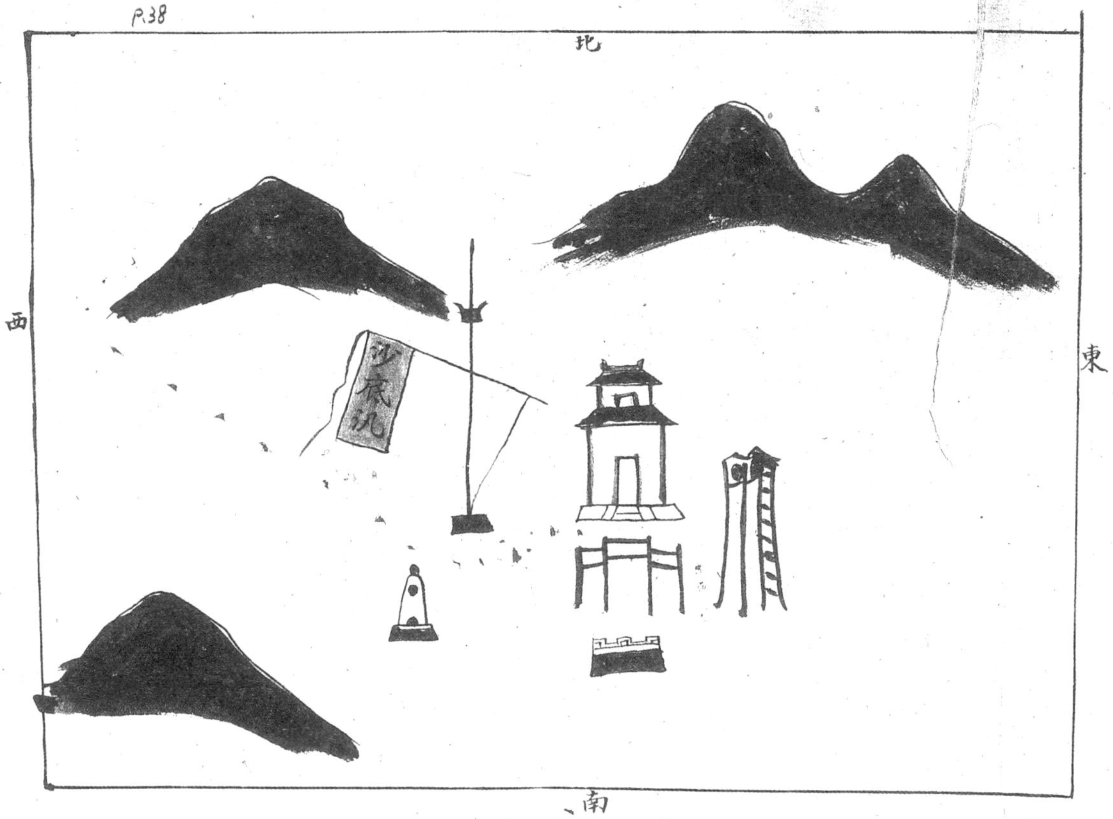

P.39

沙底陸汎圖説

一該汎信宜縣地方距本營守備駐劄西寧縣城叁百伍拾捌里東至馬欄汎柒拾里西至懷鄉汎伍拾里南至雲罩汎伍拾里北至高州鎮標左營雙花汎伍拾里撥防目兵肆名遞送公文目兵按季更換

一該汎坐落山陬係屬險僻

P.40

P.41

雲罩陸汛圖説

一該汛信宜縣地方距本營守備駐劄西寧縣城壹百玖拾里東至林峝汛陸拾里西至駕馬垌地方貳拾叁里南至馬櫃汛玖拾伍里北至石根汛伍拾里撥防目兵肆名遞送公文目兵按季更換

一該汛界連山嶺係屬險要

P.42

P.43

白土廠底陸汛圖說

一該汛信宜縣地方距本營守備駐劄西寧縣城壹百柒拾里東至函口汛叁拾里西至廣西六湖汛拾陸里南至高州鎮標左營青蚺汛叁拾捌里北至本營金鎖汛伍拾里撥防目兵肆名遞送公文目兵按季更換

一該汛坐落山隅路通廣西往来經由之所係屬險僻

P.44

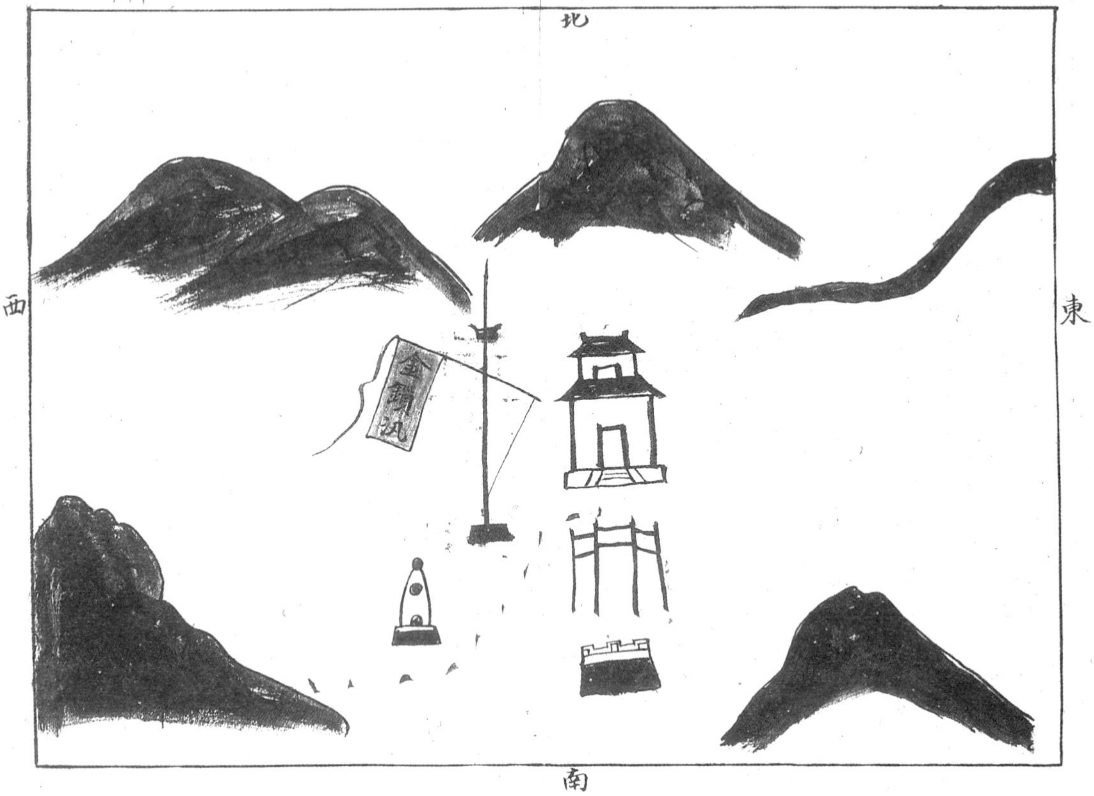

P.45

金鎖陸汛圖說

一該汛西寧縣地方距本營守備駐劄縣城壹百玖拾里東至小崗汛陸拾里西至函口汛叁拾里南至懷鄉汛柒拾里北至廣西大湴汛柒拾里撥防目兵肆名遞送公文目兵按季更換

一該汛坐落山隅係屬險僻

P.46

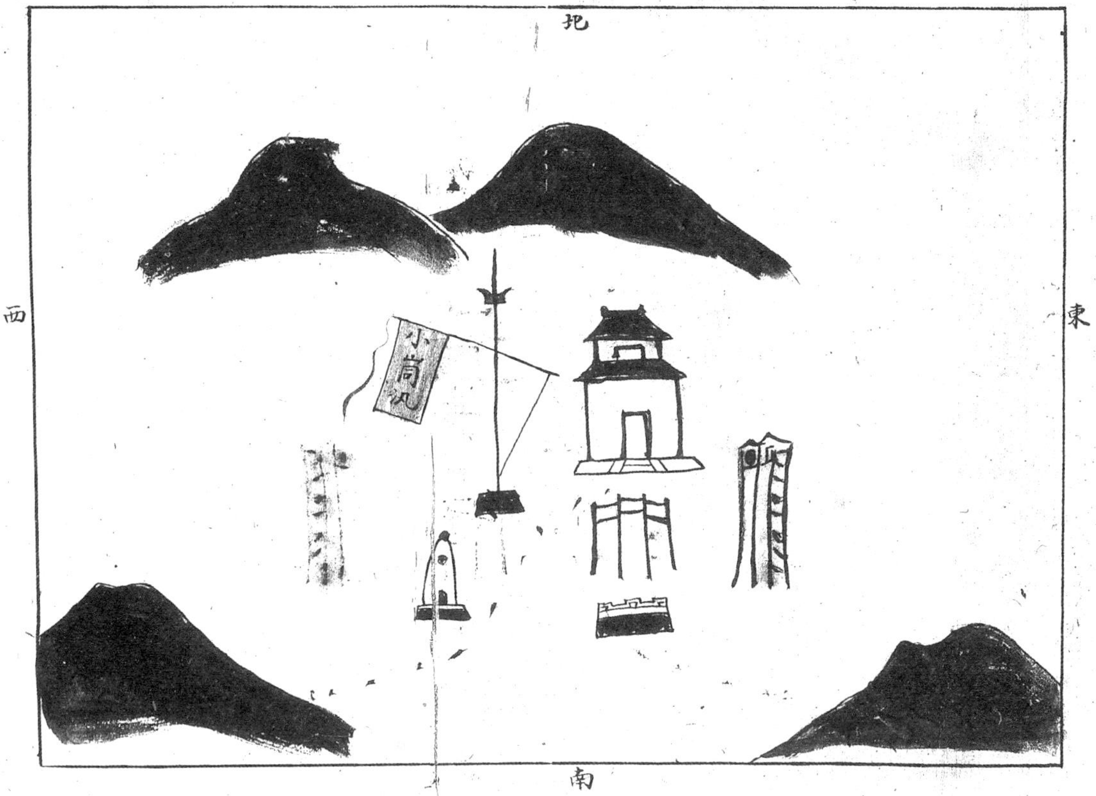

P.47

小尚陸汎圖說

一該汎西寧縣地方距本營守備駐劄縣城壹百叁拾里東至封門白石汎柒拾里西至金鎖汎陸拾里南至旺久口汎柒拾里北至廣西大湴汎拾伍里撥防目兵肆名遞送公文目兵按季更換

一該汎坐落山隅路通廣西係屬險僻

封門白石陸汛圖説

一該汛西寧縣地方距本營守備駐劄縣城陸拾里東至西寧城西至廣西平樂汛叁拾里南至本營小垌汛柒拾里北至廣西鐵根汛叁拾里撥防目兵肆名遞送公文目兵按季更換

一該汛坐落山隅路通廣西經由之道係屬險要

P.50

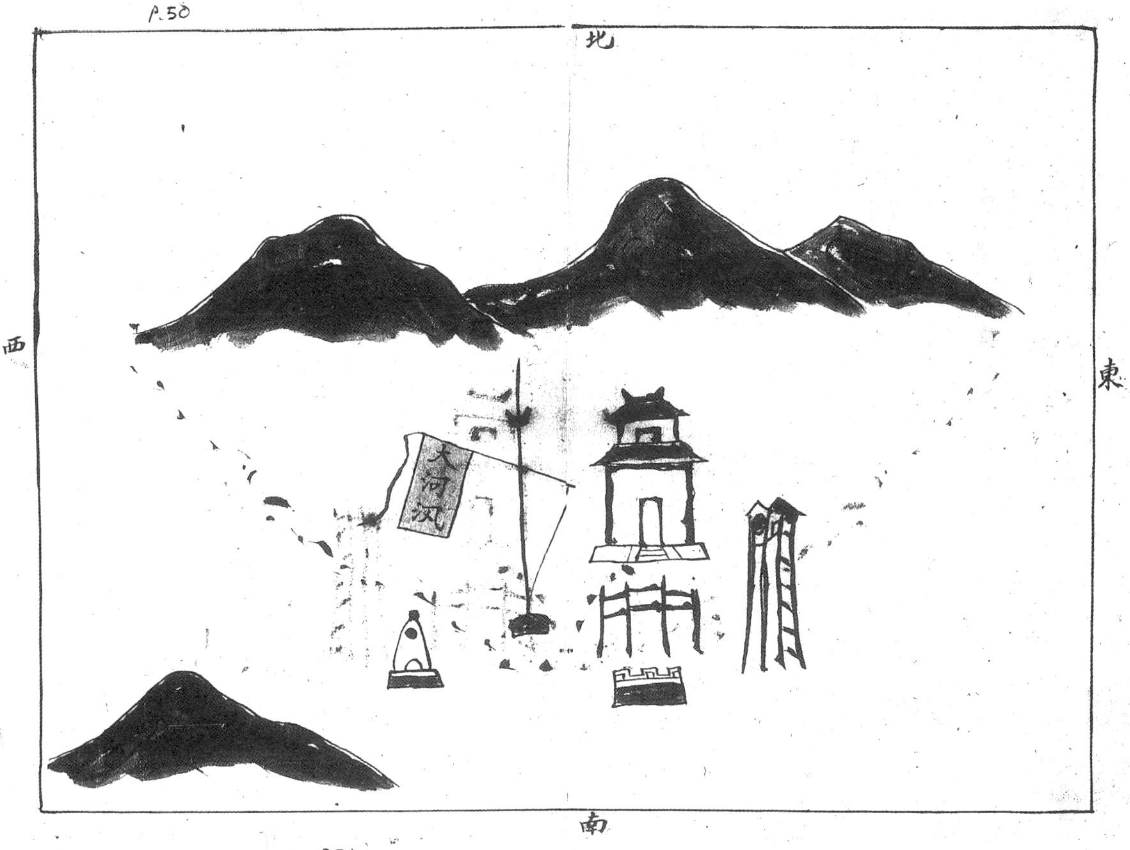

P.51

大河陸汛圖說

一該汛西寧縣地方距本營守備駐劄縣城肆拾里東至廣西平樂汛叁拾里西至廣西大燕汛貳拾叁里南至西寧縣城肆拾里北至蔴地汛玖里撥防目兵肆名遞送公文目兵按季更換

一該汛坐落山隅係屬險要

P.52

P.53 end

麻地陸汛圖說

一該汛西寧縣地方距本營守備駐劄縣城陸拾里東至西寧城西至封川山馬頭汛拾伍里南至廣西大燕汛叁拾伍里北至都城汛叁拾里撥防目兵肆名遞送公文目兵按季更換

一該汛坐落山隅係屬險僻

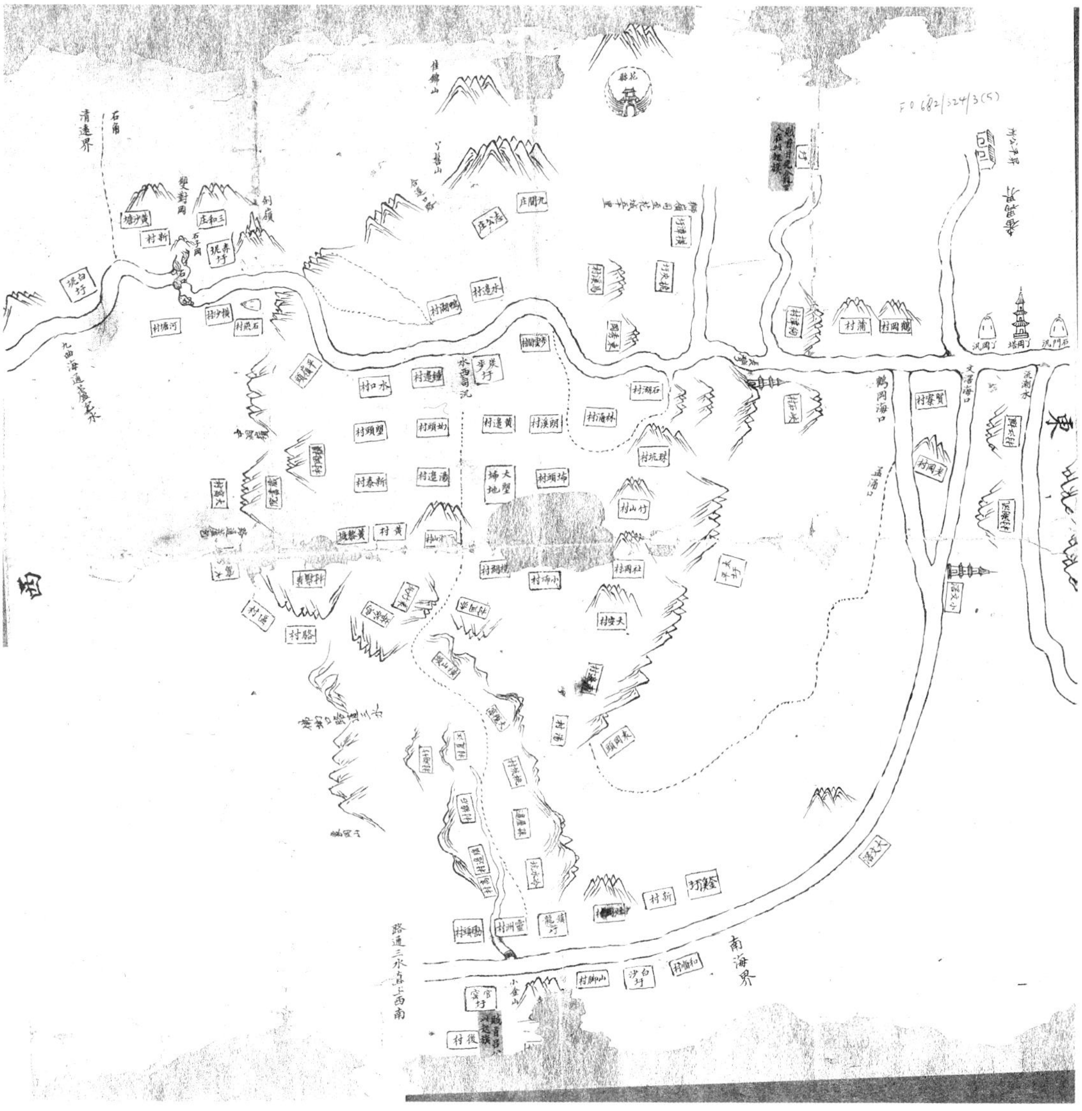
清遠界
南海界
路通三水縣上西南
東
西

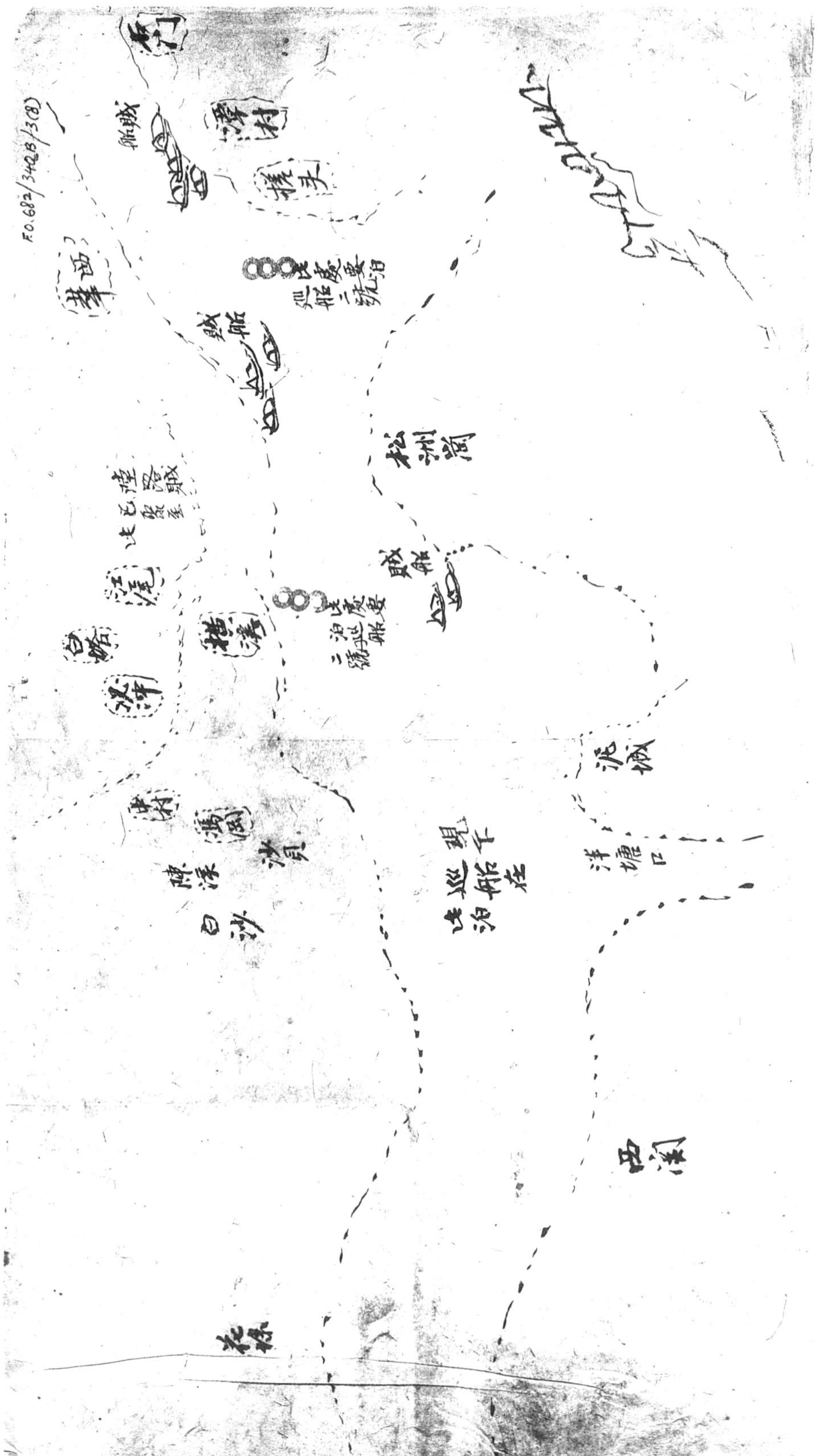

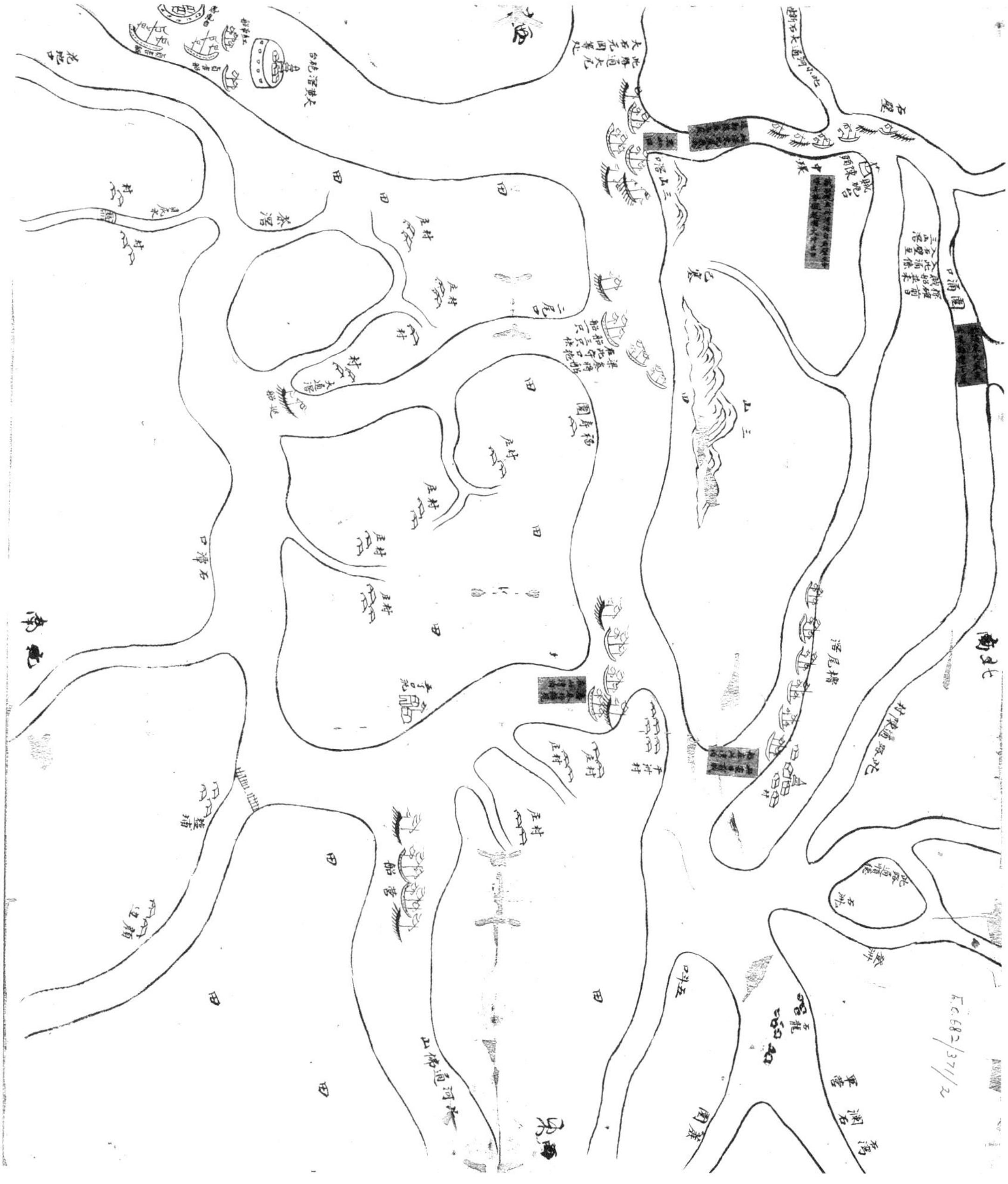